一流大学研究文库
WCU SERIES

教育部重大科技政策研究课题（项目编号：2015KJW01）

世界一流大学建设
与中国梦

Building World-Class Universities for
Chinese Dream

刘 莉 刘念才 著

上海交通大学出版社
SHANGHAI JIAO TONG UNIVERSITY PRESS

内容提要

本书立足世界一流大学与大国崛起的深刻联系,在探索主要发达国家和新兴经济体国家世界一流大学建设与发展的规律与特征的基础上,以扎实的实证研究和深度的国际比较为主要研究手段,扎根高水平大学建设实践,探索中国特色世界一流大学和一流学科建设之路,为政府和高校世界一流大学和一流学科建设提供参考。

本书适合高等教育政策制定与决策者、高等教育管理与研究者以及关心中国高等教育事业的广大读者阅读。

图书在版编目(CIP)数据

世界一流大学建设与中国梦/ 刘莉,刘念才著.—
上海:上海交通大学出版社,2018
ISBN 978 - 7 - 313 - 20297 - 0

Ⅰ.①世… Ⅱ.①刘… ②刘… Ⅲ.①高等学校—教育建设—研究—中国 Ⅳ.①G649.2

中国版本图书馆 CIP 数据核字(2018)第 231243 号

世界一流大学建设与中国梦

著　　者:刘　莉　刘念才			
出版发行 上海交通大学出版社		地　　址:上海市番禺路 951 号	
邮政编码:200030		电　　话:021 - 64071208	
出 版 人:谈　毅			
印　　制:上海天地海设计印刷有限公司		经　　销:全国新华书店	
开　　本:710 mm×1000 mm　1/16		印　　张:19.25	
字　　数:339 千字			
版　　次:2018 年 11 月第 1 版		印　　次:2018 年 11 月第 1 次印刷	
书　　号:ISBN 978 - 7 - 313 - 20297 - 0/ G			
定　　价:98.00 元			

总 序
Preface

　　世界一流大学是高等教育的旗帜,许多国家和地区制定了世界一流大学的建设计划,出台了促进世界一流大学建设的政策和举措。我国自上世纪90年代开始实施"211工程"、"985工程"等重点建设计划,2017年正式实施"双一流"建设计划。党的十九大报告强调"加快一流大学和一流学科建设,实现高等教育内涵式发展",标志着我国的世界一流大学建设进入了新阶段。

　　紧跟世界高等教育发展潮流,把握国家高等教育发展脉搏,立足世界一流大学建设的实际需求,上海交通大学世界一流大学研究中心先后出版了世界一流大学研究方面的全球第一本中文、英文著作;以教育部科技委《专家建议》等形式先后给政府部门提供了三十余份世界一流大学相关的咨询报告,其中若干份报告得到了国家领导人的批示和肯定;以个别咨询和参加座谈等方式为发改委、财政部、教育部的相关领导提供了世界一流大学相关的咨询建议。

　　世界一流大学研究中心研制并于2003年开始发布的世界首个多指标全球性大学排名"世界大学学术排名(ARWU)",作为全球性大学排名的中国标准,引领了全球性大学排名的发展方向,影响了世界高等教育的生态。世界一流大学研究中心2005年发起并举办了"第一届世界一流大学国际研讨会"(1st International Conference on World-Class Universities),之后隔年举办一届、至今已连续举办七届,已经成为全球范围内世界一流大学研究的交流平台。

　　世界一流大学研究中心2007年开始组编"一流大学研究文库",至今已经出版著作三十余部,品牌效应开始显现。随着"双一流"建设的不断推进,世界一流大学研究将面临前所未有的机遇与挑战,"一流大学研究文库"将坚持理论研究与建设实践相结合、中国特色与国际经验相结合、定量研究与经典案例相结合,持续扩大品牌的影响力,为我国的世界一流大学研究和建设做出不可替代的贡献。

"一流大学研究文库"期待与国内外世界一流大学研究领域的优秀学者和实践专家携手合作,主要选题包括世界一流大学年度报告(蓝皮书)、世界一流大学的理论与评价、世界一流大学的改革与创新以及世界一流大学相关的经典译著。

教育部战略研究基地"上海交通大学世界一流大学研究中心"主任

刘念才

2018 年 5 月于上海

前 言
Foreword

　　世界一流大学是创新型国家的支撑力量,在大国崛起的过程中起着不可替代的作用。柏林大学对德国在19世纪的崛起,约翰·霍普金斯大学等对美国在20世纪的强盛,东京大学等对日本在20世纪中叶的赶超发挥的重要作用有目共睹。在当今全球化的时代,世界一流大学的作用更加彰显。几乎所有的创新型国家都拥有若干所世界一流大学。放眼全球,世界一流大学对于一国的科技创新、教育创新、经济创新和国防创新等都有着卓越的贡献。

　　"中国梦",是中国共产党第十八次全国代表大会召开以来,习近平主席提出的重要指导思想和重要执政理念。"中国梦"的实现离不开创新,创新离不开世界一流大学的建设。加快世界一流大学和一流学科建设已经成为实现中华民族伟大复兴中国梦的重要组成部分。为此,党中央、国务院做出了建设世界一流大学和一流学科的重大战略决策,制定并发布了《统筹推进世界一流大学和一流学科建设总体方案》。该方案提出了"三步走"的战略目标:到2020年,若干所大学和一批学科进入世界一流行列,若干学科进入世界一流学科前列;到2030年,更多的大学和学科进入世界一流行列,若干所大学进入世界一流前列,一批学科进入世界一流学科前列,高等教育整体实力显著提升;到本世纪中叶,一流大学和一流学科的数量和实力进入世界前列,基本建成高等教育强国的战略目标。

　　本书系教育部重大科技政策研究课题"世界一流大学建设与中国梦"(项目编号:2015KJW01)的重要成果之一。课题立足人类社会发展历程中全球科技、经济、军事中心转移与国家兴衰的关联,全面揭示世界一流大学与大国崛起的紧密联系,为加快中国特色世界一流大学和一流学科建设提出可供选择的政策建议。本课题由上海交通大学世界一流大学研究中心牵头,以扎实的实证研究和深度的国际比较为主要研究手段,扎根高水平大学建设实践,瞄准现实问题,有的放矢,凸显政策研究的特点,满足科学决策的需求。

本书共六章:

第一章围绕世界一流大学与"中国梦"这一核心问题,在解读"中国梦"的基础上,首先阐述创新与"中国梦"的关系,即科技创新如何引领"中国梦",教育创新如何助力"中国梦",经济创新如何支撑"中国梦",国防创新如何护航"中国梦"。其次,探寻世界一流大学如何成为创新成功的关键,即探讨世界一流大学如何促进科技创新、教育创新、经济创新和国防创新。最后,全面整理世界一流大学建设计划的文本,深入分析经济社会发展阶段与世界一流大学建设的相互关系,探索重点建设如何促进世界一流大学的发展。

第二章围绕一流大学拔尖人才培养现状与制约因素开展研究,在明确拔尖人才的概念内涵和类型特征的基础上,通过问卷调查与访谈研究,分析中国一流大学本科阶段拔尖人才培养的现状,分析中国一流大学拔尖人才培养的制约因素,探究如何"对标"世界一流大学的拔尖人才培养模式,构建我国一流大学拔尖人才培养和保障机制。在此基础上,针对我国建设世界一流大学这一主题,提出拔尖人才培养和保障机制的政策建议。

第三章围绕一流大学重大原创性成果产出的影响因素这一核心问题,在探究原始创新内涵及重大原创性成果主要特征的基础上,对国内外精英科学家及世界顶尖大学华人科学家进行问卷调查,努力从不同视角深入探讨一流大学重大原创性成果产出的影响因素,挖掘我国一流大学重大原创性成果产出少的瓶颈因素,为建立适应中华民族伟大复兴要求的一流大学重大原创性成果产出机制提出政策建议。

第四章围绕我国一流大学重点建设的评价体系这一核心问题,对世界各国一流大学重点建设计划的评价体系进行剖析,归纳世界一流大学重点建设项目评价标准和评价体系的特征,并对其中重点建设计划评价的典型案例进行深度剖析。最后结合我国一流大学建设的现状,探索适应中华民族伟大复兴要求的重点建设计划的评价体系,为我国一流大学重点建设计划的评价提供政策建议。

第五章围绕一流大学建设的投入产出效率这一核心问题,通过定量数据分析,系统评价我国一流大学建设对科学研究、人才培养和社会服务的直接产出效率。在综合评价我国一流大学的投入产出效率指数,并探索其影响因素的基础上,进一步探讨了我国一流大学建设在经费吸纳、人才聚集、声誉提升方面的乘数效应。最后,通过典型案例研究和国际对比分析,为我国"双一流"建设投入体系的完善提出了对策建议。

第六章围绕世界一流大学建设的中国模式这一核心问题,运用历史与国际比较分析的方法,将中国一流大学的建设与美国、法国、日本进行对比分析。结合世界一流大学排名以及不同国家的世界一流大学建设计划,研究选取中国上海交通大学、美国密歇根大学、法国巴黎十一大、日本东京大学四所理工科见长的公立综合性大学作为案例,从经费投入、大学治理、人才激励三个维度探索中国模式是否存在及其影响。

本书六章的研究与撰写任务的分工如下:

第一章由朱佳妮博士负责,硕士研究生吴菡、周默涵参与研究与撰写;

第二章由张旭博士负责,博士研究生郝凯冰参与研究与撰写;

第三章由刘莉副研究员负责,博士研究生董彦邦参与案例的研究与撰写,硕士研究生朱莉、张梦琪、薛慧林参与数据搜集;

第四章由冯倬琳副研究员负责,博士研究生郭宝宇、硕士研究生姜雅莘参与研究与撰写;

第五章由杨希博士负责,硕士研究生邱雅、杨林、鲁世林参与案例的研究与撰写;

第六章由陈丽媛博士负责,硕士研究生杨建华参与研究与撰写。

教育部战略研究基地"上海交通大学世界一流大学研究中心"

2018 年 10 月

目 录
Contents

第一章 世界一流大学建设：实现"中国梦"的必由之路

第一节 "中国梦"成功实现的关键是创新

一、"中国梦"与创新关系的相关解读

1."中国梦"的相关解读

中国梦,是中国共产党第十八次全国代表大会召开以来,习近平总书记所提出的重要指导思想和重要执政理念①。2012 年 11 月 29 日,习近平总书记第一次提出了"中国梦"的概念:"实现中华民族伟大复兴,就是中华民族近代以来最伟大的梦想。"②

基本内涵:2013 年,习近平总书记阐述了"中国梦"的基本内涵,即实现国家富强、民族振兴、人民幸福③。实现中华民族伟大复兴的中国梦,凝聚着中国近代以来无数仁人志士的不懈奋斗,承载着全体中华儿女的共同向往④。

核心目标:十八大报告首次提出:到 2020 年,国内生产总值和城乡居民人均收入比 2010 年翻一番,全面建成小康社会⑤;到本世纪中叶建成富强民主文

---

① 王瑛."中国梦"提出五周年:为世界经济注入正能量[EB/OL]. (2017 - 11 - 29) [2018 - 02 - 19]. https://china.chinadaily.com.cn/2017 - 11/29/content_35119066.htm.
② 新华网.习近平:承前启后继往开来继续朝着中华民族伟大复兴目标奋勇前进[EB/OL]. (2012 - 11 - 29) [2018 - 02 - 19]. http://www.xinhuanet.com/politics/2012 - 11/29/c_113852724.htm.
③ 习近平.顺应时代前进潮流促进世界和平发展[N].人民日报,2013 - 03 - 24(2).
④ 倪光辉.强军梦护航中国梦[N].人民日报海外版,2017 - 08 - 01(1).
⑤ 新华网.(十八大报告解读)两个"翻一番"意味着什么——十八大报告首次提出全面建成小康社会的同步发展新指标[EB/OL]. (2012 - 11 - 08) [2018 - 02 - 19]. http://www.xinhuanet.com/18cpcnc/2012 - 11/08/c_113642875.htm.

明和谐的社会主义现代化国家,实现中华民族伟大复兴的中国梦①。

实现途径:习近平总书记在第十二届全国人民代表大会上指出,实现中国梦必须走中国道路,这就是中国特色社会主义道路②。

2. "中国梦"与创新

"创新是一个民族进步的灵魂,是一个国家兴旺发达不竭的动力。"③习近平总书记强调:"惟改革者进,惟创新者强,惟改革创新者胜"④,"我国能否在未来发展中后来居上、弯道超车,主要就看我们能否在创新驱动发展上迈出实实在在的步伐"⑤。

第一,实现"中国梦"亟需发动创新驱动新引擎。实施创新驱动发展战略,是立足全局、面向未来的重大战略。党的十八大提出实施创新驱动发展战略,习近平总书记在十九大报告中再次强调,创新是引领发展的第一动力,这些均为推动发展更多依靠创新驱动指明了方向⑥。2016 年 5 月,中共中央、国务院印发的《国家创新驱动发展战略纲要》提出了实施创新驱动发展战略三个阶段的目标:第一步,到 2020 年进入创新型国家行列,基本建成中国特色国家创新体系,有力支撑全面建成小康社会目标的实现;第二步,到 2030 年跻身创新型国家前列,发展驱动力实现根本转换,经济社会发展水平和国际竞争力大幅提升,为建成经济强国和共同富裕社会奠定坚实基础;第三步,到 2050 年建成世界科技创新强国,成为世界主要科学中心和创新高地,为我国建成富强民主文明和谐的社会主义现代化国家、实现中华民族伟大复兴的中国梦提供强大支撑⑦。

第二,实现"中国梦"亟需从"中国制造"转变为"中国创造"。近年来,世界主要发达国家都在积极强化创新部署,如美国实施"再工业化"(re-industrialization)发展战略,德国提出"工业 4.0 战略"(Industry 4.0)。在这一背景下,2015 年,我国颁布实施制造强国战略的第一个十年的行动纲领:《中国制造 2025》,拟通过"三步走"实现制造强国的战略目标——到 2025 年我国将成为世界制造业大国和工业强国;到

① 王炳林,方雍.实现社会主义现代化和中华民族伟大复兴[EB/OL]. (2017 - 12 - 19) [2018 - 02 - 19]. http:// theory.people.com.cn/n1/2017/1219/c40531 - 29715185.html.
② 新华网/中国政府网.习近平:实现中国梦必须走中国道路[EB/OL]. (2013 - 03 - 17) [2018 - 02 - 19]. http://www.xinhuanet.com/2013lh/2013 - 03/17/c_115052693.htm.
③ 江泽民.全面贯彻"三个代表"要求大力推进科学技术创新[N].人民日报,2002 - 05 - 29(1).
④ 央广网.习近平治国理政"100 句话"之:惟改革者进惟创新者强惟改革创新者胜[EB/OL]. (2016 - 03 - 28) [2018 - 01 - 19]. http://finance.cnr.cn/gundong/20160308/t20160308_521560410.shtml.
⑤ 新华网.以科技创新驱动小康"中国梦"[EB/OL]. (2016 - 02 - 17) [2018 - 01 - 19]. http://news.xinhuanet.com/politics/2016 - 02/17/c_128727978.htm.
⑥ 新华网.十八大报告解读:如何实施创新驱动发展战略?[EB/OL]. (2013 - 01 - 06) [2018 - 01 - 19]. http://cpc.people.com.cn/n/2013/0106/c64387 - 20109365.html.
⑦ 中共中央国务院印发《国家创新驱动发展战略纲要》[N].人民日报,2016 - 05 - 20(1).

2035 年,我国制造业整体达到世界制造强国阵营中等水平;到新中国成立一百年时,制造业大国地位更加巩固,综合实力进入世界制造强国前列的"三步走"战略目标[①]。

二、创新托举起"中国梦"

1. 科技创新引领"中国梦"

党的十九大明确提出坚持实施创新驱动发展战略,强调"科技创新是提高社会生产力和综合国力的战略支撑,必须摆在国家发展全局的核心位置"[②]。2014年,习近平总书记在全国科技创新大会上指出:"科技是国家强盛之基,创新是民族进步之魂……要在我国发展新的历史起点上,把科技创新摆在更加重要位置,吹响建设世界科技强国的号角。"[③]

第一,研发投入迅速提升。从国际比较可见,在研发总支出方面,中国于 2008年取代日本位居全球第二位,仅次于美国(见图 1-1),远高于德国、英国等发达国家。

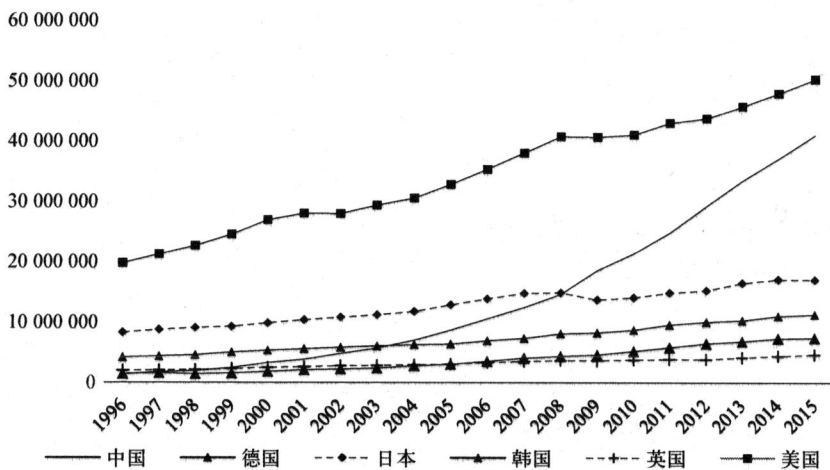

图 1-1　主要国家研发总支出(1996—2015)

资料来源:联合国教科文组织统计研究所(UNESCO Institute for Statistics)[④]。

---

① 国务院.国务院关于印发《中国制造 2025》的通知[EB/OL]. (2015-05-18) [2018-01-19].
http://www.gov.cn/zhengce/content/2015-05/19/content_9784.htm.
② 新华网.科技创新是提高社会生产力和综合国力的战略支撑[EB/OL]. (2016-02-27) [2018-01-19]. http://www.xinhuanet.com/politics/2016-02/27/c_128754760.htm.
③ 新华社.新华社评论员:吹响建设科技强国的时代号角[EB/OL]. (2016-06-03) [2018-01-19]. http://news.xinhuanet.com/2016-06/03/c_1118986412.htm.
④ 注:作者根据联合国教科文组织统计研究所(http://data.uis.unesco.org/)数据库信息制图。

在研发支出占 GDP 的比例方面,尽管至 2015 年中国的研发投入占 GDP 的比例仍低于韩国、日本、法国、德国等国,但近年来中国研发支出占 GDP 的比例递增较快,从 1996 年仅 0.6% 的比例递增到 2015 年的 2.1%,20 年间增长了 2.5 倍(见图 1-2)。

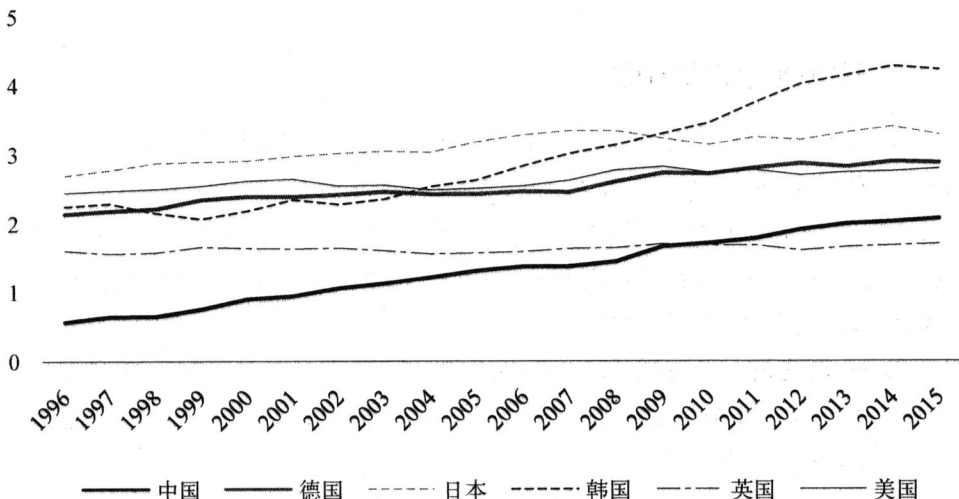

图 1-2　主要国家研发支出占 GDP 的比例(1996—2015)

资料来源:联合国教科文组织统计研究所(UNESCO Institute for Statistics)①。

第二,不断提升自主创新能力。神舟飞天创造了"中国高度",蛟龙潜海成就了"中国深度",高铁奔驰刷新了"中国速度",大望远镜拓宽了"中国维度"②。同时,由中国商用飞机有限责任公司研发制造的 C919 大型客机 80% 的零部件由我国首次设计生产,至此,我国掌握了民机产业 5 大类、20 个专业、6 000 多项民用飞机技术③。此外,中国近年来在超级计算机方面发展迅速,一跃成为国际先进水平国家。我国在超级计算机数量上远超美国、日本和德国等国,并且拥有一系列世界顶级的超级计算机中心;在 2017 年最新一期全球超级计算机 500 强榜单中,由中国研制的超级计算机"神威·太湖之光"和"天河二号"分列冠亚军④。另外,我国自主研制和建设的北斗卫星导航系统

---

① 注: 作者根据联合国教科文组织统计研究所(http://data.uis.unesco.org/)数据库信息制图。
② 新华社.科技改变中国创新驱动未来[EB/OL]. (2016-05-29) [2018-01-19]. http://news. xinhuanet.com/2016-05/29/c_1118950473.htm.
③ 程福江.打造中国自己的大飞机[N].解放军报,2017-07-07(10).
④ Top 500. Top 500 List-November 2017[EB/OL]. [2018-01-19]. https://www.top500.org/ lists/2017/11/.

成为继美国全球定位系统(GPS)、俄罗斯格洛纳斯(GLONASS)后,全球第三个成熟的卫星导航系统①,并且该系统目前已成功应用于交通、林业、渔业和公安等多个领域。

2. 教育创新助力"中国梦"

教育为"中国梦"的实现提供了重要的智力资源支撑,"中国梦"的实现离不开教育的助力。中国是一个人口大国,要解决这样一个大国民众的教育问题,需要创新;中国在从高等教育大国迈向高等教育强国行列的进程中,要创建具有中国特色的世界一流大学,更需要创新。

第一,中国高等教育快速普及,成为世界高等教育第一大国。改革开放伊始,中国的高等教育毛入学率只有1.6%②;1999年扩招后,高等教育毛入学率快速上升,2002年达到15%,我国高等教育从精英教育阶段进入大众化阶段。最新数据显示,2016年,我国高等教育毛入学率已达42.7%③,占世界高等教育总规模的比例达到20%,成为世界高等教育第一大国④。

第二,树立高等教育强国目标,创建具有中国特色的世界一流大学。西方发达国家的高等教育已经有数百年历程,与意大利的博洛尼亚大学(建于1088年)、英国牛津大学(建于1168年)、剑桥大学(建于1209年)等一些具有八九百年历史的中世纪欧洲大学相比,我国现代意义上的大学起步较晚,仅有一百多年的历史,但中国高等教育锐意进取、追求卓越的脚步却从未停止过。早在1995年,高等教育领域规模最大、层次最高的重点建设"211"工程已正式启动⑤;1998年,我国开始把建设世界一流大学上升到国家高等教育发展战略的高度,启动"985"工程;2015年,国务院颁布《统筹推进世界一流大学和一流学科建设总体方案》,"双一流"建设的号角正式吹响。

近年来,中国大学在四大世界大学排名中的表现很好地印证了中国大学的迅速崛起。2014年,习近平总书记在北京大学考察时指出:"办好中国的世界一流大学,必须有中国特色"。我国目前的高等教育实践与变革,不

---

① 经济日报.强大祖国托举中国梦[EB/OL].(2017-09-27)[2018-01-19].https://m.sohu.com/a/195012780_118392?_f=m-article_10_feeds_27.
② 中国新闻网.2011年全国高等教育毛入学率达26.9%[EB/OL].[2018-02-24].http://www.chinanews.com/edu/2012/08-30/4147331.shtml.
③ 张烁.我国高等教育毛入学率4年增长12.7%[N].人民日报,2017-07-11(12).
④ 叶雨婷.教育部:我国已成为世界高等教育第一大国[EB/OL].(2017-09-28)[2018-01-19].http://news.cyol.com/yuanchuang/2017/09/28/content_16539792.htm.
⑤ 教育部."211"工程简介[EB/OL].[2018-01-19].http://old.moe.gov.cn//publicfiles/business/htmlfiles/moe/moe_846/200804/33122.html.

是简单延续我国"传统教育的母版",更不是"西方发达国家模式"的翻版①,而是在实践"中国模式"。这也对中国高等教育研究提出了更高的历史使命:解释高等教育的"中国模式",并真正助力中国高等教育在世界舞台上发光发亮。

3. 经济创新支撑"中国梦"

第一,经济大国的发展需要经济创新。创新对于中国经济长期可持续增长十分必要②。2010年,中国的国民生产总值超过日本成为世界第二。然而,面对人口老龄化速度逐渐加快,经济增长速度放缓,债务水平不断提高等挑战,中国迫切需要加快从"汲取创新"到"领导创新"的转变,以实现更多的突破性创新,从而提高在全球市场上的竞争力。

高铁、网购、移动支付、共享单车被越来越多的人称为中国"新四大发明"③。中国在移动支付、共享经济等方面的创新之举,不仅便利了国人的日常生活,而且影响惠及全球④。中国拥有世界上最便捷的移动支付系统。历史上,中国是最早发明并使用纸币的国家,而在科技蓬勃发展的今天,中国正引领全球支付体系迈入新时代。海外机构2017年的统计指出,"10年前,中国电商交易额不到全球总额的1%,如今这一占比已大于40%,超过英、美、日、法、德5国总和;过去5年间,中国互联网消费的复合增长率达到32%,排名世界第一,'中国模式'创造全球互联网经济新活力"⑤。

第二,"中国梦"的实现依然需要依靠经济创新。麦肯锡全球研究院发布《中国创新的全球效应》(*The China Effect on Global Innovation*)的报告表明,中国创新势在必行。"一带一路"倡议和亚洲基础设施投资银行是中国经济创新的有力例证⑥。为了更好地应对当今国际经济格局的日益变化,中国和其他古丝绸

---

① 陈先哲.更好解释高等教育的"中国模式"[N].光明日报,2017-10-17(13).
② ROTH E, SEONG J, WOETZEL J. Gauging the strength of Chinese innovation[EB/OL]. [2018-01-19]. https://www.mckinsey.com/business-functions/strategy-and-corporate-finance/our-insights/gauging-the-strength-of-chinese-innovation.
③ 新华国际.高铁、支付宝、共享单车和网购:外国人直呼想把中国"新四大发明"带回家[EB/OL]. [2017-07-23]. http://www.sohu.com/a/159285958_117351.
④ 新华网.中国式创新有多好? 外国人:不可思议! [EB/OL]. (2017-06-30)[2018-01-19]. http://world.people.com.cn/n1/2017/0630/c1002-29374509.html.
⑤ 刘峣."中国模式"创造全球互联网经济新活力[N].人民日报海外版,2017-10-13(8).
⑥ Mckinsey & Company. Gauging the strength of Chinese innovations[EB/OL]. [2018-01-19]. https://www.mckinsey.com/business-functions/strategy-and-corporate-finance/our-insights/gauging-the-strength-of-chinese-innovation.

之路沿线国家审时度势,提出了建设"一带一路"的构想。这一构想的提出,有利于我国开创全方位对外开放新格局,全面推动经济转型升级,从而成为牵引经济发展的新引擎①。同时,为了更好地促进本地区互联互通建设和经济一体化进程,中方倡议筹建亚洲基础设施投资银行,旨在向包括东盟国家在内的本地区发展中国家的基础设施建设提供资金支持②。

4. 国防创新护航"中国梦"

习近平总书记指出:"实现中华民族伟大复兴,是中华民族近代以来最伟大的梦想。可以说,这个梦想是强国梦,对军队来说,也是强军梦。"③也就是说,"中国梦"的实现需要强大的国防实力作为坚实后盾。正如《孙子兵法》道:"兵者,国之大事,死生之地,存亡之道,不可不察也。"2015年胜利日大阅兵和建军90周年大阅兵这两次重要的大阅兵,展现了解放军最新装备的升级换代,令每个中国人为之自豪和骄傲④。

随着科技的日新月异,人类战争形态早已从最初的冷兵器战争、热兵器战争、机械化战争演化至信息化战争。高新技术的发展及运用对未来战争的影响将呈现多维度、多波次、高强度的特征⑤。和平的年代,要建设强大的国防和一支能够抵御外敌入侵、保卫国家安全的强有力军队,就要在这场没有硝烟的信息化战争中夺取胜利⑥。

创新成为引领中国国防和军队建设发展的第一动力。随着综合国力的不断提升,中国军队的信息化建设与武器装备升级换代,航母的列装和新一代战机、军舰、导弹的问世,与我国信息技术、计算机技术、激光技术、生物工程、新材料、新能源等一系列高新技术群的崛起密不可分⑦。

---

① 艾比布拉·阿布都沙拉木."一带一路":中国经济发展新引擎[N].经济日报,2015-06-15(3).
② 人民网-中国共产党新闻网.中国倡导亚投行的背后深意[EB/OL]. (2015-03-23) [2018-01-19]. http://cpc.people.com.cn/n/2015/0323/c164113-26735924.html.
③ 新华社.关于"中国梦",习近平总书记是这样描绘的[EB/OL]. (2016-11-29) [2018-01-19]. http://www.xinhuanet.com/politics/2016-11/29/c_1120016588.htm.
④ 高立英.从两次大阅兵触摸我军装备发展脉动[EB/OL]. (2017-10-12) [2018-01-19]. http://www.81.cn/jfjbmap/content/2017-10/12/content_189607.htm.
⑤ 中国军事文化讲坛.赵丕:新技术重塑未来战争创新引领世界新军事革命[EB/OL]. (2017-03-18) [2018-01-19]. http://www.sohu.com/a/129289780_655915.
⑥ 新华网.颜晓峰:新时代强军根本标准就是打赢信息化战争[EB/OL]. (2017-10-21) [2018-01-19]. http://news.xinhuanet.com/politics/19cpcnc/2017-10/21/c_129723683.htm.
⑦ 张召忠.再说国防[J].国防,2015(6):21-24.

第二节　创新成功的关键是世界一流大学

一、科技创新的关键是世界一流大学

世界一流大学作为国家创新体系的重要组成部分,是培养创新型人才、吸引和聚集杰出科技人才,并力图解决国民经济重大科技问题、实现技术转移和成果转化的重要智力支撑。

1. 世界一流大学承担培养创新型人才的任务

创新型人才培养是世界一流大学的主要任务。以美国为例,培养科技创新人才是其高等教育的重要目标,哈佛大学和麻省理工学院等世界顶尖高校都致力于培养勇于探索、善于创造的学生。研究生作为科技创新人才的后备军,其培养质量影响着整个国家的创新潜力。美国研究型大学承担着全美 80% 的博士生和 50% 的硕士生的培养任务,联邦政府也投入大量资金支持研究型大学的研究生培养工作[1]。除此之外,近些年美国开始进一步关注本科生创新人才培养,许多研究型大学都专门设立了旨在提高本科生创新能力的科研管理机构,为本科生参与科研训练创造机会。

2. 世界一流大学吸引和聚集杰出科技人才

世界一流大学不仅培养创新型人才,还吸引和聚集了一批活跃在国际学术前沿、满足国家重大战略需求的一流科学家、学科领军人物和创新团队,致力于发挥高层次人才的社会支撑和引领作用。相关统计显示,世界一流大学中约有 85% 的教师曾在世界百强大学获得博士学位,同时世界一流大学吸引了全球 86% 的诺贝尔奖和菲尔兹奖获得者以及 66% 的高被引学者[2]。以诺贝尔奖为例,自 1901 年到 2017 年,892 位个人和 24 个团体被授予诺贝尔奖[3],每位获奖

①　王盛水.从美国高等教育的特点看创新型人才培养[J].高校教育管理,2012(2)：65-71.
②　冯倬琳,王琪,刘念才.世界一流大学建设之路与启示[J].中国高等教育,2014(10)：61-63.
③　Nobel Media AB. Lists of Nobel Prizes and Laureates[EB/OL]. [2017-12-29]. https：// www. nobelprize.org / nobel_prizes /.

者(文学与和平奖除外)在获奖时,几乎都在某一所大学或与大学相关的研究机构工作。各高校拥有诺贝尔奖得主的数量在一定层面上也体现出一所高校对社会和国家在科技创新领域的贡献程度。已有统计数据显示,诺贝尔奖得主数量(包括校友、教职工以及研究人员)总计排名前列的科研机构均为世界一流大学[①]。除此之外,世界一流大学中聚集的全球顶尖学者,不仅在科技创新领域做出了重要贡献,也为所在学术界的不断进步和发展提供了有力支撑。研究数据显示,国际重要期刊的编委也大多来自世界一流大学,如105种机械工程学科的科学引文索引(SCIE)和288种经济学社会科学引文索引(SSCI)的期刊主编分别有86%和88%出自世界一流大学[②]。

3. 世界一流大学承载着创新的重要功能

第一,世界一流大学为国家的科技创新提供智力支持。相关研究指出,美国战后经济增长的一半以上应归功于科学与技术创新以及由此而出现的高新技术产业,而科学与技术创新的主要力量便来自世界一流大学[③]。美国政府将大学作为其国家知识创新体系的重中之重,依托世界一流大学建立起了一批国家实验室。大学负责实验室的日常管理运营,开展基础研究、技术开发和科技攻关等科研活动[④]。这些国家实验室虽然不是大学主动建立的,但却是研究型大学非常重要的组成部分。实验室的科研人员大多不属于政府雇员,而是大学雇员或是国家实验室与大学共同聘用的"联聘人员"(Joint Faculty),采取这一举措旨在吸引、集聚顶尖科学家和工程师,深化实验室与大学之间的科研合作和联系[⑤]。截至2016年底,美国能源部(Department of Energy, DOE)下属的17个国家实验室中近半数都依托于斯坦福大学、普林斯顿大学、加州大学伯克利分校等世界一流大学(见表1-1)。

[①]　根据刘念才等人《我国名牌大学离世界一流有多远》一文的定义,将"世界顶尖大学"界定为世界大学体系前20名的大学,将"世界一流大学"界定为世界大学体系前100名的大学,将"世界知名大学"界定为世界大学体系前200名的大学。

[②]　冯倬琳,王琪,刘念才.世界一流大学建设之路与启示[J].中国高等教育,2014(10)：61-63.

[③]　刘念才,赵文华.提升高校科技创新能力服务创新型国家建设(上)[J].中国高校科技与产业化,2007(6)：12-15.

[④]　黄缨,赵文华.美国在研究型大学创立国家实验室的启示[J].研究与发展管理,2004,16(3)：101-105.

[⑤]　黄维.强强联合：国家实验室支撑"双一流"[N].文汇报,2017-04-28(6).

表 1-1 美国能源部下属国家实验室及其依托管理机构

序号	实 验 室 名 称	依 托 管 理 机 构
1	埃姆斯实验室 (Ames Laboratory)	爱荷华州立大学
2	劳伦斯伯克利国家实验室 (Lawrence Berkeley National Laboratory)	加州大学
3	普林斯顿等离子体物理实验室 (Princeton Plasma Physics Laboratory)	普林斯顿大学
4	SLAC 国家加速器实验室 (SLAC National Accelerator Laboratory)	斯坦福大学
5	阿贡国家实验室 (Argonne National Laboratory)	芝加哥大学阿贡有限责任公司
6	费米国立加速器实验室 (Fermi National Accelerator Laboratory)	费米研究联盟(芝加哥大学,研究大学联合会)
7	布鲁克黑文国家实验室 (Rookhaven National Laboratory)	布鲁克黑文科学协会(巴特尔纪念研究所,纽约州立大学石溪分校研究基金会)
8	劳伦斯利弗莫尔国家实验室 (Lawrence Livermore National Laboratory)	劳伦斯利弗莫尔国家安全有限责任公司(贝克特尔国家公司,加州大学,巴布考克及威尔考克技术服务公司,优斯公司)
9	洛斯阿拉莫斯国家实验室 (Los Alamos National Laboratory)	洛斯阿拉莫斯国家安全有限责任公司(加州大学,贝克特尔国家公司,巴布考克及威尔考克技术服务公司,优斯公司)
10	橡树岭国家实验室 (Oak Ridge National Laboratory)	田纳西大学-巴特尔公司(田纳西大学,巴特尔纪念研究所)
11	托马斯·杰斐逊国家加速器装置 (Thomas Jefferson National Accelerator Facility)	杰斐逊科学联合会(东南部大学研究联合会,太平洋建筑师和工程师应用技术有限责任公司)

资料来源: U. S. Department of Energy. Annual Report on the State of the DOE National Laboratories[1]。

---

① U.S. Department of Energy. Annual Report on the State of the DOE National Laboratories[EB/OL]. (2017-01) [2017-12-28]. https: // energy. gov / sites / prod / files / 2017 / 01 / f34 / DOE% 20State%20of%20the%20National%20Labs%20Report%2001112017_0.pdf.

这些依托于世界一流大学进行科技研究的国家实验室始终以服务国家战略规划、开展前沿基础研究和高新技术转移为使命，不断完成战略性、前瞻性、基础性、继承性的科技创新任务，攻克事关国家核心竞争力和经济社会可持续发展的关键技术，在美国的国家创新体系中占据着不可替代的地位。以劳伦斯伯克利国家实验室为例，实验室共有 6 个主要研究领域，每个领域均与国家核心科技发展领域相对接。截至 2017 年 6 月，共有 13 位诺贝尔奖得主、13 位美国最高科学终身成就奖获得者、70 位国家科学院院士和 18 位国家工程院院士在该实验室从事过相关研究工作，为美国的科技创新做出了杰出的贡献①。目前这些国家实验室的优势研究领域主要聚焦于粒子物理、核物理学、加速器科学、凝聚态物理与材料科学、化学工程等方面②。

在另一个世界科技和学术发展的重镇——英国，剑桥大学的卡文迪许实验室(The Cavendish Laboratory)同样一直立足于科学发展的前沿，作为剑桥最负盛名的物理实验室，它开创了系统的电磁理论和实验、气体放电和原子结构、核物理、分子生物学等许多重要科学领域，对科技创新做出的贡献包括第一个原子模型、α 和 β 射线、DNA 双螺旋结构等跨时代的科学发现，以及血红蛋白质结构的确定、核反应的探测、质谱仪和静电加速器等一系列重大科学创新发明③，为英国乃至全人类的科技创新做出了举足轻重的贡献。

第二，重大原创性发明与创造大多出现在世界一流大学。除各国家实验室外，世界重大原创性发明与创造也大多孵化于世界一流大学。据统计，迄今为止，世界科技史上具有重大影响力的科技成果中有七成与研究型大学有着不可分割的联系④。例如，青霉素(Penicillin)是 1928 年由英国伦敦大学细菌学教授亚历山大·弗莱明(A. Fleming)在实验室中发现并于 1938 年由牛津大学的钱恩(E. B. Chain)、弗洛里(H. W. Florey)及希特利(N. Heatley)领导的团队提炼出来的，它的问世在第二次世界大战期间对救治伤兵起到至关重要的作用；现代电子计算机和人工智能研究⑤的概念雏形与理论模型——"通用计算机"则是 1936 年 5 月由剑桥大学国王学院的毕业生艾伦·麦席森·图灵(A. M. Turing)在《论数字计算在决断难题中的应用》一文中首次提出的⑥。图灵的理念使得世

① Berkeley Lab. About the Lab[EB/OL]. (2017 - 01) [2017 - 12 - 28]. http://www.lbl.gov/about/.
② 黄维.强强联合：国家实验室支撑"双一流"[N].文汇报,2017 - 04 - 28(6).
③ 刘茂峰.世界著名实验室——卡文迪许实验室[J].现代物理知识,2008(4)：54 - 56.
④ 刘念才,赵文华.提升高校科技创新能力服务创新型国家建设(上)[J].中国高校科技与产业化,2007 (6)：12 - 15.
⑤ 刘艳.献给图灵百年诞辰的礼物[J].科技导报,2012(18)：80.
⑥ 李晓慧.图灵,电脑的思想领袖[J].中国计算机用户,2008(15)：18 - 19.

界上第一台计算机最终得以在 1946 年 2 月 14 日于宾夕法尼亚大学莫奇利和埃克特领导的研究小组问世。此外,德国维尔茨堡大学物理教授威廉·康拉德·伦琴(W. C. Röntgen)在实验室探索阴极射线实验时偶然发现了 X 射线[①],放射学这一门崭新的学科也从此宣告诞生,伴随着这一伟大发现,人类在物理学和医学领域获得了巨大的进步。

另外,近年来在全球范围内掀起研究热潮的人工智能(Artificial Intelligence, AI),其迅猛的发展主要来源于学术研究和企业开发的快速深度结合。世界一流的研究型大学在推动 AI 理论构建和实践发展中始终起着举足轻重的作用,例如使机器具有智能这一设想的实质性进展是由康奈尔大学的弗兰克·罗森布拉特(F. Rosenblatt)教授提出的感知器(Perceptron)模型开始的,这一模型也成为神经网络模型的始祖,为 20 世纪 60 年代带来了第一个 AI 的研究和发展热潮[②]。目前人工智能领域赫赫有名的一批专家学者如杰弗里·辛顿(G. Hinton)教授、延恩·勒昆(Y. LeCun)教授、吴恩达(A. Ng)教授、李飞飞教授等也都来自世界一流大学。

二、教育创新的关键是世界一流大学

世界一流大学作为世界高等教育的先驱,引领着世界范围内的教育创新。大学作为一种功能独特的高等教育组织和社会文化机构,由欧洲中世纪大学、英国大学、德国大学、美国大学逐渐发展为西方乃全世界范围内现代大学的组织形式,其三项主要职能均由世界一流大学引领与推动。不仅如此,现今许多颇具创新性的教育理念与发展潮流,包括慕课、终身学习等也离不开一流大学的贡献。

1. 大学职能的转变与世界一流大学息息相关

现今大学的职能被普遍认为包含教学、科研和社会服务三者。大学这一特殊的社会组织起源于公元 12 世纪前后的欧洲,最早是作为知识继承与传授的中心。中世纪大学被认为"主要是培养专业人才的职业学校"[③]。19 世纪牛津大学著名高等教育思想家约翰·亨利·纽曼(J. H. Newman)对中世纪大学的职能进行了进一步描述和发展,认为大学是"一个传授所有知识的场所",大学的主要

---

① 阎康年.X 射线的发现与现代科学革命——纪念发现 X 射线 100 周年[J].自然辩证法通讯,1995(6): 46-53,80.

② 俞祝良.人工智能技术发展概述[J].南京信息工程大学学报,2017(3): 297-304.

③ 伯顿·克拉克.高等教育新论[M].王承绪,译.杭州: 浙江教育出版社,1988: 26.

目的在于"传授"学问①，主要职能就是教学，即进行高深知识的继承、传授与传播。与纽曼推崇的大学单一教学职能论有所不同，1694 年诞生于德国的哈勒大学开创了大学进行科学研究的先河。随后，威廉·冯·洪堡(W. von Humboldt)第一次明确提出"教学与科学研究相统一"的原则。柏林大学在这一理念下孕育而生②，并迅速成为世界顶尖的高等院校，各国优秀的青年学者相继前往柏林大学学习，"洪堡理念"随之传播到世界各地。大学职能从单一教学到教学、科研相结合的这一历史性转向最终得以实现，并由德国大学向美国及世界范围的大学扩散，迈出了推动现今研究型大学不断发展的崭新而坚实的一步。大学的第三项职能——社会服务职能则发端于 1904 年美国威斯康星大学校长查尔斯·范海斯(C. R. Vanhise)提出的"威斯康星思想"(Wisconsin Idea)③。至此，现代大学的三项主要职能逐渐形成并在不断地推广和实践中固定下来。由此可见，大学职能的转变始终由世界一流大学的办学目的和方向的转变引领，并逐步扩大到世界其他高校，推动了高等教育理念的不断创新与发展。

2. 世界一流大学推动慕课教育理念的创新

慕课(MOOC)是大规模在线开放课程(Massive Open Online Course)的简称，作为近些年的一个非常重要的教育热潮和教育横向创新与改革方向，其起源和推动力也与世界一流大学紧密联系在一起。

MOOCs 浪潮作为一个创新的教育概念诞生于 2008 年加拿大著名的远程教育大学阿萨巴斯卡大学(Athabasca University)。自 2011 年起，以美国斯坦福大学、麻省理工学院为代表的顶尖研究型大学基于 cMOOC④ 的部分思想，借鉴了可汗学院(Khan Academy)⑤，以在线课程学习的模式先后创办了 Udacity、Coursera、edX 等多家教育商业化公司，这也拉开了目前大家所熟悉的 xMOOC 快速发展的序幕。2013 年，MOOCs 进入中国高等教育市场，国内一流研究型大

---

① 钱春丽，夏少清.大学职能的历史演进对普通高校定位的启示[J].北京教育(高教)，2006(5)：54 - 56.
② 李东升.研究型大学在德国兴起的三步曲——从哈雷到哥廷根再到柏林大学的历史考察[J].哈尔滨工业大学学报(社会科学版)，2007(6)：19 - 26.
③ 高振强.社会服务导向下的现代大学组织变革——基于美国威斯康星大学的实践[J].教育发展研究，2014(5)：80 - 84.
④ 注：MOOC 主要有两种模式：基于关联主义学习理论的 cMOOC 模式和基于行为主义学习理论的 xMOOC 模式。cMOOC 是一种强调自学、互助的模式，侧重知识建构与创造，强调创造、自治和社会网络学习；xMOOC 则是接近于传统教师授课的在线教学模式，侧重知识传播和复制，强调视频、作业和测试等学习方式。
⑤ 注：可汗学院是由孟加拉裔美国人萨尔曼·可汗(S. Khan)创立的一家教育性非营利组织，主旨在于利用网络影片进行免费授课。

学纷纷与三大 MOOCs 平台运营商签订合作协议①,中国高校主导的 MOOCs 平台,如"学堂在线"等也开始运营②。MOOCs 作为新世纪教育理念创新与实践创新的代表,起源于大学,并以世界一流大学作为发展的基石和平台不断开拓创新,推广传播,最终席卷全球,引起了传统教育形式和高等教育大众化的新一轮革命。

3. 世界一流大学推动终身学习理念深入人心

近年来,终身学习(Life-long learning,LLL)成为教育领域的另一重要创新。终身学习强调学习并不局限于童年的时间阶段和教室的空间区域,不应当给予"学习"任何时空限制,学习应当"始终贯穿于整个生活和生命中的各种情况之下"③。终身学习的概念来源于莱斯利·沃特金斯(L. Watkins),并由加州州立大学洛杉矶分校的克林特·泰勒(C. Taylor)教授于 1993 年开始使用④。随后,终身学习的概念在世界范围盛行起来,世界一流大学首先将其投入实践。英国的华威大学、约克大学、爱丁堡大学以及美国的犹他大学、华盛顿大学、卢森堡大学等一大批研究型大学纷纷建立起终身学习中心或开展终身学习项目⑤。

日本的终身学习体系同样颇具特色。值得指出的是,日本的研究型大学是其终身学习实施机构中非常重要的组成部分。20 世纪 70 年代以后,东京大学等日本顶尖高校纷纷设立终身学习研究室⑥,并不断扩大开放程度,不但设立"大学终身学习中心",广泛开设公共讲座⑦,而且通过实施"成人特别选拔制度"、开设函授班、推广教育班、建立特殊培训学院⑧等多种形式,努力为日本社会成员提供更高质量的终身学习机会,推动可持续发展教育⑨的实现。

---

① 王旅,陈亦兵.深入认识 MOOCs 的特点及教学变革[J].计算机光盘软件与应用,2015(3):193 - 194,197.
② 陈丽,林世员.MOOCs"飓风"现象的冷思考[J].现代远距离教育,2014(3):3 - 7.
③ TOUGH A. The Adult's Learning Projects, A Fresh Approach to Theory and Practice in Adult Learning[M]. Canada: Ontario Institute for Studies in Education, 1979: 1.
④ 注:几乎同时开始使用"终身学习"这一理念的还有加利福尼亚坦普尔城联合学区所长 1993 年的使命宣言.
⑤ 朱敏,高志敏.终身教育、终身学习与学习型社会的全球发展回溯与未来思考[J].开放教育研究,2014(1):50 - 66.
⑥ 陆素菊.实现可持续发展:终身学习时代的教育重构——访东京大学牧野笃教授[J].开放教育研究,2015(2):4 - 15.
⑦ 高向杰.日本终身学习质量保障机制研究及启示[J].中国电化教育,2017(7):47 - 52.
⑧ 王留栓.颇具特色的日本终身学习体系[J].南昌职业技术师范学院学报,1996(2):52 - 54.
⑨ 钱丽霞.联合国可持续发展教育十年的推进战略与实施建议[J].全球教育展望,2005(11):11 - 16.

在世界一流大学的推动和努力之下，终身学习这一创新型教育理念从被提出伊始得以不断丰富和发展，并最终在世界范围内得到广泛认同和关注，间接促进了世界教育改革和创新。

三、经济创新的关键是世界一流大学

经济创新(Economic Innovation)是经济学意义上的一个重要概念，由哈佛大学的约瑟夫·熊彼特(J. Schumpeter)教授提出，指的是经济领域内知识、制度与政策、技术与企业生产以及环境与系统等一系列创新[①]。在知识经济时代，经济创新在各个环节均呈现出愈加重要的趋势，而世界一流大学作为人才和知识生产的集中地[②]，对世界范围内的经济创新起到了关键作用。

1. 一流大学对经济创新的直接影响在于研究成果转化

随着社会的发展，大学逐渐走出"象牙塔"，曾经占统治地位的个人学术研究转向"大科学"(Big Science)，尤其是世界一流大学，同时承担着知识发现和转化的重任，充分发挥着自身的智力和人才优势，将科技创新与科研成果向经济应用开发层面转移，"世界一流大学的研究成果经过科技成果转化，变成了社会不可或缺的消费品"[③]。有研究表明，在美国，由麻省理工学院教师和毕业生独立创办的，或是通过该校转让专利许可建立的企业总数已经超过4 000个，其中超过八成是以知识创新为基础的高新技术产业[④]。

在促进校企联合，发挥其"双重整合"效应方面，美国联邦政府也出台了多项法案。在政府政策的大力推动下，斯坦福大学工程学院院长弗雷德里克·特尔曼(F. Terman)首先提出，要鼓励大学教授和学生在进行学术研究的同时，重视学术成果向商业产品的转化，以推动地区经济的发展。1951年，他将大学的土地租给高科技公司创办工业园区，这一行动奠定了日后"硅谷"(Silicon Valley)的形成基础[⑤]。在英国，政府也将世界一流大学视为经济创新和改革的根本基点

---

① BJORN J. Cities, systems of innovation and economic development[J]. Innovation：Management, Policy & Practice, 2008 (2/3)：146 - 155.
② 马万华.全球化时代的研究型大学——美英日德四国的政策与实践[M].北京：教育科学出版社，2013：4.
③ SLAUGHTER S. LESLIE J L. Academic Capitalism：Politics, Policies, and the Entrepreneurial University[M]. Baltmore：John Hopkins University Press, 1997.
④ 驻纽约总领事馆教育组.研究型大学是国家经济创新的主要力量[J].世界教育信息，2000(4)：14 - 16.
⑤ 蒲实，陈赛等.大学的精神[M].北京：中信出版集团，2017：128.

和有力推手,20世纪80年代以来的"剑桥现象"(The Cambridge Phenomenon)①也再次证明了世界顶尖高校在经济创新中的重要作用。目前,剑桥科技园区拥有大约1 000个科技与生物技术公司,聚集超过4万人在此工作②,剑桥"硅地"(Silicon Fen)③已然成为欧洲最大的高科技工业聚集区,成为信息技术、电子与计算机技术、生命科学技术、生物医学技术等领域科技创新与产业革命的助推器④。以剑桥大学为轴心建立起科技创新集群,将大学对于知识的创造、传递和应用的职能自觉与国家需要、国家利益紧密联系起来,为国家产业的发展提供了卓越的智力资源和极具竞争力的产业技术。这不仅有利于不断催生出各类高新技术产业,提升英国各产业部门的竞争力、生产力和创新能力,而且还为英国的科技进步和经济增长注入了新鲜血液,促进了国家的进步与发展⑤。

2. 一流大学对经济创新的间接影响在于高等教育出口

20世纪80年代以来,各国政府开始把高等教育当作一项重要的服务出口产业向全世界推广,教育出口与输出明显表现出强烈的经济利益诉求,各国纷纷出台各项经济和教育政策,努力开拓留学生市场、扩大国际教育规模⑥。相关研究表明,教育出口已经成为世界上增长速度最快的服务出口产业⑦。

在目前知识和教育日益全球化的新形势下,世界一流大学对于经济创新的间接影响则着眼于将输出高等教育作为拉动经济增长、促进经济创新的重要手段,这一影响主要出现在澳大利亚、英国、美国等发达国家。

在澳大利亚,高等教育出口已然成为该国GDP增长的重要支撑产业之一。澳大利亚联邦教育部的最新调查数据显示,2016年有超过55万的全费留学生在澳就读,与2015年相比增长率超过10%,其中,高等教育阶段的留学生占

---

①　注:"剑桥现象"最早由佩塔·利维(Peta Levi)于1980年11月在《金融时报》(*Financial Times*)的一篇文章中使用,这一术语用于描述自1960年以来发生在英国剑桥市的技术、生命科学和服务公司的惊人的爆炸性发展。

②　Cambridge Phenomenon. The Cambridge Phenomenon[EB/OL]. [2018 - 01 - 01]. http://www.cambridgephenomenon.com/phenomenon.

③　注:剑桥科技园的别称,因其类似于美国斯坦福大学附近的"硅谷"而获得。

④　范旭,李佳晋.卡文迪许实验室的协同创新实践及其对我国高校的启示[J].科技管理研究,2014(20):79 - 83,93.

⑤　王慧颖.社会转型期的剑桥大学改革[D].长春:吉林大学,2007:29.

⑥　马万华.全球化时代的研究型大学——美英日德四国的政策与实践[M].北京:教育科学出版社,2013:84.

⑦　贺默修.对华教育出口对澳大利亚服务业GDP的影响研究[D].北京:北京交通大学,2015.

43%，比重最大①。在英国，据英国文化协会(British Council)2010 年的初步估计，留学生每年对英国的经济贡献至少达到 80 亿英镑，2014～2015 年度，国际学生更是为英国创造了总计 258 亿英镑的经济利益②。在美国，教育在服务贸易顺差行业中排第四位，众多外国学者和留学生进入美国高校，为美国高等教育带来了数量可观的学费收入。有研究发现，留美学生约占全球留学生总人数的 30%，仅 2006～2007 学年度，在美留学生的总支出就已经超过了 200 亿美元③。

据 2017 年 11 月美国国际教育协会(Institute of International Education, IIE)发布的 2017 年"门户开放"国际教育报告(Open Doors 2017)的数据显示，2016～2017 学年全球赴美留学生数量接近 108 万人，50% 来自中国和印度，其中，纽约大学、南加州大学和哥伦比亚大学三所一流大学录取的国际留学生最多④，美国的顶尖名校成为众多留学生的首选之地。与之相似，英国的罗素大学集团⑤、澳大利亚的 G8 联盟⑥也同样成为国际学生争先前往的高等教育殿堂。

世界一流大学以其直接影响或间接辐射，为各国的经济创新提供了立足点。研究型大学通过科技成果转化促进了世界经济结构的根本性变革，推动了高新技术产业的不断革新和发展；世界顶尖大学则以其卓尔不群的教育魅力和教学质量"征服"了来自世界各地的留学生，为发达国家提供了巨大的财力支持。

四、国防创新的关键是世界一流大学

国家军事科学的进步和发展与世界一流大学息息相关，当今各国通过与大学签订国防和军事研究合同，或与研究型大学共同运营国家实验室等不同的方

① 邱旻玮.国际教育成澳大利亚第四大出口产业[J].上海教育，2017(17)：48-49.
② Oxford Economics. The economic impact of international students[R/OL]. (2017-03-06)[2018-01-02]. http://www.universitiesuk.ac.uk/policy-and-analysis/reports/Pages/briefing-economic-impact-of-international-students.aspx.
③ 郭秀晶，周永源.促进高等教育境外消费出口政策的国际比较与启示[J].比较教育研究，2009(12)：86-90.
④ Institute of International Education. 2017 Open Doors' Data about internation students[EB/OL]. [2018-01-07]. https://www.iie.org/Research-and-Insights/Open-Doors/Data/International-Students.
⑤ 注：罗素大学集团(The Russell Group)，由英国最为顶尖的 24 所研究型大学组成的高校联盟。
⑥ 注：澳洲大学八校联盟(G8)，是指澳大利亚最顶尖的 8 所大学所组成的高校联盟。

式,将世界一流大学作为提升国家国防硬实力的重要资源,同时也以世界一流大学为媒介,通过推动文化输出、促进文化认同等方式增强国家的"软性"国防力量。

1. 世界一流大学承担提升国防硬实力的职能

研究型大学是美国国防基础研究的主要基地,是美国军事科技发展的重要战略资源。美国政府与世界一流大学的军事合作主要有两种形式——在高校内部建立国家实验室和以合同形式委托大学进行军事研究开发。全美 60% 的国防基础研究都是由研究型大学负责完成的,其中包括许多关键性国防技术研究,如雷达和原子弹等一批对二战胜利起到决定性作用的重大原创性军事技术,对于保障美国的技术领先和军事实力具有重要影响[1]。

第一,在世界一流大学内部建立国家实验室。 联邦政府通过与世界一流大学合作,推动本国军事科学的进步和国防实力的进一步发展。美国的国家实验室多成立于二战和冷战期间,严格遵循"任务导向"原则[2],服务战时需要。纵观美国国家实验室的演变历史,国防科研任务是其国家实验室诞生的需求根源和发展主脉[3]。建立于 1943 年的洛斯阿拉莫斯国家实验室(Los Alamos National Laboratory, LANL)隶属于美国能源部,2006 年以前由加州大学负责管理运行,该实验室的主要职责是确保国家核安全,其作为曼哈顿计划(Manhattan Project)的 Y 场地[4],研制出了世界上第一颗原子弹,加速了二战结束的步伐。战后,该实验室作为美国三个核研究机构之一,在冷战时期支持着美国核威慑的国防政策[5]。另外,成立于 1951 年的林肯实验室(Lincoln Laboratory)由美国国防部(Department of Defense, DoD)资助,是隶属于麻省理工学院的国家实验室,其根源可追溯至二战期间研制出雷达的麻省理工学院物理系辐射实验室。林肯实验室致力于解决国家安全方面的关键性问题,以国防安全作为主要研究方向,承担着包括空间控制、空中导弹和海上防御、通信系统、情报、监视和侦察系统等多个领域的国防科研项目,自 1951 年以来,林肯实验室的技术人员已获

---

① 刘璐,朱东华,胡望斌.美国大学国防基础研究状况及启示研究[C].国防科技组织创新与装备费用管理高级研讨会,2005.
② 黄维.强强联合:国家实验室支撑"双一流"[N].文汇报,2017 - 04 - 28(6).
③ 施云燕,李政.简析美国国家实验室的布局和管理[J].全球科技经济瞭望, 2016(4): 69 - 76.
④ 注:最初因保密原因对外称 Y 场地。
⑤ Los Alamos National Security. History of the Los Alamos National Laboratory[EB/OL]. [2018 - 01 -02]. http://www.lanl.gov/about/history-innovation/index.php.

总共 800 余项国家级研发专利①。

第二，世界一流大学接受政府委托进行军事研究。二战时期，在麻省理工学院范内瓦·布什（V. Bush）教授的建议下，美国国家防务研究委员会（The National Defense Research Committee, NDRC）于 1940 年成立，该研究机构由军方工业和一流大学学者进行合作，从事军事科学方面的研究。NDRC 的主要任务是协调、管理和开发战时武器，包括雷达和原子弹的研究。其在存续的一年间先后签订了 200 多个军事科研合同，最主要的合作伙伴是美国 111 所顶尖研究型大学。

1941 年，科学研究与发展办公室（Office of Scientific Research and Development, OSRD）成立并取代 NDRC，范内瓦·布什教授任 OSRD 主任，负责管理"曼哈顿计划"②，进行原子弹等武器研究。OSRD 从一流大学中雇用了大量科学家参与研究工作，这些科研人员发明和制造了包括原子弹在内的 200 多种新型武器，为美国赢得二战提供了非常必要的军事条件③。

随后，美国海军研究办公室（The Office of Navel Research, ONR）于 1946 年成立，其主要任务是从事海洋科学研究，培养未来的海军人才，提升美国的海上军事实力。ONR 从成立之日起，就先后与美国 81 所一流大学签订了 177 个研究合同，建立了 600 多个科研课题④。同年 8 月，美国原子能委员会（The United States Atomic Energy Commission, AEC）成立，其主要任务是解决二战后核能的和平使用及相关技术问题，同样，美国的研究型大学承担了 AEC 的大量研究项目⑤。

2. 世界一流大学承担提升国防软实力的职能

国防硬实力会随着社会生产力和科学技术的发展得到有效提升，文化软实力则以其超越时空的稳定性和持久力，成为国防诸要素中最具稳定性的战略要

---

① Massachusetts Institute of Technology. MIT Lincoln Laboratory Facts 2016 - 2017[EB/OL]. [2017 - 10 - 28]. http://www.ll.mit.edu/publications/MITLL_FactsBook_2016.pdf.

② 注：指美国陆军部于 1942 年 6 月开始实施的利用核裂变反应来研制原子弹的绝密计划，代号为"曼哈顿"。

③ 马万华.全球化时代的研究型大学——美英日德四国的政策与实践[M].北京：教育科学出版社，2013：50.

④ 马万华.全球化时代的研究型大学——美英日德四国的政策与实践[M].北京：教育科学出版社，2013：51.

⑤ BUCK A. The Atomic Energy Commission[R/OL]. (1983 - 07)[2018 - 01 - 07]. https://energy.gov/sites/prod/files/AEC%20History.pdf.

素①。尤其在和平年代,提高国际交流能力,加强对外话语体系建设,构筑国防文化更显迫切。在这一方面,美国世界一流大学的实践具有借鉴意义。

1958 年 8 月,美国国会通过了《国防教育法案》(*The National Defense Education Act*),主要目标是促进美国高等教育中科学、数学和现代语言教育的发展,此法案的签署将美国国防安全发展与一流大学紧紧联系在一起。以耶鲁大学为例,为了实现《国防教育法案》的实施目标,耶鲁大学于 20 世纪 50 年代末开始调整课程设置,大量增加现代外语和文化课程,重视亚洲及中东国家的语言和文化研究,还专门加入了中国、俄罗斯和日本等国的相关研究内容②。耶鲁大学为实现《国防教育法案》所强调的高等教育"外国语教学"和"区域研究"的发展目标做出的实践,增进了美国对于发展中国家的政治、经济、文化和社会环境的深度了解,为接下来美国进一步提高美国文化输出的影响力,实施以发展中国家为对象的政治策略打下了坚实的基础。

与此同时,美国也一直通过各种形式促进其"美国文化"向世界各国的输出,把文化影响力的增强作为重要向度,其中最负盛名的应当是"富布莱特计划"(Fulbright Program)的实施。"富布莱特计划"服务于美国文化的扩张,包含多个层面的学术资助项目,其中"富布莱特学者计划"(Fulbright Scholar Program)通过资助美国本土学者前往世界各国进行教育交流和学术演讲,加强了对访问国意识形态和价值体系的渗透③。2010 年迄今的富布莱特学者名单显示,大部分的美国学者来自世界一流大学④。另外,巨额的高等教育出口也带来了数量众多的国际留学生,这些来自世界范围内的人才在美接受高等教育的首选之地便是美国的顶尖高校。通过美国大学的高等教育及其国际化的影响,许多来自海外的一流人才对美国的本土文化和价值观产生了高度的认同感,从而降低了其可能对美国国防安全造成威胁的隐忧。

---

① 惠建林.彰显国防文化的时代魅力[EB/OL].[2017-11-26].http://mil.news.sina.com.cn/2014-07-30/0500792799.html.
② 马万华.全球化时代的研究型大学——美英日德四国的政策与实践[M].北京:教育科学出版社,2013:46-48.
③ 孙大廷,孙伟忠.美国高等教育国际化政策的文化输出取向——以"富布赖特计划"为例[J].黑龙江高教研究,2009(5):53-55.
④ The Council for International Exchange of Scholars. Fulbright Scholar Directory[EB/OL]. [2018-01-07]. https://www.cies.org/fulbright-scholars? field_scholar_type_tid%5B0%5D=1&field_first_name_value=&field_last_name_value=&field_field_of_study_term_tid=All&title=&field_project_title_value=&title_1=&field_grant_dates_value%5Bvalue%5D%5Bdate%5D=&field_grant_dates_value2%5Bvalue%5D%5Bdate%5D=&field_subfield_of_study_tid=All&order=field_title_1&sort=asc.

第三节　世界一流大学成功建设的
关键是重点建设

一、领跑者：主要发达国家

1. 德国[①]

1) 德国大学重点建设计划的实施背景

德国高等教育历史悠久，其"教学与科研相统一"的洪堡理念更是对世界高等教育的发展产生了深远影响。尽管如此，当人们谈及世界顶尖大学时，一般很少会在哈佛、耶鲁、牛津、剑桥等一连串名字以外立即枚举出一两所德国大学。此外，由于德国的大学通常只存在建校历史或规模大小的差异，而不区分重点与非重点，因而其高等教育缺乏竞争机制，难以激发大学的活力。这些问题都促使德国政府设立"卓越计划"（Exzellenzinitiative），打造一支"日耳曼常春藤联盟"。

2) 德国大学重点建设计划的概况

"卓越计划"的资助包括博士生院（Graduiertenschulen）、卓越研究集群（Exzellenzcluster）、高校顶尖研究的未来理念（Zukunftskonzepte zum projektbezogenen Ausbau der universitren Spitzenforschung）三个方面。博士生院，旨在提升青年后备科研人员的实力，通过结构化的博士生培养模式，帮助他们掌握专业知识，提高研究能力和职业发展的技能；卓越研究集群，旨在发掘大学的研究潜力，扩大德国大学的科研网络与科研合作，从而促进大学与大学、大学与校外科研机构开展持续的科研合作；高校顶尖研究的未来理念，又称"卓越大学"，以大学为单位进行资助，旨在增强德国顶尖大学各自强势学科的实力，提升其国际竞争力。2005～2017 年间，德国联邦政府向"卓越计划"投入了 46 亿欧元，分为 I 期（2005～2012 年，19 亿欧元）和 II 期（2012～2017 年，27 亿欧元）两个开展阶段，其中，联邦政府出资 75％，各州州政府承担其余 25％的经费（见图 1－3）。

---

① 注：德国的个案作为本课题的阶段性成果已公开发表。详见：朱佳妮.追求大学科研卓越——德国"卓越计划"的实施效果与未来发展[J].比较教育研究,2017(2)：46－53.

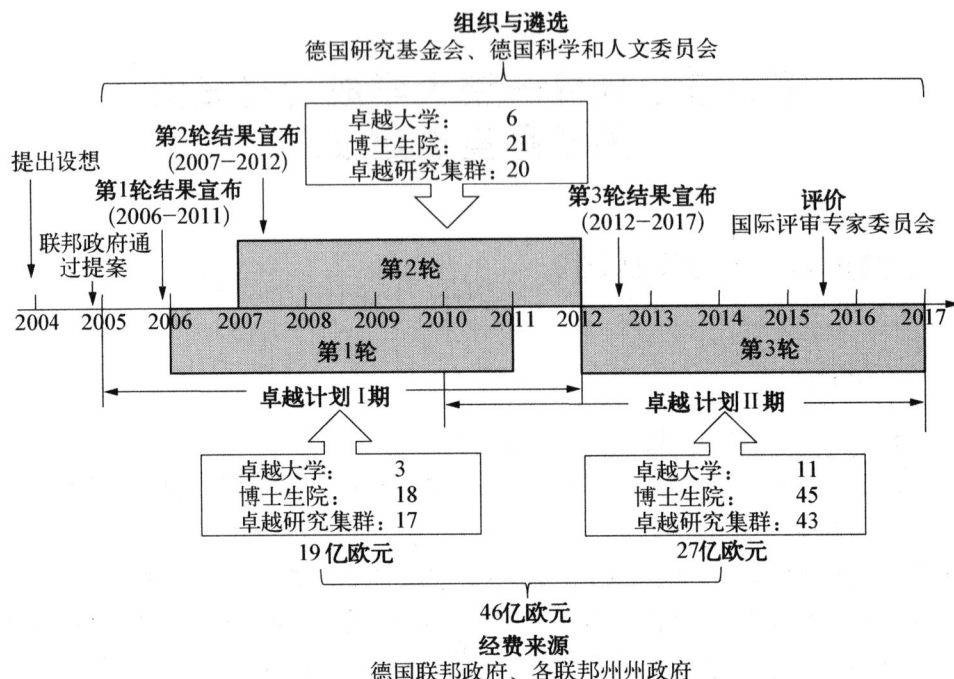

图 1-3　德国大学重点建设计划的实施概况

3) 德国大学重点建设计划的实施效果

2016 年 1 月,国际评审专家委员会[①]从入学分化、大学治理、学生数量和教学质量、科研后备人才、大学在科研体系中的融合以及国际化六个方面对"卓越计划"实施前后进行了比较并形成报告。结合这一报告及相关的实证数据,对"卓越计划"的实施效果进行回顾。

第一,为德国大学注入科研活力,增加科研论文的发表数量。随着"卓越计划"以及联邦/州政府相关资助项目的陆续实施,近年来德国研发的总体投入有所加强,及时扭转了德国研发经费停滞不前、研发能力不足的颓势。自 2005 年以来,德国研发经费占 GDP 的比例持续平稳增长,2013 年接近 3%,逐步缩小了与日本、瑞典和芬兰等国的差距。最新数据显示,2015 年德国联邦政府的研发投入为 149 亿欧元,相比 2005 年增加了 65%[②]。同时,作为衡量大学科研能力

---

① 注:德国政府委托国际评审专家委员会(Internationale Expertenkommission zur Evaluation der Exzellenzinitiative, IEKE)对"卓越计划"近 10 年来的实施情况进行综合评价。

② BMBF. Mehr Geld für Forschung und Entwicklung2015[EB/OL]. https://www.bmbf.de/de/mehr-geld-fuer-forschungund-entwicklung-1167.html. 2016-03-20.

重要标准的第三方经费，其占大学获得研发任务的比例也由 2000 年的 36.0％上升至 2012 年的 48.9％①。在充沛的科研经费支持下，德国大学论文的发表情况也得到显著提升。通过文献检索发现，2003～2006 年，德国发表的科研论文为 277 450 篇，而 2008～2011 年升至 337 943 篇，提高了 21.8％。此外，德国高被引论文数占全球高被引论文总数的比例也有所提高，从 2003～2006 年的 13.4％提升至 2008～2011 年的 14.4％②。

第二，激发德国大学的竞争文化和机制，促进德国大学的分化。 随着"卓越计划"的实施及"联邦和各州高等学校协定"和"科研与创新协定"等高等教育政策的落实，德国各所大学在科研人员、科研经费和学者交流等方面确实出现了一定的分化。

在科研人员力量方面，获得"卓越计划"资助的高校科研人员占德国各类高校总人数的 2/3。综合型大学中获得"卓越计划"资助的 45 所大学共有科研人员 147 924 人（占 65.7％），其中教授 16 677 人（占 38.0％），未获得"卓越计划"资助的高校有学术人员 41 963 人（占 18.6％），其中教授 6 882 人（占 15.7％），其他类型高校有学术人员 35 228 人（占 15.6％），其中教授 20 303 人（占 46.3％）。

在科研经费方面，获得"卓越计划"资助的大学得到的第三方经费占德国各类高校总经费的 3/4。2012 年度，获得"卓越计划"资助大学的各类竞争性经费——德国研究基金会（DFG）的科研经费数（占 86.6％）、联邦政府的研发经费数（占 73.2％）以及欧盟研发经费数（占 85.7％）都占有绝对优势。

在国际学者交流项目方面，如图 1-4 所示，获得"卓越计划"资助的大学吸引到更多国际优秀的学者，具体来看，通过洪堡基金会、德意志学术交流中心和欧洲研究委员会项目吸引到国际学者人数分别为 4 011 人（占 87.7％）、28 468 人（占 76.5％）和 395 人（占 92.7％），远远高于未获得"卓越计划"资助的大学或其他类型的高校③。

第三，打破制度壁垒，促进高校与校外科研机构开展持续紧密的合作。 尽

① HORNBOSTEL S,MÖLLER T. Die Exzellenzinitiative und das Deutsche Wissenschaftssystem：Eine Bibliometrische Wirkungsanalyse［R］. Berlin-Brandenburgische Akademie der Wissenschaften（BBAW），2015：43-44.
② HORNBOSTEL S, MÖLLER T. Die Exzellenzinitiative und das Deutsche Wissenschaftssystem：Eine Bibliometrische Wirkungsanalyse［R］. Berlin-Brandenburgische Akademie der Wissenschaften（BBAW），2015：43-44.
③ 注：在德国，除大学（Universitäten）外，其他类型的高校还有应用技术大学（Fachhochschule）、音乐学院、师范院校等。

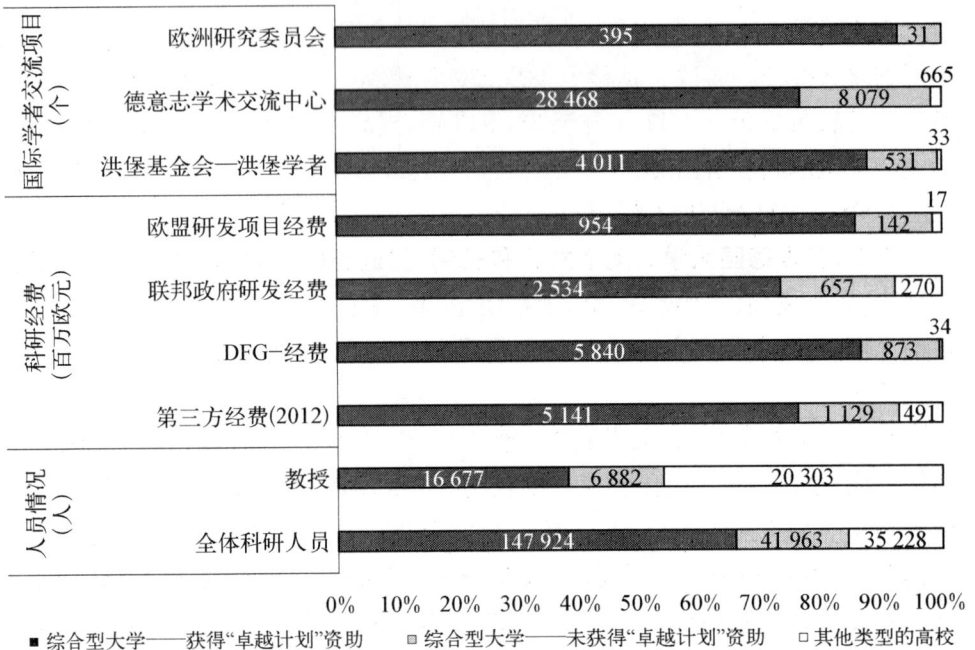

图 1-4　获得"卓越计划"资助与未获得"卓越计划"资助的高校
在科研人员、科研经费和学者交流上的比较

注：此处为 DFG 统计的第三轮"卓越计划"资助获得的情况(2012～2017)。

管德国大学和校外科研机构历来都有合作，但由于两者的职能与属性不同，更多时候是各司其职，彼此间难以建立紧密的合作。在这一背景下，"卓越计划"要求德国大学与校外科研机构联合申请"卓越研究集群"，从制度上打破大学与校外科研机构双方合作的壁垒。经过十年的努力，大学与校外科研机构的合作有了一定的改善。其中，双方共同发表科研论文是验证合作成果的重要形式之一。有研究者对比了"卓越计划"实施前(2003～2006)后(2008～2011)德国大学与四大校外科研机构合作发表科研论文的情况。结果显示，双方合作发表科研论文的数量和高被引论文的数量占各自所在机构发表论文的比例均有所提高(见图 1-5)[①]。

①　HORNBOSTEL S, MÖLLER T. Die Exzellenzinitiative und das Deutsche Wissenschaftssystem: Eine Bibliometrische Wirkungsanalyse [R]. Berlin-Brandenburgische Akademie der Wissenschaften (BBAW), 2015: 43-44.

60.0%

50.0%

40.0%

▨ 2003—2006
■ 2008—2011

30.0%

20.0%

10.0%

0.0%

4.3% 5.2%　7.1% 8.7%　4.6% 6.3%　6.5% 9.2%　2.4% 3.3%　2.9% 4.0%　0.5% 0.9%　0.6% 0.9%

29.6% 36.9%　29.7% 38.9%　39.2% 48.5%　43.1% 54.7%　39.8% 47.3%　41.9% 51.4%　37.9% 48.5%　43.1% 56.3%

马普学会-论文总数　马普学会-高被引　亥姆霍兹联合会-论文总数　亥姆霍兹联合会-高被引　莱布尼茨协会-论文总数　莱布尼茨协会-高被引　弗劳恩霍夫协会-论文总数　弗劳恩霍夫协会-高被引

马普学会-论文总数　马普学会-高被引　亥姆霍兹联合会-论文总数　亥姆霍兹联合会-高被引　莱布尼茨协会-论文总数　莱布尼茨协会-高被引　弗劳恩霍夫协会-论文总数　弗劳恩霍夫协会-高被引

合作论文、高被引论文占
大学论文发表的比例

合作论文、高被引论文占
四大科研机构论文发表的比例

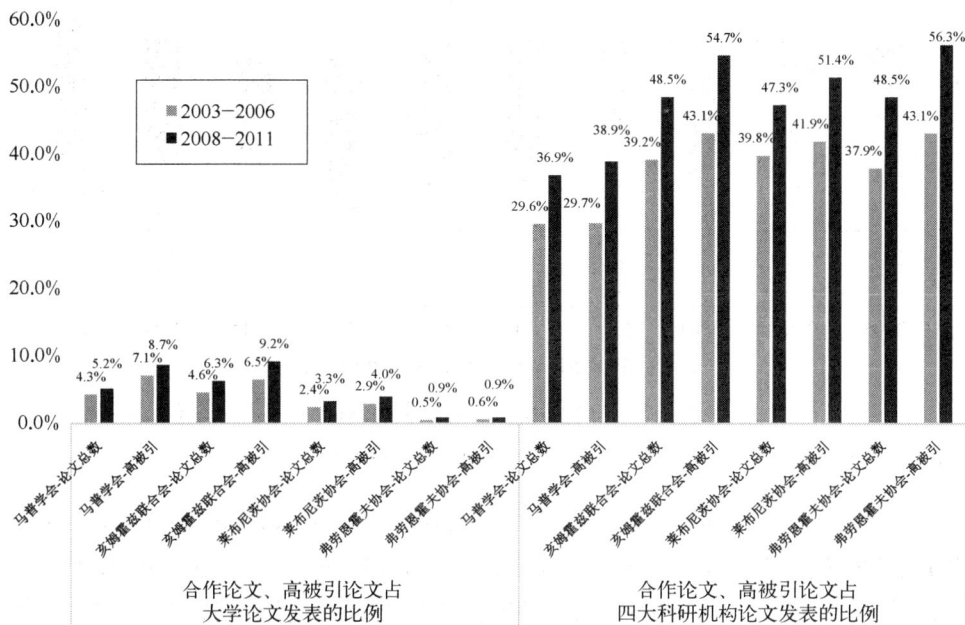

图 1-5　合作论文、高被引论文占大学与四大校外科研机构发表论文的比例

第四，世界大学排名表现有所提高，引领欧洲大学的"卓越计划"潮流。"卓越计划"的重要目标之一是提升德国大学整体科研水平和学术声誉。实施"卓越计划"后，德国大学在四大世界大学排名①中的表现均有所提高。以"世界大学学术排名"(Academic Ranking of World Universities, ARWU)为例，尽管近年来进入前 200 名的德国大学数量保持在 13～14 所，但逐步有 1～2 所大学挤入前 50 名(见图 1-6)。此外，以泰晤士高等教育世界大学排名(Times Higher Education World University Rankings, THE)为例，2010～2011 年度，德国大学的最高排名为第 43 名，而 2014～2015 年度和 2015～2016 年度提升至第 29 名，且进入前 100 名高校的数量由 2010～2011 年度的 3 所提高至 2015～2016 年度的 9 所。尽管美国与英国在四大世界大学排名的表现依然卓著，但实施"卓越计划"后，德国大学的国际排名确实有所提升。

鉴于德国"卓越计划"前期取得的良好国际反响，许多欧洲国家也竞相效仿，推出了各自的卓越计划，例如，法国的"卓越大学计划"(Initiatives d'Excellence,

---

① 注：目前四大权威的世界大学排名包括："世界大学学术排名"(Academic Ranking of World Universities, ARWU)、"QS 世界大学排名"(QS World University Rankings, QS)、"泰晤士高等教育世界大学排名"(Times Higher Education World University Rankings, THE)和《美国新闻与世界报道》世界大学排名"(U.S. News & World Report Best Global University Ranking, USNWR)。

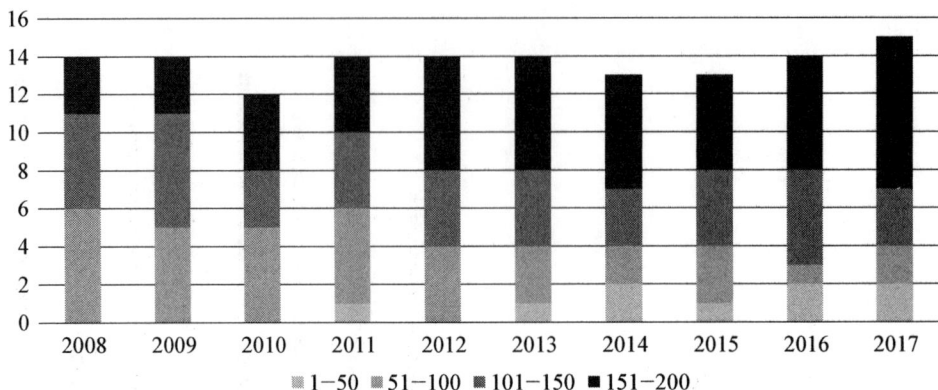

图 1-6　德国大学在世界大学学术排名前 200 名的表现(2008～2017)

资料来源: Academic Ranking of World Universities (ARWU)。

IDEX)、西班牙的"国际卓越校院计划"(International Campus of Excellence, CEI)、俄罗斯的"5-100 计划"(Project 5-100)等针对大学层面的"卓越计划";与此同时,针对研究团队层面,各国相继推出了"卓越中心"计划,如芬兰的"研究卓越中心"(Centres of Excellence in Research)、挪威的"卓越中心"(Centres of Excellence)、丹麦的"卓越中心"(Centers of Excellence)、波兰的"卓越国家研究中心"(Leading National Research Centres)等,都旨在提升各自国家的科研水平。

2. 日本

1）日本大学重点建设计划的实施背景

随着 20 世纪 80 年代末泡沫经济的崩溃,日本经济长期处于萎靡不振的状态,政府对科学技术研究经费的投入急剧下降。为了缩短与美国在科技上的差距,日本政府在"科技立国"战略的基础上,于 20 世纪 90 年代初提出了"科学技术创造立国"的政策[①];此外,随着日本政府与社会对大学的国际地位和竞争力寄予更高的期望,当时的文部省[②]借鉴欧美的相关科研指标与学生培养指标,对日本高等教育的发展提出了新的目标[③]。其中,卓越中心计划(Centers of Excellence, COE)是日本核心科技政策之一。

2）日本大学重点建设计划的概况

自 1995 年开始,日本先后启动实施系列卓越中心计划,即 1995 年的"COE

---

① 徐世刚,肖小月.浅析日本的科技立国战略[J].当代亚太,1999(11): 38-42.
② 注: 2001 年后改为"文部科学省"。
③ 徐小洲,王家平.卓越与效益——大学重点发展战略研究[M].杭州: 浙江教育出版社,2007.

基地建设计划"、2002 年的"21 世纪 COE 计划"及 2007 年的"全球 COE 计划"(见图1-7)①。

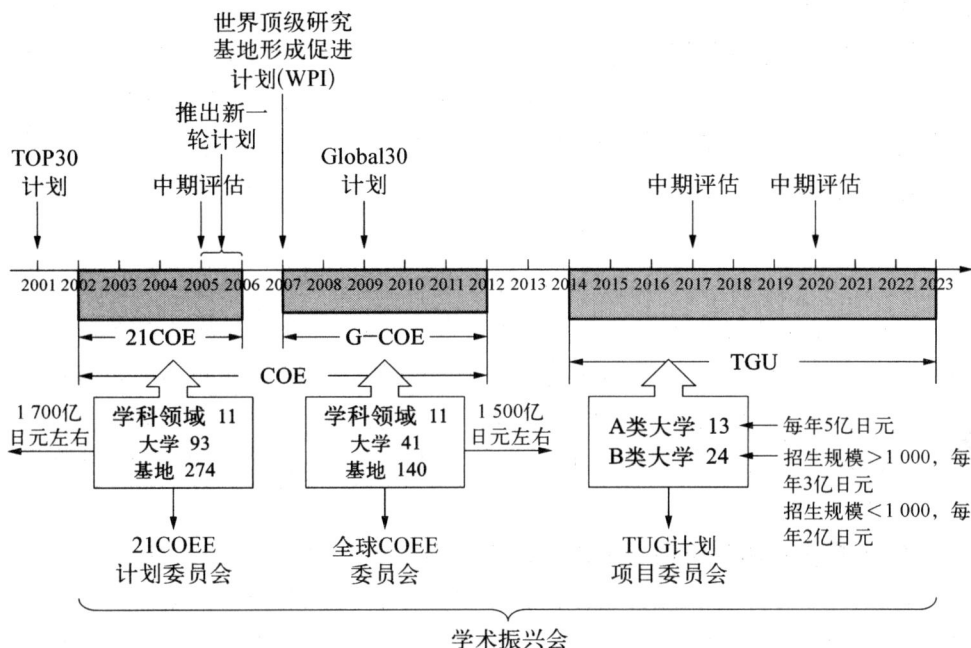

图 1-7 日本大学重点建设计划的实施概况

2001 年,日本政府从全国选取了 30 所重点高校作为资助对象,即"TOP30 计划",后由于各界的反对,2002 年文部科学省终止这一称谓,将其改为"21 世纪 COE 计划"②。"21 世纪 COE 计划"的宗旨是引入第三方评价制度,形成竞争机制,对国立、公立和私立大学的顶尖学科及领域进行重点资助,建立一批卓越的学术研究中心和学科基地,以推动和提升日本高校的国际竞争力,并形成若干世界高水平大学。

2007 年,日本文部科学省(Ministry of Education, Culture, Sports, Science and Technology,MEXT)启动了新一轮卓越计划——"全球 COE 计划"(G-COE),旨在加强和提升日本大学院的教育和科研水平,培养具有高度创造性的年轻研究者,以期成为日本相关领域的未来领军人物③。与"21 世纪 COE 计划"不同,"全球 COE 计划"更加注重国际化,科研经费的资助额度有所增加,申请项

① 车旭.中日韩"世界一流大学建设工程"差异性比较研究[D].长春:吉林大学,2017.
② 左雪丽.日本"21 世纪 COE 计划"研究[D].长春:吉林大学,2009.
③ 赵俊芳,姜检平.日本"COE 计划"的阶段演进及制度实践[J].清华大学教育研究,2013(6):100.

目的淘汰率也有所增加①。

2014 年,日本推出"顶尖全球大学"项目(Top Global University Project, TGU),旨在提升日本高等教育的国际兼容性与竞争力。通过向顶尖大学和高质量的创新型大学优先提供支持的方式,引领日本大学的国际化。"顶尖全球大学"项目的资助时间为期 10 年②,分为 A、B 两类资助对象。其中,A 类资助未来有潜力冲击世界大学排名前 100 名的世界一流大学,B 类资助引领日本社会走向国际化的创新型大学。

3) 日本大学重点建设计划的实施效果

"21 世纪 COE 计划"对日本高校具有深远的影响和意义。有研究者认为,日本的重点建设计划培养了一批顶尖科研人才,提高了大学科研水平和国家整体科研实力,促进了大学目标定位的明确化,增强了产业竞争力③。当然,这一系列的重点建设计划由于采取了"倾斜式"资助的方式,将建设资金集中于国立大学,因而也在一定程度上拉大了日本国立、私立和公立大学间的差距,不利于高等教育的平衡发展④。

第一,提高日本科研创新实力。日本不断推动大学重点建设的初衷是提升高校的教育、科研水平,促进顶尖科研人才的培养。诺贝尔奖作为体现一个国家科技实力的重要象征之一,在日本一系列的大学重点建设实施十多年来,多位日本学者在物理、化学及生命科学领域获得诺贝尔奖⑤,获奖人数超过了此前半个世纪日本学者获奖数量。

第二,日本大学在国际排名略有下降。进入全球前 200 名高校的数量出现一定的下降。图 1-8 以 2007～2017 年的世界大学学术排名为例,日本大学最好的排名相对比较稳定,但排名在前 100 名的大学数量却有所减少,2007 年有 6 所,至 2017 年仅剩 3 所,数量减少了一半(见图 1-8)。无独有偶,在THE 排名中,日本只有 2 所大学进入前 100 名,且近年来的最高排名下降幅度比较大,2014 年、2015 年曾达到过第 23 名,而在 2016 年和 2017 年下降至第 43 名和第 39 名。

---

① 姜检平.日本"COE"——卓越中心计划研究[D].长春:吉林大学,2013.

② 日本学术振兴会. The Top Global University Project[EB/OL]. [2018-01-19]. https://www.jsps.go.jp/english/e-tgu/index.html.

③ 徐小洲,王家平.卓越与效益——大学重点发展战略研究[M].杭州:浙江教育出版社,2007.

④ 徐世刚,肖小月.浅析日本的科技立国战略[J].当代亚太,1999(11):38-42.

⑤ 注:截止 2017 年,日本已有 22 人荣获诺贝尔自然科学奖(含两名日裔美籍物理学奖得主)。除 5 人外,其他 17 人都是在进入新世纪后获奖的。

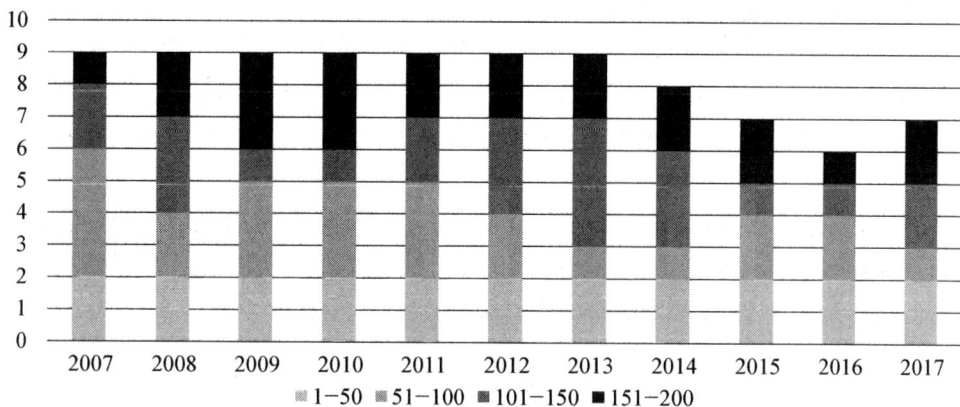

图 1-8 日本大学在世界大学学术排名(ARWU)中的表现(2007～2017)

3. 法国

1) 法国大学重点建设计划的实施背景

与德国相仿,法国崇尚均等主义,因此其大学在地位和质量上也并无等级差异。法国高等教育体系由高等专业学院(grande école)和综合大学(université)组成,科学研究很大比例上是由校外科研机构完成。这种独特的结构也导致了综合大学与高等专业学院在法国高等院校中的分裂,以及高等院校与科研机构在法国高等教育体系中的分裂[①]。这一现象不利于法国大学国际竞争力的提升,一定程度上也导致了法国近年来在世界大学排名中表现欠佳[②]。如在 2003 年的世界大学学术排名中,法国仅有 2 所大学位列前 100 名;2004～2007 年,法国每年有 4 所大学进入前 100 名行列,最高位次为 2007 年的第 39 名,2008～2010 年有 3 所大学进入排名前 100 名行列。此外,2008～2009 年的金融危机让政府认识到科研创新能力以及人才对实现经济结构转型的重要作用,此背景推动了法国"投资未来计划"(Investments for the Future)的制定,预示着法国迈出了重点资助部分大学和机构的步伐。在"投资未来计划"框架下,法国于 2010 年启动了"卓越大学计划",致力于建立世界一流的科研机构。

① 张惠,刘宝存.法国建设世界一流大学的战略及实践——以巴黎-萨克雷大学为例[J].清华大学教育研究,2015(6): 23-31.
② BOUDARD E, WESTERHEIJDEN D F. France: Initiatives for Excellence[M]// De Boer H, File J, Huisman J, et al.Policy Analysis of Structural Reforms in Higher Education. Springer International Publishing, 2017: 161-182.

2) 法国大学重点建设计划的概况

"投资未来计划"通过投资研究、高等教育和职业培训、工业和中小企业、可持续发展和扩大数字技术、生物技术和核能等部门,旨在提高法国的科研竞争力。法国国家研究院(French National Research Agency)负责管理这一计划,并提供资金支持。

法国政府从"提高实验室水平"(卓越设备和卓越实验室)、"创立新机构"(科技转化孵化公司、研究型医院、能源转化部、科技研究部)和"大校园"(建设卓越机构)①三个维度入手,着力提升国家整体科研实力(见图1-9)。

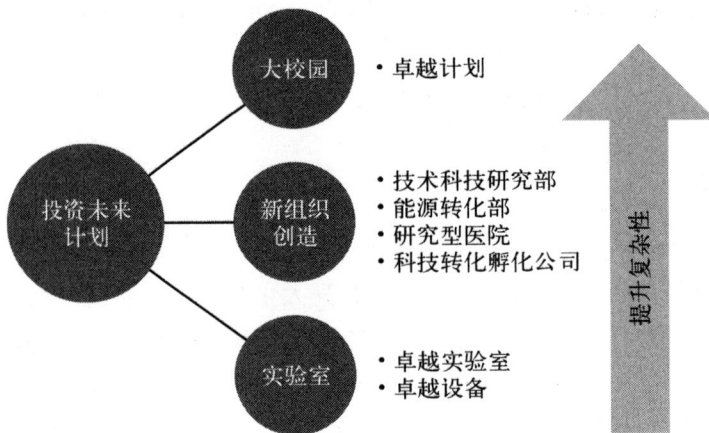

图 1-9　法国"投资未来计划"整体规划图

资料来源: Programme d'Investissements d'Avenir — Investments for the Future Programme②。

"投资未来计划"的目标如下:① 大力投资长期创新的科技项目,使其最终成为法国经济增长和进步的源泉;② 形成能够在国际舞台上成功竞争的大学精英集群;③ 目标投资计划预计会对其他资金,特别是工业共同出资产生重大的效应;④ 通过投资高等教育和培训、研究、工业和中小企业,为法国未来的挑战(竞争力、环境、健康等)做好准备并增加发展潜力③。下文主要对卓越创新培

---

① Higher Education, Research and Innovation Department. Investments for the Future Programme [EB/OL]. (2015-11-09)[2017-06-01]. https://uk.ambafrance.org/Investments-for-the-Future-Programme.

② Higher Education, Research and Innovation Department. Investments for the Future Programme [EB/OL]. (2015-11-09)[2017-06-01]. https://uk.ambafrance.org/Investments-for-the-Future-Programme.

③ The French National Research Agency, Projects for science[EB/OL]. [2017-06-01]. http://www.agence-nationale-recherche.fr/en/about-anr/investments-for-the-future/.

训计划进行重点阐释。

卓越计划：在"投资未来计划"框架下，法国政府拟投资 190 亿欧元用于推动高等教育和科学研究发展。其中 77 亿欧元用于推动 5～10 个世界一流的高等教育和研究机构多学科中心的发展①，即"卓越创新培训计划"，隶属于"大校园"(Large Campuses)项目板块，旨在变革未来大学课程；正在建立 23 个"研究和高等教育枢纽"，涉及近 60 所大学、医院、高等教育机构和研究机构(如法国国立高等工程技术学校、格勒诺布尔体育学院、巴黎地球仪器研究所等)；投资 20 亿欧元于卓越实验室(Labex)和卓越设备(Equipex)，为法国最好的研究实验室提供改进资源，并投资最新的设备，使其具备国际竞争力；政府投资 20 亿欧元用于技术研究所(Technological Research Institutes, IRT)，通过公私共同投资和合作的模式，将工业部门和公共研究部门的优势整合到一起。这一系列举措都旨在促进法国重点建设的大学跻身世界一流大学行列。

3) 法国大学重点建设计划的实施效果

法国大学在世界大学排名中表现稳定。以世界大学学术排名为例，法国大学在前 100 名的表现总体呈稳定态势。在 2003～2017 年的大学排名中，法国有 3—4 所大学保持在前 100 名，最高位次为 2014 年的 35 名。从法国大学在排名上的表现看，法国世界一流大学建设计划的效果并不明显，国际竞争力仍有待加强(见图 1-10)。

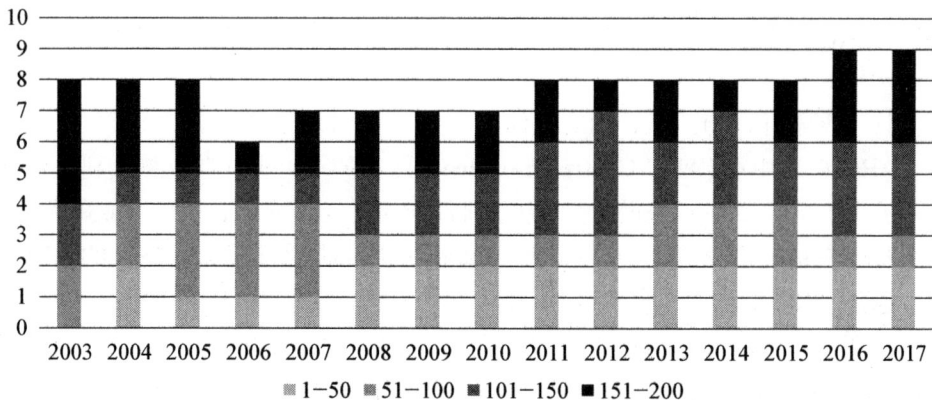

图 1-10 法国大学在世界大学学术排名的表现(2003～2017)

---

① Higher Education, Research and Innovation Department. Investments for the Future Programme [EB/OL]. (2015 - 11 - 09)[2017 - 06 - 01]. https://uk.ambafrance.org/Investments-for-the-Future-Programme.

4. 澳大利亚

1）澳大利亚大学重点建设计划的实施背景

随着高等教育国际竞争的日趋激烈,澳大利亚政府深刻认识到建设世界一流大学的重要意义,一直把发展高等教育视为国家头等重要的产业之一。

为了提升国家科研实力和国际竞争力,澳大利亚在世界一流大学建设方面表现得异常活跃。为高质量的基础和应用研究及科研训练提供支持,澳大利亚自 2001 年开始实施一项长期的国家竞争性拨款计划(National Competitive Grants Program, NCGP)。

2）澳大利亚大学重点建设计划的概况

NCGP 由澳大利亚研究理事会(Australian Research Council, ARC)负责执行管理。通过 NCGP,澳大利亚平均每年向最活跃的研究人员提供约 8 亿美元的资助。在 NCGP 指导下,澳大利亚重点建设计划包括"探索计划"(Discovery Program)和"关联计划"(Linkage Program)两个主要部分。**"探索计划"**重视个人、研究团队和大型科研中心的竞争优势,主要侧重于支持个人和小团体。该计划包括澳大利亚荣誉奖学金、职业生涯早期研究者奖、探索项目、本土学者培养项目、未来奖学金等项目。**"关联计划"**是在大学之外建立联系,与行业和其他合作伙伴进行合作,力图形成研究影响力。该计划包括 ARC 卓越中心、产业转型研究计划、关联项目、基础设施和设备项目、学术特色关联项目、特别研究计划等项目。ARC 研究中心在联动计划内确定研究规模和焦点,并重点加强与主要的研究伙伴的联系①。

其中探索计划与关联计划的整体规划如图 1 - 11 所示。

ARC 卓越中心(ARC Centres Excellence)：ARC 卓越中心是澳大利亚对本国一流大学实施的特别资助计划,通过向若干大学或研究中心提供丰富的经费,增强科研机构的全球竞争力,推动澳大利亚在相关研究领域奠定坚实的国际地位。通过 ARC 卓越中心资助计划,在大学、公共资助研究机构及其他研究机构,澳大利亚政府同海内外企业进行重大合作,以支持杰出的研究。至今已启动了 4 批次,累计资助研究中心 41 个,大学 14 所,资助总时限平均为 7~8 年②。

ARC 卓越中心的目标③是：

---

① Australian Research Council (ARC) [EB/OL]. [2017 - 06 - 01]. http：// www.arc.gov.au / grants.
② 郭宝宇,吴燕,冯倬琳.澳大利亚的一流大学建设[J].现代教育论丛,2017(1)：80 - 86.
③ Australian Research Council (ARC) [EB/OL]. [2017 - 06 - 01]. http：// www.arc.gov.au / arc-centres-excellence.

探索计划	关联计划
澳大利亚荣誉奖学金	ARC卓越中心
职业生涯早期研究者奖	产业转型研究计划
探索项目	关联项目
本土学者培养项目	基础设施，设备和设备关联项目
未来奖学金	学术特色关联项目
	特别研究计划
	支持英联邦科学理事会的优先事项

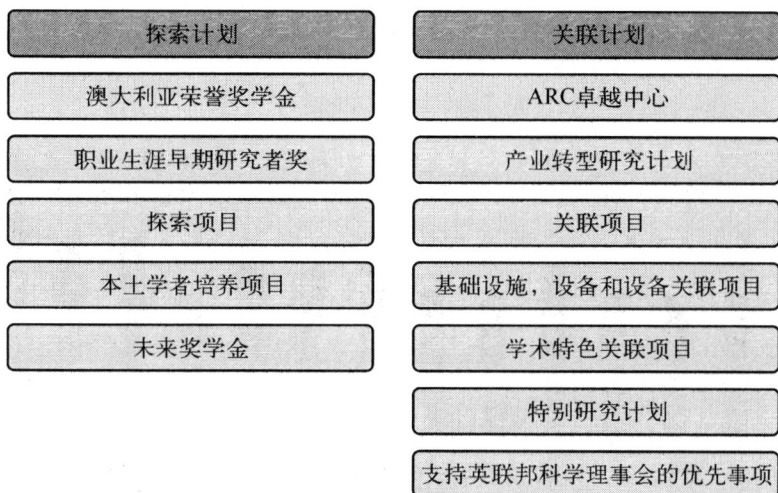

图 1-11　澳大利亚重点建设计划概览图

资料来源：Australian Research Council(澳大利亚研究委员会)。

(1) 承担高度创新和潜在的转型研究任务,旨在提高目标研究领域的国际地位,并促进科研能力和知识的重大进步;

(2) 基于澳大利亚现有的研究实力,建立拥有跨学科能力和协作方法的核心群体,以解决最具挑战性和最为重要的研究问题;

(3) 与主要的国家和国际中心及重点研究计划建立关系并建立新的网络,以提升研究能力和全球竞争力,使澳大利亚的科技研究得到国际认可;

(4) 通过吸引和留住来自澳大利亚和海外具有国际知名度的研究人员以及最有潜力的研究生,建立澳大利亚在一系列研究领域的人才储备优势;

(5) 为下一代研究人员提供高质量的研究生和博士后培训环境;

(6) 为澳大利亚研究人员进行耗时长、规模大的问题研究提供相关支持;

(7) 通过与高等教育机构、政府、行业、私营和非营利部门的互动,建立具有更广泛影响力的中心。

3) 澳大利亚大学重点建设计划实施效果

第一,澳大利亚大学在世界大学排名中上升较快。澳大利亚在世界大学学术排名(ARWU)中前 100 名的表现相对稳定,总体呈上升趋势。具体来看,2003～2007 年,澳大利亚每年有 2 所大学位列世界前 100 名;2008～2010 年,前 100 名大学数量则上升至 3 所;2011 年开始,有 4 所大学跻身前 100 名,到 2017 年,澳大利亚已有 6 所大学位居世界大学排名前 100 名。从 2003～2017 年的 15 年间数据来看,澳大利亚位居世界排名前 200 名的大学每年从 6 所到 10 所不等。综上,澳大利亚的一系列重点建设计划促进了大学整体科研实力的提升,国际能见度增强(见图1-12)。

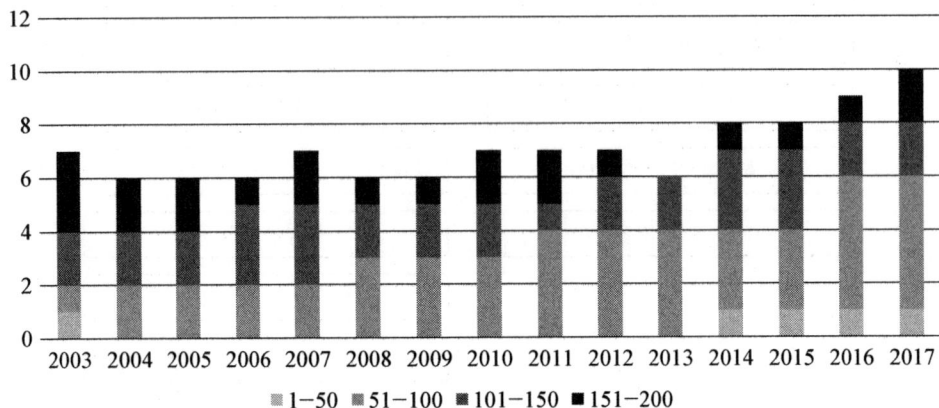

图 1-12　澳大利亚大学在世界大学学术排名前 200 名的表现(2003~2017)

第二,高被引学者数量显著增长。从近四年的数据看,澳大利亚高被引学者数量逐年上升,从 2014 年的 71 名迅速增长到 2017 年的 129 名。高校高被引学者是整个国家高被引学者的重要组成部分,澳大利亚高校高被引学者的数量也不断攀升。2017 年,高校高被引学者人数已占当年澳大利亚高被引学者总数的 93%(见图 1-13)。

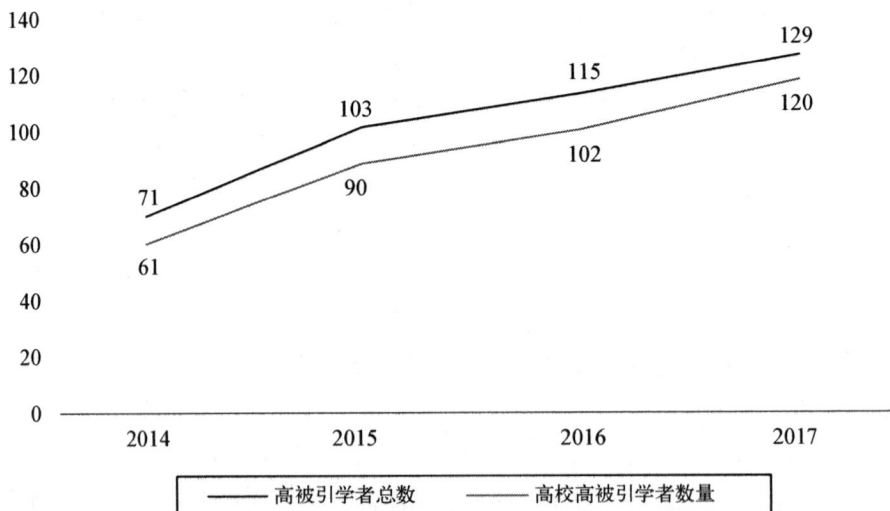

图 1-13　澳大利亚高被引学者数量变化图

数据来源: Clarivate Analytics, Highly Cited Researchers (HCR)。

近十年来,随着澳大利亚政府对于大学建设的支持以及各大学自身发展战略的推行,澳大利亚高水平研究型大学的教学规模不断扩大,科研水平稳步提高,逐渐获得国际认可。通过实施"探索计划"和"关联计划",澳大利亚积极进行人才储备,吸引了海内外优秀科研人才以及具有科研潜力的优质学生,优化了研究生和博士后培养环境,为各类研究人员提供了良好的科研发展机会;通过促进多领域协作、跨学科和国际合作,探索重大科研问题,从整体上推动创新和科技成果转化的不断发展,提高了国家科研总实力。

二、跟随者：新兴经济体国家／地区

1. 新加坡

1) 新加坡大学重点建设计划的实施背景

新加坡的高等教育发展历程虽然不长,但 20 世纪 90 年代以来,国家和政府高度重视一流大学建设,并认识到"一流的教师"、"一流的学生"、"一流的管理"的重要性。新加坡立足全球化和世界格局,坚持国际化的办学理念、国际化的资源配置和国际化的合作交流[1],致力于通过提高科研水平,促进研究密集型、创新型和创业型经济的发展。大学的国际化、生源的全球化和研究经费的竞争性是新加坡建设世界一流教育体制的核心原则[2]。

2) 新加坡大学重点建设计划的概览

新加坡依托国家研究基金会(The National Research Foundation, NRF)制定研究计划和战略及科研-企业合作发展政策,以提高国家科学研究能力,实现经济增长、推动国家发展,并通过培养本土人才以及吸引外国研究人员和科学家,提升科技研发能力。通过进一步整合不同研究机构的未来发展方案,致力于将新加坡经济转变为知识密集型和创新型企业经济[3]。资助建设重点计划如下:

(1) 卓越研究与科技企业学园(Campus for Research Excellence And Technological Enterprise, CREATE)。"卓越研究与科技企业学园"于 2012 年

---

① 李辉,于文轩,马志明.新加坡经验对中国建设世界一流大学的启示[J].中国石油大学学报(社会科学版),2017(4)：86-91.
② 希拉姆·拉马克里斯南.世界一流大学建设：新加坡的经验[J].国内高等教育教学研究动态,2013(5)：8.
③ The National Research Foundation. About NRF[EB／OL]. (2018-01-18) [2018-01-19]. https：／／www.nrf.gov.sg／home.

11 月 16 日由新加坡总理李显龙正式揭幕,位于新加坡国立大学城(NUS U - Town),毗邻其他新加坡高科技中心,如启奥生物医药园(Biopolis)、启汇城(Fusionopolis)和科学园,可容纳约 1 200 名研究人员。在卓越研究与科技企业学园,来自不同学科和背景的研究人员紧密合作,在战略领域进行尖端研究,将其转化成实际应用,从而为新加坡带来积极的经济和社会效果①。

(2) 卓越研究中心(Research Centers of Excellence, RCE)。国家研究基金会(NRF)和教育部(MOE)于 2007 年成立了"卓越研究中心",以推动当地大学的优秀研究。该计划在新加坡国立大学(NUS)和南洋理工大学(NTU)设立了五个研究中心。RCEs 开展了与新加坡长期战略利益相一致的研究②。

(3) 竞争力研究计划(Competitive Research Program Funding Scheme, CRP)。国家研究基金会竞争力研究计划旨在促进多学科团队的组建,开展与新加坡社会相关的尖端研究,以协调、综合和持续的方式将新加坡的研究小组聚集在一起进行高影响力的研究。CRP 计划以科学卓越的研究实力为基础,推动基础研究,对结果进行科学的价值评价③。

3) 新加坡大学重点建设计划的实施效果

第一,新加坡大学在世界大学排名快速飞跃发展。以"世界大学学术排名"为例,新加坡大学在 2003~2015 年的排名中一直未进入前 100 名行列,多处于 101—150 名位置,但到 2016 年和 2017 年均有 1 所大学(即,新加坡国立大学)进入前 100 名的行列,无疑取得了重大的进步(见图 1 - 14)。

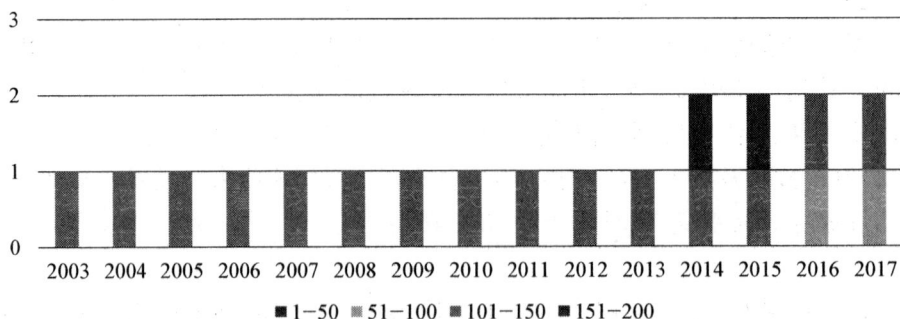

图 1 - 14　新加坡大学在世界大学学术排名前 200 名的表现(2003~2017)

①　National Research Foundation. Competitive Research Programme[EB/OL]. (2017 - 12 - 06) [2018 - 01 - 19]. https://www.nrf.gov.sg/funding-grants/competitive-research-programme.
②　National Research Foundation. Competitive Research Programme[EB/OL]. (2017 - 12 - 06) [2018 - 01 - 19]. https://www.nrf.gov.sg/funding-grants/competitive-research-programme.
③　National Research Foundation. Competitive Research Programme[EB/OL]. (2017 - 12 - 06)[2018 - 01 - 19]. https://www.nrf.gov.sg/funding-grants/competitive-research-programme.

第二,高被引学者数量不断上升,科研国际影响力增强。从高被引学者官方网站仅有的 4 年数据来看,新加坡的高被引学者数量呈逐渐上升趋势。具体来看,新加坡高被引学者总数从 2014 年的 15 人增加至 2017 年的 29 人,其中高校高被引学者的数量从 2014 年的 14 人上升至 2017 年的 28 人,2017 年来自高校的高被引学者更占新加坡高被引学者人数的 96%。就总体趋势而言,新加坡的科研国际影响力不断提升(见图 1 - 15)。

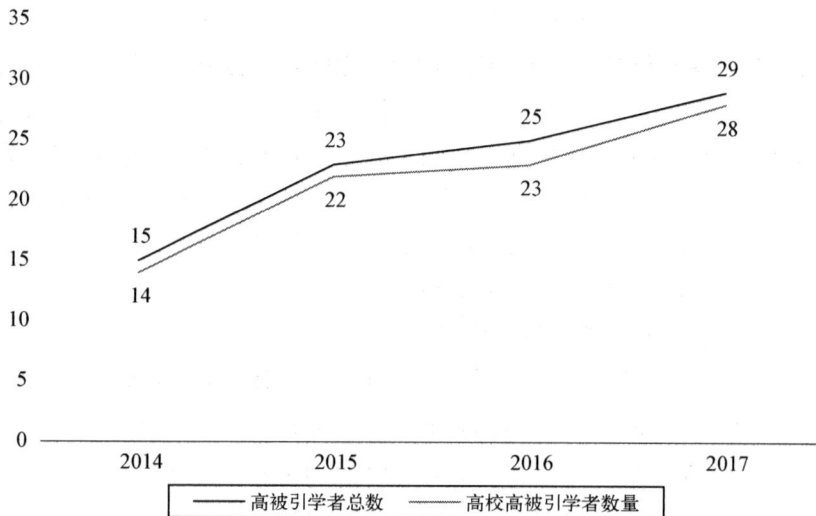

图 1 - 15　新加坡高被引学者数量变化图(2014～2017)

数据来源: Clarivate Analytics, Highly Cited Researchers(HCR)。

综上,新加坡政府通过建立科学园区促进产学结合,为大学科学研究的成果转化提供了坚实的平台,促进大学科研水平的提升;通过建立一系列研究中心扶持地方大学的发展,为高等教育均衡发展做出贡献;同时组建学科团队,引进一流的师资和一流的学生①,将优秀的研究人员召集到一起,触发创新原动力。这一系列的计划都为世界一流大学的建设与发展提供了人才和智力储备,为提升科研国际竞争力做了铺垫。

2. 韩国

1) 韩国大学重点建设计划的实施背景

第一,韩国经济结构调整的需要。20 世纪 90 年代东亚金融危机后,韩国政

---

① 季俊峰.一流大学的建设经验与启示——以新加坡南洋理工大学为例[J].南昌航空大学学报(社会科学版),2014(4): 103 - 108.

府认识到唯有提高科技创新能力,提高人力资源素质和培养创新型高级人才,才是实现经济结构转型的重要力量。因此,国家经济发展对人才的迫切需求对高等教育提出了新的要求。

第二,韩国大学提高国际竞争力的需要。经济全球化使得世界各国之间的关系更为密切,竞争也更加激烈,创新科技带来的经济效益所占比重不断上升,经济竞争的本质则转化为一个国家优质人才及其科研能力的竞争,因此创建具有世界一流大学水平的一流院校是提高国家智力资本的重要支撑①。

第三,发展高等教育是平衡韩国区域发展的必然要求。韩国经济增长主要集中在以首尔、仁川、京畿道为主的首都圈区域内,出现了首都圈和地方之间发展的不平衡情况。地方大学毕业生多放弃就读院校所在城市来首都圈寻求职业发展机会,导致地方区域人才大量流失。在此背景下,韩国提出了区域创新型大学工程(New University for Regional Innovation, NURI),支持地方大学建设,以平衡韩国国内经济、教育等方面的差距②。

2) 韩国大学重点建设计划的概览

韩国大学的重点建设计划主要有"BK21 工程"(Brain Korea 21)、"世界一流大学建设计划"(World Class Universities, WCU)、"区域创新型大学工程"、"21世纪智慧韩国高水平大学建设工程"(Brain Korea 21 program for leading universities & students,BK21 Plus)(见图 1 - 16)。

(1) BK21 工程。1999～2012 年,韩国政府实施了"BK21 工程",该计划共分为两个阶段,从 1999 年开始实施第一阶段,持续到 2005 年,总投资为 12 亿美元。第一阶段有三项主要目的:一是提升研究生教育水平,达到卓越的教学水平,并推动本地大学发展。总投入 1.7 亿美元,侧重于三个领域的发展:一是科学技术,人文社会科学和地方大学;二是提高研究院的研究能力,总投资为 4 100万美元;三是加强学术基础设施建设,为学术领域提供资金支持,特别强调基础学科,总投资 4.2 亿美元。每个受资助的大学和学院都要经过严格的评价过程。第二阶段则从 2006 年开始,持续到 2012 年,总投资为 21 亿美元。此计划旨在支持世界一流的研究型大学的建设,培养知识社会所需要的富有创造性的、高质量的人力资源,同时发展专门化的地方性大学,加强产业界与大学的联系。另外,在经济全球化、教育国际化的时代背景下,"BK21 工程"将为韩国的经济发展提供急需的人才,促进韩国经济的发展。

---

① 李炎清."BK21 工程":韩国建设一流大学的成败得失[J].教育与职业,2008(2):68 - 69.
② 胡函.韩国 21 世纪高等教育系列卓越工程研究[D].长春:吉林大学,2013.

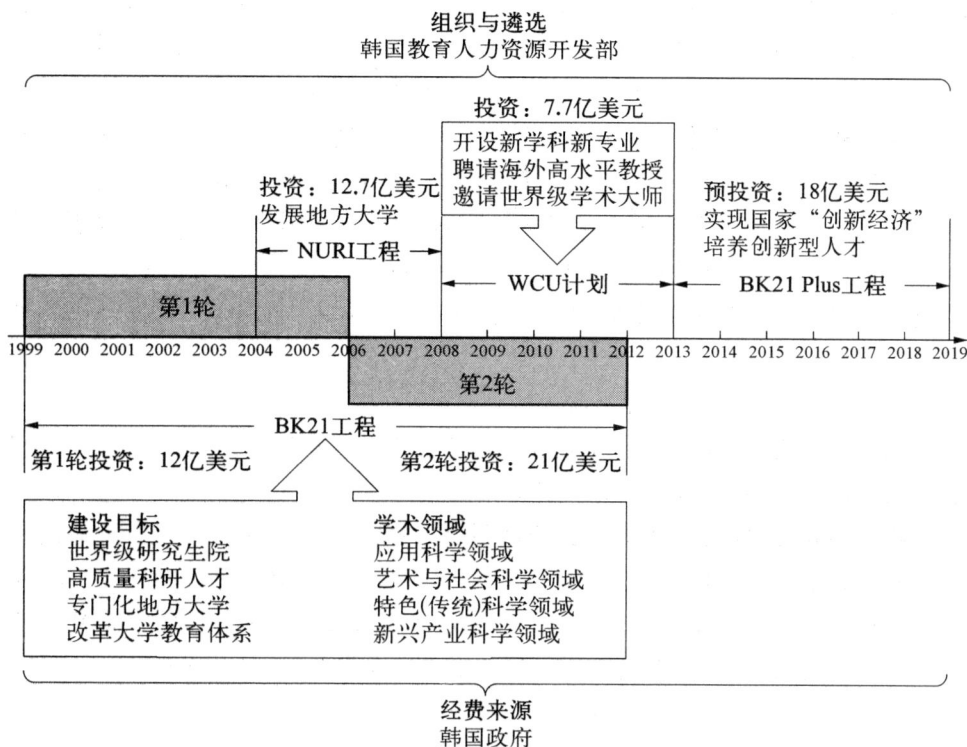

图 1-16　韩国大学重点建设计划的实施概况

(2) 世界一流大学建设计划。该计划正式启动于 2008 年,持续到 2013 年,旨在通过聘用海外高层次的学者,集中发展一批有关国家未来发展、具备广阔发展前景并需要实现跨学科交叉融合的新技术和新专业,以此加快培育世界级高水平优秀大学,大力提高国内大学的教学质量及科学研究水平,增强韩国高等教育的国际影响力与竞争力[①]。

(3) 区域创新型大学工程[②]。该计划在 2004～2008 年五年的时间里,将重点放在地方大学本科生的培养上,旨在通过专门的教育计划来培养优秀的地方

---

① Suh G S, Park S J. The Korean Government's Policies and Strategies to Foster World-Class Universities[M] // How World-Class Universities Affect Global Higher Education. SensePublishers, 2014.

② Jang-soo Ryu, Sung-joon Paik, Dae-shik Lee, Hyun-joong Jun, Eui-soo Cho and Jong-han Kim. Supporting the contribution of higher education institutions to regional development - reports on Korea [R/OL]. (2006－01) [2018－01－19]. http: // otb. pascalobservatory. org / sites / default / files / 4.1_-_sth_korea_-_busan_-_final_self-evaluation_reportt.pdf.

人才和提升地方大学毕业生的就业水平①,旨在促进韩国地方大学建设与发展,推动区域产业创新和高质量的人力资源开发／区域R&D能力建设,促进研究机构、企业、合作院校及地方政府／非政府组织的均衡发展。

(4) BK21 Plus工程。2013年,韩国政府为实现高等教育卓越发展的战略目标,出台BK21 Plus工程,此计划预计持续到2019年。BK21 Plus是更加系统的世界一流大学建设措施,以实现国家"创新经济"为最终目标,以培养创新型人才为核心任务。此计划确立了以办学方式国际化、人才培养卓越化、地方院校特色化为主要内容的综合发展思路,提出加强高校办学自主权,增强高校责任意识。

3)韩国大学重点建设计划的实施效果

根据已有的实证数据,结合衡量的资金投入、产出效果等维度,对韩国世界一流大学建设计划的实施效果进行回顾。

第一,韩国大学世界大学排名表现不佳。韩国世界一流大学建设计划的重要目标之一是提升韩国大学的学术国际声誉和世界大学排名。如图1-17所示,在ARWU排名中,韩国没有一所大学进入前100名行列。综合ARWU排名的情况来看,韩国大学在客观指标的评定上有明显弱势(见图1-17)。

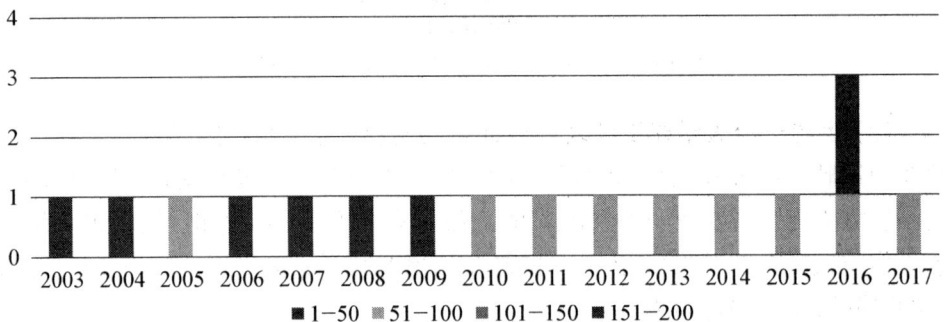

图1-17 韩国大学在世界大学学术排名前200名的表现(2003～2017)

数据来源: Academic Ranking of World Universities(ARWU)。

第二,高校高被引学者数量增加。在该计划的激励之下,大学争相引进各个领域知名教授,并采取激励机制对发表高质量期刊和出版物的学者进行奖励,学术氛围不断加强。从高被引学者数据来看,韩国高被引学者自计划实施之后,数

---

① 田华.工程教育与产学联盟的纽带: 韩国NURI计划[C]∥科技教育发展战略国际研讨会,2008: 74-79.

量呈逐渐上升趋势,从无到有,从 2014 年的 21 人逐步上升到 2017 年的 33 人,其中高校高被引学者数量占高被引学者总数比例较大,是高被引学者的主力军。总体来看,韩国学者的学术影响力逐渐增大(见图 1 - 18)。

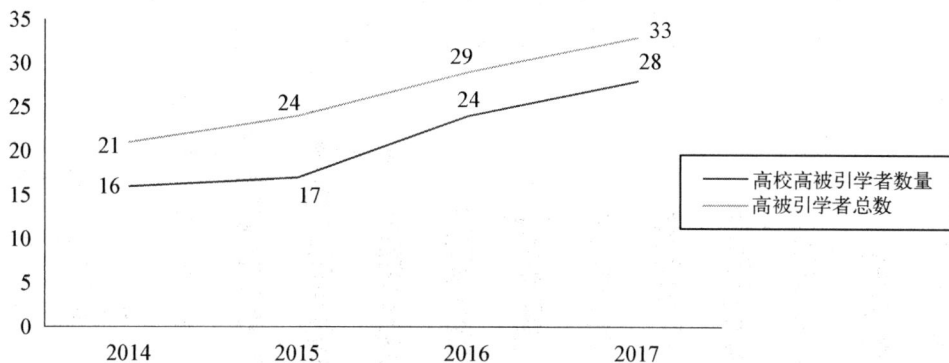

图 1 - 18　韩国高被引学者数量变化图(2014~2017)

数据来源：Clarivate Analytics, Highly Cited Researchers (HCR)。

总体而言,韩国世界一流大学建设计划的延续性较强,且计划开展具有持续性,从 1999 年至今,一个计划的结束都会伴随着另一个计划的推出,且后续计划都是基于对前面计划的评价讨论。韩国诸多重点建设计划的实施目标均是建设世界一流大学与地方优秀大学,为 21 世纪提供高质量的人力资源,提高韩国的国际学术竞争力。韩国在应用科学、人文与社会科学、传统特色科学、新兴产业科学等领域,教学科研设施、课程体系、招生制度、师资聘用机制等方面都进行了相应的调整或改革①。在发展地方性大学,培养满足地方企业发展需求的人才方面也做出了一系列努力。计划实施后,韩国大学整体学术氛围得到提升,研究水平不断提高,大学制度改革也得到了推动,不断接近计划目标。

3. 中国台湾地区

1) 中国台湾地区大学重点建设计划的实施背景

随着全球化和知识经济的快速发展,世界各国竞相争取人才,人才的跨国流动日益增加。由于国外大学以高额奖学金、提供生活费等吸引中国台湾地区优

---

① SUH G S, PARK S J. The Korean Government's Policies and Strategies to Foster World-Class Universities [M] // Cheng Y, Wang Q, Liu N C. How World-Class Universities Affect Global Higher Education. Sense Publishers, 2014.

秀学生前往就读,台湾地区面临优秀人才流失的问题①。此外,从高等教育系统
内部看,台湾地区自 20 世纪 80 年代中期以来大学规模急速扩充,数量从 1994
年的 58 所扩展到 2003 年的 142 所,完成了从精英教育向大众化教育的转轨。
20 世纪 90 年代,台湾地区高等教育已开始从大众化向普及化发展,高等教育的
容量接近学龄人口总数,高等教育量的发展已达饱和状态(见图 1-19)②。

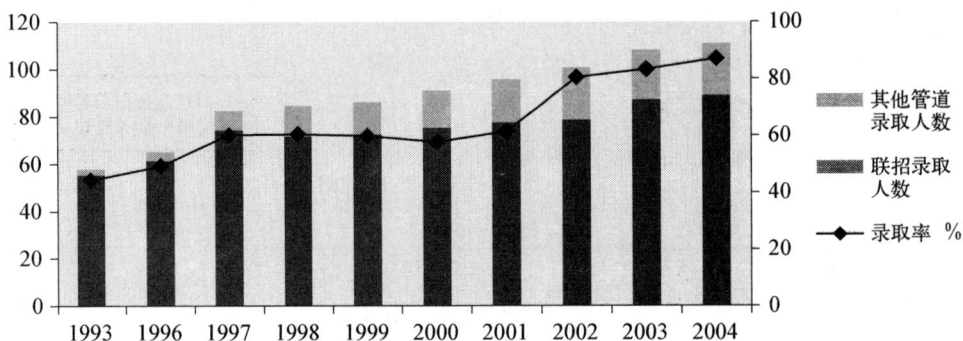

图 1-19　中国台湾地区大学录取人数及录取率(1993~2004)

注:大学招生管道包括推荐甄选入学(1994 年起)、申请入学(1998 年起)及大学联招(2002 年改
为考试分发入学)。
数据来源:中国台湾地区教育部门全球资讯网。

　　此外台湾地区将较多的资源投入到了中小学教育、幼儿教育、原住民教育、
特殊教育、私立大学的建设,使高等教育资源进一步受到挤压(见图 1-20),公
立大学内部发展面临着整体运作经费不足的困扰。高等教育资源不足,不仅使
得教师教研经费较低,学生单位培养成本也呈现下降趋势(见图 1-21),从而导
致公立大学教学、研究水平相对停滞。同时,传统上过于强调高等教育均衡发展
的模式又进一步分散了有限的教育资源,降低了资源的使用效率,阻滞了高等教
育质量的提高③。

　　鉴于此,台湾地区政府意识到,研发与创新能力以及卓越人才是台湾地区发
展的重要命脉,因而于 2006 年起推出"发展国际一流大学及顶尖研究中心"计
划,期望通过支持高等教育的卓越发展,培养本地创新性人才,吸引国际优秀人
才,加速地区内顶尖大学的国际化,保持台湾地区在国际竞争中的优势地位。

①　(中国)台湾地区教育部门.《迈向顶尖大学计划》(2013 年 9 月修正版)[EB/OL]. [2018-01-08].
https://www. edu. tw /News _ Plan _ Content. aspx? n ＝ D33B55D537402BAA&sms ＝
954974C68391B710&s＝CBE2AF4E776CBCD5.
②　崔萍.近年台湾地区高等教育发展述要[J].现代大学教育,2010(5):98-100.
③　包水梅,王洪才.台湾建设世界一流大学之政策研究[J].现代大学教育,2013(3):79-88.

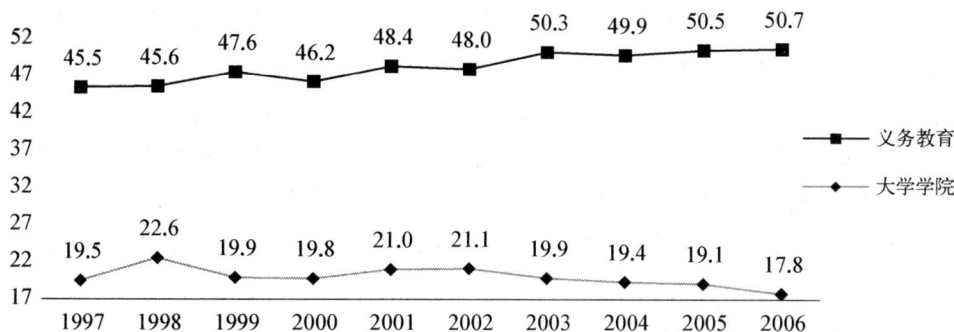

图 1-20　中国台湾地区义务教育和大学学院拨入经费
占教育总经费比例趋势图(1997～2006)

数据来源：中国台湾地区教育部门全球资讯网。

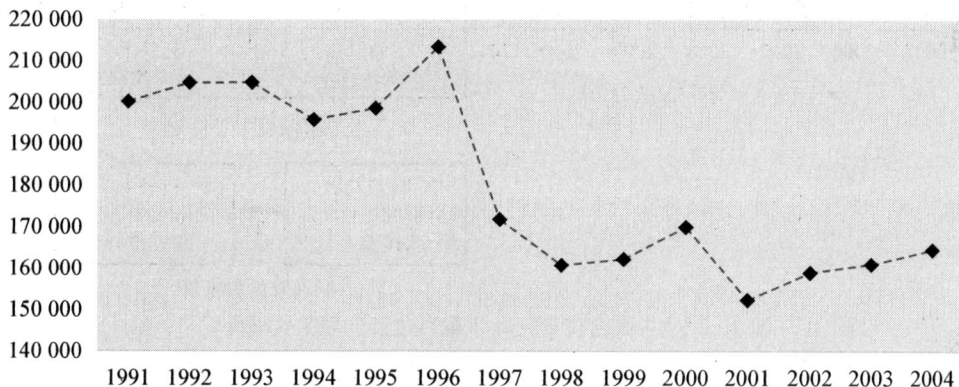

图 1-21　中国台湾地区大学学院学生单位培养成本变化趋势图(1991～2004)

数据来源：中国台湾地区教育部门全球资讯网。

2) 中国台湾地区大学重点建设计划的概况

2003 年 4 月,台湾地区高等教育宏观规划委员会在《高等教育宏观规划报告》中建议以竞争性经费推动研究型大学整合及跨校研究中心设置计划,发展世界一流大学[①],台湾地区教育部门据此建议并参考欧美日等先进国家做法,于2005 年提出了"发展国际一流大学及顶尖研究中心计划"。

"发展国际一流大学及顶尖研究中心计划"分两期推动,每期预计通过 5 年

---

① (中国)台湾地区"教育部".《迈向顶尖大学计划》(2013 年 9 月修正版)[EB/OL]. [2018-01-08]. https://www.edu.tw/News_Plan_Content.aspx? n = D33B55D537402BAA&sms = 954974C68391B710&s=CBE2AF4E776CBCD5.

500亿(新台币,下同)①的经费重点资助部分大学。第一期(2006年至2011年3月)②分两梯次执行,第一梯次为2006~2007年,第二梯次依照第一梯次执行成效重新核定资助学校。第一期计划结束后,台湾地区政府评价计划执行成效良好。为维持大学国际竞争力,持续推进世界一流大学建设,台湾地区教育部门自2011年4月起启动了第二期计划,并将计划名称改为"迈向顶尖大学计划",且不再区分"一流大学"和"顶尖研究中心",新的计划于2016年末到期(见图1-22)。

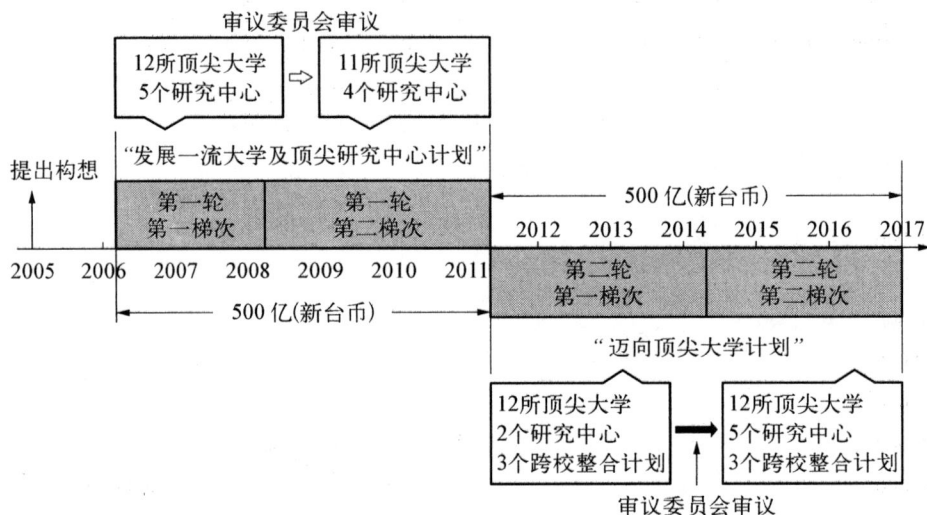

图1-22　中国台湾地区大学重点建设计划的实施概况

3) 中国台湾地区大学重点建设计划的实施效果

第一,基本实现提升大学排名的目标。"发展国际一流大学及顶尖研究中心计划"和"迈向顶尖大学计划"在实施一段时间后,以"世界大学学术排名"作为参照,台湾地区大学排名在2009年之后实现新的跨越,台湾大学从最初的151~200名上升至101~150名,且于2014年被纳入到"迈向顶尖大学"计划的中国医药大学2012年在ARWU排名中位列401~500名,地区排名6~9名,2016年ARWU排名已上升至151~200名,地区排名1~2位,表现出强劲的发展势头,且2017年排名保持稳定。综上,台湾地区大学国际排名有明显提升,虽然未实现最初设定的目标,但大学整体的国际排名有所提升(见图1-23)。

---

① 注:关于经费投入,(中国)台湾地区相关部门通过与世界其他一流大学进行横向比较研究后,将经费资助标准定为每生每年单位培养成本10 000美元,由此计算出该计划资助经费为每年100亿元新台币,由政府编列共计5年500亿元新台币的特别预算进行支付。

② 注:第一期原期程定于2005—2009年,但2005年拨款预算至12月末才获"立法院"解冻,因而执行期程较原计划延迟一年。

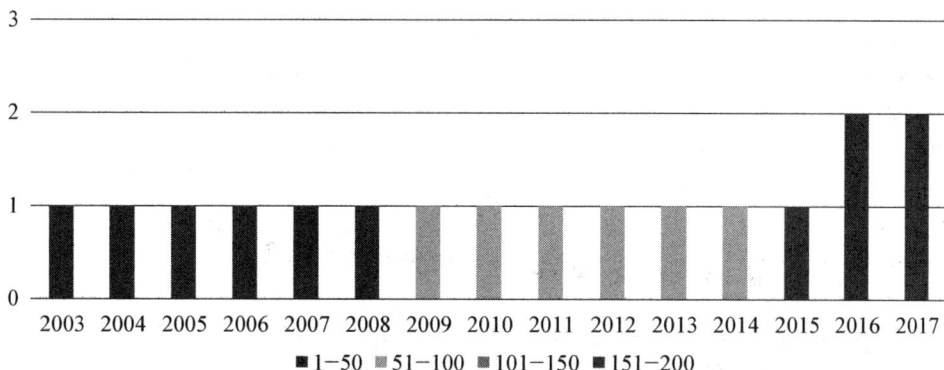

图 1-23　中国台湾地区大学在世界大学学术排名情况(2003~2017)

资料来源：Academic Ranking of World Universities。

第二,基本实现计划设定的学术目标。在"发展国际一流大学及顶尖研究中心计划"和"迈向顶尖大学计划"实施期间,台湾地区大学学者高被引论文篇数总体呈现上升趋势,超额完成近 10 年高被引论文篇数增长 50％的目标(见图 1-24)。与此同时,台湾地区大学 SCI 论文发表的数量和影响系数也在不断提升(见图 1-25)。

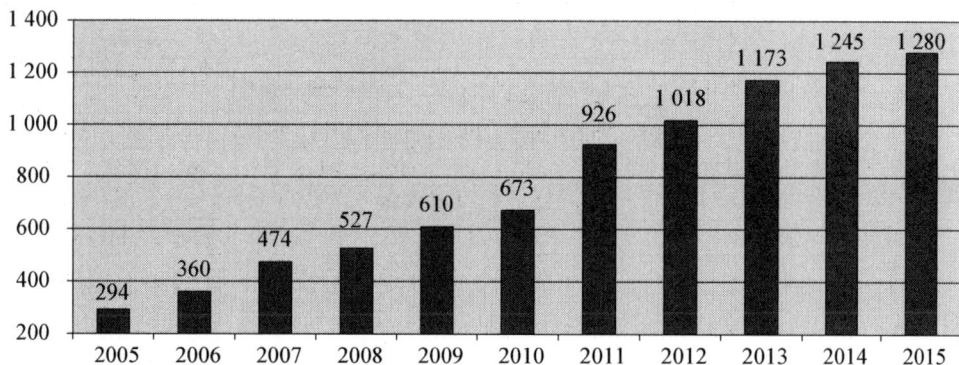

图 1-24　中国台湾地区大学近 10 年高被引论文篇数变化情况(2005~2015)

数据来源：中国台湾地区教育部门《教育施政成效》2016 年版。

第三,基本实现计划设定的产学合作指标。台湾地区在"发展国际一流大学及顶尖研究中心计划"和"迈向顶尖大学计划"中重点强调要提升大学研发创新品质,提高科技成果转化效率。在高校与政府及企业合作过程中,高校研发专利数与新品种数不断上升,从 2005 年的 320 件增加到 2014 年的 1 759 件,增长近 5 倍;非政府产学合作经费和智慧财产权衍生收入总体也呈上升趋势(见图 1-26),说明台湾地区高校在此期间产学合作成效明显。

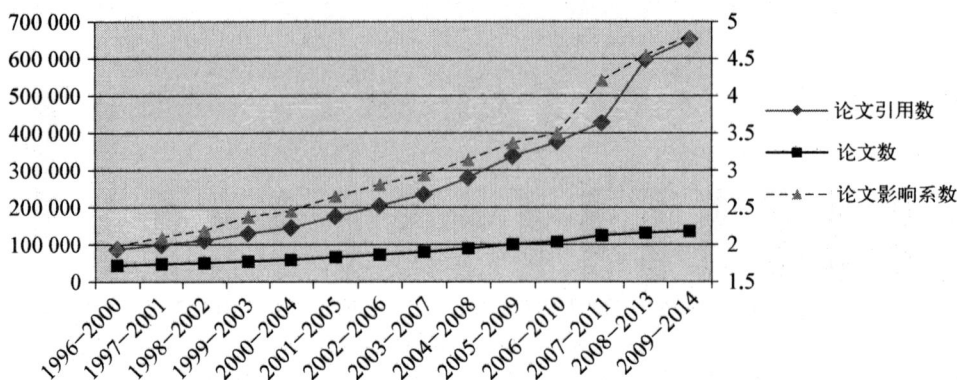

图 1-25　中国台湾地区大学 SCI 论文影响系数变化情况

注: 论文影响系数＝论文引用数／论文数。
数据来源: 中国台湾地区"教育部"统计处。

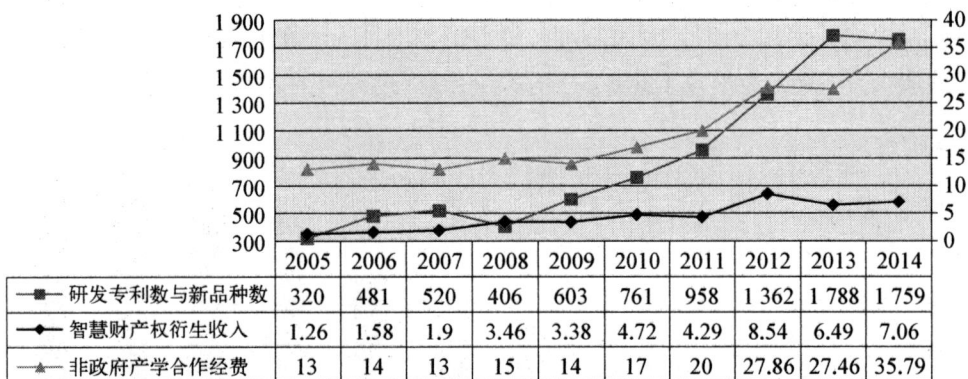

	2005	2006	2007	2008	2009	2010	2011	2012	2013	2014
研发专利数与新品种数	320	481	520	406	603	761	958	1 362	1 788	1 759
智慧财产权衍生收入	1.26	1.58	1.9	3.46	3.38	4.72	4.29	8.54	6.49	7.06
非政府产学合作经费	13	14	13	15	14	17	20	27.86	27.46	35.79

图 1-26　中国台湾地区大学近十年产学合作成果变化情况(2005~2014)(亿元台币)

数据来源: 中国台湾地区教育部门全球资讯网。

　　值得一提的是,在国际化方面,台湾地区每年出境留学人数不断升高的同时,人才回流率也不断上升,且台湾地区高校在吸纳海外留学生以及国际知名学者和科技人才方面的成果较以往有明显进步。

　　总体而言,中国台湾地区世界一流大学建设计划是一个将长期目标与阶段性策略相结合的分阶段理性规划过程[①],从目标的制定再到具体的选拔机制,为提高台湾地区高等教育科研产出规模和质量,为促进高校的国际化发展、加强公

---

① 　包水梅,王洪才.台湾建设世界一流大学之政策研究[J].现代大学教育,2013(3): 79-88.

开自由的学术研究,以及延揽一批国际人才都做出了重要贡献[①],但不可忽视的是,该计划一方面在经费分配上悬殊,资助偏向北部公立高等院校以及理工农医研究型大学[②],另一方面过于强调量化成果,在一定程度上使得大学朝着单一顶尖特色的导向发展,抛弃了自身的研究特征。

三、追赶者：金砖国家

1. 俄罗斯

苏联解体后,俄罗斯继承了苏联的高等教育,政治和经济的发展促使了高等教育的发展。俄罗斯高等教育主要由国立大学和私立大学构成[③],国立高等教育在质量、数量和国家财政支持上都处于高等教育系统的顶端,而非国立高等教育历史短、数量少、教育质量和财政资源都不如国立高等教育[④]。与德国相仿,俄罗斯曾拥有历史悠久的莫斯科大学、鲍曼高等工程学校、列宁格勒大学等[⑤]。然而,苏联解体后,俄罗斯高等教育发展缓慢,顶尖大学在世界大学排名表现不佳。

1）俄罗斯大学重点建设计划的实施背景

针对日益激烈的国际竞争以及俄罗斯的大学在世界大学排名中表现不佳的现状,俄罗斯联邦政府在 21 世纪初出台了一系列举措以促进高等教育国际化和高等教育对国家经济发展的作用[⑥]。2005 年在《国民教育优先发展计划》框架下,俄罗斯政府开始筹建联邦大学和创新型大学[⑦]。该计划提出了要建设一批世界一流大学的目标,并把科研创新能力作为衡量大学水平的重要标准之一。为了实现这一目标,俄罗斯联邦设立了专项国家基金,对于开展创新性科研的高校和教育机构,每年为其提供约 4 万美元的资助[⑧]。2006 年,俄罗斯联邦政府决

① 赵永东.台湾建设世界一流大学的战略途径[J].高教探索,2013(3)：52－57.
② 刘育光.中国台湾地区建设世界一流大学之政策分析[J].比较教育研究,2012(10)：13－16.
③ 注：根据俄罗斯联邦政府统计局的数据,截至 2014 年,俄罗斯高等院校的总数为 950 所,公立高校 548 所,私立高校 402 所.
④ 许庆豫.国别高等教育制度研究[M].中国矿业大学出版社,2004：148.转引自：朱炎军."金砖四国"高等教育质量保障体系比较研究[D].上海：上海师范大学,2010.
⑤ 肖甦.俄罗斯的一流大学建设[J].华东师范大学学报(教育科学版),2016(3)：12－15.
⑥ 朱炎军."金砖四国"高等教育质量保障体系比较研究[D].上海：上海师范大学,2010.
⑦ 赵伟.从隐性走向显性：俄罗斯创建世界一流大学政策评析[J].比较教育研究,2016(6)：9－14.
⑧ 袁利平,李盼宁.俄罗斯高等教育国际化的战略框架及政策分析[J].中国人民大学教育学刊,2017(1)：156－173.

议通过了《推行创新教育计划教育机构的国家支持措施》,决定从联邦预算中拨款用于支持 2006～2008 年高校创新教育计划,2006 年拨款 50 亿卢布,2007 年拨款 150 亿卢布,2008 年拨款 200 亿卢布①。

2) 俄罗斯大学重点建设计划的概况

俄罗斯建设创新型大学的目标是通过高等教育体制的创新,加快高等教育现代化的进程,提升俄罗斯高等教育精英人才培养的质量、科学研究能力和国际竞争力,所以在具体实施的过程中以精英优先原则,对具有国际竞争力的大学进行重点建设(见图 1-27)②。

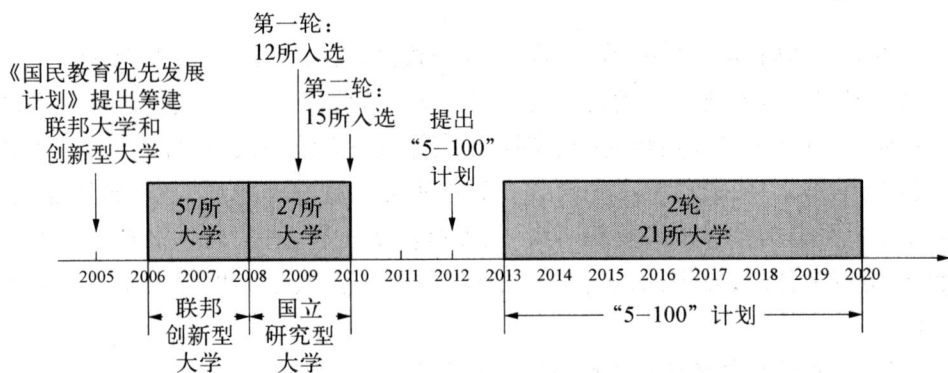

图 1-27   俄罗斯大学重点建设计划的实施概况

(1)"联邦创新型大学计划"(Innovation University of Russian Federation)。2006 到 2008 年,在俄罗斯国家优先发展项目和"联邦创新型大学计划"的资助下,57 所大学通过竞争获得了联邦政府的资助(每所大学获得 3 300 万美元),用于学校发展自己的创新项目③。"联邦创新型大学计划"共分为两轮:第一轮,执行委员会从 200 份申请中挑选出 17 份申请进行资助,资助总金额为 200 亿卢布;第二轮竞争中,从 267 份申请中评审出 40 份,予以 200 亿卢布的资助④。

(2)"国立研究型大学"(National Research Universities)。这一战略计划旨在通过为大量顶尖大学提供以项目为基础的财政资助形式,支持俄罗斯的研究和技术发展。2009 年和 2010 年,俄罗斯教育科学部发起了两次竞争国立研究

① 王森.俄罗斯联邦大学和国家研究型大学建设管窥[J].高教探索,2015(4):44-50.
② 全国教育科学规划领导小组办公室."俄罗斯创新型大学发展战略及其保障机制研究"成果报告[J].大学(学术版),2012(6):79-84.
③ SMOLENTSEVA A.创建世界一流大学:俄罗斯的案例[J].国际高等教育,2010(1).
④ YUDKEVICH M.俄罗斯顶尖大学:从"教学卓越"到"研究卓越"[J].国际高等教育,2013(6):94-96.

型大学地位及十年资助的项目评选，最后共选出了 27 所大学，也分为两轮：
2009 年，12 所大学入选第一轮资助计划；2010 年，15 所大学入选第二轮，这 27
所大学被评为国立研究型大学①。

(3) "5 - 100 计划"。近年来，随着俄罗斯经济发展和国家竞争力不断提升，
俄罗斯于 2012 年明确提出了创建世界一流大学，推动 5 所俄罗斯大学 2020 年
进入世界大学排行榜前 100 名，即"5 - 100 计划"。2012 年俄罗斯政府在《俄罗
斯学术卓越计划》中明确提出要支持国内的优秀大学，提高高等教育的学术和研
究的全球竞争力。2012 年 5 月，普京签署俄罗斯政府第 599 号政府令《关于国
家政策在教育和科学领域中的落实措施》，首次提出努力推动不少于 5 所俄罗斯
大学 2020 年进入世界大学排名前 100 强②。"5 - 100 计划"也成为此后一系列
世界一流大学建设政策的统称，计划于 2013 年启动，持续 8 年。俄罗斯联邦政
府决定，2013 年至 2017 年分别拨付资金 90 亿、100.5 亿、120 亿、120.5 亿、130.1
亿卢布用于支持提高一流大学的科学和教育竞争力，并提供不少于资金 6% 的
配套资金，用于方法和分析方面的支持。经过两轮选拔，共有 21 所国立高校入
选"5 - 100"计划。2013 年确定了首批 16 所大学③。值得指出的是，"5 - 100"计
划设有末位淘汰机制，入选的高校一旦在中期评价不合格，即取消其成员资格和
专项经费支持。有研究者指出，"5 - 100"计划的实施，标志着俄罗斯世界一流大
学建设计划从隐性走向显性④。

2) 俄罗斯大学重点建设计划的实施效果

由于以上提及的一系列重点建设计划没有严格的评价指标，因而很难判断
这些计划究竟对获得资助的俄罗斯大学或俄罗斯高等教育产生了哪些具体影
响⑤。尽管如此，仍然可以通过一些间接指标(如高等教育的投入情况、俄罗斯
大学的排名情况等)，探索俄罗斯大学重点建设计划的实施效果。

第一，高等教育的投入有所增长。图 1 - 28 展现了俄罗斯和 G7 国家对高等

① 刘念才，SADLAK J.世界一流大学：战略·创新·改革[M].上海：上海交通大学出版社，2009：
181 - 194.
② 2017 The Ministry of Education and Science of the Russian Federation State Autonomous Sociological
Research Center. The DIRECTIVE of the Government of the Russian Federation No. 529 - R[EB/
OL]. [2018 - 01 - 19]. http://5top100.com/documents/regulations/20025/.
③ 首批 16 所大学为：莫斯科国立大学、圣彼得堡国立大学、圣彼得堡技术大学、圣彼得堡光学精密机械
学院、圣彼得堡电子技术大学、俄罗斯高等经济学院、新西伯利亚国立大学、鲍曼莫斯科国立技术大
学、莫斯科国立国际关系学院、托木斯克国立大学、莫斯科物理技术学院、国立核能研究大学、托木斯
克理工大学、诺夫哥罗德大学、乌拉尔联邦大学、远东联邦大学。
④ 赵伟.从隐性走向显性：俄罗斯创建世界一流大学政策评析[J].比较教育研究，2016(6)：9 - 14.
⑤ YUDKEVICH M. Leading Universities In Russia: From Teaching To Research Excellence[J]. Journal
of International Higher Education, 2013(3): 113 - 116.

教育的投入占其教育整体投入的比例情况。2008～2014 年期间,G7 中的德国、
法国、意大利、加拿大、美国对高等教育投入的占比都出现了一定程度的下降,而
俄罗斯对高等教育的投入从 2008 年的 64.3% 提升至 2014 年 66.1%(见
图 1-28)。

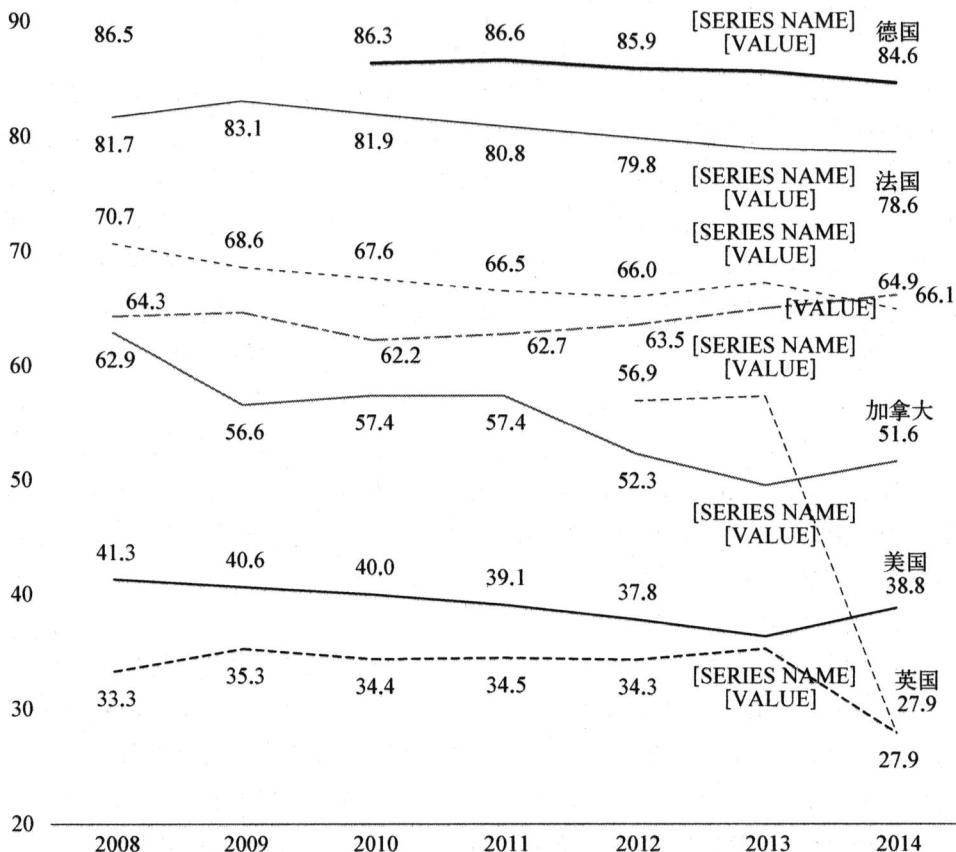

图 1-28　俄罗斯与 G7 各国高等教育占其教育投入的比例情况(2008～2014)

数据来源: OECD①。

第二,获得重点建设资助的大学在专项大学排名中表现出色。莫斯科大
学——俄罗斯排名最好的大学,近年来在"世界大学学术排名"中的位次有所下
降,从 2004 年的 66 名逐渐跌落至 2017 年的 93 名,此外,俄罗斯无其他大学跻

① OECD. Spending on tertiary education[EB/OL]. [2018-03-02]. http://www.oecd-ilibrary.org/
education/spending-on-tertiary-education/indicator/english_a3523185-en? isPartOf=/content/
indicatorgroup/6932ce5c-en.

身世界前 200 名(见图 1 - 29)。尽管俄罗斯大学的整体排名有所下降,但获得资助的大学在一些专项的大学排名上表现较为出色。获得"5 - 100"资助的俄罗斯的大学在 QS 和 THE 排名中都有出色的表现,排名稳健提升。在最新的 QS 世界大学排名:"新兴欧洲和中亚地区大学排名"(QS World University Rankings:Emerging Europe and Central Asia)[①]中,74 所俄罗斯大学进入前 250 名(2015年和 2016 年,俄罗斯的大学进入该排名的数量分别为 47 所和 64 所)。值得注意的是,这 74 所大学中,有 20 所大学来自"5 - 100"计划资助的大学,其中 12 所大学有排名位次的提升[②]。无独有偶,在 THE"世界大学学科排名"中,俄罗斯的大学也有不俗的表现。4 所俄罗斯的大学在社会科学、法律、教育和商业-经济的排名中有出色表现,这 4 所大学中有两所大学是获得"5 - 100"计划资助的大学俄罗斯国立高等经济大学(National Research University-Higher School of Economics)和喀山联邦大学(Kazan Federal University)[③]。

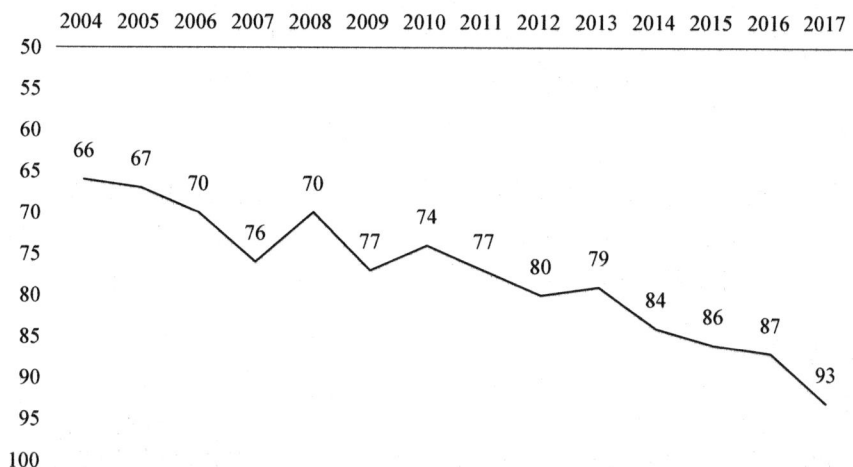

图 1 - 29　莫斯科大学在世界大学学术排名上的表现(2004~2017)

资料来源:"世界大学学术排名"[④]。

① 注:新兴欧洲和中亚地区大学排名中有 250 所大学。
② 2017 The Ministry of Education and Science of the Russian Federation State Autonomous Sociological Research Center. 15 Project 5 - 100 universities make the top 100 of the QS EECA University Rankings 2018[EB / OL]. (2017 - 10 - 17) [2018 - 01 - 19]. http: // 5top100.com / news / 66585 /.
③ 2017 The Ministry of Education and Science of the Russian Federation State Autonomous Sociological Research Center. Russia increases its representation in Times Higher Education World University Rankings by subject[EB / OL]. (2017 - 10 - 04) [2018 - 01 - 19]. http: // 5top100.com / news / 65771 /.
④ Academic Ranking of World Universities. Academic Ranking of World Universities 2017[EB / OL]. [2018 - 03 - 02]. http: // www.shanghairanking.com / ARWU2017.html.

第三,**高被引学者数量较少**。从高被引学者数量来看,近年来,俄罗斯的高被引学者数量呈逐年下滑趋势。另外,从数量上来看,俄罗斯的高被引学者总数始终在个位数,从 2014 年的 5 人下滑到 2017 年的 1 人,且其中高校的高被引学者所占比例较低(见图 1-30)。

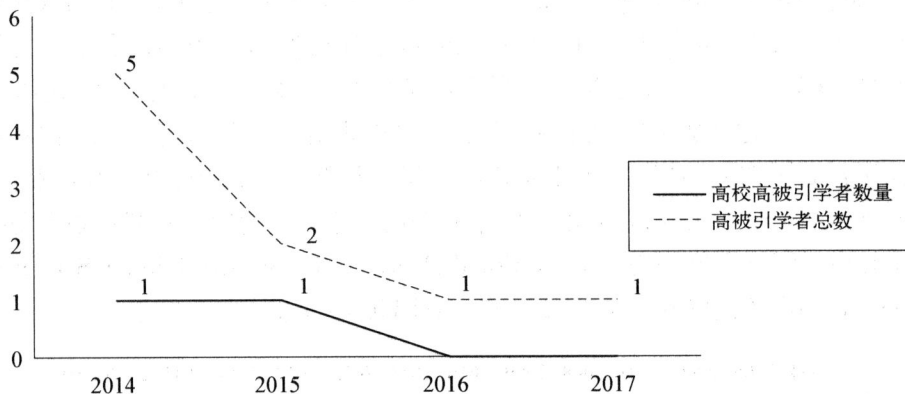

图 1-30　俄罗斯高被引学者数量变化图

数据来源: Clarivate Analytics, Highly Cited Researchers(HCR)。

此外,有研究者指出,尽管政府推动的一系列重点建设计划无法从根本上解决俄罗斯高等教育体制中质量较差的大学占多数的问题,但确实帮助一部分有潜力的大学提升了教学和科研质量①。

2. 印度

1) 印度大学重点建设计划的实施背景

印度实施大学重点建设计划有两个重要的目的: **首先,更好地应对国内外经济环境的变化**。随着全球化时代的到来,知识创新已成为推动科技进步、经济增长的主要驱动力量。印度急需更多掌握先进技术和知识的创新型人才,以满足经济发展的需要。大学作为知识创新的重要基地,在国家创新体系中发挥着至关重要的作用。然而,印度长期以来重视高等教育数量而忽视质量的现实,促使印度政府开始更加重视高等教育的质量问题,采取措施提高其科研水平和创新能力。**其次,更好地满足国内高等教育的发展需要**。长期以来,印度中央政府和各邦政府都将关注的焦点放在满足大众高等教育需求这一问题上,并没有对

---

① YUDKEVICH M. Leading Universities In Russia: From Teaching To Research Excellence[J]. Journal of International Higher Education, 2013(3): 113-116.

提高高等教育质量给予足够的重视,只有如印度理工学院等小部分高校提供优质的高等教育,其他大部分高等教育机构教育质量水平较低,这一现状促使印度政府需要采取措施促进高等教育的质量提升和均衡发展。

2) 印度大学重点建设计划的概况

印度大学重点建设计划主要有卓越潜力大学计划 (Universities with Potential for Excellence, UPE)、卓越潜力学院计划(Colleges with Potential for Excellence / College of Excellence, CPE / CE)和卓越潜力领域计划(Colleges with Potential for Excellence in a Particular Area, CPEPA),这一系列计划主要由印度资助委员会(University Grants Commission, UGC)提供支持,该机构是印度高等教育发展的重要支持和决策机构。

(1) 卓越潜力大学计划(UPE)①。印度资助委员会为帮助 UPE 计划选中的大学达到世界一流大学水平,在此框架下为他们提供额外的资金支持,从而实现在教学、科研方面设立的目标,即要确保在教学和科研活动中取得显著的进步,并有充足的资金扩大基础设施建设,实现卓越大学发展。该计划具体的实施目标有以下几项:在教学、培训、科研与管理等方面实现卓越发展,以应对未来的挑战;加强学术与基础设施建设,为实现在教学、研究和拓展项目上的卓越与创新发展提供保障;基于灵活的模块学分认定系统(Flexible Credit based Modular System)与国际通用的创新举措,提升本科生和研究生的学习与教学水平;促进与国家及地方社会经济发展需要相关的科研项目发展;促进与加强与其他高等教育部门、国家实验室、中心的联络与合作;鼓励开展一切有助于实现上述目标的活动②。

(2) 卓越潜力学院计划(CPE /CE)③。除了大学以外,印度有相当部分的学院具备较高的教学科研水平。这些学院通过创新的方式利用人力物力资源,实现较高的教学与科研水平。这些学院具备达到学术卓越的潜力,该计划则需认定在教学、科研和扩展活动中已达到较高水平并有达到卓越希望的学院。在 CPE / CE 框架下选定的学院可以获得发展基金,加强基础设施建设,达到更高的学术标准。该计划的具体目标为:加强学术基础设施建设,为实现与国际标准相当的教学、科研和外延项目发展水平提供保障;基于灵活的模块学分认定系

---

① 注:该计划在"印度第九个五年计划"(IX Plan)期间提出。

② University Grants Commission. XII Plan Guidelines for Universities with Potential for Excellence / Universities of Excellence (2012 - 2017) [R / OL]. (2016 - 06 - 02) [2018 - 01 - 19]. http: // www. ugc. ac. in / pdfnews / 3274824_UPE_GUIDELINES. pdf.

③ 注:该计划在"印度第十个五年计划"(X Plan)期间提出。

统与国际通用的创新举措,提升本科生和研究生的学习与教学水平;推动与国家和地方社会经济发展需要相关的学术项目的质量;通过联系研究生项目提升学院本科教学水平;提高与其他高等教育部门、国家实验室、中心的联络合作;提升完成项目的能力[①]。

(3) 卓越潜力领域计划(CPEPA)[②]。该计划对选定的大学,鼓励并推动选择相关部门进行合作研究,通过促进志同道合的教职工进行项目合作以克服在部门与学科间的障碍。该计划实施目标为:加强学术与科研的设备与基础设施建设,为实现卓越发展提供保障;提升教学评价过程、研究工作和外延活动的质量与标准;推动与国家和地方社会经济及其他发展需要相关的学术项目的质量;推动与其他高等教育部门、国家、实验室、中心的联络合作;鼓励大学通过创新科研工作,填补现有知识的缺陷;担当经大学认定的国家特殊领域、可获得知识的储藏库。

3) 印度大学重点建设计划的实施效果

首先,从宏观层面上看,在卓越潜力学院计划(UPE)计划实施后,迄今已有15所大学入选为重点建设大学,其中"九五计划"期间5所,"第十个五年计划"4所,"第十一个五年计划"(XI Plan)6所。另有10所大学将在"第十二个五年计划"(XII Plan)时期入选。印度资助委员会打算从已有的UPE中选择一些实现了教学和科研的卓越与创新,并达到了第一/第二阶段计划要求的大学,将其指定为卓越大学(UoE)[③]。卓越潜力领域计划(CPEPA)实施后,来自不同大学的21个研究中心得到了资助。为了更好地推进计划的实施,2014~2015年度,资助委员会邀请受资助大学根据CPEPA计划的实施情况提出反馈意见,共收到118项建议提案,并提交常委会审议。常设委员会已经成立了一个小组委员会,将这些建议列入进一步审议的范围,为计划的下一步实施提供支持。卓越潜力学院计划(CPE/CE)实施后,2014~2015年度,资助委员会辖下的专家(监察)委员会对137所大学进行了评价,并于2015年1月21日在资助委员会网页公开收集新的建议,并做出回应。资助委员会已收到来自不同大学提出的多项建议,并将其列入"常务委员会(Standing Committee)"审议。目前共有172所

---

① University Grants Commission. Guidelines for Colleges with Potential for Excellence (CPE)/College of Excellence (CE) for XII Plan Period (2012 - 2017) [R/OL]. (2016 - 06 - 02) [2018 - 01 - 19]. http://www.ugc.ac.in/pdfnews/8626399_CPE - Guidelines.pdf.

② 注:该计划在"印度第九个五年计划"(IX Plan)期间提出。

③ University Grants Commission. XII Plan Guidelines for Universities with Potential for Excellence/Universities of Excellence (2012 - 2017) [R/OL]. (2016 - 06 - 02) [2018 - 01 - 19]. http://www.ugc.ac.in/pdfnews/3274824_UPE_GUIDELINES.pdf.

学院正在接受 CPE 资助,14 所学院正在进行 CE 认证。在 2014～2015 年期间,根据这一计划共向资助建设学院发放了 51 935 万美元[①]。

其次,从微观层面看,印度大学在世界大学前 100 排名情况未出现明显变化。印度大学在四大世界大学排名中均未进入前 100 名行列,且常居 300～400 名的位置,印度大学距离成为世界一流大学还有很长的一段路要走,但印度一直为之做出不懈的努力。印度政府在"十一五"高等教育规划中明确提出,将启动建设"14 所世界一流大学"计划。另外,2017 年 5 月,印度的人力资源发展部向内阁提交了一份印度建设 20 所世界一流理工(Science, Technology, Engineering, Mathematics, STEM)院校的"卓越大学计划"(Institutions of Eminence Scheme),其中公立和私立大学各 10 所。目标是争取在未来 10 年内,这些高校能进入"任何一家全球大学排名"的前 500 名,并最终将这些印度大学送进世界前 100 的行列[②]。但根据世界大学排名指标要求,印度世界一流大学建设的任务任重道远。**印度国际学术影响力有所下降。**从高被引学者数量来看,近年来,印度的高被引学者数量呈逐年下滑趋势,这从侧面可以反映出印度学者在国际科研领域的影响力发展趋势不容乐观。另外,从数量上来看,印度的高被引学者总数也一直是个位数字,从 2014 年的 8 人下滑到 2017 年的 1 人,且其中高校的高被引学者所占比例较低(见图 1-31)。

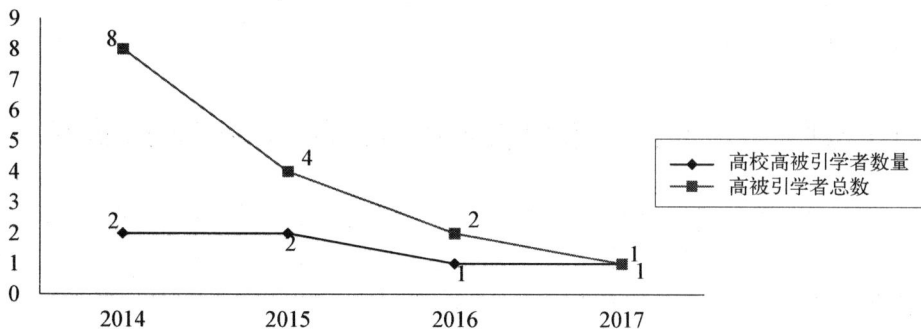

图 1-31　印度高被引学者数量变化图

数据来源: Clarivate Analytics, Highly Cited Researchers (HCR)。

---

① University Grants Commission. Guidelines for Colleges with Potential for Excellence (CPE)/College of Excellence (CE) for XII Plan Period (2012-2017) [R/OL]. (2016-06-02)[2018-01-19]. http://www.ugc.ac.in/pdfnews/8626399_CPE-Guidelines.pdf.

② University World News. STEM focus to drive 'world-class' universities scheme[EB/OL]. (2017-05-26) [2018-01-19]. http://www.universityworldnews.com/article.php?story=20170526112208516.

总体而言,印度政府高度重视高等教育的发展,追求发展具有世界卓越水平的高等教育机构,并成为全球科研发展中心。尽管印度实行了一系列不同层次的世界一流大学建设计划,但多数都有始无终。因而印度现在仍处于创建世界一流大学的探索阶段。印度在"第十一个五年计划"高等教育规划中明确提出,启动建设14所世界一流大学,即根据世界一流大学标准,政府给予选定大学相应资金和教学科研支持,建设14所创新型大学,增强印度大学全球竞争力,使印度成为全球创新中心。另外,印度在2017年又提出了建设20所世界一流理工院校的"卓越大学计划",目前该计划处于框架设计阶段,尚未真正开始实施。长期来看,印度的世界一流大学建设之路任重而道远,需加强计划的延续性和结果的呈现。

第四节　重点建设计划成功需要
解决的若干重大问题

本研究拟从一流大学拔尖人才培养、重大原创性成果产出、重点建设计划的评价体系、投入产出效率、中国模式等方面入手,探究重点建设计划成功需要解决的若干重大问题。

研究问题一:一流大学拔尖人才培养现状与制约因素研究

一流大学如何培养拔尖人才是自1949年以来我国高等教育一直关注的重要问题。2009年,教育部为回应"钱学森之问"出台"基础学科拔尖学生培养试验计划",并选择北京大学、清华大学、中国科学技术大学和浙江大学等20所大学的数学、物理、化学、生物、计算机5个学科率先进行试点,力求在创新人才培养方面有所突破。尽管该计划已取得初步成果,然而我国在一流大学建设及拔尖人才培养方面仍有许多需要进一步完善的工作。

如何"对标"世界一流大学的拔尖人才培养模式,构建我国一流大学拔尖人才培养和保障机制是我国高等教育进入"双一流建设"新阶段亟待解决的重要问题。中国一流大学本科阶段拔尖人才培养的现状是怎样的?目前已有较多高等教育研究者和实践者针对本科阶段拔尖人才的培养提出了较为丰富而深刻的见解,本研究希望在这些研究结论的基础上,进一步明确中国一流大学本科阶段拔尖人才培养的典型特征。中国一流大学本科阶段拔尖人才培养的制约因素有哪些？拔尖人才培养是一个不断完善持续改进的发展过程，对现阶段拔尖人才培养制约因素的探索有助于明确未来一流大学在人才培养方面的改进方向。中国一流大学拔尖人才培养的建议有哪些方面？建议是否应当聚焦教师教学、学风教育、衔接教育、开放性平台、师资体系和生态环境等内容？本研究将尝试探索上述问题的答案。

该专题的研究思路分为三个阶段，即明确概念界定和研究问题→开展文献分析与调查研究→根据研究结果提出政策建议：① 明确拔尖人才的概念内涵和类型特征，强调专题的研究侧重点；② 通过文献分析和调查研究，整理归纳中国一流大学目前在拔尖人才培养本科阶段的现状格局，并以此为基础总结提炼中国一流大学拔尖人才培养的制约因素；③ 综合前文的文献分析和调查研究，针对在中国建设世界一流大学这一主题，提出拔尖人才培养和保障机制的政策建议。

研究问题二：一流大学重大原创性成果产出及其影响因素研究

重大原创性成果是一流大学的标志性特征。自 1901 年诺贝尔奖首次颁奖至今，诺贝尔自然科学三大奖中约有 500 人获奖，其中 70% 以上来自研究型大学[1]。然而，我国一流大学至今没有取得诺贝尔奖零的突破。

提升原始创新，促进重大原创性成果的产出，已经成为我国一流大学建设过程中必须解决的问题。那么，影响世界一流大学重大原创性成果产生的关键因素有哪些？中国一流大学重大原创性成果产生少的主要原因有哪些？中国一流大学要想取得更多的重大原创性成果，将面临哪些方面的特殊挑战？要想促进中国一流大学取得更多的重大原创性成果，我国政府应该采取哪些关键举措？要想取得更多的重大原创性成果，中国一流大学应该主要从哪些方面进行改革？重大原创性成果产出过程有哪些可资借鉴的成功经验？该专题将尝试寻找这些问题的答案。

该专题围绕一流大学重大原创性成果产出的影响因素这一核心问题，在探究原始创新内涵及重大原创性成果主要特征的基础上，对国内外精英科学家及

---

[1]　王章豹，汪立超.我国高校原始创新能力不足的成因分析及其建设路径[J].现代大学教育,2007(3)：1-5.

世界顶尖大学华人科学家进行问卷调查,努力从不同视角深入探究一流大学重大原创性成果产出影响因素,挖掘我国一流大学重大原创性成果少的瓶颈因素,探索促进我国一流大学重大原创性成果产出的前进方向。该专题还选取国内外重大原创性成果的典型案例,进行文献研究与关键人物访谈研究,探究研究历程及取得成功的关键因素,提炼可复制、可推广的中国经验,探索适应中华民族伟大复兴要求的重大原创性成果产出的保障机制。

研究问题三:世界一流大学重点建设计划评价体系研究

近年来许多国家实施了一系列打造"一流大学"的战略举措,各国重点建设计划中国家层面发挥的最重要作用体现为监督与评价。经过"985"工程和"211"工程的建设,我国研究型大学的总体实力有所提升,但重点建设计划仍存在政策目标模糊、实现目标代价难以计算、政府长期支持的不确定性等问题。

随着大学排名的不断发展,世界一流大学的评价标准得到了进一步的丰富和细化,已有重点建设计划的国家为一流大学制定了哪些标准?不同地域、不同发展阶段和不同类型的重点建设项目在评价标准上存在哪些差异?进一步,怎样的一流大学建设评价体系是科学、合理的?国际上其他国家和地区在评价标准和评价体系方面有哪些特点和优势?结合我国的地域特点、发展阶段实际和项目建设类型,如何改进我国的一流大学重点建设计划的评价标准和评价体系?本研究期望能够为"双一流"等重点建设计划提供借鉴,保障相关政策的实施效率和效果,为我国实现一流大学的跨越式发展保驾护航。

该专题参考元评价的类目内容,从评价标准和评价体系两方面对世界一流大学重点建设项目的评价开展元评价文本内容分析。首先通过文献资料检索,得到 26 个国家和地区的 55 项一流大学重点建设项目为研究样本。然后按照发展阶段将开展项目的国家分为成熟期和建设期两类,按照地域分为欧洲、北美洲、大洋洲和亚洲,按照建设侧重分为学术发展类、知识应用类和队伍建设类。随后按照评价标准的七个一级维度和评价体系的五个评价要素对这些项目的评价标准和评价体系进行要素提取与分析,得到不同项目的评价标准和体系的特征,并对其中典型的重点建设计划的评价案例进行案例分析。最后结合我国一流大学建设的现状实际,为我国一流大学重点建设计划的评价提供政策建议。

研究问题四：一流大学建设的投入产出效率研究

自 20 世纪 90 年代以来,我国对一流大学建设投入规模持续扩大,"985"工程建设共计投入超过 1 100 亿元。然而,过去我国对一流大学经费投入的绩效问责制度尚不健全,一些研究发现我国重点建设高校过去的发展主要依赖投入的扩大,而投入产出效率仍然不高。国家教育政策制定者也关注到了我国一流大学建设投入产出效率不足的问题,并在新一轮"双一流"建设计划中强调完善绩效问责制度,促进一流大学建设高效持续发展。

保障建设经费的高效配置,提升投入产出效率是当前一流大学建设的重要议题。那么,过去我国在一流大学建设的哪些方面存在效率较低的问题? 随着时间的推移,各类型的产出提升速度是否存在下降趋势? 如何利用乘数效应持续促进投入产出效率的提升? 怎样的一流大学建设投入体制和机制有助于保障高校和学科的发展? 国外有哪些一流大学建设投入产出效率提升的制度经验值得借鉴? 该专题将围绕这些问题对我国一流大学建设投入产出效率展开研究。

该专题通过《高等学校科技统计资料汇编》的校本层面统计数据,以及对高校教师的学术职业调查微观数据,通过对时间趋势的比较分析,系统评价我国一流大学建设对科学研究、人才培养和社会服务的直接产出效率。研究计算出我国一流大学的投入产出效率指数,并通过回归分析探索了影响投入产出效率的因素。研究进一步对一流大学建设在经费吸纳、人才聚集和声誉提升方面进行了量化分析,并探讨了我国一流大学建设的乘数效应及其对大学发展的持续影响。最后,研究利用案例分析,归纳国外一流大学建设在投入体制、拨款机制和绩效问责制度方面的特征,归纳总结保障投入产出效率的制度经验,为我国"双一流"建设投入体系的完善提供了对策建议。

研究问题五：一流大学建设的中国模式研究

随着中国经济社会全面振兴,中国深刻认识到只有建设世界最高水平的大学和科研机构,实现科学技术和学术文化独立自主,才能真正实现"两个一百年"奋斗目标和中华民族伟大复兴的中国梦。中国不仅需要建设世界一流大学,还需要成规模地建成世界一流大学和一流学科,并在建设过程中体现中国特色,形成中国模式。

根据"世界大学学术排名"统计,2003 年我国无一所大学进入世界一流大学排名前200强;而2017年我国已有9所大学进入,其中2所位于全球前100强。中国建设世界一流大学具有丰富的经验,这里的经验是需要总结的。这就引出了第一个研究问题,这种经验模式从何处而来? 或者说建设世界一流大学是否存在着一个中国模式? 如果存在,中国模式的基本特征是什么? 其次,这个模式将往何处而去? 世界一流大学建设的中国模式同样面临诸多问题。这些问题从哪里来? 中国模式本身是否能够解决这些问题? 最后,从长远来看,世界一流大学建设的中国模式是否能够成为西方模式之外的另一个选择? 将如何影响新兴经济体国家乃至发达国家? 无论对中国本身建设世界一流大学,还是对世界一流大学建设的影响而言,都有必要对上述问题做出回答。

该专题围绕世界一流大学建设的中国模式这一核心问题,运用历史与国际比较分析的方法,将中国一流大学的建设过程与美国、法国、日本进行对比分析。结合世界一流大学排名以及不同国家的世界一流大学建设计划,研究选取中国上海交通大学、美国密歇根大学、法国巴黎十一大、日本东京大学四所理工科见长的公立综合性大学作为案例,从经费投入、大学治理、人才激励三个维度探索中国模式是否存在及其影响。

第二章　一流大学拔尖人才培养现状与制约因素研究

一流大学如何培养拔尖人才是我国高等教育自 1949 年以来一直关注的重要问题。1978 年,在美籍华裔物理学家李政道的建议下,中国科学技术大学创建"少年班",开始探索以"早慧"学生为对象的拔尖人才培养模式。随后,北京大学、清华大学、南京大学和华中科技大学等高校也曾一度招收少年班。截至目前,仍保留少年班培养模式的只有东南大学、中国科学技术大学和西安交通大学。2009 年,教育部为回应"钱学森之问"出台"珠峰计划",即"基础学科拔尖学生培养试验计划",选择北京大学、清华大学、中国科学技术大学和浙江大学等 20 所大学的数、理、化、信、生 5 个学科率先进行试点,力求在创新人才培养方面有所突破[①]。经过 9 年时间,已培养四届毕业生共 3 500 余名,其中 65％的学生进入了排名前 100 名的国际知名大学深造,10％的学生进入到排名前 10 名的世界顶尖级的大学深造[②]。尽管"珠峰计划"已经取得了初步成果,但是我国自身在一流大学建设及拔尖人才培养方面仍有许多需要总结的经验和教训,更有许多需要进一步完善的工作。尤其是在我国高等教育进入"双一流"建设的新阶段,明确一流大学拔尖人才的培养现状和制约因素,对于有效落实《国家中长期教育改革和发展规划纲要(2010～2020 年)》,切实提高高等教育质量,具有重大意义。

---

① 高晓明.拔尖创新人才概念考[J].中国高教研究,2011(10)：65-67.
② 张大良.完善具有中国特色的拔尖创新人才培养机制[J].中国大学教学,2017(6)：4-6.

第一节 研究背景与思路

一、研究背景

《国家中长期教育改革和发展规划纲要(2010～2020 年)》指出"人力资源是我国经济社会发展的第一资源……努力培养造就数以亿计的高素质劳动者、数以千万计的专门人才和一大批拔尖创新人才"①。如果说人才资源是助力创新驱动发展,实现"中国梦"的基础,那么拔尖人才就是"中国梦"攻坚克难的生力军。

教育部、财政部、国家发展和改革委员会于 2017 年 1 月 24 日印发的《统筹推进世界一流大学和一流学科建设实施办法(暂行)》指出,一流大学应是经过长期重点建设、具有先进办学理念、办学实力强、社会认可度较高的高校,须拥有一定数量国内领先、国际前列的高水平学科,在改革创新和现代大学制度建设中成效显著的高校②。在教育史上,世界一流大学一直是培养拔尖人才的摇篮。截至 2016 年,哈佛大学、哥伦比亚大学、剑桥大学、芝加哥大学、麻省理工学院、加州大学伯克利分校、牛津大学、斯坦福大学、耶鲁大学、巴黎大学等十所世界一流大学获得诺贝尔奖的人数占到历年获奖人数总量的 90% 以上③。

探索拔尖人才的培养问题是我国世界一流大学建设必须面对的重要问题。大学创立的初衷和发展历史均表明,大学的根本使命是人才培养④。习近平总书记曾明确强调"只有培养出一流人才的高校,才能够成为世界一流大学"⑤。

探索拔尖人才的培养问题是研究中国一流大学自身持续发展问题的关键问题。大学培养的优秀人才能为学校的持续高水平发展带来广泛支持。世界一流大学的发展经验表明,一所名校培养出的拔尖人才越多,著名校友出现的概率就

---

① 中国政府网.国家中长期教育改革和发展规划纲要(2010～2020 年)[EB/OL].[2010-07-29].http://www.gov.cn/jrzg/2010-07/29/content_1667143.htm.
② 教育部,财政部,国家发展改革委.统筹推进世界一流大学和一流学科建设实施办法(暂行)[EB/OL].[2017-01-27].http://www.gov.cn/xinwen/2017-01/27/content_5163903.htm♯1.
③ 搜狐网.从获诺贝尔奖最多的大学,看双一流大学差距在哪?[EB/OL].[2017-07-19].http://www.sohu.com/a/158343329_619042.
④ 徐飞.培养一流人才是一流大学的本分[J].中国高教研究,2017(5):29-33.
⑤ 新华网.习近平:高校立身之本在于立德树人[EB/OL].[2016-12-09].http://www.xinhuanet.com/mrdx/2016-12/09/c_135892530.htm.

越大,学校的知名度、影响力和竞争力就越强。哈佛大学之所以是世界上最好的大学,是因为她培养出 8 位美国总统[①]、158 位诺贝尔奖得主[②]、48 位普利策奖获得者[③]、近 200 名奥运会选手[④]。

探索拔尖人才的培养问题是中国建设世界一流大学,支撑国家发展需求的必要任务。中国经济保持稳步增长需要更多更好的专业化人才。国家重点建设的一流大学肩负着为国家培养高水平拔尖人才的历史使命。从高等教育发展的内在规律出发,中国一流大学承担着"双一流"的建设任务,培养拔尖人才是中国高校迈向世界一流大学的必备条件。国家"双一流"实施方案重点支持的高校和学科拥有一流的师资、生源、研究水准和设施条件,更应该将培养高水平的拔尖创新人才作为高校在未来实现突破式发展的主要目标。

二、研究思路

截至 2018 年,"珠峰计划"已经实施了 9 年。我国高等教育在基础学科拔尖人才培养方面已经积累了较为丰富的实践探索经验,具备一定数量的研究素材,因此本专题将重点聚焦本科阶段基础学科拔尖人才的培养问题。具体地,本专题的研究思路将按照"现状格局→制约因素→政策建议"逐步展开。

第一,明确我国一流大学本科阶段拔尖人才培养的现状格局。目前已有较多高等教育研究者针对本科阶段拔尖人才的培养提出了较为丰富而深刻的见解,更有很多高等教育实践者开展了形式多样、内容丰富的拔尖人才培养活动。本专题将在上述研究与讨论的基础上,结合充分的实证分析,明确中国一流大学本科阶段拔尖人才培养的现状。研究方法包括文献分析、半结构访谈和问卷调查。

第二,分析我国一流大学本科阶段拔尖人才培养的制约因素。从开办"少年班"开始,拔尖人才培养就是国内高校关切的重点,尤其在 2009 年教育部出台"珠峰计划"后,高校更加重视。事实上,对拔尖人才的培养是一个不断完善持续

---

① 搜狐网.美国名校哈佛大学:共出过 8 位美国总统[EB/OL]. (2012-11-07) [2018-02-25]. http://goabroad.sohu.com/20121107/n356889224.shtml.

② Wikipedia.List of Nobel laureates by university affiliation[EB/OL]. [2018-02-25]. https://en.wikipedia.org/wiki/List_of_Nobel_laureates_by_university_affiliation#cite_note-harvard-12.

③ Harvard University. Pulitzer Prize Winners [EB/OL]. [2018-02-25]. https://www.harvard.edu/about-harvard/harvard-glance/honors/pulitzer-prize-winners.

④ 东南大学报.培养拔尖创新人才是一流大学的核心使命——我校围绕拔尖创新人才培养召开工作研讨会[N/OL]. (2010-08-30) [2018-02-25]. http://seu.cuepa.cn/show_more.php?doc_id=490648.

改进的发展过程,对现阶段拔尖人才培养制约因素的探索有助于明确未来一流大学在人才培养方面的改进方向。本研究拟通过文献分析和文本分析的方法,对一流大学本科阶段拔尖人才培养的制约因素开展研究。

第三,提出中国一流大学拔尖人才培养的政策建议。一流大学拔尖人才的培养需要国家教育主管部门的顶层设计和系统规划。现有研究在该领域已有部分探讨,本专题将根据已有的调研结果,针对拔尖人才培养的制约因素,从教师教学、学风教育、衔接教育、开放性平台、师资体系和生态环境等方面,提出一流大学拔尖人才培养的政策建议。

第二节 一流大学拔尖人才培养现状研究

一、拔尖人才概念与类型

1. 拔尖人才的概念

学者们对拔尖人才概念的界定包含三个视角:

第一,个体视角。在专业知识和理论方面,拔尖人才应当造诣很深,达到精通的程度,且能够掌握相关的应用技能,熟悉整个专业的演进发展过程和学术流派;在品质方面,拔尖人才具有探索未知的兴趣、想象力和创新意识;在国际化方面,拔尖人才具备国际视野,能够始终把握科学前沿,熟知世界先进水平,国际竞争意识强[1]。另有学者认为拔尖人才应当具备某个方面的基础知识、应用知识和专业知识,具有自我完善能力、自我价值实现能力和人际协调能力,在德智体美等方面具备上佳素质,在见识、悟性和情感方面特征鲜明[2]。

第二,社会视角。部分学者认为拔尖人才是具备世界眼光,勇于承担国家民族的责任,推动或者引领社会发展,在各行各业试图通过变革来引领发展,从而为整个社会经济的顺利转型做出突出贡献的杰出人物[3]。另有学者认为拔尖人才"是各个专业的领军人物,有较强创新精神和创新能力,为社会发展和科技进

① 冯慧.大学生拔尖创新人才个性化思想政治教育研究[D].郑州:郑州大学,2015.
② 李嘉曾.拔尖人才基本特征与培养途径探讨[J].东南大学学报(哲学社会科学版),2002(3):138-139.
③ 高晓明.我国拔尖创新人才培养的困境与出路[D].兰州:兰州大学,2012.

步做出杰出贡献的人才"①。

第三,综合视角。另一部分学者从个体能力和社会贡献的综合视角探讨拔尖人才的概念界定。耶鲁大学斯坦伯格(R. Sternberg)认为拔尖人才需要达到五种标准,即卓越标准、稀缺标准、产出标准、展示标准和社会重视标准②。原教育部教育发展中心主任郝克明认为拔尖人才是指在科学、技术以及管理等相关的各个领域,具备相当高的素质、知识与能力,为国家发展做出重大贡献,在我国特别是在世界领先的带头人和杰出人才③。

本研究认为,人才指具有一定专业知识或专门技能,能够进行创造性劳动并对社会做出贡献的人,是人力资源中能力和素质较高的劳动者。判断一个人是否为人才的基本标准在于是否对社会做出贡献。"拔尖"本意是超出一般,在次序、等级、成就、价值等方面位于最前面的、居领先或优先地位的④。基于此,本研究认为拔尖人才是在某些方面具有突出特长潜质,在不同领域中有建树、取得突出成就的人才。

2. 拔尖人才的类型

英国心理学家斯皮尔曼根据双因素理论,将拔尖人才分为应用型人才和研究型人才。应用型人才掌握的能力与知识是现实需要的,能够运用到社会实践中解决亟待解决的问题,维系社会存在和推动经济发展⑤;研究型人才主要是着眼于未来,创立新的知识,为人类社会未来发展奠定基础。此外,根据徐晓媛和史代敏对我国 67 所院校的调研结果显示,拔尖人才主要分为学术型、复合型、应用型和技能型四类⑥。本研究将借鉴徐晓媛等对拔尖人才的分类,重点阐释这四类拔尖人才类型的内涵和特征。

1) 学术型拔尖人才

学术型拔尖人才是指具备以下三方面特质的人才: 一是有扎实的知识功底,以及由对科学的热爱而产生的探索欲和求知欲;二是学有所长,在具体学科分支的研究中处于领军地位,形成有国际竞争力的学术团体;三是具有高尚的学

---

① 徐昕.拔尖创新人才本科阶段的培养模式探索——基于国内高水平大学实验班的研究[D].广州:华南理工大学,2011:13-22.
② 阎琨.拔尖人才培养的国际争论及其启示[J].复旦教育论坛,2013(4):5-11.
③ 曾德军,柯黎.近十年拔尖创新人才培养问题研究综述[J].高等理科教育,2013(8):1-8.
④ 在线汉语词典.拔尖[EB/OL].[2018-07-13].http://xh.5156edu.com/html3/7618.html.
⑤ HART B, SPEARMAN C. General ability, its existence and nature[J]. British Journal of Psychology, 1912(1):51-84.
⑥ 徐晓媛,史代敏.拔尖创新人才培养模式的调研与思考[J].成才之路,2016(32):3-4.

术品格与人文气息,是具有社会影响力与认可度的"学术大师"①。根据徐晓媛和史代敏的调查显示,我国 55％的一流大学将拔尖人才定位为学术型人才②。

2）复合型拔尖人才

复合型拔尖人才指具有两个或者两个以上专业、学科的知识结构和能力的人才。复合型拔尖人才的基本特征在于通过多学科知识的交融形成新的知识,并成为新的思维方法和综合能力的萌发点,进而达到对原有知识和能力的超越,即能用一种全新的思维方法思考所遇到的问题,提出新的解决办法③。根据徐晓媛等的调查结果,我国一流大学中 24％的高校将拔尖人才定位为复合型人才④。

3）应用型拔尖人才

应用型拔尖人才是指具有创新精神和实践能力的专门人才,具有一定广阔性、敏捷性和深刻性的思维能力,掌握学科专业基础,了解基本的科学与工程的方法并能应用,能够自主学习适应新环境,具有创新志向和创新欲望,可以将自身能力与知识运用到社会实践中解决亟待解决的问题,推动社会和经济发展⑤。

4）技能型拔尖人才

技能型拔尖人才是指在生产、建设、管理、服务一线有改革创新,以及在促进社会发展与技术应用等方面有突出成就的杰出人才。此种类型拔尖人才的培养主要依靠高等职业技术学院,培养目标主要集中在良好的职业素养、熟练的职业技能、高超的技术工艺水平和技术的创新应用能力等方面⑥。

二、拔尖人才培养的实践

小班化的"精尖"教育是国内外一流大学培养拔尖人才的共同方式。如南京大学匡亚明学院的大理科拔尖班只有 10 至 30 名学生⑦。山东大学泰山学堂每

① 张杨,张立彬,马志远.哈佛大学拔尖人才培养模式探讨[J].学位与研究生教育,2012(4)：72-77.
② 徐晓媛,史代敏.拔尖创新人才培养模式的调研与思考[J].成才之路,2016(32)：3-4.
③ 徐文,王芳,黎娜,等.文化因素对旅游英语复合型人才培养的影响[J].学理论,2010(11)：89-90.
④ 徐晓媛,史代敏.拔尖创新人才培养模式的调研与思考[J].成才之路,2016(32)：3-4.
⑤ 江山,江国华,张辉,等.人才强国战略下的工科拔尖人才培养模式[J].南京航空航天大学学报(社会科学版),2004(3)：65-68.
⑥ 仲岑然.关于高职院校技术技能型拔尖人才培养问题的探讨[J].纺织教育研究,2015(1)：31-34.
⑦ 周慧霞.澳大利亚 PHB 与我国拔尖人才培养比较——以澳大利亚国立大学与南京大学为例[J].黑龙江高教研究,2014(5)：71-74.

个学科的班级规模也在 20 人左右①。美国大学和学院的小班教学更为普遍，"有权授予博士的大学其小班教学的比例为 68.2%，有权授予硕士的大学这一比例为 48.5%，有权授予学士学位的大学这一比例为 63%"②。除此之外，相对于常规的本科生培养，一流大学对拔尖人才培养的探索主要集中在以下五个方面：课程设置、教学方式、科研训练、导师配备和国际交流。

1.课程设置呈现模块化、综合性与多样性特征

课程学习是拔尖人才教育教学活动的中心环节，是本科生获取知识的主要来源③。拔尖人才一般需要更为全面和深入的专业教育，更为自由地选择课程的权力，以满足拔尖人才思维创新和探索兴趣的需要。针对拔尖人才的特殊属性，开展拔尖人才教育的各大高校在课程设置方面呈现出模块化、综合性与多样性的典型特征。模块化是强调学生对基础学科的学习，为学生提供宽厚的必要知识储备；综合性是培养学生分析和解决复杂问题的能力；多样性是满足学生差异化需求。

在模块化方面，南京大学匡亚明学院在学生入学前两年实施多层次通识教育，包含通修大平台课程，大文科和大理科平台课程以及五大模块(数理、化学生物、地学、人文和社会科学)核心课程设置。中南大学在探索多学科交叉矿物加工复合型拔尖人才培养过程中，实施"1+3"的课程设置，学生第一年学习公共大类课程，后面三年学生可以根据兴趣在 50 门以上的不同专业方向课程中选课学习④。山东大学泰山学堂的课程则包括通识课、学科平台课、专业课和个性化课程，其中通识部分包括公共基础和核心通识；学科平台包括物理、数学、化学、生命科学和计算机；专业课涵盖本专业的核心课程；个性化课程指各种前沿讲座和专题研讨学习班⑤。北京交通大学在探索轨道交通复合型工程拔尖人才培养模式过程中采用模块化的课程设计，包括以强化国际交往能力、提高人文科学精神和工程职业素养，培养信息检索和数据获取能力为核心的通识课程，以基础理论和技术教育为核心的专业课程，以及通过创新性实验培养自主学习与研究能力

① 王明钰,沈煜,徐孝刚,等.山东大学生物类拔尖人才培养模式的探索[J].高校生物学教学研究,2013(4):3-6.
② 李宏敏.我国高校实施小班化教学的问题及解决策略[J].大学教育科学,2009(2):32-36.
③ 张杨,张立彬,马志远.哈佛大学拔尖人才培养模式探讨[J].学位与研究生教育,2012(4):72-77.
④ 胡岳华,宋晓岚,邱冠周,等.建设国际一流学科,培养复合拔尖人才——多学科交叉矿物加工人才培养模式创新与实践[J].高等工程教育研究,2011(2):112-117.
⑤ 王文,张清,史静寰.基于学习过程的基础学科拔尖人才培养研究——以山东大学泰山学堂为例[J].大学教育科学,2014(2):58-64.

的科研训练课程①。安徽大学文典学院则对拔尖人才实施"3＋5"的培养模式，前3学期是大类培养阶段，学生学习基础知识；后5学期是专业培养阶段，学生可以进入自己感兴趣的学科接受进一步的专业教育②。

美国参与"大挑战学者计划"的部分高校在培养工程拔尖人才方面的主要特色是整合工程与非工程的课程计划以及元课程组件，帮助学生获得解决某一工程主题的专业技能③。哈佛大学的课程体系包含核心课程、专业课和自由选修课三个模块，确保学生掌握足够的专业知识，具备创新性的思维和能力④。英国的大学普遍采用学分制，各个专业的课程也是采用模块化。不同模块可以构成一个模块组，对应于学生某个方面的能力培养⑤。

在综合性方面，浙江大学竺可桢学院与校内其他学院共同建立以强化和提升拔尖人才英语、计算机以及数理基础为目标的交叉复合型培养平台⑥。中国人民大学经济学和数学双学位实验班强调将数学工具融入经济学教学过程，通过提高学生对数学方法的掌握，加深其对经济学的理解和认识，最终使学生能够顺利地与国际一流的经济学数学研究接轨⑦。暨南大学在培养"大药学"拔尖人才方面，构建了由药学院、医学院、临床医学院、理工学院和生命科学技术学院等组成的学科群，按照"课程→项目→人才"的思路，将实践活动、课程改革与药物研发具体过程相联系，在缩减原有理论课对应实践课时的基础上，充足新的创新性综合实验实践课，并通过挑战杯等创新实践活动，将理论知识点与实验技能融入药物研发具体环节的研究活动中，最终提升拔尖人才对专业理论的综合运用能力⑧。

美国大学非常重视文科与理科之间的互补以及交叉学科的融合，普遍设置了文理渗透、理工结合的综合化课程体系。麻省理工学院坚持科学与艺术教育

① 裘晓东,屈波,朱晓宁,等.关于轨道交通复合型工程拔尖人才培养模式的探究——北京交通大学人才培养模式创新试验区建设纪实[J].北京教育(高教),2010(7/8):101-103.
② 赵磊,王良龙,张洪.地方高校拔尖人才培养模式探析——以安徽大学为例[J].黑龙江教育(高教研究与评估),2015(3):72-73.
③ 吴伟,吕旭峰,范惠明.美国工程拔尖人才培养新战略——"大挑战学者计划"实施评述[J].教育发展研究,2010(23):63-68.
④ 田玉敏,崔三常.美国高校拔尖创新人才培养模式探究[J].学术论坛,2014(12):177-180.
⑤ 王延年.英国高等教育创新型人才培养及启示[J].河南教育(高教),2014(2):3-4.
⑥ 邹晓东,李铭霞,陆国栋,等.从混合班到竺可桢学院——浙江大学培养拔尖创新人才的探索之路[J].高等工程教育研究,2010(1):64-74.
⑦ 杨瑞龙,龙永红,程华.经济学拔尖人才培养模式的创新与探索——经济学-数学(双学位)实验班创办十年经验总结[J].中国大学教学,2014(10):36-40.
⑧ 孙平华,颜海波,谭沛鸿,等.药物研发链与专业课程链相融合的大药学拔尖人才培养模式[J].药学教育,2017(2):1-5.

同等重要的办学原则,在工程教育中增加艺术类课程,培养学生将工程产品设计推向现实化的能力。哈佛大学的学生可以在合作学校自由选修用以完成学业的学分,例如物理系学生可以选修工程技术更为出色的麻省理工学院课程①。

在多样性方面,部分一流大学为了培养学生的创新创业和科研实践能力,大多建立了特色化的课程体系。例如在创业教育方面,美国 37.6% 的大学会在本科教育中开设创业课程②;英国兰卡斯特大学的创业教育课程包括创业讲座、研讨活动和创新日志等③。在实践教育方面,美国斯坦福大学明确要求学生必须修满 8 个学分的实践课程,课程形式涵盖社会服务、技术项目训练和工作实习等④。北京航空航天大学华罗庚实验班的理科创新实践体系包括学术讨论班、数学建模和个体支持计划⑤。在探究性教育方面,美国大学普遍从入学第一年就为学生开设研讨课。斯坦福大学拥有专门训练拔尖人才领导能力的多种课程⑥。英国大学则普遍采用小组写作的教育方式,学生针对某一问题组成若干团队,通过实地调查、分析数据、讨论内容、撰写报告和陈述意见等,提高分析判断和解决复杂问题的能力⑦。

2. 普遍采取学生为主体的研讨式教学方式

一流大学拔尖人才培养普遍采取研讨式(或者称为研究式)的教学方式,即以教师为主导,学生为主体,研究为主题,强调学生自主查阅资料、组织内容,师生以知识产生或者使用的环境为背景开展互动交流。清华大学数理基科班专题研讨课按内容将学生分成若干团队,导师向学生列出必读文献,学生定期在小组内报告课题研究进展,并与全年级的其他团队交流⑧。武汉大学弘毅学堂探索问题导向的学习(Problem Based Learning, PBL)模式在计算机专业拔尖人才教学中的应用,每学期开学根据学生意愿将学生分为若干小组并由学生自荐一名组长,负责组织沟通协调日常的学习活动,老师根据课程内容在不同时间段以问题为基础设定复杂且有挑战性的项目,团队成员经过讨论学习确定项目目标

① 张杨,张立彬,马志远.哈佛大学拔尖人才培养模式探讨[J].学位与研究生教育,2012(4):72-77.
② 沈蓓绯,刘明霞.美国高校创业教育特色分析[J].教育发展研究,2010(5):52-55.
③ 孙珂.21世纪英国大学的创业教育[J].比较教育研究,2010(10):67-71.
④ 高宗泽,蔡亭亭.斯坦福大学的人才培养模式及其特点[J].外国教育研究,2009(3):61-65.
⑤ 李红捷,丁丁.国际化视角下理科拔尖人才培养的探索研究——以北京航空航天大学大学华罗庚实验班为例[J].北京航空航天大学学报(社会科学版),2016(3):112-116.
⑥ 张晓鹏.美国大学创新人才培养模式探析[J].中国大学教学,2006(3):7-11.
⑦ 王延年.英国高等教育创新型人才培养及启示[J].河南教育(高教),2014(2):3-4.
⑧ 刘馨竹,霍元婕,臧一凡,等.关于研讨式学习在拔尖人才培养中应占合理比重问题的研究[J].高教研究与实践,2016(3):16-22.

并进行后续的集体自主探索,最终各小组要汇报自己的成果并互相提问交流,在整个项目结束后由老师引导反思问题的解决过程,帮助学生提炼、概括和理解知识的应用情境①。国防科学技术大学钱学森创新拓展班在教学实验课程中开展重做诺贝尔奖得主实验的研讨课,提升了实验教学的基础性和理论性;同时,结合学校已有的国家重大科技专项开展专题实验,突出了实验教学的前沿性和实用性;在大学物理教学方面,国防科学技术大学形成了"五讲四练三结合"的新模式,即课堂讲授难点、重点、创新点、争议点和未知点,开展求异质疑、自主探究、学术辩论与团队协作训练,将物理知识与高科技原理、物理知识或方法与科技创新、物理思想与人文启示相结合②。上海交通大学致远学院从大二开始每学期都会开设专业研讨课,尤其在培养生命科学拔尖人才过程中,总结出以素质能力为核心的实验课程教学模式,即实验课程目标设定,课程内容整合,学生自选实验项目,学习模式测定和引用,网站预习,失败与重做,操作考核和总结汇报,培养学生整合知识和分析解决问题的科研能力③。吉林大学唐敖庆理科试验班每周或者隔周开展一次"新生研讨课",两次课程之间是学生自主研讨时间,课程内容根据专业方向和学生年级确定。除了老师组织的研讨课外,学生自己每周组织一次名为"Weekly Talk"的研讨式学习活动,由一位学生报告相关主题的研究,参与学生自由讨论。吉林大学的培养经验表明,拔尖人才在大一阶段研讨式学习的时间应控制在总学时的 20% 至 30% 之间,避免对基础学习的弱化,随着学生年级的增加,可以适当增加研讨课程的时间和难度④。南京大学在拔尖人才教学中建立了新生研讨课与高年级研讨课结合通识教育的思维训练课程体系,课程内容涉及各个专业,主题丰富,至今已经开设过 400 余门⑤。复旦大学的研讨式教学以选修形式进行,开展课程的老师要求学生每次课前准备时间不少于 2 个小时,包括查找资料,思考问题,完成发言文稿并于课前 40 个小时发布在电子教室,学生之间互相浏览内容思考后开展课堂对话⑥。南开大学伯苓班对生化实验教学模式进行了改革,在传统生化实验基础上,增加了前沿性、综合

① 李雪飞,李晶,余俐,等.PBL 教学法在计算机创新拔尖人才培养中的应用研究[J].教育教学论坛,2014(20):74-77.
② 贾红辉,耿美华.拔尖人才科研实践能力培养探索——以学校"钱学森创新拓展班"为例[J].高等教育研究学报,2013(10):12-14.
③ 张霞,曹阳,陈峰,等.生命科学实验教学中拔尖人才培养探索[J].实验室研究与探索,2016(2):143.
④ 刘馨竹,霸元健,臧一凡,等.关于研讨式学习在拔尖人才培养中应占合理比重问题的研究——以吉林大学基础学科拔尖人才培养试验班为例[J].高教研究与实践,2016(3):16-22.
⑤ 南京大学.多元化手段,个性化发展[EB/OL].(2012-03-21)[2018-02-25].http://old.moe.gov.cn//publicfiles/business/htmlfiles/moe/s6339/201203/132730.html.
⑥ 杜瑞,王庭芳.对研讨课教学模式的思考——复旦大学研讨课观摩体会[J].管理工程师,2011(4):61-63.

性和开放性的实验项目,要求拔尖人才网上预习并单人操作实验,指导教师一对一培训[①]。

研讨式学习也是美国大学重要的教学方式。在全美 968 所院校中,有84.2％的高校都开设新生研讨课,每节课的时间通常为一个小时至一个半小时[②]。部分高校如加州大学伯克利分校为部分新生研讨课提供"课后午(晚)餐",确保学生和老师能够有充分的时间开展进一步的交流[③]。哈佛大学在本科阶段的教学模式主要有两种形式,其一是由教授主讲,学生在阅读文献或者开展实验的基础上每周或每两周进行一次研讨课。其二是以学生为主,每个学生每学期都需要在不同的课程上发表各种报告,激发同班学生参与讨论,教师则发挥协调引导作用[④]。与研讨式教学相匹配的是多样化的考核方式。美国大学更加注重学生对知识的理解与运用,除了试卷考试之外,还有论文、报告、案例分析等形式,通常每个学期进行 2 至 3 次考核,综合反映学生学习的真实效果[⑤]。

3. 科研训练是培养科研攻关能力的关键环节

科研训练是拔尖人才综合运用专业知识、培养科研攻关能力的关键环节。国内外一流大学都非常重视科研训练在拔尖人才培养过程中的独特作用。南京大学匡亚明学院的高年级学生能够提前进入导师的实验室开展科学研究训练[⑥]。北京航空航天大学能源动力与工程学院的试点班学生在大一期间参与科研训练的人数约为 30％,大二上升至 50％,大三达到 80％左右,其中《无凸轮曲轴发动机》训练项目经过 6 届学生的努力,将一个想法变成图纸、模型、最终成为可以推向市场的产品[⑦]。该校的华罗庚班学术讨论班在本科三年级就进入学院教师讨论班和科研团队、在中科院数学所名师和海外导师等优质师资的指导下开展研究训练,参与高水平论文的写作和发表[⑧]。山东大学泰山学堂生命科学方向则开设了专门的科研实践课程,要求 1 至 3 名学生组成一个小组,针对某一

① 李欣,赵玉红,李小菊,等.基于拔尖人才培养的生化实验教学改革初探[J].实验室研究与探索,2017(5):184-187.
② 徐波.美国高校新生研讨课的现状、特点及启示——基于三次全美高校新生研讨课调查结果的分析[J].现代大学教育,2012(2):69-74.
③ 吴宏刚.高校拔尖人才培养的实践与探索——以美国堪萨斯大学优等生项目为例[J].知音励志,2016(10):9-10.
④ 张杨,张立梅,马志远.哈佛大学拔尖人才培养模式探讨[J].学位与研究生教育,2012(4):72-77.
⑤ 田玉敏,崔三常.美国高校拔尖创新人才培养模式探究[J].学术论坛,2014(12):177-180.
⑥ 周慧霞.澳大利亚 PHB 与我国拔尖人才培养比较——以澳大利亚国立大学与南京大学为例[J].黑龙江高教研究,2014(5):71-74.
⑦ 丁水汀,李秋实.创新人才"选、育、评"一体化推进试点学院改革[J].中国大学教学,2014(4):73-76.
⑧ 沈蓓绯,刘明霞.美国高校创业教育特色分析[J].教育发展研究,2010(5):52-55.

个科学问题开展研究活动,完成研究报告①。吉林大学生命科学学院对于拔尖人才培养构建了生物学野外实习科研综合训练体系,由教师提出实习的课题,学生根据兴趣选择甚至可以自拟题目,之后学生自主组建科研团队,完成文献查阅和调查研究,并在教师指导下,根据研究计划开展实地考察、完成数据记录处理和资料整理等工作,最后学生按照团队撰写总结报告;实习结束后,学生会根据野外实习课题的内容进入指导教师的实验室继续开展科研工作。这一训练体系能够调动学生的科研兴趣、积极性和主动性,培养学生的创新意识和合作精神②。

美国大学也非常重视本科生的科研训练,通常都会实施多个类别的本科科研计划,积极鼓励学生参与导师的科研活动,循序渐进地培养学生的科学研究能力。例如加州大学伯克利分校就设立了"本科生科研学徒计划"、"校长本科生研究奖学金计划"和"本科生研究经验计划"等20多种本科生科研计划。学生在教师指导下开展研究活动,完成研究工作并提交论文,阐述研究收获③。

4. 配备导师是个性化培养与形成学科素养的重要举措

为本科生配备导师不仅能够根据拔尖人才个性化特征开展更具针对性的指导,而且导师在专业学科方面的研究素养也能够为拔尖人才树立学习的榜样。

兰州大学萃英学院按照学科的专业方向成立导师小组,负责学生的学术引导、兴趣培养、科研训练,推荐参加学术会议和出国交流等④。中国人民大学经济学院的"互派师生与合作研究"等项目,使教师和学生能够直接感受发达国家经济学的前沿研究和教育,推动经济学学科在教学、科研和政策研究等领域与国际规范全面接轨⑤。南京大学匡亚明学院会按照师生比不低于1∶5的比例为学生配备由院士、长江学者、杰青组成的导师队伍,并按照不低于1∶30的比例为学生配备职业生涯导师⑥。山东大学泰山学堂在第三学期实施导师制,学生

---

① 王文,张清,史静寰.基于学习过程的基础学科拔尖人才培养研究——以山东大学泰山学堂为例[J].大学教育科学,2014(2):58-64.
② 刘成柏,许月,李全顺,等.基于生物学野外综合实习的"拔尖人才"科研素质培养[J].实验技术与管理,2017(9):12-15.
③ 潘金林.加州大学伯克利分校20世纪90年代以来本科教育改革理念、举措及成效[J].复旦教育论坛,2014,12(2):86-91.
④ 高海明."珠峰计划"引领拔尖人才培养[J].教育,2013(4):35.
⑤ 杨瑞龙,龙永红,程华,等.经济学拔尖人才培养模式的创新与探索——经济学-数学(双学位)实验班创办十年经验总结[J].中国大学教学,2014(10):36-40.
⑥ 周慧霞.澳大利亚PHB与我国拔尖人才培养比较——以澳大利亚国立大学与南京大学为例[J].黑龙江高教研究,2014(5):71-74.

选择一名博士生导师作为导师,进行一对一培养。导师一般会鼓励学生积极参加课题组科研活动,独立承担课题中的一部分,培养学生的科研方法和学术思想①。中国科学技术大学少年班学院选择物理、化学、生物、数学和信息科学等业务水平高、学生培养经验丰富的教授组成实验班导师组。在拔尖人才学习基础课程阶段,导师们通过定期与班级开展集体交流和学生个别交流,使学生尽快地适应大学学习生活,并根据学生兴趣和能力引导学生选择未来方向;在拔尖人才的专业学习阶段,教授们组成若干小组,根据学生兴趣和职业规划制定指导性学习计划,鼓励学生跨专业选课,引导学生参与不同学科背景的讨论团队,同时让学生参加教授们自己的科研活动②。上海交通大学致远学院的大师陪伴计划是导师制的另一种形式,学院邀请部分国际学术大师自愿每天至少拿出 2 小时与学生探讨和交流,与国际学术大师的对话使学生往往能够获得学科更为宏观和长远的视角,对学生坚定科学研究的信心也具有重要的积极影响③。南开大学伯苓班实施小班导师制,为每年级配备一名科研教学经验丰富的专职教师作为导师,导师定期与小班学生座谈交流,解决学生在生活和学习中遇到的各种问题④。

北京航空航天大学能源与动力工程学院对拔尖人才实行自由选择、动态调整的团队导师制度,将学术指导、生涯指导和生活指导融合在一起,共同为个性化的学生需求服务⑤。安徽大学文典学院则实施全程导师制,大一学生的导师是具有相关学科博士学位或者副教授职称的班主任,大二开始,学生导师是科研训练项目的导师。导师必须指导学生参与研究项目申请、立项、研究过程、论文撰写等,全面提高学生的科研能力⑥。辽宁大学商学院拔尖人才的培养经验表明,导师制对拔尖人才的科研意愿、知识构建、素质构建和团队合作能力都具有提升作用⑦。

美国和英国大学均为学生配备导师,导师一般负责制订学生的学习计划,确保学生能够按照自身的兴趣和能力选择相应的专业和科目学习,发挥自身潜力

① 王明钰,沈煜,徐孝刚,等.山东大学生物类拔尖人才培养模式的探索[J].高校生物学教学研究,2013(4):3-6.
② 徐昕.拔尖创新人才本科阶段的培养模式探索[D].广州:华南理工大学,2011:33-34.
③ 刘馨竹,霸元婕,臧一凡,等.关于研讨式学习在拔尖人才培养中应占合理比重问题的研究——以吉林大学基础学科拔尖人才培养试验班为例[J].高教研究与实践,2016(3):16-22.
④ 郭全乐.南开大学生命科学学院本科教学工作审核评估自评报告[EB/OL]. (2014-12-12) [2018-01-19]. http://jxpg.nankai.edu.cn/2014/1212/c2543a12302/page.htm.
⑤ 丁水汀,李秋实.深化综合改革促拔尖人才培养[J].中国高等教育,2013(19):22-25.
⑥ 赵磊,王良龙,张洪.地方高校拔尖人才培养模式探析——以安徽大学为例[J].黑龙江教育(高教研究与评估),2015(3):72-73.
⑦ 邵剑兵,惠建鹏.导师制拔尖人才培养模式探究[J].教育现代化,2016(28):4-7.

和特长。在牛津和剑桥大学,每个本科生入学后学院都会指派一位导师,如果学生需要,学院还可以再选派 1 至 2 位的课程导师。部分导师在学校有宿舍,便于为学生提供及时的帮助和服务①。哈佛大学也会给学生配备专业导师,并以课外研究组的形式提供科研与学习结合的沟通平台②。

5. 国际交流是提升研究能力和竞争水平的通用方式

国内开展拔尖人才培养的一流大学普遍会为学生提供国际交流机会,提升学生的国际视野、研究能力和竞争水平。中山大学的逸仙班③,南开大学的伯苓班④,西安交通大学的钱学森学院每年都有大量学生赴海外参加长期或者短期的访问学习。兰州大学萃英学院实行"3+1"培养模式,学生在国内学习 3 年,在国外深造 1 年⑤。中国人民大学经济学数学双学位实验班则设立了本科生全员导师制度,希望通过加强教师与学生的交流,激发学生的学习兴趣与研究热情⑥。北京航空航天大学的华罗庚班与美国德克萨斯 A&M 大学(Texas A&M University)建立了"BUAA - TAMU 数学专业本科生快车道"项目、与美国密歇根州立大学(Michigan State University)合作举办数学暑期学校,每年都有优秀本科生赴美学习,感受多元文化的碰撞交流⑦。华中科技大学生命科学与技术学院在培养拔尖人才过程中与多所世界一流大学建立了合作项目,学院本科生每年可以通过各类渠道赴哈佛大学和麻省理工学院开展交流学习⑧。安徽大学文典学院与英国曼彻斯特大学(The University of Manchester)、美国伊利诺伊大学(University of Illinois)等世界一流大学建立合作关系,定期选派学生交流学习⑨。

世界一流大学同样也非常关注拔尖人才的国际交流,哈佛大学每年都会推进高层次的学术交流项目,并且积极鼓励本科学生参与。此外,哈佛大学还会定

---

① 祝殉,李远.英国导师制对于我国高校拔尖人才培养的启示[J].中国人才,2013(3):53-54.
② 张立彬,马志远,杨祖念.哈佛大学物理专业拔尖人才培养模式探讨[J].大学物理,2012(2):45-50.
③ 刘竞.我国高校拔尖创新人才培养的几种模式[J].当代教育理论与实践,2013(4):72-74.
④ 杨光明.遵循规律以改革试点促拔尖人才脱颖而出[J].中国高等教育,2013(15/16):27-29.
⑤ 陈昂昂.基础学科拔尖学生培养计划的实施与探索——以兰州大学萃英学院为例[J].学园,2014(20):88.
⑥ 杨瑞龙,龙永红,程华,等.经济学拔尖人才培养模式的创新与探索——经济学-数学(双学位)实验班创办十年经验总结[J].中国大学教学,2014(10):36-40.
⑦ 李红捷,丁丁.国际化视角下理科拔尖人才培养的探索研究——以北京航空航天大学大学华罗庚实验班为例[J].北京航空航天大学学报(社会科学版),2016(3):112-116.
⑧ 占艺,余龙江,谢红萍,等.科教协同驱动的拔尖人才培养体系建设研究[J].中国大学教学,2017(10):55-58.
⑨ 赵磊,王良龙,张洪.地方高校拔尖人才培养模式探析——以安徽大学为例[J].黑龙江教育(高教研究与评估),2015(3):72-73.

期或者不定期举办国际性的各类研讨班,时间在 3 个星期至 3 个月之间,强化哈佛大学多元文化的交流①。美国堪萨斯大学(University of Kansas)的优等生项目要求每一位学生至少有一个学期的海外学习经历,学生可以根据自己的兴趣选择国家和学校,体验多元文化,堪萨斯大学还会为学生指派项日学业顾问指导学生完成海外学习计划②。

除了上述的课程设置、教学方式、科研训练、导师配置和国际交流外,世界一流大学还会与科研机构和企业开展合作,通过产学研一体化协同培养拔尖创新人才。例如斯坦福大学组建了 17 个独立的跨学科研究中心、实验室和研究所,这些机构开设的部分课程是由学校教授与产业领袖组成的团队授课,强调培养学生解决实际问题的能力③。英国大学的工科课程设置也非常注重"校企合作",整合设计、研究和教学,使学生理解书本知识,而且增加实践知识、提升专业技能④。

社区服务学习是美国大学人才培养的特色之一。美国多数大学的荣誉学院将服务学习与课堂教学内容相结合,强调学生在社区服务中理解课程学习的知识,同时注意培养学生的公民责任感。反思学习是社区服务学习的一个重要部分。导师在服务的整个过程中都会引导学生反思,帮助学生整合课程学习与服务经验,达到预期学习效果。美国堪萨斯大学的优等生项目也要求学生必须在大学期间由老师带领去相对落后或贫困的地区做志愿活动,常见的公益志愿活动有支援贫困地区建设、帮助受灾地区灾后重建等,学生完成公益活动后需要撰写研究报告,总结个人体会和收获,甚至对相关地区的建设出谋划策⑤。

三、拔尖人才培养的调查

1. 调查对象

针对中国一流大学拔尖人才的实证研究要选择能够代表中国一流水平拔尖人才的样本。"珠峰计划"即"基础学科拔尖学生培养试验计划",是教育部为回

① 陈佳.哈佛育人之道[J].21 世纪,2004(4):16-17.
② 吴宏刚.高校拔尖人才培养的实践与探索——以美国堪萨斯大学优等生项目为例[J].知音励志,2016(10):9-10.
③ 田玉敏,崔三常.美国高校拔尖创新人才培养模式探究[J].学术论坛,2014(12):177-180.
④ 彭奥,郭丽君.英国高校人才培养特点及其启示[J].湖南科技学院学报,2016(2):160-162.
⑤ 吴宏刚.高校拔尖人才培养的实践与探索——以美国堪萨斯大学优等生项目为例[J].知音励志,2016(10):9-10.

应"钱学森之问"而出台的一项人才培养计划。截至 2018 年,入选该计划的国内高校共计 21 所,每个入选高校都根据自身的学科优势,先后组建了相应的实验班级,具体的计划名称和组建时间如表 2-1 所示。本研究将从表 2-1 中高校组建的拔尖人才实验班中选择大三和大四(经过至少 2 年的学习,对于学校的拔尖人才培养有一定的了解和体会)的本科生作为研究对象,收集整理国内一流大学拔尖人才本科阶段培养模式、成长机制和保障条件的现状特征。

表 2-1　"珠峰计划"入选大学统计①

No.	学　校	拔尖创新人才学院名称	创建时间
1	北京大学	元培学院(元培计划、元培计划实验班)	2007(2001)
2	清华大学	清华学堂人才培养计划	2009
3	南京大学	英才培育计划、匡亚明学院	2010、2006
4	复旦大学	复旦学院、望道计划	2005、2010
5	中国科学技术大学	中国科学技术大学科技英才班	2009
6	浙江大学	求是科学班、竺可桢学院	2010、2000
7	上海交通大学	致远学院	2010
8	同济大学	同济大学生命科学英才班	2011
9	南开大学	伯苓班、省身班	2009
10	武汉大学	弘毅学堂	2010
11	中山大学	逸仙班	2006
12	厦门大学	化学拔尖计划班	2010
13	北京师范大学	基础理科拔尖学生培养实验班、人文学科拔尖学生培养实验班	2011
14	北京航空航天大学	华罗庚班	2009
15	吉林大学	唐敖庆班	2009
16	山东大学	泰山学堂	2010
17	兰州大学	萃英学院	2010

① 刘献君,张晓冬."少年班"与"精英学院":绩效诉求抑或制度合法化——基于组织理论的新制度主义分析[J].现代大学教育,2011(5):8-15.

（续 表）

No.	学 校	拔尖创新人才学院名称	创建时间
18	四川大学	吴玉章学院	2007
19	西安交通大学	基础学科拔尖人才实验班	2010
20	中国科学院大学	基础学科拔尖学生培养试验计划	2015
21	哈尔滨工业大学	英才学院	2008

注：表格内容是本研究在"'少年班'与'精英学院'：绩效诉求抑或制度合法化——基于组织理论的新制度主义分析"一文的基础上进一步整理绘制。

2. 调查设计

1）调查方法

第一，问卷调查。本研究基于第一节对中国大学拔尖人才培养的研究总结，针对"珠峰计划"的本科生，编制以人才培养为重点的调查问卷，通过问卷调查收集相关数据，为一流大学拔尖人才培养模式研究提供分析基础。

第二，半结构化访谈。本研究围绕人才培养、成长机制和保障条件，设计针对本科生和教师的半结构化访谈提纲。目的在于广泛收集拔尖人才参与者从不同视角对人才培养过程的理解和观点，与问卷调查形成研究方法的优势互补，为剖析拔尖人才培养模式，对比国内外差异提供更为鲜活和丰富的研究素材。

第三，文本挖掘。互联网上有较多新闻媒体对国内科学研究领域的拔尖人才的访谈记录，例如《科学网》的博客对获美国青年科学家总统奖的西安交通大学和清华大学校友陈曦教授的采访整理，以及美国《新世界时报》对锁志刚教授的采访等。在这些资料中，被采访者详细地回顾了自己本科阶段的求学经历，对于分析拔尖人才培养模式具有重要的借鉴意义。本研究采用文本挖掘的方法提取该类资料中有价值的信息。

2）调查工具

"珠峰计划"本科生调查问卷：本研究在完成该问卷最初的编制后经过了两轮预调研，并听取西安交通大学钱学森学院教师和实验班学生的意见，最终形成包括学生的背景信息、学生对课程学习的评价，对教学方式的感知、参与职业规划与创新教育的情况、参与实践活动的情况、感受到的学习氛围、参加国际交流的收获，与其他学生相比的成长感受、成才信心，以及对于学校开展拔尖人才教育的建议等十个部分的调查问卷。

"珠峰计划"本科生访谈提纲：本研究编制的本科生半结构化访谈提纲共有14个问题，内容涵盖学生对培养目标和培养方案的了解程度，对选拔方式、课堂授课、分流政策的意见，对课余时间的安排，对导师配备的看法，以及自身的职业规划和学校对于拔尖人才培养的保障措施等。

3）调查过程

针对"珠峰计划"实验班本科生的问卷调查，本研究采用两种路径：其一，首先完成对西安交通大学钱学森学院物理和数学实验班大三和大四学生的问卷调查，继而请求学生中参与过交流访问计划的同学联系"珠峰计划"其他高校的实验班本科生；其二，联系"珠峰计划"高校普通学生，请求学生帮忙联系实验班同学。为提高调查问卷的回收率，本研究为填答问卷的同学支付少量酬金以示谢意。针对拔尖人才培养的博士研究生，因为没有"珠峰计划"之类的特殊群体，所以能够直接通过同学和教师锁定研究范围，并通过"滚雪球"的方式逐渐扩充样本量。在问卷调查基础上，通过电话形式，有选择性的，一对一地对陕西省①外"珠峰计划"的高校本科生进行访谈。此外，在进行问卷调查的同时，邀请西安交通大学钱学森学院大三和大四班级的班长与学生代表，开展半结构化访谈的座谈会。一方面听取同学们对本科学习生活的感触，另一方面探询参与国际交流访学计划的学生对国外一流大学本科生培养模式的直观体验。

4）调查结果

截至2018年2月，本研究共调查了17所"珠峰计划"的高校，样本共计297份，其中清华大学、北京航空航天大学、中国科学技术大学的样本量较少；西安交通大学的样本量最多，如图2-1所示。

在课程学习方面，"课程学习使我掌握了适应社会的多种能力"得分相对较低，反映出我国对拔尖人才在本科阶段多种能力的培养关注度不够；"老师会根据课程考核结果对我们进行详细的反馈"得分较低，说明教师在这一环节投入度较低。在英文学习方面，"学校为我提供了很多与外教沟通的学习机会"，"在英文听说读写方面，学校对我们有针对性的培养方案"和"学校会开展专门的课程提高我们的学术英文的水平"相对其他题目而言得分较低，说明学校对拔尖人才的英文学习有待进一步强化，如表2-2所示（表中每一个题目的平均值是297个样本对该问题回答的算术平均值，表2-3至表2-8同上）。

---

① 因本章作者所在单位为西安交通大学，出于调查研究的可操作性，作者在样本选择上以西交大和陕西省为中心展开。

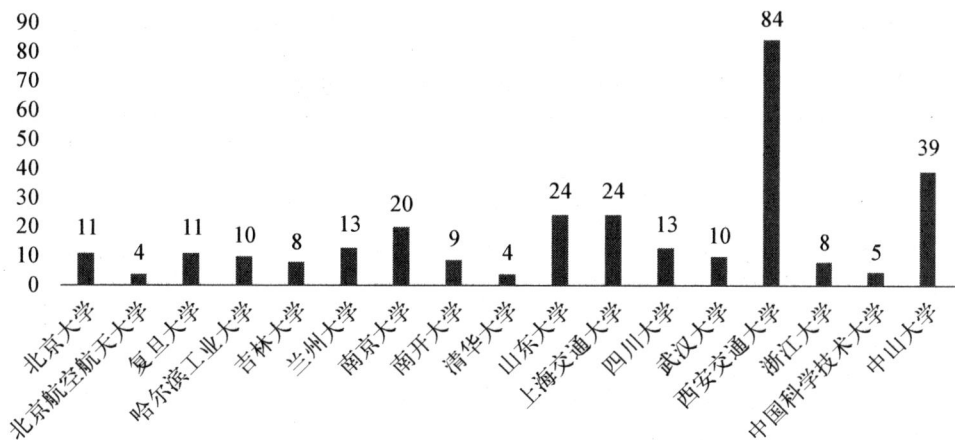

图 2-1　"珠峰计划"本科生调查问卷回收数量和学校

表 2-2　参与"拔尖计划"学生的课程学习和英文学习情况

	题　　　目	平均值
课程学习	01. 我学习的课程能够帮助我更为全面地了解社会	5.153
	02. 我学习的课程涵盖人文、艺术、科学、哲学等多方面	5.441
	03. 我学习的课程有助于我深入思考人生的意义	5.162
	04. 课程学习使我掌握了适应社会的多种能力	4.811
	05. 课程学习使我掌握了专业领域的基础知识	6.126
	06. 课程内容涵盖了专业领域最前沿的知识	5.450
	07. 课程内容能够帮助我了解专业领域的最新动态	5.505
	08. 课程内容能够帮助我了解专业领域的重难点问题	5.505
	09. 老师会在课程考试前划重点	4.315
	10. 老师会根据课程考核结果对我们进行详细的反馈	4.243
英文学习	11. 英文课程学习确实能够帮助我提高英文能力	5.234
	12. 学校为我提供了很多与外教沟通的学习机会	4.514
	13. 在英文听说读写方面,学校对我们有针对性的培养方案	4.703
	14. 我主要靠自学提高我的英文能力	5.604
	15. 学校会开展专门的课程提高我们的学术英文的水平	4.757

在教学方式方面,"老师会邀请我们一起参与课程内容设计"和"老师会通过变化授课场地,创新教学形式等尽可能地增加课程的互动性"相对而言得分较

低,说明教师在课程互动性方面还有进一步的提升空间,如表2-3所示。

表2-3　参与"拔尖计划"教师的教学方式现状

题　　目	平均值
1. 老师会强调专业知识在科研活动中的具体应用	5.613
2. 老师会引导我们运用专业知识解决具体问题	5.658
3. 老师在实验课中会非常关注我们的动手能力	5.270
4. 老师鼓励我们大胆质疑,发表不同意见	5.955
5. 老师重视对我们的启发性和引导性	5.873
6. 老师鼓励我们的批判性思考	5.766
7. 老师会通过不断提出问题,激发我们主动思考	5.703
8. 教师激发我们思考更多教材之外的内容	5.820
9. 老师提倡我们采用多种方法解决同一种问题	5.505
10. 老师乐于与学生对话沟通	5.910
11. 老师会邀请我们一起参与课程内容设计	4.883
12. 老师会通过变化授课场地,创新教学形式尽可能地增加课程的互动性	4.495

在职业规划方面,拔尖人才更倾向于和同学交流,在职业规划课程、向老师征求意见和参加职业规划类讲座与研讨会方面程度较低;在创新教育方面,拔尖人才对课程的选修、讲座和活动的参与程度也相对较低,如表2-4所示。

表2-4　参与"拔尖计划"学生的职业规划与创新教育现状

	题　　目	平均值
职业规划	1. 我会选修有关职业规划的课程	4.595
	2. 我会向老师征求有关职业规划的建议	4.730
	3. 我会参与有关职业规划的讲座和研讨会	4.784
	4. 我会和同学交流未来的职业规划	5.676
创新教育	5. 我会选修有关创新的课程	4.901
	6. 我会和老师积极沟通学习中的新想法	5.126
	7. 我会参与有关创新的讲座和研讨会	4.766
	8. 我会参与有关创新的各种活动和比赛	4.703

在课外活动方面,参加与专业知识有关的创新实践活动、听学校组织的非学术类讲座、在寒暑假到企业中实习和利用课余时间为所在城市的社区提供服务得分相对较低,部分原因可能与拔尖人才的专业方向有关,如表2-5所示。

表2-5　参与"拔尖计划"学生的课外活动情况

题　　目	平均值
1. 我在课外参与过老师课题组的科学研究工作	5.180
2. 我参加过学校组织的与专业有关的竞赛活动	5.279
3. 我参加过与专业知识有关的创新实践活动	4.865
4. 我经常去听学校组织的非学术类讲座	4.757
5. 我会在寒暑假到企业中实习	4.874
6. 我利用课余时间参加义工或者志愿者等活动	5.198
7. 我利用课余时间为所在城市的社区提供服务	4.306
8. 我利用课余时间参加学校的社团活动	5.468
9. 我会利用课余时间坚持发展我的爱好	5.910
10. 我的个人爱好对我的全面发展至关重要	5.784
11. 我的个人爱好使我获得了更多的自信	5.784

拔尖人才本科阶段的学术诚信和学习氛围较好,如表2-6所示。在国际交流方面,本科阶段的学生与国外学校老师建立合作关系仍然有待突破,如表2-7所示。在成才对比方面,拔尖人才的个人成长的平均值相对较高,表明拔尖人才感到自己比一般学生更加优秀,但是在拔尖人才的班级成长方面,归属感和凝聚力却没有明显的"卓越感",如表2-8所示。

表2-6　参与"拔尖计划"学生感受到的学术诚信和学习氛围

	题　　目	平均值
学术诚信	1. 课程内容包含学术研究诚信和引用规则等学术规范	5.360
	2. 我非常清楚学术不端行为的类别和内容	5.495
	3. 我非常清楚学术不端行为的严重后果	5.991
	4. 我会在日常的课程论文中训练自己学术诚信的意识	6.036
	5. 我在严谨治学的氛围中学习	5.991

（续　表）

题　　目	平均值
6. 我在充满积极挑战的氛围中学习	5.973
7. 我在良性竞争的氛围中学习	5.874
8. 我在恶性竞争的氛围中学习	2.486
9. 班级同学在学习方面交流密切	5.369
10. 班级同学在学习方面合作密切	5.324

学习氛围 为左侧合并列。

表 2-7　参加"拔尖计划"学生的国际交流效果

题　　目	平均值
1. 国际访学交流项目帮助我提高了外语的听说读写能力	5.849
2. 在访学交流中，我与国外学校的老师建立了合作关系	4.922
3. 国外访学交流项目让我更加坚定了从事科学研究的决心	5.318
4. 国外访学交流项目让我对专业领域有了更加深入的认识	5.682
5. 国外访学交流项目增强了我的国际视野	5.969
6. 国外访学交流项目提高了我对多元文化的体会和认识	5.927

表 2-8　参加"拔尖计划"学生与非"拔尖计划"学生的成长感受对比

	题　　目	平均值
成长对比-个人	1. 我认为自己对专业知识掌握地更好	5.495
	2. 我在学习上投入了更多的时间和精力	5.775
	3. 我的自我感觉更好	5.414
	4. 我受到同学和老师的认可更多	5.550
	5. 我更好地锻炼了自己各方面的能力	5.784
	6. 我更加卓越和优秀	5.405
成长对比-班级	7. 我所在的班级更有大家庭的感觉	4.712
	8. 我所在的班级学习氛围更好	5.459
	9. 我所在的班级凝聚力更强	4.730
	10. 我所在的班级更加积极主动	5.063

拔尖人才培养计划的本科生不够了解学校制定和修改培养方案的过程，认

为学校课程的分布和学时安排也不够合理,如表2-9所示。在改进建议中,最为突出的是加强与国外著名高校合作,增加本科生出国交流访问的机会,其次是与科研机构和企业合作,通过产学研一体化培养人才,如表2-10所示。

表2-9　参加"拔尖计划"学生的成才信心和学生对培养模式的了解程度

	题　目	平均值
成才信心	1. 我对自己的未来充满了信心	5.505
	2. 我相信自己未来能够成为一名优秀的科研工作者	5.063
	3. 我相信自己未来能够在专业领域做出突出贡献	5.360
	4. 我已经为未来的学习和生活做好了充分的准备	5.216
	5. 我希望未来我的母校能够以我为荣	5.919
	6. 如果我不继续努力,我会认为对不起自己之前的付出	6.018
	7. 我已经为实现未来的目标制定了比较清晰的规划	5.360
了解程度	8. 整体而言,我非常清楚学校对我的培养目标	5.414
	9. 整体而言,我非常清楚学校对我的培养方案	5.279
	10. 我非常了解学校制定和修改我们的培养方案的过程	4.279
	11. 整体而言,我认为学校的学时和课程分布非常合理	4.252

表2-10　参加"拔尖计划"学生对拔尖人才培养的改进建议

选　项	总计/人
1. 加强与国外著名高校合作,增加本科生出国交流访问的机会	229
2. 减少本科生阶段的课时	76
3. 邀请外籍教师担任本科生的任课教师	106
4. 允许拔尖人才优先使用国家级实验室资源等	151
5. 与科研机构和企业合作,通过产学研一体化培养人才	183
6. 提供充分的公共空间供学生之间以及师生之间交流	145
7. 进一步提升对教师和学生的行政服务水平	112
8. 为学生提供更多与学校和学院领导直接沟通的机会	82

5)"珠峰计划"本科生访谈结果

本研究共访谈"珠峰计划"本科生30名,访谈结果的要点如下:

第一,科研训练。本科阶段提前参与科研十分重要,但本科课程太多,急需调整课程安排;尽早推荐学生参与到学校一些老师和课题组的科研工作中,增加参加科研训练的机会;鼓励学生提前进入课题组,接受科研训练;希望本科生科研训练平台更加公开与透明。学生可以对老师或项目进行评价,让后辈能有机会选择适合自己感兴趣的导师和项目。

第二,课程设置。提高选课自由(特别是选研究生课程的自由);减少或废除毫无必要的通识课程和专业无关的课程;使选课系统更加灵活,将必修科目扩大到一个可选择的范围;更合理的课程设置;不是本专业的课程可降低要求,多注重本专业培养;能够让学生参与到培养方案的规划和制定中,这样能更加激发他们的积极性和主动性;增加动手课程;提高选修课和专业课程的授课水平;优化课程设置,增加培养方案自由度,针对不同专业安排咨询老师。在课程考核方面,学生自习即可,老师负责答疑与考试;减少答题考试考核,增加动手实验考核。

第三,教学方式。研讨式教学虽然很流行,但是老师课堂教学效果差异很大;有的课程适合研讨式教学,有的课程并不适合;每个年级开展研讨式课程的比重应该有所差别;教师应该在研讨式课程的准备阶段就与学生沟通,共同保障课堂教学效果。

第四,师资配备。学校在拔尖人才的师资配备方面已经做了很多工作,承担基础课程的绝大多数都是外聘的知名老教授,但是承担专业课程的老师一般都比较年轻,经验不够丰富,难以对学生提出的问题做出良好的反馈与解释。

第五,出国交流。出国交流收获很大,对拔尖人才的后续学习有明显的促进作用,但是回国后灵活兑换学分非常重要。目前兑换学分体制很不灵活,课业压力到大四下学期结束依然繁重,无法一心一意做毕业设计。

第六,行政支持。增加学生意见的反馈机制,包括学习和行政方面;希望学校能够聘请到国际一流水平的专业教师;希望学校能够针对拔尖人才在科学研究方面的目标,为学生提供一些学业规划和指导。

第三节　一流大学拔尖人才
培养制约因素研究

在培养拔尖人才方面,尽管我国一流大学已经建立了以"珠峰计划"为代表的培养体系,取得了一定成绩,但是在当前高等教育日渐国际化的背景下,如何进一步创新现有的拔尖人才培养模式,突破"平而不尖"的现状,依然是在我国建

设世界一流大学必须思考、探索和实践的重要问题。综合而言,现阶段制约我国一流大学培养拔尖人才的因素包括如下四个方面:

一、课程体系设置不完善

根据拔尖人才培养的现状,国内开展拔尖人才培养的一流大学都以"夯实基础"和"因材施教"的理念为指引,对拔尖学生实施基础性和个性化兼顾的培养方案,同时为了满足学生的学习兴趣,各个高校在逐渐增加选修课程的比例。然而,在访谈中83%的学生表示,在课程设置方面仍存在以下不完善的方面:

其一,导师对选修课程的指导不够,学生所选的课程没有质量保障。除少数选修课程能够达到与主修课程同样的水准外,大多数选修课程的内容和教学方式都比较落后。

其二,"拔尖计划"的学生基本上都是理工科实验班,学生在接受跨专业的人文社会科学类教育时,往往是与其他普通班级组成超大规模班级一起上课,教师的积极性和学生的兴趣都比较低,课堂教学效果较差。

其三,学生在完成第一模块的通识教育课程后往往会根据兴趣分流至各个专业学习,这些专业通识课程的课堂教学质量一般都比基础课程的质量低,学生会明显感受到专业通识课程在教学设计和讲授深度方面存在有待改进的空间。

其四,对于实施分阶段培养的拔尖人才,在完成专业通识教育后,一般都会被分散至新的教学班级,与其他同学一起学习其他专业课程。因为前期学习课程深度的差异,拔尖人才的基础往往比普通学生要好很多,但是任课教师一般会照顾大多数普通学生的专业水平,所以拔尖人才的课堂学习效果难以得到保证。

二、缺乏一流水平的师资

一流水平的导师不仅能够为学生传道授业解惑,而且能够为学生选择研究领域和方向提供精准的指导,更能够向学生传递良好的学术品位和思维习惯。从另一个角度出发,只有一流的导师才具备培养拔尖人才的能力。国内一流大学在导师配备方面已经取得了初步效果,但是调查研究显示,仍然有64%的学生认为,一流大学需要在拔尖人才导师配备方面做出进一步的努力,具体原因包括以下三个方面:

其一,为拔尖人才提供通识基础课程的老师难以达到真正深入学生内心的教学效果。通识基础课程往往与学生的人文素养、审美能力和价值观念密切相关,授课教师需要具备高水平的专业素养,丰富的人生阅历,深刻的哲学思考以及深入浅出、精准干练的表达能力。否则,此类课程对于学生而言只是放松精神的一个机会。某高校试点班的学生表示他们在《大学语文》课上经常会睡倒一片。

其二,只有少部分讲授专业课程的老师能够达到一流水平。某高校物理专业实验班的学生谈到自己的亲身经历,该学生在某门专业课上有一个问题不是很明白,于是向任课教师请教,任课教师的回答难以让学生理解。该学生出国交流时就相同的问题请教国外一流大学老师,那位老师笑着说这个问题他年轻时也思考过,于是细心讲解,学生疑虑顿消。在反思此事的过程中,该学生认为,一流的老师具备一流的专业学术修养和国际视野,能够深刻地理解课程中学生可能出现的各种问题,引导学生抓住专业的重点和精髓,避免学生纠结于细枝末节。显然,国内大部分一流大学比较缺乏具备这类水平的专业课程老师。

其三,部分开展研讨式教学的老师"有心无力",课堂教学效果差强人意。研讨式教学已经成为拔尖人才培养的首选教学方式,但是并不是所有老师都能够在课前做好充分的准备,细心设计每一个课堂环节,熟练掌握研讨式教学的精要。在实际操作中,部分一流大学拔尖人才的研讨式课堂演变为"学生在台上展示,老师在台下点评,学生和老师之间有研无讨,或者少研微讨"。在学生看来,这样的课堂更多是在走形式,难以达到激发学生学习热情和创新性思维的目标。

三、教学模式改革待深化

根据本研究调查可知,研讨式教学已经成为国内一流大学培养拔尖人才的目标教学模式,但是在具体的实施过程中,每个高校取得的效果具有明显的差异,57%的受访谈学生表示自己学校的研讨式教学模式还有待进一步深化和完善,具体原因包括以下四个方面:

其一,由于本科一年级的主要学习目标是打好基础,学校一般会安排大量的必修课程和少量的选修课程,占用了学生大部分的学习时间,所以一年级的研讨课程数量比较少,难以满足学生的学习需求。

其二,在已经开展的研讨课程中,处于一般水平的课程较多,对学生具有启发性和激励性的高水平深入性课程比较少,距离培养拔尖人才创新素质的目标仍有相当的距离。

其三,教师在设计研讨课程的过程中遇到一些操作层面的问题,有待进一步的探索实践。例如在时间比重方面怎样划分教师讲授与师生研讨的关系;怎样在研讨过程中调动更多学生的积极性,扩大参与人数,避免部分活泼学生独占鳌头;根据课程教学的要求怎样选择合适的题目作为切入点才能够吸引学生的兴趣。

其四,与一般课程相比,教师准备研讨式课程需要更多的时间和精力设计和组织课堂的研讨过程。如果学校没有出台专项的激励政策,即使个别教师可能会自愿开设一些研讨式课程,但整个教师群体难以持续性地在研讨课程方面投入时间和精力。

四、忽视后续教育衔接性

目前国内一流大学培养拔尖人才的共同特征是将各种优质资源投入在本科教育,为选拔进入实验室或者试点班的学生创造一流的学习条件和方便的国际交流机会,由教授组成的专家团队优化课程结构,调整培养方案,并且学校会设立和拨付专项经费,为拔尖人才的本科生提供各种针对性地科研训练。因此,第一批入围"拔尖计划"的 500 名毕业生中,233 名进入世界排名前 100 的大学,占毕业生总人数 46.6%,其中 110 位学生进入世界排名前 10 的大学,占总人数的22%[1]。然而,如果我国的一流大学只聚焦于本科阶段的拔尖教育,最终是不可能培养出拔尖人才,只能为世界一流大学输送优质的本科生生源。

本科阶段教育的作用是培养拔尖学生扎实的专业基础,启发拔尖学生的创新兴趣与探索热情,进而为研究生阶段的拔尖学生培养提供遴选基础。拔尖学生最终能否成为拔尖人才,最为关键的因素是接受高质量、全方位、高水平、系统性和国际化的科研训练。这种训练只能在研究生阶段完成。因此,高校在培养拔尖人才过程中,如果过于重视本科阶段教育,忽视研究生阶段教育的衔接性和配合性,或者对研究生阶段的拔尖人才教育没有具体的发展规划,那么中国的一流大学将难以成为真正意义上世界一流的研究型大学,也最终将难以培养出真正意义上的世界一流拔尖人才。

---

[1]　谌思宇,喻恺.教育公平与效率视角下的拔尖人才培养——基于"基础学科拔尖学生培养试验计划"的思考[J].黑龙江教育学院学报,2016(8):19-22.

第四节　政　策　建　议

一、加强拔尖人才研究生阶段的衔接教育

根据调研结果,截至 2017 年,"拔尖计划"共培养了四届本科毕业生,共计 3 500 名,其中 96% 的学生选择继续攻读研究生,其中又有 65% 的学生进入世界排名前 100 的一流大学深造。

建议一流大学加强拔尖人才在研究生阶段的衔接教育,使拔尖人才的成长具有延续性,持续提升拔尖人才的培养质量。具体地,建议借鉴美国和英国世界一流大学的研究生培养机制,采取导师与指导委员会相结合的方式,充分发挥教授之间学术优势的互补,提供多方面的学术研究机会;遵循独立思考、批判反思和创新建构的学术研究理念,紧扣教学质量、学生综合素质和社会实际需求,构建以前沿性、方法性、交叉性为核心的课程体系,强化知识的互动和生成,克服目前研究生课程内容中存在的学术弱化问题;在考核方面,强化对学生综合交流、解决问题、科研创新等能力的关注;制定以重视专业基础和创新潜力为核心的研究生管理制度,严格执行以资格考试为核心的选拔机制,确保研究生群体的质量,取消以论文发表数量作为硬性指标的研究生毕业条件,建立以论文学术质量为核心的研究生毕业评价机制。

二、搭建产学研协同的开放性平台

培养拔尖人才不仅是一流大学的责任,也是整个社会的期待。产学研协同能够整合多方优势资源,为拔尖人才提供开放性成长平台。本研究调研结果表明,开展拔尖人才培养的各大高校还未在培养体系中引入产学研合作,问卷调查中有 61.6% 的学生希望学校能够与科研机构和企业合作,通过产学研一体化培养人才。

建议一流大学与校外企事业机构以协同承担科研项目为支撑、以研究中心和科技园区为实训平台、以联手开展研究计划为培养载体、以企事业学校"双师制"为保障体系、以企事业专项资金为扶持,为拔尖人才提供个性化和多元化的成长通道。具体地,建议一流大学与高新技术产业联盟和研究院所建立以研究

项目为载体的长期合作关系,为学生和教师提供一种基于实际问题的互动平台和场域,使学生在专业知识之外,学习和借鉴教师分析和解决现实问题的思想路径,培养拔尖人才自主性的科研探索习惯。建议一流大学与企事业组织成立联合共建的研究机构,为学生提供多行业多领域多方向多类型的科研训练平台。基础学科拔尖人才的科研训练主要依赖于教师的纵向研究项目,但对于广义的拔尖人才科研训练而言,更需要能够密切联系实际,通过问题导向激发学生探索兴趣的研究平台。建议高校聘请企事业组织的高级研究人才和管理人才担任学生的校外导师,为拔尖人才提供社会性地看待专业问题的视角,帮助学生发现理论知识与实际操作之间有待推进的研究领域,在理论与实际碰撞的过程中启发学生思考和分析"真实的"科学问题(而不是"从论文中来,到论文中去"的伪问题),进而使拔尖人才坚定专业研究的信心,保持科学探索的热情。

三、建立拔尖人才师资力量保障体系

访谈结果表明,拔尖人才的专业课程师资力量是培养模式中较为薄弱的环节。根据各个一流大学培养拔尖人才的经验,同时具备国际视野、学科能力、专业素养、创新思维和授课经验的教师往往较为稀缺,相当一部分师资需要通过外聘的方式予以保障。

培养拔尖人才是一流大学的长期历史使命,高水平的师资配备是培养拔尖人才的先决条件,建议一流大学在未来着手建立包含"选拔、培养、激励"等环节的师资力量保障体系,确保拔尖人才培养的基础条件。具体地,为拔尖人才师资力量设立专门的人才项目,根据学科属性和培养计划,选拔并派出青年学术骨干教师赴世界一流大学相关学科进修,学习世界一流大学人才培养的教学理念和经验;积极引进世界一流大学教师来中国一流大学担任专业课程教师,为其配备由青年学术骨干教师组成的助教团队,在具体的教学实践中培养中国一流大学教师的综合能力;制定围绕拔尖人才培养的教师激励制度,例如降低学术论文数量要求等,鼓励一流大学的教师参与拔尖人才的培养工作。总体而言,通过构建师资力量保障体系,建立培养拔尖人才的教师"蓄水池"和"人才库",为一流大学的人才培养工作提供源源不断的支撑力。

四、构建一流大学拔尖人才培养的生态环境

一流大学在培养拔尖人才过程中积累了丰富的经验,但目前问卷调查和受

访学校的拔尖人才培养工作与创新理念只限于某些试点学院和学科。拔尖人才的持续涌现有赖于一流大学整体性人才培养生态环境的改善。

　　建议一流大学发挥"拔尖计划"的溢出效应,将培养拔尖人才的经验、成果,尤其是在创新性理念引导下教育模式的改革辐射到学校其他学院和行政部门,使高校的教师、学生和行政管理人员等多元主体都能够理解并实践拔尖人才培养的教育理念,在积极构建一流大学拔尖人才培养生态环境的过程中,带动整个高校提升人才培养的质量和水平。具体地,在教学方面,建议一流大学实施拔尖人才的开放性课堂,邀请其他教师观摩交流。定期举办教师教学创新的培训项目和进修计划。探索具有适用广度的创新人才培养模式,为优秀学生的成长提供更好的平台,更多的选择;在管理方面,在教师培养、设施配备和制度创新等环节,开展更多探索工作;在文化方面,积极倡导追求理想,求真务实、团结协作的创新精神,努力营造严谨、求实、开放、包容的创新氛围,进一步完善激励创新、宽容失败的政策环境,充分激发学生和教师群体的创新活力、释放创新潜能。

第三章　一流大学重大原创性成果产出影响因素研究

　　近年来,我国高校科技创新取得的进展有目共睹。高校在国际科技论文发表数量和被引频次方面的贡献率都在80%以上,牵头承担80%以上的国家自然科学基金项目和一大批"973"、"863"国家重大科技任务,获得的国家科技三大奖数占获奖总数的70%左右,专利申请数年均增长20%左右[①],同时高校在高性能计算机、载人航天、量子通讯、高铁等重大工程技术领域发挥了重要作用,在暗物质、干细胞、量子隐形传态、半浮栅晶体管、超级计算机等研究领域取得了一批具有重大影响力的标志性研究成果[②]。

　　然而,我国高校仍面临着重大原创性成果少,原始创新能力有待提升的问题。原始性创新已成为科技持续创新能力的核心以及国际竞争力的关键[③],重大原始创新是掌握新一轮全球科技竞争战略主动权的制高点[④]。党的十九大报告指出:创新驱动发展战略大力实施,创新型国家建设成果丰硕,天宫、蛟龙、天眼、悟空、墨子、大飞机等重大科技成果相继问世[⑤]。十九大报告对重大科技成果的阐述,反映了国家对重大科技成果的信心与期盼。

　　2018年1月31日,国务院发布的《关于全面加强基础科学研究的若干意见》指出:"突出原始创新,促进融通发展。把提升原始创新能力摆在更加突出位置,坚定创新自信,勇于挑战最前沿的科学问题,提出更多原创理论,做出更多原创发现"。原创性科技成果相当程度上来自基础性研究[⑥]。高校作为我国基础

①　陈宝生.国务院关于高等教育改革与发展工作情况的报告[EB/OL]. (2016 - 10 - 12) [2018 - 01 - 19]. http://www.npc.gov.cn/npc/xinwen/2016 - 10/12/content_1999011.htm.
②　陈宝生.国务院关于高等教育改革与发展工作情况的报告[EB/OL]. (2016 - 10 - 12) [2018 - 01 - 19]. http://www.npc.gov.cn/npc/xinwen/2016 - 10/12/content_1999011.htm.
③　吴海江.诺贝尔奖:原创性与科学积累[J].科学学与科学技术管理,2002(11):28 - 31.
④　顾行发.改革科技评价制度促进重大原始创新[N].人民政协报,2017 - 9 - 11(3).
⑤　秦金月.中共十九大开幕,习近平代表十八届中央委员会作报告(直播全文)[EB/OL]. (2017 - 10 - 18) [2018 - 01 - 19]. http://www.china.com.cn/cppcc/2017 - 10/18/content_41752399.htm.
⑥　吴启迪.科技成果的原创性是科技创新的灵魂[J].中国高等教育,2002(23):12.

研究的主体和科技原始创新的主力军,在重大原创性成果产出方面任重而道远。

第一节　一流大学与重大原创性成果

一、重大原创性成果的概念与特征

1. 重大原创性成果的概念

重大原创性成果与原始创新紧密相连,是原始创新成果的一种重要表现形式。现代技术革命的成果约有 90% 源于原始性创新[①]。

1952 年,美国社会学家伯纳德·巴伯(B. Barber)在其著作《科学与社会秩序》中多次提到"科学创新"。他所说的"科学创新"是指科学发现或者发明,也可以看作原始创新的雏形[②]。科技创新包括科学创新、技术创新、工程创新[③]。根据发现和解决科学问题的首创性标准,科学创新可分为原始性创新、集成创新以及引进消化吸收再创新三类;也可分为原始性创新和跟踪性创新两类,但其中的跟踪创新包括集成创新和引进消化吸收再创新[④]。原创性是科学创新的核心,也是科学研究的灵魂与生命所在。

原始性创新(original innovation)的概念存在多种提法,如"原始创新"、"原始性创新"、"源头创新"、"根本性创新"、"基础创新"等[⑤]。关于原始性创新概念的内涵,国内外有很多论述。美国伦斯勒工业学院学者劳尔斯·彼德(L. S. Peters)认为,原始创新是一种根本性创新,是指采用新技术,这意味着有一些新东西,包括新产品、新工艺或者是二者的结合[⑥]。以色列希伯来大学的雅各布·戈登堡(J. Goldenberg)、戴维·马祖尔斯基(D. Mazursky)等(1996)认为,原始性创新是指这样一种问题解决方案,即这种方案更多是由内部因素驱动的,更动

① 付玉秀,张洪石.突破性创新:概念界定与比较[J].数量经济技术经济研究,2004(3):73-83.
② 汪寅.科技原始创新问题初探[D].合肥:中国科学技术大学,2007:3.
③ 陈雅兰.原始性创新的路径、方法与实证研究[M].北京:清华大学出版社,2015:21.
④ 曹玉娟.理查德·费曼科学原创性的生成机制[D].桂林:广西大学,2008:5.
⑤ 汪寅.科技原始创新问题初探[D].合肥:中国科学技术大学,2007:10.
⑥ 陈劲,余芳珍等.高校原始性技术创新影响因素研究[J].科学学与科学技术管理,2006(1):67-72.

态、更难于预测,与普通方案相比,它能够更简单、更有效地降低系统的复杂度[1]。科技部原部长徐冠华(2001)曾指出:"原始创新意味着在研究开发方面,特别是在基础研究和高技术研究领域做出前人所没有的发现或发明,从而推出创新成果。它不是延长一个创新周期,而是开辟新的创新周期和掀起新的创新高潮。原始性创新孕育着科学技术质的变化和发展,促进人类认识和生产力的飞跃,体现一个民族的智慧及其对人类文明进步的贡献[2]"。吴海江(2002)认为,原始性创新是向科学共同体贡献出以前从未出现过,甚至连名称都没有的东西。原始性研究成果一般在当时很难看出其应用价值,但它为今后的科学和技术的发展提供储备[3]。金吾伦(2002)指出,所谓原始创新,应该是重大项目的突破性创新,具有自主知识产权的重大创新[4]。陈雅兰、韩龙士等(2003)指出,原始性创新是指通过科学实验和理论研究探索事物的现象、结构、运动及其相互作用规律,或者运用科学理论解决经济社会发展中关键的科学技术问题的过程。原始性创新的成果表征为重大科学发现、重大理论创新、重大技术创新、实验方法和仪器的重大发明等[5]。"973"计划基础研究共性重大问题战略研究组(2004)认为,科学上的原始创新是指开拓新领域、引领新方向和孕育新学科的创新,技术上的重大创新是指新方法、新工艺、新产品的重大发明[6]。周文能(2007)认为,原始性创新是指原始性的科学发现和原始性的技术创新,是指在基础研究和关键技术研究领域取得前人所没有的发现或发明[7]。

综上,重大原创性成果是指原始性创新取得的重大科学发现与发明、重大技术创新与突破、实验方法革新等,对人类健康、社会进步、经济繁荣、文化传承等产生深远的影响或促进作用。

2. 重大原创性成果的特征

重大原创性成果往往由源头性原创与接续性原创组成[8],创新是指要创造

---

① GOLDENBERG J, MAZURKY D, SOLOMON S. Tenplates of original Innovation: Projecting Orjginal Incremenral Innovations from Intrinsic Information[J].Technological Forecasting and social Change, 1996(61): 1 - 12.

② 徐冠华.推动原始性创新培养创新型人才[J].中国基础科学,2001(2): 4 - 10.

③ 吴海江.科学原创与科学积累[J].自然辩证法研究,2002(5): 47 - 49.

④ 邹承鲁,陈述彭.自然、科学、人文三大领域聚焦原始创新[J].中国软科学,2002(8): 8 - 25.

⑤ 陈雅兰,韩龙士,王金祥,等.原始性创新的影响因素及演化机理探究[J].科学学研究,2003(8): 433 - 437.

⑥ 973计划基础研究共性重大问题战略研究组.对提升原始性创新能力的一些建议[J].中国基础科学, 2004(2): 7 - 12.

⑦ 周文能.关于原始性创新与国家竞争力的思考[J].科学学与科学技术管理,2007(11): 53 - 60.

⑧ 刘益东,王彦雨,高璐.重大科技突破中的"及时跟进"现象研究——以诺尔科学奖为例[J].广西民族大学学报(自然科学版),2016(1): 11 - 17.

出前人未创造过、现实尚不存在的新事物的人类活动。原始创新更强调本原性的、原初的创新,强调非模仿性的、独立自主的创新①。重大原创性成果一般具有如下特征:

1) 前所未有性

重大原创成果的首要特征是原始创新性,即它的前所未有性。原始性创新意味着在研究开发方面,特别是基础研究和高技术研究领域,取得前人所没有的发现或发明②。原始性创新是指原始性的科学发现和技术创新,是指在基础研究和关键技术研究领域取得前人所没有的发现或发明。原始性创新的成果主要表现为对科学知识的扩展与补充、重大关键技术突破、创造性的系统集成等③。原创性就是第一,是从来没有人做过的问题④。源头创新应具有两个基本性质⑤:一是原始性,二是唯一性。诺贝尔奖作为重大原创性成果的标志,特别强调科学规律的最初发现和新技术的最初发明,即高度的首创性⑥。

2) 影响深远性

重大原创性成果的第二个重要特征是重大性,即它对人类社会影响的深远性。重大科学发现和技术与方法的发明,往往对人类健康、社会与经济的进步产生巨大的推动作用和深远的影响⑦。原始性创新是最根本的创新,是最能体现智慧的创新,是一个民族对人类文明进步做出贡献的重要体现⑧。X射线的发现、双螺旋结构的发现、量子力学、相对论的创立,都在科学界引发了持续创新的浪潮,有力地推动了科技的发展与人类文明的进步⑨。

3) 形式多样性

原始性创新大致集中在四个领域:基础研究领域的重大突破、高技术领域的根本性创新、重大工程项目的自主设计与完成、管理领域内的重大变革和社会科学领域的新成就⑩。原始创新主要有以下四种表现形式:理论创新、实验创新、综合创新、应用创新⑪。就基础研究的原始性创新成果内容而言,一般体现为重大科学发现、重大理论突破和重大技术和方法发明三种类型。重大科学发

①　邹承鲁,陈述彭.自然、科学、人文三大领域聚焦原始创新[J].中国软科学,2002(8):8-25.
②　陈雅兰著.原始性创新的路径、方法与实证研究[M].北京:清华大学出版社,2015:21.
③　周文能.关于原始性创新与国家竞争力的思考[J].科学学与科学技术管理,2007(11):53-60.
④　尹长城.诺贝尔奖奖的是原创性,不是发论文[N].北京科技报,2017-10-16(4).
⑤　叶鑫生.源头创新小议[J].中国科学基金,2001(2):113-114.
⑥　汪寅.科技原始创新问题初探[D].合肥:中国科学技术大学,2007:19.
⑦　路甬祥.创新的启示——关于百年科技创新的若干思考[M].合肥:中国科学技术出版社,2013:31.
⑧　周文能.关于原始性创新与国家竞争力的思考[J].科学学与科学技术管理,2007(11):53-60.
⑨　汪寅.科技原始创新问题初探[D].合肥:中国科学技术大学,2007:15.
⑩　邹承鲁,陈述彭.自然、人文、社科三大领域聚焦原始创新[J].中国软科学,2002(8):8-25.
⑪　于绥芬.关于基础研究原始创新的思考[J].科技进步与对策,2003(1):64-65.

现是指获得新的经验事实,一般表现为对自然规律的揭示,如牛顿第一、二、三定律,能量守恒定律等;重大理论突破是指概念、观点或理论上的创新,表现为推翻旧的科学传统,代之以崭新的科学传统,如量子力学、相对论等;重大技术和方法发明表现为基础技术原理提出新的解决途径,如晶体管的发明等[1]。

4) 牵引性

原始创新成果具有很强的牵引性,一旦在某方面取得重大的科学发现或者理论突破,就会引起许多研究人员对该理论的兴趣,并不断进行完善和发展,同时带动一系列相关研究领域的发展,又会形成新的重大发现或者理论突破,有研究者称之为"发现之发现现象"[2]。例如,普朗克(M. Planck)1900 年提出的"能量子假说",引导出爱因斯坦(A. Einstein)1905 年的"光量子假说"和玻尔(N. Bohr)的原子结构理论,以及 20 世纪 20 年代之后的量子力学研究[3]。

5) 认可滞后性

许多重大原始创新并不是马上就能被社会认可或者表现出对社会的促进作用。如孟德尔发表的《植物杂交实验》论文,论文发表后 30 年内鲜有同行引用;奥地利数学家拉东(J. Radon)在 1917 年发表的关于"拉东变换"的论文,直到 60 年后"拉东变换"才引起世界许多数学家的广泛关注和深入研究[4];爱因斯坦 1905 年发表相对论,直到 40 年后的 1945 年,第一颗原子弹才成功爆炸[5];多数诺贝尔奖获得者,最初在取得获奖研究成果时并没有立即获得认可,而是平均要等待 13.5 年之后,才能够获得诺贝尔奖[6]。

6) 非共识性

原创思想最初提出时由于远超出同时代人的认知水平,所以往往得不到多数同行的认同,甚至会遭到忽略或反对。如 19 世纪俄国化学家门捷列夫(Дми́трий Ива́нович Менделе́ев)在探索元素周期率时,就受到权威齐宁的一再劝告。在门捷列夫的不懈坚持下,元素周期率最终问世。《天体运行论》的出现、红外线的发现、《植物杂交实验》、《光频率介质纤维表面波导》等研究,都经历过从"非共识"到共识的漫长过程[7]。

① 陈劲,宋建元,葛朝阳,等.试论基础研究及其原始性创新[J].科学学研究,2004(3):317-321.
② Bush V I.Science and the endless frontier[M]. Washington,D C: National Science Foundation, 1945.
③ 韩宇,李正风.基础研究创新概念辨析及对相关问题的思考[J].中国基础科学,2001(3):33-38.
④ 于绥生.论基础研究原始创新的特点[J].技术与创新管理,2017(4):354-360.
⑤ 邹承鲁,陈述彭.自然、人文、社科三大领域聚焦原始创新[J].中国软科学,2002(8):8-25.
⑥ 徐飞,卜晓勇.诺贝尔奖获得者与中国科学家群体比较研究[J].自然辩证法通讯,2006(2):52-59.
⑦ 于绥生.论基础研究原始创新的特点[J].技术与创新管理,2017(4):354-360.

3. 重大原创性成果产生过程的特点

原始性创新,正如库恩(T. S. Kuhn)所认为的,是渐进的积累与飞跃的变革交织而进的过程[①]。重大原创性成果的产生是一个复杂的过程,具有长期积累性、高风险性、偶发性、自主性等特点。

1) 长期积累性

科学积累包括整个社会的积累、科学传统的积累、学术思想的积累、个人经历的积累和"知识遗传"的积累[②]。科学的积累不是一蹴而就的,往往需要数十年个人与整个社会的共同努力[③]。任何一项重大原创性成果的诞生,都需要几年甚至几十年如一日的艰辛探索。爱因斯坦提出相对论,思考了 10 多年;安德鲁·怀尔斯(A. Wiles)证明费马大定理用了 7 年多的时间;丁肇中确定电子半径小到不能测量,花了近 20 年的时间。达尔文(C. R. Darwin)研究的《进化论》、李时珍编研的《本草纲目》等,都经历过漫长的研究岁月[④]。在对 342 项诺贝尔奖的成果统计中,50.3% 的成果研究时间是 5～14 年[⑤]。

2) 高风险性

重大原创性成果的产出过程在很多方面具有不确定性,主要表现在研究思路的不确定性、研究方法的不确定性、试验技术路线的不确定性以及研究结果的不确定性[⑥]。因此,重大原创性成果的产出过程往往具有高风险性。由于已有积累少,需要探索的研究步骤多,任何一个环节的失败都可能造成整个研究的失败[⑦]。

3) 偶发性

重大原创性成果有时是可遇不可求的。英国化学家柏琴(W. H. Perkin)无意之中制成了苯胺紫染料,德国物理学家伦琴意外地发现 X 射线,美国射电天文学家彭齐亚斯(P. Arno)和威尔逊(R. W. Wilson)发现 3K 微波辐射背景[⑧],这些重大成果的产生都具有一定的偶然性。

4) 自主性

重大原创性成果的产出过程对原创主体的主动性与坚持性要求比较高,原

① 陈雅兰,郭伟锋.促进原始性创新的途径[J].发展研究,2005(11): 41‐42.
② 吴海江.诺贝尔奖: 原创性与科学积累[J].科学学与科学技术管理,2002(11): 28‐31.
③ 黄涛.原创研究何以可能——诺贝尔自然科学奖的启示[J].科技导报,2009(24): 94‐95.
④ 于绥生.论基础研究原始创新的特点[J].技术与创新管理,2017(4): 354‐360.
⑤ 卫平,杨宏呈,蔡宇飞.基础研究与企业技术绩效[J].中国软科学,2013(2): 123‐133.
⑥ 于绥生.论基础研究原始创新的特点[J].技术与创新管理,2017(4): 354‐360.
⑦ 王聪.知识生产过程中的原始性创新及其在我国评价制度中的风险[J].自然辩证法研究,2015(7): 65‐70.
⑧ 汪寅.科技原始创新问题初探[D].合肥: 中国科学技术大学,2007: 76.

始创新强调创新主体的主动意愿和自发行动①。

二、一流大学与重大原创性成果

1. 世界一流大学与重大原创性成果

重大原创性成果多是世界一流大学的特征。诺贝尔奖是世界公认的重大原创性成果之一。"诺贝尔自然科学奖代表着物理学、化学、生理学和医学前沿研究的最高水平和发展走向,标志着科学原始性创新的重大成就"②。已有研究表明,"诺贝尔自然科学奖获得者高度集中于世界一流大学"③,"自1901年诺贝尔奖首次颁奖至今,诺贝尔自然科学三大奖中约有500人获奖,其中70%以上来自研究型大学"④。但是这些研究是在2010年以前完成的。为了进一步验证重大原创性成果与世界一流大学的关系,本研究对自诺贝尔奖诞生以来的所有自然科学奖(物理学奖、化学奖、生理或医学奖1901~2017)和经济学奖(1969~2017)进行统计分析,研究诺贝尔奖获得者在大学的分布情况。

统计方法:以诺贝尔官方网站公布的获奖者单位为统计对象,对世界大学学术排名前100名高校获得的诺贝尔自然科学奖(物理学奖、化学奖和生理学或医学奖)及诺贝尔经济学奖进行统计。计分方法为:① 一个奖总分1分;② 如果合作获奖,则将1分平均分配到每个单位;③ 将每个单位的积分求和,得到各个单位的总得分(如日本京都大学在2012年与英国剑桥大学合作获奖,得分1/2,其他年度没有获奖,最后求和为1/2分)。统计结果见表3-1。

表3-1 诺贝尔自然科学奖和经济学奖在世界一流大学的分布

类　　　　别	物理学奖	经济学奖	化学奖	生理或医学奖
大学获奖所占比例	79%	91%	76%	73%
ARWU前100名大学获奖占获奖总数的比例	53%	81%	57%	49%
ARWU前100名大学获奖占大学获奖总数的比例	68%	89%	75%	68%

资料来源:诺贝尔官方网站(https://www.nobelprize.org/)的数据统计。
注:ARWU为世界大学学术排名(Academic Ranking of World Universities)的英文简称。

---

① 汪寅.科技原始创新问题初探[D].合肥:中国科学技术大学,2007:15.
② 黄涛.原创研究何以可能——诺贝尔自然科学奖的启示[J].科技导报,2009(24):94-95.
③ 陈其荣.诺贝尔自然科学奖与世界一流大学[J].上海大学学报(社会科学版),2010(6):17-38.
④ 王章豹,汪立超.我国高校原始创新能力不足的成因分析及其建设路径[J].现代大学教育,2007(3):1-5.

由表 3-1 可知,大学在物理学奖、化学奖和生理学或医学奖、经济学四大奖中的获奖比例都占 70% 以上,其中经济学最高,达到 91%。ARWU 前 100 名大学获奖占获奖总数的比例除生理学或医学奖外,都达到半数以上。ARWU 前 100 名大学获奖占大学获奖总数的比例比较高,达到 68% 以上。可见,获得重大原创性成果是世界一流大学的重要特征。

2. 我国"一流大学建设"高校与重大原创性成果

2017 年 9 月 21 日,教育部、财政部、国家发展改革委印发《关于公布世界一流大学和一流学科建设高校及建设学科名单的通知》,公布了世界一流大学和一流学科(简称"双一流")建设高校及建设学科名单,其中"一流大学建设"高校 42 所,"一流学科建设"高校 95 所。

我国"一流大学建设"高校目前还没有获得过诺贝尔奖。国家三大科技奖(国家自然科学奖、国家技术发明奖和国家科技进步奖)在很大程度上能代表我国科技发展的最高水平。那么我国"一流大学建设"高校在国家三大科技奖方面表现如何呢？本研究主要统计我国"一流大学建设"高校国家三大科技奖的获奖情况。

统计方法:选取 2000～2017 年我国国家科学技术三大奖中的"一流大学建设"高校进行统计,计分方法为:① 一个奖总分为 1 分;② 若合作获奖则视为将 1 分平均分配到每个单位(高校);③ 将每个单位的得分求和,得到每个单位的总得分(如中国科学技术大学在 2015 年有一项获奖,得 1 分,2013 年与其他 5 个大学合作获奖则得分 1/5,最后求和得分为 1.2 分)。数据来自国家科学技术奖励工作办公室官网。

表 3-2　2000～2017 年我国"一流大学建设"高校获得
国家科学技术三大奖的一等奖情况

类　　　　别	一等奖比例
高校获奖总数所占比例	23%
"一流大学建设"高校获奖总数所占比例	12%
"一流大学建设"高校获奖总数占高校获奖总数的比例	51%

资料来源:国家科学技术奖励工作办公室(http://www.nosta.gov.cn/web/index.aspx)的数据统计。

由表 3-2 可知,我国"一流大学建设"高校获得的国家科技三大奖一等奖数量占高校获奖总数的一半以上,在高校群体中具有明显优势,但是另一方面,"一流大学建设"高校获奖在整个获奖总数中所占比例不到 15%。可见,在科技创新方面,我国"一流大学建设"高校在科技创新方面的引领作用值得肯定,但仍需要继续增强创新能力,为国家和世界科技创新做出应有的贡献。鉴于此,本研究对一流大学重大原创性成果产出的影响因素进行调查研究。

第二节　一流大学重大原创性成果产出影响因素调查研究

本研究围绕一流大学重大原创性成果产出的影响因素这一核心问题,在文献综述的基础上,设计了涵盖 5 个关键问题的调查问卷,以国内外精英科学家和世界顶尖大学华人科学家为调查对象,探究一流大学重大原创性成果的影响因素,挖掘我国一流大学重大原创性成果少的瓶颈因素。

一、研究方法

1. 样本选取

"国内外精英科学家问卷调查"(以下简称"调查 1")的对象是精英科学家,他们是重大原创性研究的领军人物或主力军,具有丰富的研究经历和国际视野,始终站在科学研究的前沿,在重大原创性成果产出这一问题上最具有发言权。调查对象主要包括两组:一组是国内精英科学家,包括"九校联盟高校"(C9 高校)网站上公布的院士、重要人才计划与科技奖获得者、中国学者发表的高被引论文[1](Article 类型)中大陆高校的通讯作者、1985～2016 年中国学者发表的 N&S 论文[2](Article 类型)中大陆高校的通讯作者、科睿唯安(Clarivate Analytics)2014～2016 年大陆高校的高被引学者;另一组是海外华人精英科学家,包括上述高被引论文港澳台地区的高校通讯作者和国外华人通讯作者,上述 N&S 论文港澳台地区的高校通讯作者和国外华人通讯作者。样本数据采集时间为 2016 年 9 月至 2017 年 3 月,去掉重复数据与信息不全的数据,可用于调查

---

① 注:高被引论文是指 ESI 数据库中的高被引论文(highly cited papers)。
② 注:N&S 论文包括在《自然》(Nature)和《科学》(Science)期刊发表的论文。

的样本数据5 000余份。

"世界顶尖大学华人科学家问卷调查"(以下简称"调查2")的对象是从2016年ARWU排名中选出的20所世界名校中的华人科学家。选择范围包括：副教授、教授、特聘或杰出教授(Distinguished 或 Endowed Professor)。在2016年ARWU排行中选前20所世界顶尖大学,但由于语言问题,没有选取世界排名第20名的东京大学作为调查对象,将排在第21位的加州大学旧金山分校纳入研究样本。在最终选择的20所世界顶尖大学中,除英国的牛津大学、剑桥大学、伦敦大学学院以及瑞士的苏黎世联邦理工学院以外,均为美国的大学,见表3-3。本研究确定样本学校后,按照学院查找,通过简历和姓名辨识,确定了大约600名华人科学家,排除没有登记电子邮箱的样本,可用于调查的样本数据共有586份。

表3-3　世界顶尖大学样本

世界排名	学　　校	国家排名	世界排名	学　　校	国家排名
1	哈佛大学	1	11	耶鲁大学	9
2	斯坦福大学	2	12	加州大学-洛杉矶	10
3	加州大学-伯克利	3	13	康奈尔大学	11
4	剑桥大学	1	14	加州大学-圣地亚哥	12
5	麻省理工学院	4	15	华盛顿大学-西雅图	13
6	普林斯顿大学	5	16	约翰霍普金斯大学	14
7	牛津大学	2	17	伦敦大学学院	3
8	加州理工学院	6	18	宾夕法尼亚大学	15
9	哥伦比亚大学	7	19	苏黎世联邦理工学院	1
10	芝加哥大学	8	21	加州大学-旧金山	16

资料来源：软科世界大学学术排名2016[EB/OL][2017-11-01]. http://www.zuihaodaxue.com/ARWU2016.html.

2. 问卷设计

两份调查问卷的问题相同,均设置5个问题,且均为排序题,即每个问题的答案按重要程度排序。问卷采用开放式和封闭式两种答题形式。同一个问题,首先请被调查者不受任何限制自由发表看法,如果感觉一时难以回答,可以参考提供的5～7个答案。通过在线问卷调查平台——问卷星向国内外精英科学家和世界名校华人科学家发放调查问卷。

3. 问卷发放与回收

"国内外精英科学家问卷调查"通过问卷星发放调查问卷 5 587 份①。为了保证问卷发放的覆盖面,提高回收率,课题组借助问卷星的检索功能对"已发出未打开"的邮箱进行了三次投递。问卷发放开始于 2017 年 4 月 18 日,截止于 2017 年 10 月 18 日,历时 6 个月。最终统计结果显示,共有 2 486 份②邀请链接成功投递至对方邮箱,回收有效问卷 865 份,回收率约为 34.7%。有效问卷分布情况如下:从高校分布来看,来自我国大陆高校的问卷约占 82.7%,来自国外高校的约占 14.4%,还有少量问卷来自我国港澳台地区的高校;从研究类型来看,来自基础研究领域的问卷约占 70%,应用研究领域约占 30%;从学科类型来看,来自理科领域的问卷约占 42.2%,工科领域占 36.5%,医科领域约占 9.5%,跨学科领域约占 4.9%,人文社科领域约占 2.4%,还有少量来自农学等领域;约 90% 的被调查者具有海外经历,其中有 10 年以上和 3~5 年海外经历的均约占 19% 左右。

"世界顶尖大学华人科学家问卷调查"通过问卷星发放问卷 586 份③。为了保证问卷发放的覆盖面,课题组借助调查平台的检索功能对"已发出未打开"的邮箱进行了三次投递。问卷发放开始于 2017 年 10 月 11 日,截至 2018 年 1 月 18 日,历时 3 个月有余。统计结果显示,共有 264 份邀请链接成功投递至对方邮箱,最终回收有效问卷 49 份,回收率 18.2%。有效问卷分布情况如下:从研究类型来看,来自基础研究领域的问卷约占 59%,应用研究领域的约占 37%,开发研究领域的等约占 4%;从学科类型来看,来自理科领域的问卷约占 43%,工科和医科领域的问卷各占 16%,跨学科领域与人文社科领域各占 10%,还有少量来自农学领域。被调查者大多数具有海外经历,20 年以上的占绝大多数,比例达到 78%,15~20 年约占 14%,10~15 年约占 8%。

4. 数据处理与分析方法

两个调查采用基本相同的数据处理与分析方法,具体如下:

(1) 封闭部分的数据分析方法。封闭部分的数据采用选项平均综合得分法进行数据处理。选项平均综合得分是问卷星对排序题的计分规则,根据所有填写者对选项的排序情况计算得出,反映了选项的综合排名情况,得分越高表示综

---

① 注:调查问卷的访问地址为:https://www.wjx.top/jq/12768147.aspx.
② 注:问卷星系统显示的三种问卷状态之和,包括打开未访问、访问未填写、有效答卷。
③ 注:调查问卷的访问地址为:https://www.wjx.top/jq/16723161.aspx.

合排序越靠前。计算方法为：选项平均综合得分＝(Σ 频数×权值)/本题填写人次。权值由选项被排列的位置决定①。

(2)开放部分的数据分析方法。有些科学家在开放部分只填写了选项，统计前进行了文字填充。国外部分科学家用英语回答，统一翻译成中文。开放部分的数据分别采用质性和量化两种分析方法进行分析：**一是类属分析。**作为质性资料的分析方法之一，类属分析是指在资料中寻找反复出现的现象以及归纳可以用来解释这些现象的重要概念的过程②。即反复阅读文本，逐一进行开放编码，在此基础上综合运用类属分析方式，选择部分类属，对其文本内容做进一步分析。**二是词频与词云分析。**即运用爬虫软件 python 进行分析，在程序运行前，对相似词进行了合并，使用 python 中文分词工具(jieba 分词)进行词频统计、绘制词云图。

二、调查结果分析

统计结果表明，大部分被调查者采用一种答题形式，即选择开放答题或封闭答题。还有一小部分学者选择开放答题和封闭答题相结合的方式。所以，最终开放答题和封闭答题之和大于有效问卷总数之和。另外，问卷要求被调查者最多提供五个回答，因此每个问题(最重要、非常重要、比较重要、有些重要、有点重要)收到的答案数量不等(在 1 至 5 之间)。

1. 国内外精英科学家问卷调查

1) 影响世界一流大学重大原创性成果产出的关键因素有哪些

本题"最重要项"共收到开放问卷 447 份，运用类属分析、词频与词云分析开展研究。在反复阅读文本的基础上，提取 8 个类属，其中"人才与团队"、"科研环境与学术氛围"、"评价与考核"位居前三，见表 3－4。在"人才与团队"这一类属的相关文本中，"一流"、"顶尖"、"杰出"、"高水平"等表示人才水平的词反复出现。其中，仅"一流"就出现了 12 人次，体现出对人才水平和层次的强烈需求。"创新"、"创造"、"国际"反复出现，是对所需一流人才具体特征的描述。在"科研环境与学术氛围"这一类属的相关文本中，"宽松"出现 16 人次，与"潜心研究"、"鼓励原创"等一起构成对一流大学科研环境与学术氛围的描述。在"评

---

① 排序题的计分规则[EB/OL].https://www.wjx.cn/help/help.aspx?helpid=43.
② 陈向明.质的研究方法与社会科学研究[M].北京：教育科学出版社,2000：290.

价与考核"这一类属的相关文本中,"无功利"、"重视原创"、"尊重科研规律"等词语反复出现,一起构成对一流大学评价与考核体系的描述。

表 3 - 4 影响世界一流大学重大原创性成果产出的最重要因素(开放部分)

类 属	主 要 表 述	人次	比例
人才与团队	一流、顶尖、杰出、高水平、领军	91	20.4%
科研环境与学术氛围	宽松、良好、安宁	76	17.0%
评价与考核	无功利、重视原创、尊重科研规律	56	12.5%
学术自由	自由探索、研究自主、自主创新	37	8.3%
经费支持	稳定、长期、持续	22	4.9%
创新	原创	19	4.3%
科研体制机制	交叉融合、健康	16	3.6%
科研兴趣	兴趣主导、兴趣驱动	16	3.6%
合 计		333	74.6%

本题所有开放回答词频分析结果显示,除"学术"外,"人才"、"评价"、"环境"、"经费"等词频较高,见图 3 - 1～3 - 2。

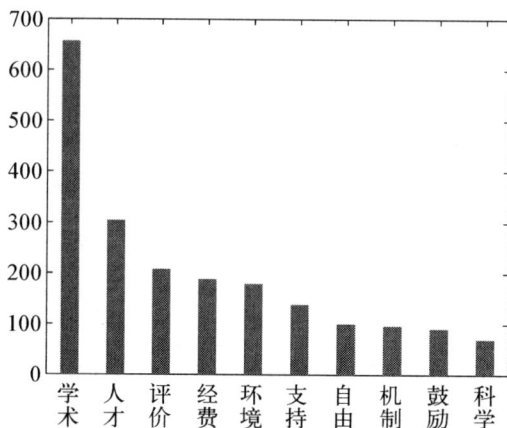

图 3 - 1 本题专家回答词频柱状图

图 3 - 2 本题专家回答词云图

本题封闭部分共回收问卷 569 份。选项平均综合得分统计结果显示,e 项(鼓励潜心学术、无功利导向的科研评价机制)、d 项(国家为科学研究提供充足、稳定、持续的经费支持)、a 项(科学家个人对科学的兴趣与热爱)是影响世界一

流大学重大原创性成果产出的重要影响因素,见图 3－3。本题"最重要项"共收
到封闭问卷 486 份,其中 a 项(科学家个人对科学的兴趣与热爱)最多,有 179 人
放在首位,约占所有选项的 30.8%。e 项(鼓励潜心学术、无功利导向的科研评
价机制)有 151 人放在首位,约占 26%,见表 3－5。

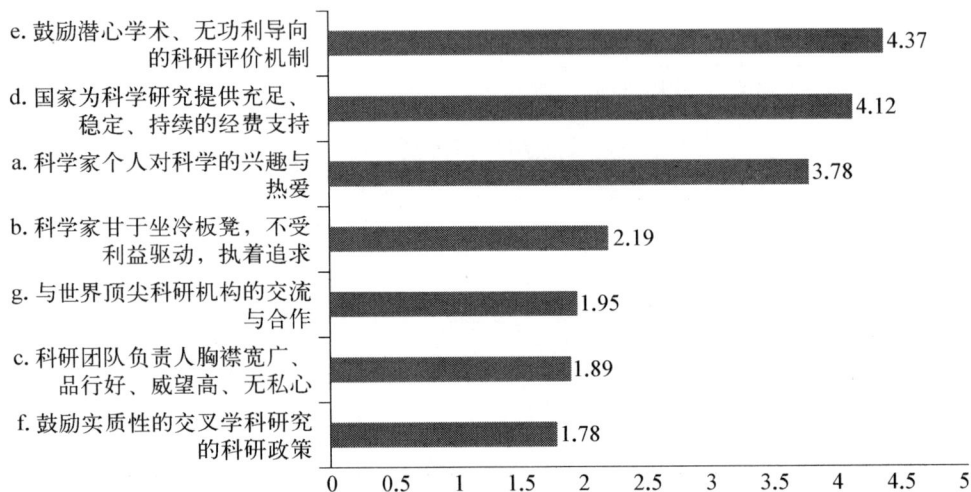

图 3－3　影响世界一流大学重大原创性成果产生的关键因素(封闭部分)

表 3－5　影响世界一流大学重大原创性成果产出的第一关键因素(封闭部分)

选　　项	填写人次	约占比例
a. 科学家个人对科学的兴趣与热爱	179	36.8%
e. 鼓励潜心学术、无功利导向的科研评价机制	151	31.1%
d. 国家为科学研究提供充足、稳定、持续的经费支持	90	18.5%
b. 科学家甘于坐冷板凳,不受利益驱动,执着追求	41	8.4%
c. 科研团队负责人胸襟宽广、品行好、威望高、无私心	14	2.9%
g. 与世界顶尖科研机构的交流与合作	7	1.4%
f. 鼓励实质性的交叉学科研究的科研政策	4	0.8%
合　　计	486	100%

　　综上,无论在开放数据还是封闭数据中,评价与考核机制的重要性程度都比
较高。开放数据统计分析发现:科研人才、科研环境、评价与考核机制这些因素
对世界一流大学重大原创性成果产生的影响比较突出。类属分析和词频分析表

明科研人才的重要程度最高。封闭数据统计发现：评价机制、科学兴趣、研究经费这些因素对世界一流大学重大原创性成果产生的影响比较突出,其中科研评价机制和科学兴趣最重要。另外,统计发现重大原创性成果产生的影响因素在国内外、学科之间、研究类型之间差异不大。

2) 中国一流大学重大原创性成果产出少的主要原因有哪些

本题"最重要项"共收到开放问卷 343 份,在反复阅读文本的基础上,提取10 个类属,其中"评价与考核"、"科研环境与学术氛围"、"人才与团队"位居前三位,见表 3-6。"评价与考核"这一类属的相关文本中,"急功近利"出现 14 次,"量化指标"出现 5 次。可见评价与考核机制的导向及硬指标问题突出。"科研环境与学术氛围"这一类属的相关文本中,"浮躁"出现 10 次。"人才与团队"这一类属的相关文本中,"缺乏"和"缺少"累计出现 10 次。

本题所有开放回答词频分析结果显示,除了"学术"、"评价"、"缺乏"、"功利化"、"人才"频率最高,见图 3-4~图 3-5。

表 3-6　中国一流大学重大原创性成果产出少的首要原因(开放部分)

类　　属	主 要 表 述	填写人次	约占比例
评价与考核	急功近利、短视、量化、激励不足	63	18.4%
科研环境与氛围	浮躁、不佳、跟风、缺乏公平	45	13.1%
人才与团队	一流人才(大师)缺乏、整体水平较低	35	10.2%
行政干预	过多、色彩浓厚、官僚	25	7.3%
科研功利化	太重、严重、太强	22	6.4%
资源分配	集中、不合理、不公、不均	13	3.8%
政策导向	不重视、不科学、缺少传承	12	3.5%
科研体制机制	繁琐、问题	11	3.2%
待遇	太低、生存压力	10	2.9%
科研时间	太短、不够	8	2.3%
合　　计		244	71.1%

本题封闭部分共回收问卷 627 份。选项平均综合得分统计结果显示,d 项(急功近利的科研评价体制)是中国一流大学重大原创性成果产出少的首要原因,其次是 b 项(科研活动过程功利化严重),再次是 a 项(兴趣驱动的科研活动比例低)。可见,在国内外精英科学家看来,科研活动及其评价的功利化是影响重大原创性成果产出的重要因素,见图 3-6。本题封闭部分"最重要项"收到回

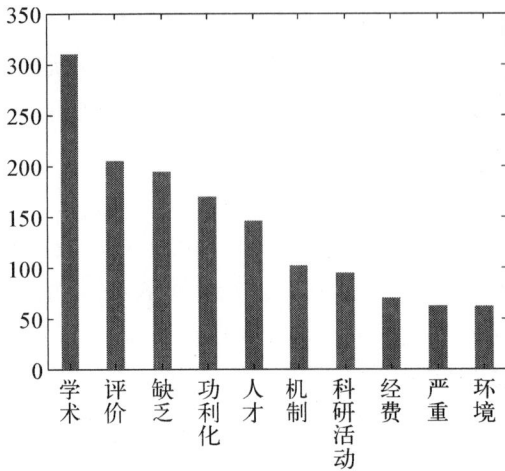

图3-4 本题回答词频柱状图

图3-5 本题回答词云图

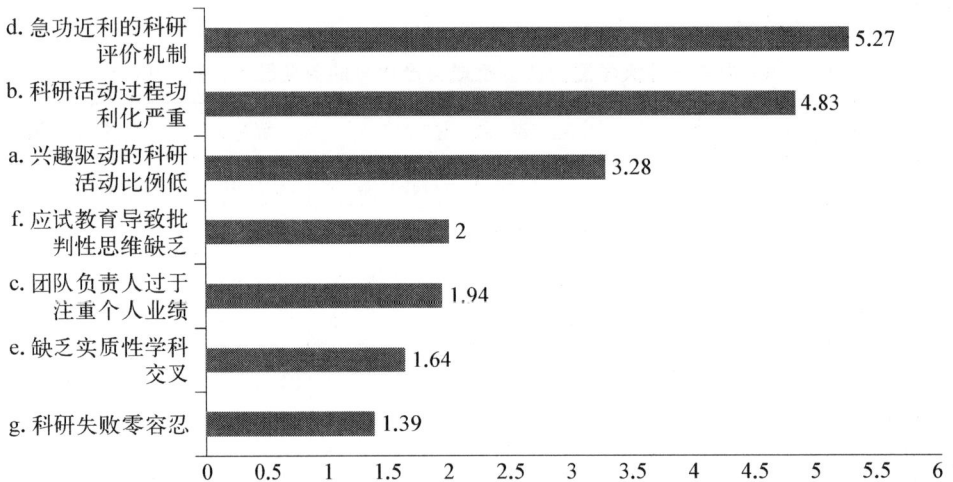

图3-6 中国一流大学重大原创性成果产出少的主要原因(封闭部分)

答543份。d项(急功近利的科研评价机制)最多,有280人放在首位,占所有选项的44.6%。b项(科研活动过程功利化严重)有139人放在首位,占22.1%,见表3-7。

表3-7 中国一流大学重大原创性成果产出少的首要原因(封闭部分)

选　　　　项	填写人次	约占比例
d. 急功近利的科研评价机制	280	51.6%
b. 科研活动过程功利化严重	139	25.6%

（续　表）

选　　项	填写人次	约占比例
a. 兴趣驱动的科研活动比例低	77	14.2%
f. 应试教育导致批判性思维缺乏	23	4.2%
c. 团队负责人过于注重个人业绩	14	2.6%
e. 缺乏实质性学科交叉	7	1.3%
g. 科研失败零容忍	3	0.6%
合　　计	543	100%

本题调查结果显示,科研评价与考核机制是导致中国一流大学重大原创性成果产出少的首要原因。封闭部分选项平均综合得分表明,d 项(急功近利的科研评价机制)是中国一流大学重大原创性成果产生少的首要原因,"最重要项"有超过一半的科学家将 d 项放在首位。开放部分"评价与考核"这一类属居首位。另外,功利化是另一个很突出的问题。科研活动功利化、科研管理功利化、科研评价功利化等已经严重影响了中国一流大学重大原创性成果的产出。

3) 中国一流大学要想取得更多的重大原创性成果,将面临哪些方面的特殊挑战

本题开放部分"最重要项"共收到开放回答 275 份。在反复阅读文本的基础上,提取 7 个类属,其中"一流人才与团队"、"科研环境与学术氛围"、"评价与考核"位居前三位,见表 3-8。在"一流人才与团队"这一类属的相关文本中,"吸引"出现 5 次,"提高"出现 2 次,"鼓励"、"激发"、"发挥"出现 8 次。在"科研环境与氛围"这一类属的相关文本中,"创新文化"、"创新氛围"反复出现,有学者还提到"有利于人才发展的学术环境"。

本题所有开放回答的词频分析结果显示,在所有回答中,除"学术"外,"人才"、"环境"、"评价"频率最高,见图 3-7～3-8。

表 3-8　中国一流大学要想取得更多的重大原创性
成果将面临的首要特殊挑战(开放部分)

类　　属	主 要 表 述	填写人次	约占比例
一流人才与团队	吸引、鼓励、激发、发挥、提高	40	14.5%
科研环境与氛围	潜心研究、人才发展、宽松	39	14.2%
评价与考核	改变、改进、改善、学术卓越、多元化	31	11.3%
去行政化	教授治校、学术至上、权力与学术分离	26	9.5%
科研体制机制	改革、合理、创新、良好	18	6.5%

类　　属	主　要　表　述	填写人次	约占比例
学术自由	自由、独立	7	2.5％
国际化	合作、竞争	5	1.8％
合　　计		166	60.4％

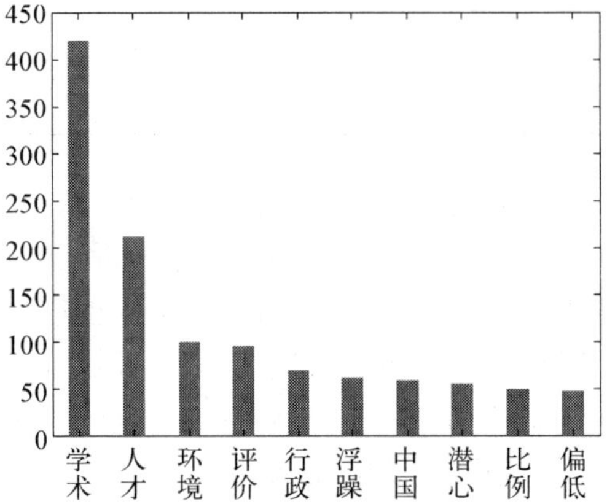

图3-7　本题回答词频柱状图

图3-8　本题回答词云图

本题封闭部分共回收问卷674份。选项平均综合得分统计结果显示,e项(学术氛围浮躁,潜心学术的科研人员比例偏低)得分最高,其次是d项(大型科研资源配置受行政权力的影响)。可见,我国一流大学的科研环境优化与管理手段的去行政化改革势在必行,见图3-9。本题封闭部分"最重要项"共收到596份回答。e项最多,有282人放在首位,约占封闭部分"最重要项"的47.3％。d项有198人放在首位,占33.2％,见表3-9。

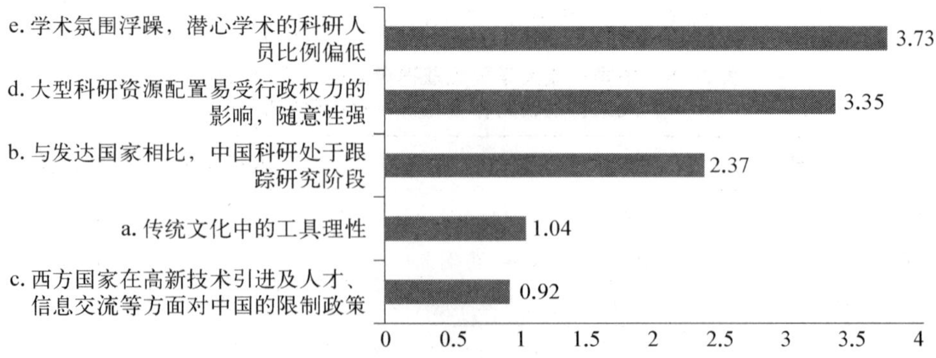

图3-9　中国一流大学要想取得更多的重大原创性
成果将面临的特殊挑战(封闭部分)

表3-9　中国一流大学要想取得更多的重大原创性
成果面临的首要特殊挑战(封闭部分)

选　　　项	填写人次	约占比例
e. 学术氛围浮躁,潜心学术的科研人员比例偏低	282	47.3%
d. 大型科研资源配置易受行政权力的影响,随意性强	198	33.2%
b. 与发达国家相比,中国科研处于跟踪研究阶段	98	16.4%
a. 传统文化中的工具理性	13	2.2%
c. 西方国家在高新技术引进及人才、信息交流等方面对中国的限制政策	5	0.8%
合　　　计	596	100%

　　本题调查结果显示,潜心学术的科研人才与团队比例偏低是中国一流大学取得更多重大原创性成果面临的最大挑战。封闭部分选项平均综合得分显示,e项(学术氛围浮躁,潜心学术的科研人员比例偏低)得分最高。封闭部分"最重要项"的回答中,282人将e项放在首位,约占封闭部分"最重要项"的47.3%。开放部分"一流人才与团队"这个类属居首位。

　　4) 要想促进中国一流大学取得更多的重大原创性成果,我国政府应该采取哪些关键举措

　　本题"最重要项"共收到开放回答248份。在反复阅读文本的基础上,提取类属,前8个类属见表3-10,其中"科研评价与考核体系改革"、"去行政化"、"高层次人才引进与培养"居前三位。"科研评价与考核体系改革"这一类属所占比例高达14.9%,在其相关文本中,"改革"、"改进"、"改变"、"改善"、"重构"、"淡化"等共出现16人次,并提出"探索原创性评价机制"。在"去行政化"这一类属的相关文本中,多次提到"减少行政干预"、"教授治学"。在"高层次人才引进与培养"这一类属的相关文本中,多次提到"高端人才"、"青年科学家",并多次指出要"留住人才并让其安心工作"、"放开人才流动的限制"。

　　本题所有开放回答词频分析结果显示,除"学术"外,"人才"、"创新"、"经费"、"评价"在所有回答中,频率较高,见图3-10～3-11。

表3-10　我国政府应该采取的首要关键举措(开放部分)

类　　　属	主　要　表　述	填写人次	约占比例
科研评价与考核体系改革	改革、改进、改变、改善、淡化、多元化评价、原创性评价机制	37	14.9%

（续　表）

类　属	主　要　表　述	填写人次	约占比例
去行政化	减少行政干预、教授治学	19	7.7%
高层次人才引进与培养	高端人才、青年科学家、人才支持政策、安心工作、人才流动	19	7.7%
经费支持	加大、长期、稳定	16	6.5%
科研环境与学术氛围	允许失败、宽松、潜心研究、自由	11	4.4%
提高待遇	大幅、体制内收入、缩小收入差距	11	4.4%
科研体制与机制改革	改善、转变、理顺	10	4.0%
学术自由	鼓励自由探索、自主科研	9	3.6%
合　计		132	53.2%

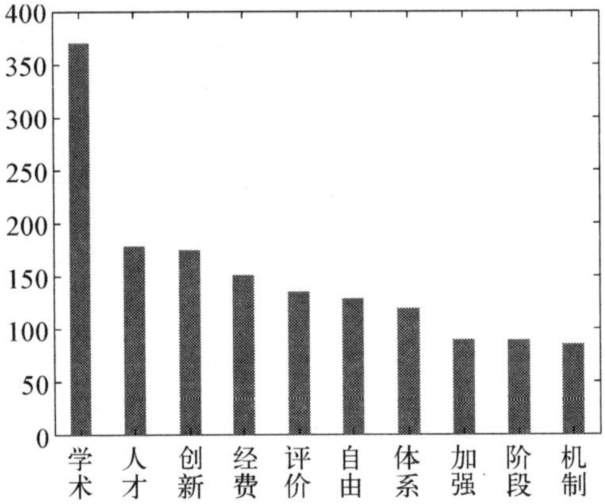

图 3 - 10　本题所有回答词频柱状图

图 3 - 11　本题所有回答词云图

本题共收到封闭问卷 688 份。选项平均综合得分显示，b 项（探索原创性研究同行评议机制，对具有原始性创新特点的研究基地进行宽松管理）得分最高。可见，依据原创性研究的特点与规律进行科研评价与管理是被调查者的共同呼声。d 项（基础教育阶段重视启发好奇心，培养创造性、批判性思维，提高普遍的科学素养）得分居第二位，a 项（重构与调整国家创新体系，高比例、多渠道、强重点地增加基础研究经费）得分居第三位，见图 3 - 12。本题"最重要项"封闭部分共有 615 份回答。b 项（探索原创性研究同行评议机制，对具有原始性创新特点的研究基地进行宽松管理）有 157 人放在首位，占封闭部分"最重要项"的 25.5%。e 项（进一步下放高校办学自主权，尊重学术自由，落实校长治校、教授治学）有 141 人放在首位，所占比例为 22.9%，见表 3 - 11。

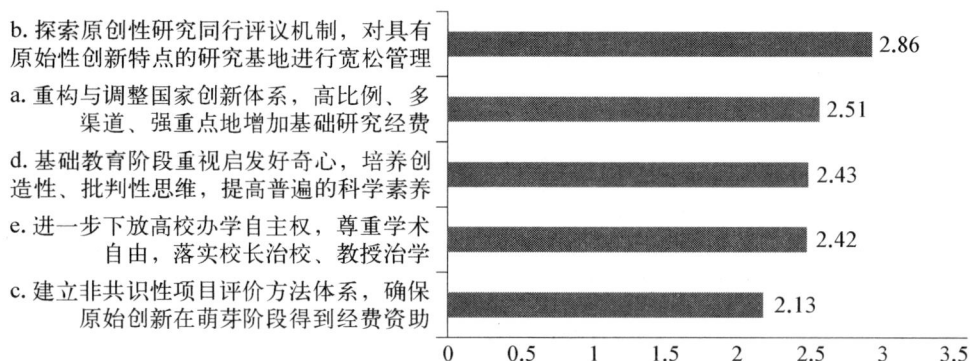

图 3-12 我国政府应该采取的关键举措(封闭部分)

表 3-11 我国政府应该采取的首要关键举措(封闭部分)

选　　　项	填写人次	约占比例
b. 探索原创性研究同行评议机制,对具有原始性创新特点的研究基地进行宽松管理	157	25.5%
e. 进一步下放高校办学自主权,尊重学术自由,落实校长治校、教授治学	141	22.9%
a. 重构与调整国家创新体系,高比例、多渠道、强重点地增加基础研究经费	136	22.1%
d. 基础教育阶段重视启发好奇心,培养创造性、批判性思维,提高普遍的科学素养	125	20.3%
c. 建立非共识性项目评价方法体系,确保原始创新在萌芽阶段得到经费资助	56	9.1%
合　　　计	615	100.0%

　　本题调查结果显示,要想促进中国一流大学取得更多的重大原创性成果,我国政府应该首先开展科研评价与考核改革。封闭部分选项平均综合得分统计结果显示,b 项(探索原创性研究同行评议机制,对具有原始性创新特点的研究基地进行宽松管理)得分最高。封闭部分的第一个关键举措有 157 人将 b 项放在首位,所占比例为 25.5%。开放部分"最重要项"有 37 人将"科研评价与考核体系改革"置于首位。调查结果还显示,"去行政化"也应是我国政府需要采取的举措。开放数据显示,为促进中国一流大学取得更多的重大原创性成果,政府还应该对科研活动"去行政化",即减少行政干预。封闭数据统计也发现,"进一步下放高校办学自主权,尊重学术自由,落实校长治校、教授治学"排序第二。

5）要想取得更多的重大原创性成果，您认为中国一流大学应该主要从哪些方面进行改革

本题"最重要项"共收到开放回答229份，在反复阅读文本的基础上，提取类属，前6个类属见表3-12，其中"科研评价与考核体系改革"、"去行政化"、"科研环境与学术氛围"位居前三位。"科研评价与考核体系"这一类属的相关文本中，多次提到"鼓励原创性成果"、"以人为本"等被多次提及。"去行政化"这一类属的相关文本中，多次提到"教授治校"、"学术独立"等。

本题所有开放回答词频分析结果显示，"人才"频率最高，其次是"学术"、"创新"、"评价"等，见图3-13～3-14。

表3-12　中国一流大学需要改革的首要方面（开放部分）

类　　属	主 要 表 述	填写人次	约占比例
科研评价与考核体系	鼓励原创性成果、以人为本、多元化评价机制	37	16.2%
去行政化	教授治校、管理服务化、学术独立	31	13.5%
科研环境与学术氛围	自由、宽松、包容、潜心、安心、创新文化	22	9.6%
高层次人才引进与培养	世界级科学家、创新人才、一流团队、一流人才	19	8.3%
科研管理机制	创新、改革	12	5.2%
学术自由	自主科研、自主研究	8	3.5%
合　　计		129	56.3%

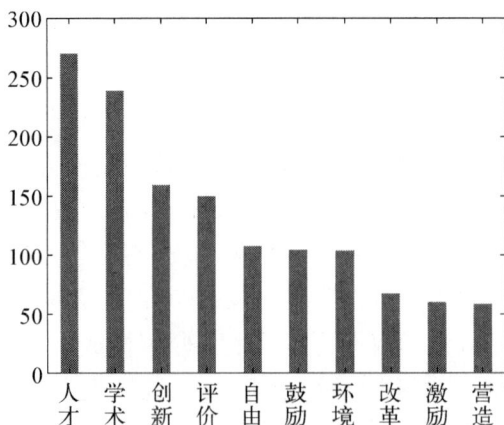

图3-13　本题所有回答词频柱状图

图3-14　本题所有回答词云图

本题共收到封闭问卷699份。选项平均综合得分统计结果显示,d项(营造宽松、宽容的科研环境,鼓励科研人员潜心研究、勇于探索)、b项(科研评价与激励机制以人为本,以创新与实际贡献为导向,实施分类评价)、g项(制定鼓励原始创新的强激励政策,激励科学家自发、自主、自觉创新)得分最高,见图3-15。本题"最重要项"封闭部分有634份回答。250人将d项放在首位,占封闭部分"最重要项"的39.4%。157人将b项放在首位,占所有选项的22.4%,见表3-13。

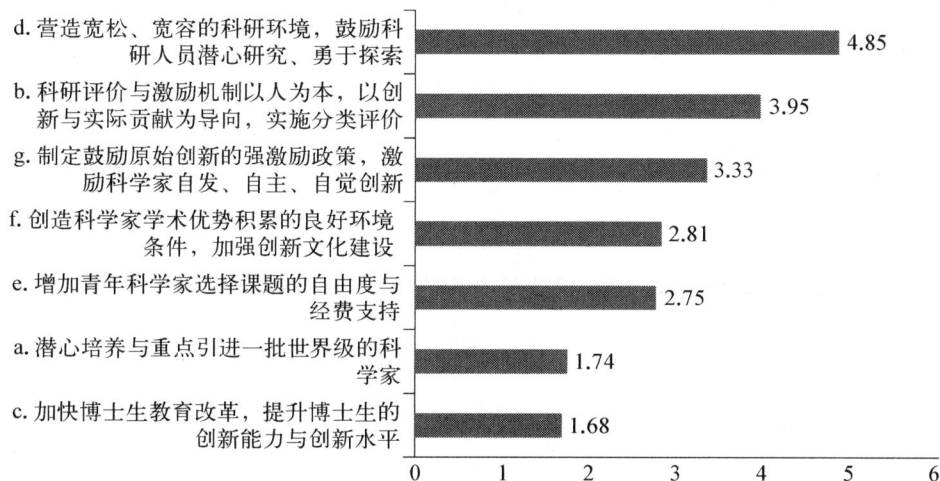

图3-15 为促进重大原创性成果产出,我国一流大学应该采取的改革举措(封闭部分)

表3-13 中国一流大学需要改革的首要方面(封闭部分)

选 项	填写人次	约占比例
d. 营造宽松、宽容的科研环境,鼓励科研人员潜心研究、勇于探索	250	39.4%
b. 科研评价与激励机制以人为本,以创新与实际贡献为导向,实施分类评价	157	22.4%
a. 潜心培养与重点引进一批世界级的科学家	78	12.3%
g. 制定鼓励原始创新的强激励政策,激励科学家自发、自主、自觉创新	65	10.3%
e. 增加青年科学家选择课题的自由度与经费支持	38	6.0%
f. 创造科学家学术优势积累的良好环境条件,加强创新文化建设	35	5.5%

（续　表）

选　　　项	填写人次	约占比例
c. 加快博士生教育改革,提升博士生的创新能力与创新水平	11	1.7%
合　　计	634	100%

本题调查结果显示,为促进更多重大原创性成果的产出,中国一流大学应首先优化科研环境。选项平均综合得分统计结果显示,与科研环境密切相关的 d 项(营造宽松、宽容的科研环境,鼓励科研人员潜心研究、勇于探索)得分最高。封闭部分与开放部分有 272 人将"科研环境与学术氛围"置于首位。开放性数据与封闭性数据分析发现,为促进更多重大原创性成果的产出,中国一流大学应首先改革现有评价与考核机制,高度重视科研人才的培养与引进,同时创造宽松宽容的科研环境,激励科研人才创新创造。

2. 世界顶尖大学华人科学家问卷调查

本部分是一个尝试性的探索研究,研究局限比较明显,数据量小,很多意见与想法反映不充分。尽管如此,不难发现一些研究的初步结论仍具有参考价值。原因如下: ① 与"国内外精英科学家问卷调查"的大部分结论相近;② 反映了海外华人科学家的视角。数据收集的结果表明,填写问卷的华人科学家大多久居国外(在国外 10 年以上的被调查者超过半数),他们有丰富的国外一流大学学习和工作经历,同时对国内大学也相当了解,所以很多观点能够代表他们对问卷中五个问题的深入思考。

1) 影响世界一流大学重大原创性成果产出的关键因素有哪些

本题"最重要项"共收到开放问卷 32 份,运用类属分析方法进行研究。在反复阅读文本的基础上,提取 5 个类属,其中"一流人才"、"学术自由"位居前两位。在"一流人才"类属的相关文本中,多次提到"一流"、"卓越",以及"富有创造性和兴趣",见表 3 - 14。

表 3 - 14　影响世界一流大学重大原创性成果产出的第一关键因素(开放部分)

类　　属	主　要　表　述	人　次	比　例
一流人才	一流、卓越、富有创造性和兴趣	12	37.5%
学术自由	充分、自由探索	6	18.8%
合　　计		18	56.3%

　　本题"最重要项"共收到封闭问卷 21 份,其中 e 项(鼓励潜心学术、无功利导向的科研评价机制)最多,有 8 人放在首位,约占所有选项的 30.8%。a 项(科学家个人对科学的兴趣与热爱)有 5 人放在首位,占 19.2%,见表 3-15。本题选项平均综合得分统计结果显示,e 项(鼓励潜心学术、无功利导向的科研评价机制)、d 项(国家为科学研究提供充足、稳定、持续的经费支持)、a 项(科学家个人对科学的兴趣与热爱)是影响世界一流大学重大原创性成果产出的重要影响因素,研究结果与"国内外精英科学家问卷调查"的统计结果相同,见图 3-16。

表 3-15　影响世界一流大学重大原创性成果产出的第一关键因素(封闭部分)

选　　　　项	小　计	比　例
e. 鼓励潜心学术、无功利导向的科研评价机制	8	30.8%
a. 科学家个人对科学的兴趣与热爱	5	19.2%
d. 国家为科学研究提供充足、稳定、持续的经费支持	3	11.5%
合　　　计	16	61.5%

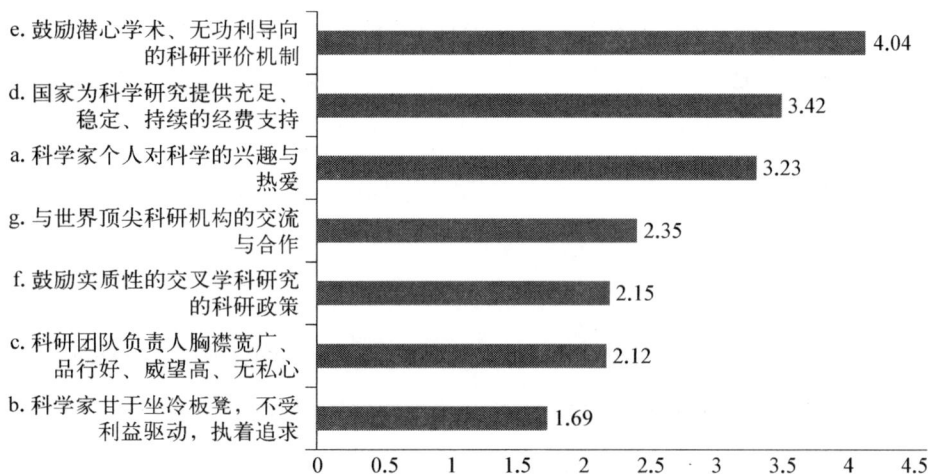

图 3-16　影响世界一流大学重大原创性成果产出的关键因素

　　本题调查结果表明,"一流人才"和"评价机制"非常重要。开放部分数据显示,"一流人才"的重要程度最高;封闭部分数据显示,"评价机制"的重要程度最高。

　　2) 中国一流大学重大原创性成果产生少的主要原因有哪些

　　本题"最重要项"共收到开放问卷 26 份,运用类属分析进行统计。在反复阅读文本的基础上,提取 4 个类属,其中"学术功利化"居首位,被调查者提到学术发表的功利性,如"为文章而做实验"、"跟踪研究",见表 3-16。

表 3‑16   中国一流大学重大原创性成果产出少的首要原因(开放部分)

格　式	主　要　表　述	人次	比例
学术功利化	为文章而做实验、跟踪研究	5	19.2%
一流人才缺乏	缺乏创新思想	4	15.4%
学术自由缺乏	缺乏自由思想	4	15.4%
学术氛围浮躁	缺乏专业精神	4	15.4%
合　计		17	65.4%

本题"最重要项"共收到封闭问卷 24 份,其中 d 项(急功近利的科研评价机制)项最多,有 12 人放在首位,约占所有选项的 44%。b 项(科研活动过程功利化严重)有 7 人放在首位,约占 26%,见表 3‑17。本题选项平均综合得分统计结果显示,d 项(急功近利的科研评价体制)是导致中国一流大学重大原创性成果少的首要原因,其次是 b 项(科研活动过程功利化严重),再次是 a 项(兴趣驱动的科研活动比例低)。研究结果与"国内外精英科学家问卷调查"的结果相同,见图 3‑17。

表 3‑17   中国一流大学重大原创性成果产出少的首要原因(封闭部分)

选　项	小　计	比　例
d. 急功近利的科研评价机制	12	44.4%
b. 科研活动过程功利化严重	7	25.9%
f. 应试教育导致批判性思维缺乏	3	11.1%
合　计	22	81.4%

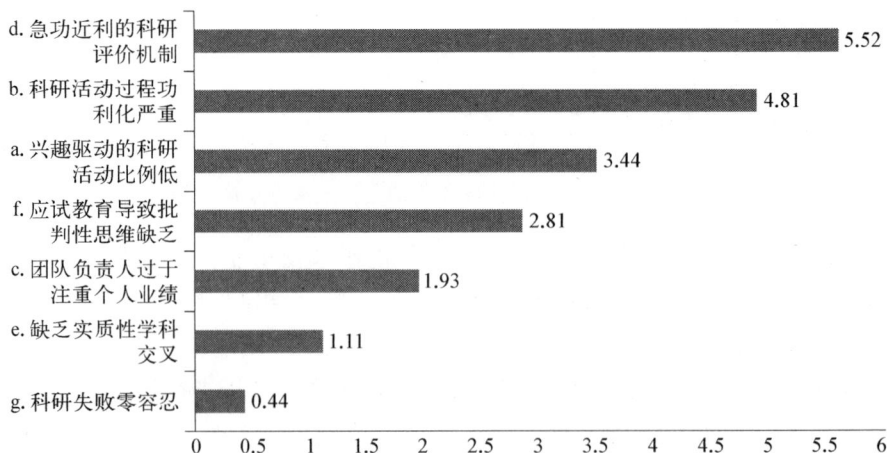

图 3‑17   中国一流大学重大原创性成果产出少的主要原因

　　本题开放与封闭部分数据结果显示,在被调查的华人科学家看来,科研评价机制的急功近利、科研活动过程的功利化是中国一流大学重大原创性成果产生少的首要原因。一流人才缺乏的问题也被他们关注,与"国内外精英科学家问卷调查"的统计结果相同。

　　3) 中国一流大学要想取得更多的重大原创性成果,将面临哪些方面的特殊挑战

　　本题"最重要项"共收到开放问卷 21 份,运用类属分析进行统计。在反复阅读文本的基础上,提取 2 个类属,其中"一流人才引进与培养"居首位,见表 3 - 18。

表 3 - 18　中国一流大学面临的首要挑战(开放部分)

类　　属	主 要 表 述	人次	比例
一流人才引进与培养	高水平原创研究团队、国际人才	6	28.6%
科研管理体制改革	支持原创、公平	4	19.0%
合　　计		10	47.6%

　　本题"最重要项"共收到封闭问卷 26 份,其中 e 项(学术氛围浮躁,潜心学术的科研人员比例偏低)最多,有 14 人放在首位,约占所有选项的 48.3%。b 项(与发达国家相比,中国科研处于跟踪研究阶段)有 7 人放在首位,约占 24%,见表 3 - 19。本题选项平均综合得分统计结果显示,e 项得分最高,其次是 d 项(大型科研资源配置受行政权力的影响)。研究结果与"国内外精英科学家问卷调查"的统计结果相同,见图 3 - 18。

表 3 - 19　中国一流大学将面临的首要挑战(封闭部分)

选　　项	小计	比例
e. 学术氛围浮躁,潜心学术的科研人员比例偏低	14	48.3%
b. 与发达国家相比,中国科研处于跟踪研究阶段	7	24.1%
d. 大型科研资源配置易受行政权力的影响,随意性强	5	17.2%
合　　计	26	89.6%

　　开放数据与封闭数据统计结果显示,在被调查的华人科学家看来,潜心科研的一流人才缺乏是中国一流大学要想取得更多的重大原创性成果将面临的特殊挑战,与"国内外精英科学家问卷调查"的统计结果相同。

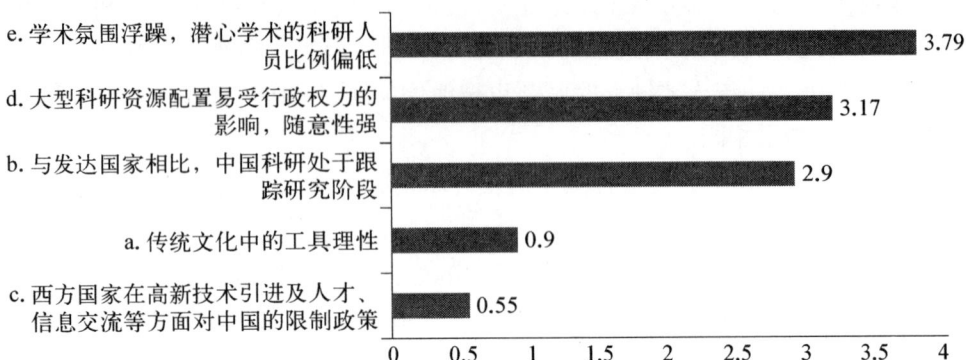

图 3-18   中国一流大学要想取得更多的重大原创性成果将面临的特殊挑战

4）要想促进中国一流大学取得更多的重大原创性成果，我国政府应该采取哪些关键举措

本题"最重要项"共收到开放问卷 17 份，运用类属分析进行统计。在反复阅读文本的基础上，提取 3 个类属："学术独立"、"一流人才的培养与引进"、"改革学术评价和奖励体系"。其中"学术独立"居首位，多次提到"减少对大学的行政干预"、"减少政府对大学的控制"，这与"国内外精英科学家问卷调查"统计结果显示的"去行政化"基本一致。"一流人才的培养与引进"这一类属与"国内外精英科学家问卷调查"的统计结果不同，华人科学家重点强调培养一流人才，如"选拔培育有国际视野的人才"、"将自由创造力的培养贯穿整个教育体系"，见表 3-20。

表 3-20   我国政府应该采取的首要关键举措（开放部分）

类 属	主 要 表 述	人次	比例
学术独立	减少行政干预	6	35.3%
一流人才的培养与引进	国际视野、自由创造力	4	23.5%
改革学术评价和奖励体系	公平	4	23.5%
合 计		14	82.3%

本题"最重要项"共收到封闭问卷 30 份，其中 e 项（进一步下放高校办学自主权，尊重学术自由，落实校长治校、教授治学）最多，有 10 人放在首位，约占所有选项的 31.3%。b 项（探索原创性研究同行评议机制，对具有原始性创新特点的研究基地进行宽松管理）有 7 人放在首位，占所有选项的 22.9%。研究

结果与调查1的结果略有不同,见表3-21。本题选项平均综合得分统计结果显示,b项(探索原创性研究同行评议机制,对具有原始性创新特点的研究基地进行宽松管理)得分最高。可见,依据原创性研究的特点与规律进行科研管理与评价是被调查者的共同呼声。d项(基础教育阶段重视启发好奇心,培养创造性、批判性思维,提高普遍的科学素养)得分居第二位,结果与调查1相同,见图3-19。

表 3-21　我国政府应采取首要关键举措(封闭部分)

选　　项	小　计	比　例
e. 进一步下放高校办学自主权,尊重学术自由,落实校长治校、教授治学	10	33.3%
b. 探索原创性研究同行评议机制,对具有原始性创新特点的研究基地进行宽松管理	7	23.3%
d. 基础教育阶段重视启发好奇心,培养创造性、批判性思维,提高普遍的科学素养	7	23.3%
a. 重构与调整国家创新体系,高比例、多渠道、强重点地增加基础研究经费	3	10.0%
c. 建立非共识性项目评价方法体系,确保原始创新在萌芽阶段得到经费资助	3	10.0%
合　　计	30	100.0%

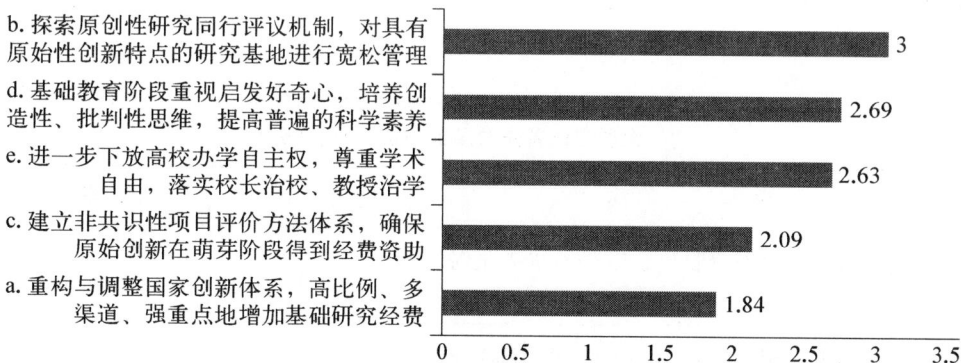

图 3-19　为促进一流大学重大原创性成果产出,我国政府应该采取的关键举措

本题开放部分和封闭部分数据显示,减少行政干预,保障学术自治是我国政府首先要采取的关键措施。与"国内外精英科学家问卷调查"结果显示的"去行

政化"结论相近似。

5）要想取得更多的重大原创性成果,您认为中国一流大学应该主要从哪些方面进行改革

本题"最重要项"共收到开放问卷 17 份,运用类属分析进行统计。在反复阅读文本的基础上,提取 3 个类属,其中"学术评价和奖励体系"居首位,重视同行评审,提到"一流学者评审"。"科研环境"居第二位,希望"提供宽松环境",见表 3 - 22。

表 3 - 22　中国一流大学要采取的首要措施(开放部分)

类　　属	主　要　表　述	人　次	所占比例
学术评价和奖励体系	一流学者评审	4	23.5%
科研环境	宽松	3	17.6%
一流人才培养与引进	重视潜能	2	11.8%
合　　计		9	52.9%

对本题的开放性回答中,第一个关键举措有 27 份回答。d 项(营造宽松、宽容的科研环境,鼓励科研人员潜心研究、勇于探索)有 14 人放在首位,约占所有选项的 45.2%,g 项(制定鼓励原始创新的强激励政策,激励科学家自发、自主、自觉创新)有 4 人放在首位,占所有选项的 12.9%。研究结果与调查 1 略有不同,见表 3 - 23。本题选项平均综合得分统计结果显示,d 项、e 项(增加青年科学家选择课题的自由度与经费支持)、g 项是最重要的三项。研究结果与调查 1 略有不同,见图 3 - 20。

表 3 - 23　想取得更多的重大原创性成果,中国一流
大学应该首先改革的方面(封闭部分)

选　　　项	小　计	比　例
d. 营造宽松、宽容的科研环境,鼓励科研人员潜心研究、勇于探索	14	45.2%
g. 制定鼓励原始创新的强激励政策,激励科学家自发、自主、自觉创新	4	12.9%
a. 潜心培养与重点引进一批世界级的科学家	3	9.7%
合　　计	21	67.8%

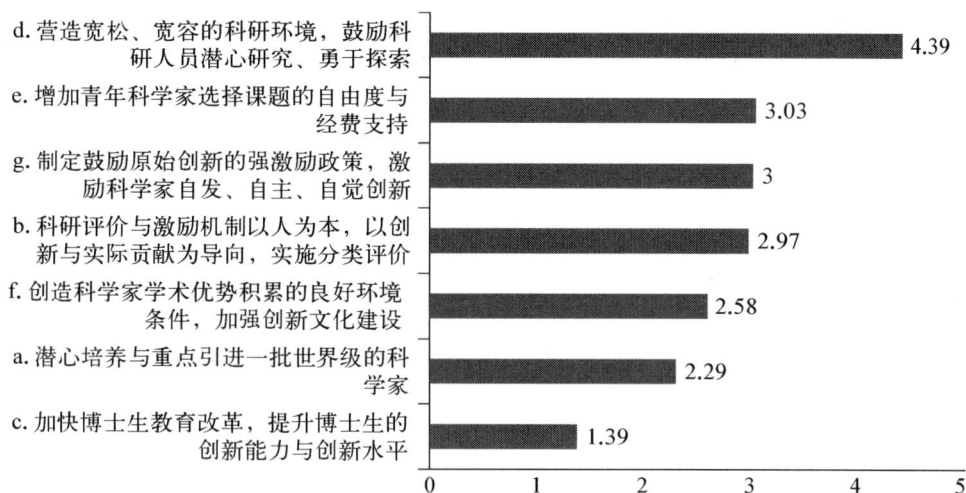

图 3-20　为促进重大原创性成果产出，我国一流大学应该采取的改革举措

本题开放部分数据和封闭部分数据显示，科研评价改革与科研环境优化是我国一流大学应该采取的改革举措，与"国内外精英科学家问卷调查"的统计结果相同。

三、主要研究结论

1. 影响世界一流大学重大原创性成果产出的关键因素有哪些

调查结果表明，**影响世界一流大学重大原创性成果产生的第一关键因素是一流人才与团队**。调查 1 开放部分"最重要项"类属分析的结果表明，"一流人才与团队"类属居首位，有 91 人将其放于首位。调查 2 开放部分"最重要项"类属分析的结果表明，"一流人才"这一类属居首位，有 12 人将其放于首位。调查 1 封闭部分第一项，有 179 人将 a 项(科学家个人对科学的兴趣与热爱)放在首位，约占所有选项的 30.8％。调查 2 封闭部分第一项有 19.2％的人将 a 项放在首位。

影响世界一流大学重大原创性成果产出的第二个关键因素是科研评价机制。调查 1 和调查 2 封闭部分选项平均综合得分的结果都表明 e 项(鼓励潜心学术、无功利导向的科研评价机制)是影响世界一流大学重大原创性成果产出的首要影响因素。在两个调查封闭部分"最重要项"中，调查 1 中有 26％的人将 e 项放在首位，调查 2 中有 30.8％的人将其放在首位。调查 1 开放部分"最重要项"项类属分析中，"评价与考核"这一类属居第三位。

2. 中国一流大学重大原创性成果产出少的主要原因有哪些

调查结果表明，科研评价制度是中国一流大学重大原创性成果少的首要原因。调查 1 开放部分有 63 人认为"评价与考核机制"是中国一流大学重大原创性成果产出少的首要原因。调查 1 和调查 2 封闭部分选项平均综合得分及"最重要项"的调查结果都表明，d 项(急功近利的科研评价机制)是中国一流大学重大原创性成果产出少的首要原因。调查 1"最重要项"有 280 人将 d 项放在首位。

科研环境与氛围是中国一流大学重大原创性成果产出少的次要原因。调查 1 开放部分"科研环境与氛围"居第二位，有 45 人将这一类属放在首位。封闭部分选项平均综合得分统计结果显示，b 项(科研活动过程功利化严重)排在第二位；封闭部分"最重要项"有 139 人将 b 项放在首位。调查 2 开放部分，"学术功利化"这一类属居于四个类属之首。

3. 中国一流大学要想取得更多的重大原创性成果，将面临哪些方面的特殊挑战

调查结果表明，中国一流大学取得更多重大原创性成果面临的最大挑战是吸引与培养潜心研究的一流科研人才。调查 1 和调查 2 开放部分"一流人才与团队"、"一流人才引进与培养"这两个类属都居首位。调查 1 和调查 2 封闭部分选项平均综合得分统计结果都显示，e 项(学术氛围浮躁，潜心学术的科研人员比例偏低)得分最高。调查 1 封闭部分第一个关键因素的回答中，282 人将 e 项放在首位，约占所有选项的 41.8%。调查 2 封闭部分第一个关键因素的回答中，有 14 人将 e 项放在首位，约占所有选项的 48.3%。

中国一流大学取得更多重大原创性成果面临的第二大挑战是去行政化。调查 1 封闭部分"最重要项"有 192 人将 d 项(大型科研资源配置易受行政权力的影响，随意性强)放在首位，占 29.3%；选项平均综合得分统计结果显示，d 项得分居第二位；开放部分"最重要项"有 26 人的回答可以归到"去行政化"这一类属，居第四位。调查 2 封闭部分选项平均综合得分统计结果也显示，d 项得分居第二位。

4. 要想促进中国一流大学取得更多的重大原创性成果，我国政府应该采取哪些关键举措

调查结果表明，要想促进中国一流大学取得更多的重大原创性成果，我国政

府应该首先进行科研评价与考核体系改革。调查 1 开放部分"最重要项"有 37 人将"科研评价与考核体系改革"置于首位。封闭部分选项平均综合得分统计结果显示,b 项(探索原创性研究同行评议机制,对具有原始性创新特点的研究基地进行宽松管理)得分最高。封闭部分的"最重要项",有 157 人将 b 项放在首位,占所有选项的 22.8%。调查 2 封闭部分选项平均综合得分统计结果显示,b 项得分最高,封闭部分"最重要项",有 7 人将 b 项放在首位,占所有选项的 22.9%。

其次,我国政府还要减少行政干预,保障学术自治。调查 1 开放部分"最重要项"有 19 人将"去行政化"置于首位,在所有选项中位居第二。封闭部分"最重要项",有 141 人将 e 项(进一步下放高校办学自主权,尊重学术自由,落实校长治校、教授治学)放在首位,占所有选项的 20.4%,仅次于 b 项。调查 2 开放数据和封闭部分"最重要项"显示,减少行政干预,保障学术自治是我国政府首先要采取的关键措施。

5. 要想取得更多的重大原创性成果,您认为中国一流大学应该主要从哪些方面进行改革

调查结果表明,为促进更多重大原创性成果的产出,中国一流大学应首先改革现有评价与考核机制。调查 1 开放部分"最重要项","科研评价与考核体系改革"这一类属位居首位。调查 1 封闭部分有 157 人将 b 项放在首位,占所有选项的 22.4%。调查 2 开放部分"最重要项","学术评价和奖励体系"这一类属居首位。

为促进更多重大原创性成果的产出,中国一流大学还应该高度重视创造宽松宽容的科研环境,激励科研人才创新创造。调查 1 和调查 2 封闭部分选项平均综合得分统计结果显示,d 项(营造宽松、宽容的科研环境,鼓励科研人员潜心研究、勇于探索)得分最高。调查 1 封闭部分"最重要项"有 250 人将 d 项放在首位,占所有选项的 35.7%。调查 2 封闭部分"最重要项"有 14 人将 d 项放在首位,约占所有选项的 45.2%。

四、总结

本研究五个问题从不同角度探索了一流大学重大原创性成果产出的影响因素。问卷调查结果显示,在五个问题的主要结论中,首要影响因素,与"科研评价相关"的结论有 3 个,与"科研人才"相关的结论有 2 个。可见,"科研评价"与"科研人才"是两个最重要的因素,见表3-24。次要影响因素的分布不如首要因素聚焦,其中2个因素与"科研环境相关",2个因素与"学术治理相关",1个因素与"科研评价相关",见表3-25。因此,"科研环境"与"学术治理"也是两个非常重要的影响因素。

表3-24　五个问题调查结论汇总(首要影响因素)

问题顺序	首要影响因素主要结论	分　类
1	一流人才与团队	科研人才相关
2	科研评价制度	科研评价相关
3	吸引与培养潜心研究的一流科研人才	科研人才相关
4	科研评价与考核体系改革	科研评价相关
5	评价与考核机制	科研评价相关

表3-25　五个问题调查结论汇总(次要影响因素)

问题顺序	次要影响因素主要结论	分　类
1	科研评价机制	科研评价相关
2	科研环境与氛围	科研环境相关
3	去行政化	学术治理相关
4	去行政化	学术治理相关
5	科研环境与氛围	科研环境相关

　　本研究通过对封闭部分和开放部分的分别分析与综合分析发现,重大原创性成果的产出是多种因素相互作用、共同作用的结果。研究也发现,科研评价是我国一流大学重大原创性成果的产出少的首要因素,其次是一流人才、科研环境、学术治理。

　　本研究以具有丰富科研经历和经验的国内外精英科学家和世界名校华人科学家为调查对象,研究结果可信性强,对于我国一流大学建设、高校科技创新具有十分重要的意义。不足之处在于调查规模比较大,尽管获得了一些具有统计与分析意义的数据,但是由于每个问题都收集到很多不同维度的答案,比较发散;还有些问题的答案数量较少,不具有统计意义。所以,研究结果只能反映大多数被调查者的主要观点,不能完全反映全部观点。

第三节　一流大学重大原创性
成果产出案例研究

一、研究方法

本研究选取两项重大原创性成果开展案例研究。案例研究(Case Study)是对某个限定系统或者某个案例(或综合案例)进行的探究,在整个探究过程中,利用具体情境中丰富的多种信息资源,收集详细、有深度的研究材料[①]。案例研究最适合研究"怎么样"和"为什么"的问题,经典的案例研究大多是解释性的[②]。

本研究选择两个案例:一是 2010 年中国国家最高科学技术奖获得者、中国工程院院士、著名血液学专家、上海交通大学医学院附属瑞金医院王振义(1924~)教授与"利用全反式维甲酸诱导分化急性早幼粒细胞白血病"研究;二是 1957 年诺贝尔物理学奖获得者李政道(1926~)与"弱相互作用下宇称不守恒理论"研究。

本研究通过研读科学家传记、研究文献、新闻报道及对科学家本人、合作者及其学生的半结构式访谈收集资料。对研究资料进行反复研读,进行分类编码,进而深入剖析这两项重大原创性成果的产生过程及其影响因素。

二、中国最高科技奖获得者重大原创性成果产生的案例研究:
王振义与"利用全反式维甲酸诱导分化急性早幼粒细胞白血病"研究

1. 成果描述

2010 年王振义院士荣获国家最高科技奖,实现了将恶性细胞改造为良性细胞的白血病临床治疗新策略,奠定了诱导分化理论的临床基础,确立了治疗急性早幼粒细胞白血病(APL)的"上海方案",阐明了其遗传学基础与分子机制,树立

---

① 约翰·克里斯韦尔.质的研究及其设计:方法与选择[M].余东升,译.青岛:中国海洋大学出版社,2008:83.
② 罗伯特·K·殷.案例研究:设计与方法[M].周海涛,译.重庆:重庆大学出版社,2004:7.

了基础与临床结合的成功典范,建立了我国血栓与止血的临床应用研究体系[①]。

2. 贡献与影响

王振义院士的这项重大原创性成果的贡献与影响主要包括如下两个方面:

1) 在临床医学上的贡献

王振义院士在医学上最主要的贡献是利用全反式维甲酸诱导急性早幼粒白血病细胞分化,在临床上极大地提高了该病患者的完全缓解率和长期生存率[②]。自1986年以来,王振义带领的课题组在国际上首先应用国产全反式维甲酸治疗急性早幼粒细胞白血病,取得重大突破,完全缓解率高达85%～90%,为恶性肿瘤可以通过诱导分化进行治疗这一新的思路和理论提供了成功的范例,被国际医学界称为"一次革命性突破"的里程碑。王振义院士也因此被世界医学界誉为"癌症诱导分化第一人"。1994年,王振义获得了国际肿瘤学界最高奖——凯特林奖。2009年,美国"临床指南"将ATRA治疗方法定为规范性治疗方案[③]。

2) 在学术界的影响与贡献

1987年,王振义院士关于诱导分化疗法的学术论文首先在《中华血液学杂志》发表。1988年,他与同事共同完成的论文《全反式维甲酸治疗急性早幼粒细胞白血病研究》在国际血液学权威刊物《血液》上发表,引起国际血液界强烈震动,并由此掀起诱导分化研究的新高潮[④]。2000年,该论文成为1981～1998年全球引证率最高论文之一,获年度最佳引证论文奖。美国《20世纪具有标志性血液学论文》一书,收录该论文为全球百年86篇最具有影响的代表性论文之一,并于2000年9月获得美国科学信息研究所"经典引文奖"[⑤]。截至2010年5月,该论文已被广泛他引达1 713次[⑥]。

3. 研究过程

诱导分化方法的研究过程分为三个阶段:

---

① 白毅,顾伟民.黑暗中的一盏明灯——记2010年度国家最高科技奖获得者王振义教授[N].中国医药报,2011-01-18.
② 陈挥,葛鹏程.王振义:学术追求与人生姿态相映生辉[J].上海交通大学学报(医学版),2014(11): 1-12.
③ 白毅,顾伟民.黑暗中的一盏明灯——记2010年度国家最高科技奖获得者王振义教授[N].中国医药报,2011-01-18.
④ 吴志菲.王振义　白血病"杀手"的科学新纪元[J].中华儿女,2011(3): 43-45.
⑤ 陈挥,葛鹏程.王振义:学术追求与人生姿态相映生辉[J].上海交通大学学报(医学版),2014(11): 1-12.
⑥ 白毅,顾伟民.黑暗中的一盏明灯——记2010年度国家最高科技奖获得者王振义教授[N].中国医药报,2011-01-18.

第一阶段：探索阶段。 王振义院士自 1954 年起，从事血栓和止血研究，在国内首先建立血友病 A 与 B 以及轻型血友病的诊断方法。1979 年，瑞金医院正式成立血液病研究室后，王振义院士就开始进行白血病细胞的诱导分化研究，1980 年起开始研究癌肿的分化疗法[①]。

二十世纪六七十年代，国外医学界提出了"肿瘤细胞在体外可以通过诱导分化，转变为较为成熟的正常细胞"的肿瘤诱导分化治疗的观点。1978 年，以色列一位科学家在小鼠实验中证明，白血病细胞可用诱导分化剂使之分化成熟，逐渐逆转成为正常细胞。王振义从中获得了巨大启发。他想，用某种药物作诱导分化剂，阻止白血病癌细胞到处疯长、蔓延，引导其向良性方向分化，逆转发育成正常细胞，这既对机体自身的细胞和组织没有或少有毒性作用，也使癌细胞自行消亡，白血病得到缓解或痊愈。这一理论实际上是要抛弃传统化疗中"杀死"、"消灭"癌细胞的做法，转而通过诱导分化剂，将癌细胞这个"坏人"，"教养改造"为"好人"，使其"改邪归正"成为正常细胞。诱导分化治疗蕴含着"与人为善"、"化敌为友"等中国传统儒家思想，这也是王振义研究和治疗白血病的理论源泉[②]。

第二阶段：困顿阶段。 诱导分化研究成功的关键是要寻找到一种可以用作诱导分化剂的药物。王振义院士和学生们一起在寻找诱导分化药物的过程中摸索前行，为此，他们整整奋战了两年，做了无数次的实验，尝试了无数种方法，但一无所获。1983 年，一位美国学者研究发现用 13 -顺式维甲酸可以转化急性早幼粒细胞白血病中的癌细胞，并且试验成功。这一发现驱散了过去两年笼罩在他们心头的阴影。当时国内的厂家只能合成出全反式维甲酸，13 -顺式维甲酸则要从美国进口，价格十分昂贵，单个疗程要 2 000 美金。上海有家大医院曾专门从美国购买了 13 -顺式维甲酸，用在临床上观察疗效，一个疗程下来，结果并不理想，白血病患者体内的癌细胞基本没有出现转化的迹象。当时确实有人动摇了，但王振义院士对学生们依然强调，要搞好研究，做好学问，就必须具有锲而不舍的精神。皮肤病用药维甲酸被证明可转化急性早幼粒细胞白血病的癌细胞，这在当时只是一个前提。13 -顺式维甲酸与全反式维甲酸都是维甲酸的同分异构体。前者在美国获得了成功，但在中国收效甚微[③]。

第三阶段：突破阶段。 在困难面前，王振义院士不气馁，开始指导学生将研

---

① 中国工程院.王振义[EB/OL]. [2018 - 01 - 19]. http://www.cae.cn/cae/jsp/introduction.jsp?oid=2011123111＋5345859122228.

② 陈挥,宋霁.诱导分化开创先河——王振义院士访谈录[J].上海交通大学学报(医学版),2012(9)：1111 - 1116.

③ 陈挥,宋霁.诱导分化开创先河——王振义院士访谈录[J].上海交通大学学报(医学版),2012(9)：1111 - 1116.

究重点转向国产全反式维甲酸。在一次实验中，王振义、孙关林和研究生黄萌珥惊喜地发现，上海第六制药厂生产的全反式维甲酸将早幼粒细胞株 HL - 60 和急性早幼粒细胞白血病细胞诱导分化为正常细胞。这无疑证明了国产的全反式维甲酸也能够改变急性早幼粒细胞白血病癌细胞的性质！这一巨大的发现对进一步开展研究具有极大的激励作用。1984 年，王振义出任上海第二医科大学校长后，仍然只要一有时间就会到实验室，和学生们一起交流，一起探讨。此后一年多的实验中，研究不断取得进展，通过显微镜可以清晰地观察到，越来越多的急性早幼粒细胞白血病细胞在全反式维甲酸作用下，奇迹般地"改邪归正"，转化成了正常成熟的细胞。从 1979 年到 1986 年，经过长达八年的不懈探索，终于将全反式维甲酸诱导分化急性早幼粒细胞的结论确定下来[①]。

　　第四阶段：推广阶段。1988 年，王振义院士的学生黄萌珥带领课题组总结了 24 例急性早幼粒细胞白血病的治疗结果，证明其中 23 例完全缓解。该疗法很快向国内外推广，并提供那时只有国内可提供的全反式维 A 酸。1989 年，硕士研究生陈竺、陈赛娟从法国获博士学位回国工作，他们用先进的思路和分子生物学技术，开展全反式维 A 酸治疗急性早幼粒细胞白血病的作用机制研究，取得了许多创新性的成果，获国家科技进步二等奖。1992 年，在孙关林主持下，总结了我国 544 例急性早幼粒细胞白血病用全反式维 A 酸治疗的结果，其中 84% 获完全缓解。此后，世界各国都先后证实了这种疗法的效果：法国 1993 年 54 例，完全缓解率 91%；美国 1995 年 79 例，完全缓解率 86%；日本 1995 年 109 例，完全缓解率 89%[②]。

4. 成功的关键因素

　　在访谈中，王振义院士反复强调"一个思想，一个勤奋，才能创新"[③]，这就是诱导分化理论取得突破的关键，具体包括五个方面：

　　1) 持续的理论积累，始终站在科学的国际前沿

　　1896 年著名德国生理学家赫尔姆霍兹(H. L. von Helmholtz)提出了创造性工作的三个阶段：① 最初的努力，直到无法进展为止；② 停顿和徘徊时期；③ 突然的发现和意外的解决。后来法国数学家彭加勒(J. H. Poincare)又加上

---

① 陈挥，宋霁.诱导分化开创先河——王振义院士访谈录[J].上海交通大学学报(医学版)，2012(9)：1111 - 1116.

② 蒋康科.记国家最高科技奖获得者王振义：教癌细胞改邪归正[EB/OL]. (2011 - 01 - 14) [2018 - 01 - 19]. http://scitech.people.com.cn/GB/13729183.html.

③ 注：课题组访谈文本。

了一个阶段：即④ 再次有意识的努力时期①。英国心理学家沃勒斯(G. Whllas)在前人的基础上,总结出至今仍享有盛名的创造四阶段说,即任何发明创造都大体经过四个时期：准备、孕育、豁朗和验证②。持续开展所在学科领域的理论研究,始终关注国际研究前沿,是重大原创性成果取得成功的关键。王振义院士指出③："随时随刻你要知道国际上人家研究的结果是什么,而且不仅是看论文,还要看其中的理论,有什么启发,这个就会有很多东西,提出很多道理,你研究就是要解决为什么。所以你要创新能力,你就要经常问为什么,为什么,为什么,你如果停留在表面,停留在现象,你要创新是不可能的,你一定要在'为什么'里面去创新"。"你要有创新,要看书,要了解国际上的这个领域的发展情况,要联系实际,从实际当中多问几个为什么,然后根据你看到的书本的理论,你提出自己的思想,这个就是创新的道理。如果这个人不看书,他要创新根本不可能,他如果不学习人家的知识,跟人家合作,他要成功也不可能"。

2) 以解决问题为起点,以无私的科学精神坚持研究

科学精神的核心要素包括：求真、创新、奉献④,以追求真理为逻辑的起点,其特质内容包含：普遍主义、公有性、无私利性和有组织的怀疑精神⑤。王振义院士说⑥："目的要搞清楚,我不是要名,也不是要赚钱,我是要解决病人的问题。""我们看到很多白血病的病人,到目前为止,人们都觉得白血病病人死亡率很高,费用很大,家属的负担也重,单位的负担也重。我们最后作为医生有这个责任,觉得要解决病人的问题。"在诱导分化治疗方法探究过程中,王振义院士真是时刻惦念着为病人解决问题,在探求真理的过程中,以无私的科学精神克服重重困难。

3) 坚定执着的信仰,锲而不舍的治学态度

王振义院士指出"要有创新,要有思想,思想一定要端正,思想要端正就包括你坚持工作,工作要做下去,再困难我也要做,克服困难也是一种思想问题"⑦。"我的成就其实很简单,就是一个方向、一种药、一种病。40 多年前,我就立志要攻克白血病。现在我只成功治疗了一种,还有 20 多种没有攻克"。在实验毫无进展的两年间,"我不断告诫自己的学生：科学研究最忌讳的就是浮躁,清贫与

---

① 刘仲林.中国创造学概论[M].天津：天津人民出版社,2001：182.
② 毛天虹.基于知识螺旋理论的创新人才培养探析[J].继续教育,2010(2)：34-36.
③ 注：课题组访谈文本。
④ 赵兴太,王国领."科技与社会"视角下的诺贝尔自然科学奖研究[J].郑州：郑州大学出版社,2014：201.
⑤ 罗伯特·K·默顿.科学社会学(下)[M].鲁旭东,林聚任,译.北京：商务印书馆出版,2004.
⑥ 注：课题组访谈文本。
⑦ 注：课题组访谈文本。

寂寞常常是科学家最好的朋友。要想搞好科研,做好学问,就必须心存坚定执着的信仰,就必须具有锲而不舍的治学精神"①。

4) 精诚合作,实现团队成员的共同愿望

诱导分化理论的突破与王老先生当时带领的团队的精诚合作分不开。王振义院士在访谈中指出②:"我们不能用现在的观念去看当时。当时没有什么团队,很简单,我是导师,研究生、技术员、我们的年轻的老师做助手,事实上就四五个人"。"我们没有什么团队的概念,只是觉得我们一组人,大家有共同的愿望,有共同的要求"。"成功以后,不要只是看到自己一个人的功劳,没有团队,特别是现在,没有团队,我的临床如果与基础没有结合起来,我也做不成事情,就是合作精神"。"这些成功的,他都是和人家合作的,因为一个人的知识总是有限的,精力是有限的,但是原始的思想不是每个人都有的,想法不是每个人都有"。"在我看来,整个团队就应该像一条船,有一个总的目标,知道该往哪里航行,船长舵手虽然不断更换,但航行的目的始终清楚,事业的航程才能破浪前行③。"

5) 团队带头人敢于承担责任,宽容并包

团队带头人对于原创性研究取得成功至关重要。王振义院士指出④:"要有善心,宽怀。心要好,我不是说我研究工作就是为了我一个人,宽怀、容纳不同意见的人。""我敢于承担责任";"我为什么会下这样的决心呢,因为我觉得我是有科学依据的";"我觉得宽怀,胸怀要宽,要能容纳,但是要善于保护自己"。

王振义院士认为,作为带头人,第一要明确方向,第二要关心团队成员,要牢牢记住:一个人成功不是成功,我们需要的是整个团队的成功。因此,他特别强调,在团队建设中提拔人才的机制和标准是一个关键问题。不以个人感情亲疏为标准,应该是任人唯贤、唯才是举。这就需要一个团队的领导人头脑非常清楚,能够全面地、发展地看人,评定一个人不是看他讲得怎么样、写得怎么样,而是看他走得怎么样,即实际解决问题的能力⑤。

6) 努力创造物质条件,使研究工作持续下去

诱导分化方法的研究是在各种物质条件极其困难的情况下启动并开展的,

———————————

① 陈挥,宋霁.诱导分化开创先河——王振义院士访谈录[J].上海交通大学学报(医学版),2012(9):1111-1116.
② 注:课题组访谈文本。
③ 陈挥,葛鹏程.王振义:学术追求与人生姿态相映生辉[J].上海交通大学学报(医学版),2014(11):1-12.
④ 注:课题组访谈文本。
⑤ 陈挥,葛鹏程.王振义:学术追求与人生姿态相映生辉[J].上海交通大学学报(医学版),2014(11):1-12.

那时候才刚刚改革开放,我国科学研究的各方面条件都比较艰苦,但这些没有阻挡王院士及其团队探索科学问题的脚步。王振义院士在访谈中说[①]:"没有钱,没有设备,自己创造";"没有制度,经费也没有,我们的细胞培养室跟医院讲了,给我们一个'灶披间',在病房旁边。我们没有细胞培养箱,这上面(传记)也写了。那么怎么办呢,自己想办法,用蜡烛造成二氧化碳,它需要有二氧化碳的成分,好了,就这样做出来,你这个方法也要自己想,我看到美国有好多研究成果,它都是在简陋的条件下做成的"。"因为创新,你有高精的仪器,这是最好,我可以很快就做,但没有这个,你要自己创造,自己没有,就要跟人家联系"。"我们有的研究工作是与科学院生化所合作才完成的"。

三、华人科学家的重大原创性成果产出的案例研究:李政道 与"弱相互作用下宇称不守恒理论"研究

1. 成果描述

20世纪50年代,在粒子物理领域有一个难题一直困扰着当时的物理学家,即所谓的"$\theta-\tau$"之谜,θ介子和τ介子质量、电荷、寿命完全相同,但它们的衰变情形并不相同,表现为宇称并不相同。如果承认宇称守恒定律,θ介子和τ介子就不是同一粒子。美籍华裔物理学家李政道和杨振宁经过深入的理论分析,终于揭示了"$\theta-\tau$"之谜,他们的成果发表在1956年10月1日出版的《物理评论》(*Physical Review Letters*)上,题为《弱相互作用中的宇称守恒问题》(Question of Parity Conservation in Weak Interactions)。1956年12月,吴健雄等人通过实验表明,宇称守恒定律在弱相互作用中被否定了。

2. 贡献与影响

弱相互作用下宇称不守恒这一发现,推动了基本粒子研究领域取得实质性进展,它推翻了在物理学领域被奉为基本定律的宇称守恒定律,使之下降为只适用于强相互作用和电磁相互作用的一般规律,进而说明对称性是不普遍的。

中国高等科学技术中心的王垂林研究员认为[②]:"新定律的形成有两种方式:一种是新定律拓展了老定律,只是条件不一样了,比如爱因斯坦的狭义相对论,它并没有打破或推翻牛顿定律,爱因斯坦主要研究的是高速运动的物体的定

---

① 注:课题组访谈文本。
② 注:课题组访谈文本。

律,速度慢的时候则适用于牛顿定律,只需要把新老定律合并在一起就可以;另一种则是打破或推翻老定律,李政道、杨振宁之所以伟大,是因为他们研究的宇称不守恒定律把以往的宇称守恒定律给推翻了,通过对以往所有的关于宇称守恒的文章、实验的反复研究,李政道和杨振宁发现以往的物理学家把弱相互作用下的宇称守恒作为一个常识,没有经实验验证就认为宇称守恒是理所当然和天经地义的,进而他们设计了许多实验最终验证了他们的假设。"

3. 研究过程

弱相互作用下宇称不守恒的发现过程分为四个阶段:

第一阶段:"θ-τ"之谜的提出。1947 年,英国物理学家乔治·罗切斯特(C. D. Roechester)和克利福德·查尔斯·巴特勒(C. C. Butler)在研究宇宙射线时发现了一种奇怪的粒子,科学家将其命名为"k 介子"。与其他介子不同的是,k 介子极不稳定,既可以分裂成两个 π 介子,也可以分裂成三个 π 介子,其宇称可以为奇也可以为偶,这就违反了宇称守恒这一金科玉律。为了解决这一问题,物理学家认为 k 介子可以分为几种不同的介子,他们将分裂成两个 π 介子的命名为 θ 介子,将分裂成三个 π 介子的命名为 τ 介子,这也就符合了宇称守恒定律,但实验证明 θ 介子和 τ 介子本质上就是同一种 k 介子。"θ-τ"之谜因此被提出,受到了物理学界的广泛关注。

第二阶段:初步探索。起初,李政道、杨振宁在宇称守恒定律框架内去寻找这一问题的答案。1955 年夏天,李政道和贾·奥里尔(J. Orear)在宇称守恒框架中提出了一个级联机制解释"θ-τ"之谜,但后来证明这是不正确的。经过一段时间的探索,李政道、杨振宁意识到,之前他们的探索往往陷于一系列被大家都认为是理所当然的事件中,"也许在弱相互作用下宇称本就是不守恒的"这一观念开始不时在他们头脑中浮现,虽然对宇称守恒定律产生了疑问,但他们并没有找到一个突破口来验证他们的想法。作为一种替代,他们于 1956 年撰写了论宇称双重态的论文,但这也是一次失败的尝试。

第三阶段:理论突破。对传统理论的质疑,要有确凿的证据,因此,李政道和杨振宁找来了西格本(K. Siegbahn)所编的有关核谱学的书,对以往有关宇称守恒的实验逐个进行推算,发现以往的宇称守恒实验确实以很大的精确度证实了宇称守恒定律,但这些实验并没有一个是弱相互作用的。"1956 年 10 月 1 日,李政道和杨振宁在《物理评论》上发表了一篇题为《弱相互作用中的宇称守恒的问题》的论文,指出:虽然在所有强相互作用中,宇称守恒的证据是强有力的,但在弱相互作用中,宇称守恒的证据却一个也找不到,因此,可以认为,在弱相互作用中宇称守恒定律也许根本就不成立。如果是这样,则'θ-τ'之谜就可以轻而易举地被解决,θ介子和τ介子原本就是一个粒子,即k介子①。"此外,他们还提供了若干实验方案去验证弱相互作用下的宇称不守恒。

第四阶段:实验验证。 揭示弱相互作用下宇称不守恒这一理论,仅凭一篇论文是不够的,还需要有令人信服的实验,否则科学家是难以被说服的。吴健雄、E. Ambler等人运用李政道和杨振宁在论文中提到的"概率法"去验证这一理论,即观测β衰变中所产出的电子θ角分布,如果观测到θ和180°的角分布是不对称的,即可验证弱相互作用下宇称不守恒这一理论。经过紧张而复杂的实验,1956年12月,已有足够的实验数据表明,宇称守恒定律在弱相互作用中被否定了。

4. 成功的关键因素

1) 强烈的科学兴趣

就科学发现和理论创新本身的性质而言,人们把科学发现当作一种高级的消遣和娱乐,与人之爱好、兴趣紧密相关,还在于科学发现本身具有一种真、善、美相统一的本质和属性②。在科学爱好和兴趣的指引下,科学家在广阔的科学领域自由探索,并不受制于社会环境或学术权威。正如王垂林研究员所谈到的③:"科学就是凭兴趣去创造,科学是没有目的性的。当时美国的物理学家都知道当前物理学界的前沿问题是什么,我能做什么去突破它,但没有人会要求你去做什么,都是自觉的。宇称不守恒理论的探索过程也完全是研究者的兴趣使然,并没有得到外部资助。李先生是从根本上喜欢物理,喜欢思考,真正把物理作为他的一生。"

2) 超乎寻常的努力

科学发现是机遇和努力不期而遇的结果,努力的人并不一定成功,但成功一定不会偏向没有努力的人,因为机遇总是偏爱有准备的头脑,只有在机遇来临之前努力探索,才能在机遇来临之际识别和把握它,从而做出科学发现。李政道在物理方面有着非凡的天赋,这使他能在没念完小学、初中和高中的情况下,以同等学力考上当时的浙江大学,在本科没有念完的情况下又以同等学力申请并获得了芝加哥大学的博士学位。但李政道在物理领域取得的成就更多的是要归于

---

① 蒋东明.李政道[M].石家庄:河北教育出版社,2000:112.
② 张磊,张之沧.兴趣与科学[J].洛阳师范学院学报,2010(4):30.
③ 注:课题组访谈文本。

他超乎常人的努力。叶铭汉院士指出[①]："李先生工作非常努力,吃过晚饭后大概 9 点就睡了,但半夜起来会继续工作,那时也是工作最安静的时候,这种努力是超乎寻常的。"王垂林研究员也谈到[②]："李先生一个礼拜最多看 15 分钟电视,吃完饭就自己跑到屋子里面做研究,困了睡,醒了就继续研究,睡觉分好几个段,这就是他的生活,娱乐生活几乎没有。"

3) 锲而不舍的探索精神

"通常在科研探索过程中要出现多次的失败,……只有不怕失败,观察敏锐的人才能在单调重复的试验中注意到新的现象或思想的萌芽,并将其发展下去,而科学发现的时机一旦成熟,发现就成为必然,至于由哪一位科学家发现则是偶然的"[③]。对宇称不守恒理论的探索并不是一帆风顺,在这一过程中,李政道、杨振宁两位科学家坚持迎难而上。正如叶铭汉院士所说[④]："对宇称不守恒理论的探索并不是一帆风顺的,从最初实践的几个错误方案,到理论初步形成阶段遭受的普遍质疑,再到实验阶段被实验物理学家的拒绝,李先生都并没有被这些困难吓倒,而是凭着一种锲而不舍的精神,迎难而上,据理力争,将困难各个击破。"

4) 密切的合作与协同

"在现代物理学中,没有什么可与李杨合作相媲美的了"[⑤]。李政道和杨振宁在专业上各有优势的一面,相比各自分开来独立工作,知识上的交叉互补往往使他们能够产生颇具优势的创新思想。李政道曾说："我们的才智是不同的,但却是互补的,这就是我们的合作为什么能成功的原因。[⑥]"杨振宁也曾说："李政道吸收新知识的速度很快,而且兴趣广泛,虽然他们两人都不喜欢看他人的文章,然而李政道比杨振宁要看得多,各种的信息也多一点。两个人在一起辩论一个问题,参照着相互的意见,能够获得一个人研究问题时想象不到的成果[⑦]。"在"θ - τ"之谜出现之际,杨振宁、李政道就以极大的热情关注着这一粒子物理中的新现象。"在哥伦比亚大学附近的一家中国餐馆,经常有两位中国小伙子,有时他们美餐一顿,有时他们边喝茶边讨论,往往二人争得面红耳赤,旁人都好奇地看着他们,以为这两个小伙子在闹别扭。这就是李政道和杨振宁,经常在这里讨

---

① 注：课题组访谈文本。
② 注：课题组访谈文本。
③ 周光召.历史的启迪和重大科学发现产生的条件[J].科技导报,2000(1)：3 - 9.
④ 注：课题组访谈文本。
⑤ 伯恩斯坦.宇称问题侧记[J].纽约客,1962,38：49 - 104.转载于：中国高等科学技术中心.宇称不守恒思想突破的产生[M].上海：上海科学技术出版社,2009：168.
⑥ 高策.走在时代前面的科学家——杨振宁[M].太原：山西科学技术出版社,1999：173.
⑦ 苏建军.杨振宁人生传奇[M].南京：凤凰出版社,2011：75.

论'$\theta - \tau$'之谜,不断提出新设想、新问题,不断交换新想法[①]。"

5) 充分的学术思想交流

李政道、杨振宁所从事的研究并不是在一个孤立的环境中进行的,当时"$\theta - \tau$"之谜已经引起了物理学界的广泛关注,他们二人只不过是该研究领域诸多物理学家中的两位。李、杨在宇称不守恒理论的探索过程中频繁地与这些物理学家接触、请教,取百家之长,进行广泛、慎重和深入地讨论。这些物理学家有尤利乌斯·罗伯特·奥本海默(J. R. Oppenheimer)、杰克·斯坦伯格(J. Steinberger,1988 年获诺贝尔物理学奖)、尤金·保罗·维格纳(E. P. Wigner,首次发表关于宇称守恒想法的人)、理查德·菲利普斯·费曼(R. P. Feynman,1965 年获诺贝尔物理学奖)、马丁·卜洛克(M. Block)等。1956 年 4 月 3 日至 7 日,罗彻斯特会议(Rochester Conference)按照惯例在罗彻斯特大学(Rochester University)召开,该会议被认为是国际高能物理最重要的会议,李政道和杨振宁应邀参加,会议讨论的一个重要问题就是"$\theta - \tau$"之谜。"李政道的同事杰克·斯坦伯格在讨论超子的产生平面与衰变平面之间的二面角 φ 时,李政道先生突然意识到虽然这个二面角与宇称无关,但如果改变它的定义,那么在 φ 从 0 到 π 的事件与 φ 从 π 到 2π 事件之间就可能会有一个不对称性,后来经实验表明确实有差别,但因统计有限,还不能由此引出结论[②]。"无疑,罗彻斯特会议上李政道、杨振宁与其他物理学家广泛、深入地交流,对他们找到"摸出黑屋子的门"有着重要的启示。

6) 创造性思维的指引

创造性思维是人类创造活动的灵魂和核心[③]。科学发现是累积性的,需要站在巨人的肩膀上去创新,但科学发现更需要批判甚至推翻以往的定律或法则,这就需要科学家不断调整思维模式去应对不断出现的新问题。"在科学史上,科学家们通常采用扩大已发现规律的应用范围来完成对未知领域的探索。在刚开始研究'$\theta - \tau$'之谜的一段时间里,人们囿于传统信念,根本不愿意相信宇称会真的在弱相互作用中不守恒,因此都尽力改进实验设备和方法,寻找 θ 和 τ 粒子之间的其他不同点,以证明它们是不同的两种粒子。但是,一切努力均劳而无功[④]。"因此,解决"$\theta - \tau$"之谜的关键在于突破传统思维定式,敢于质疑传统学说。正是在这种创造性思维的指引下,他们最终发现以往证实宇称守恒定律的实验没有一个是弱相互作用的。

① 陶路,刘金江.杨振宁与李政道的故事[M].长春:吉林科学技术出版社,2012:79.
② 陶路,刘金江.杨振宁与李政道的故事[M].长春:吉林科学技术出版社,2012:85-86.
③ 宋琳,刘文霞.论科学发现中的创造性思维[J].北京科技大学学报(社会科学版),2009(3):154-155.
④ 杨建邺.杨振宁传[M].长春:长春出版社,2003:136.

　　王垂林研究员也非常形象地概括了李政道的创造性思维模式[①]："要解决某个问题，不能就事论事，就拿'θ－τ'之谜来说，不能为了解决'θ－τ'之谜而解决'θ－τ'之谜，要从中跳出来，看其他的弱相互作用下宇称是否守恒，如果其他的弱相互作用下宇称也都不守恒，那就产生新的物理定律。更概括地说，即首先是将小问题扩大化，变成一个普遍规律，再由普遍规律去解释'θ－τ'之谜。这就是李先生基本的逻辑思维方式，而一般人很难做到。"

第四节　政　策　建　议

一、长效评价与有效激励相结合，建立起与原始性创新相适应的评价制度

　　重大原创性成果的产生是一个复杂的过程，具有长期积累性、高风险性、自主性等特点。任何一项重大原创性成果的诞生，都需要几年甚至几十年如一日的艰辛探索。问卷调查也显示，急功近利的科研评价是我国重大原创性成果产出比较少的首要原因。

　　因此，建议摒弃科研评价中的"短平快"，建立中长期考核制，为科研人员营造相对宽松的学术环境，在一些学科领域，允许甚至鼓励"十年磨一剑"的长期跟踪研究。建议转变科研评价功能定位，将科研评价的目的彻底转变到保障、激励、激发科研人员的科研潜力与创新力上来，建立有利于发现和保护"原创性"[②]的评价标准和评审方式，将原创性作为核心评价标准，鼓励具有原始性创新的基础研究，重视交叉学科项目、非共识项目和探索性项目，逐步建立起适应原始性创新特点、有利于促进战略性基础研究和自由探索性基础研究相结合的科研评价体系。

二、以制度创新为突破优化科研环境，激发原始创新主体活力

　　原始创新的环境可以分为创新的物质环境、制度环境、文化环境与组织环

---

①　注：课题组访谈文本。
②　韩经太.原创性：学术评奖制度的灵魂[J].探索与争鸣，2016(3)：16－18.

境①。制度环境中与原始创新关系最为紧密的是科研管理体制,它是影响原始创新的重要外部环境因素。良好的科研管理体制能够激励原创主体从事科技的原始创新②。激励原始性创新的科技政策与制度,有利于引导创新研究循着其应有的轨迹循序渐进。英国剑桥大学的卡文迪许实验室、德国的马普学会充分尊重科学家的自主权和学术自由,致力于建立公正、适时乃至国际化的科学评价与管理制度,产生了良好的内在激励效应,取得了许多诺贝尔奖成果③。

建议进行制度创新,建立起与重大原创性成果产出相适应的高校科研管理制度,激发创新活力。原始性创新始于问题,孕于积累④,建议采取有重点的扶持政策,营造宽松自由的制度环境,逐步形成鼓励创新、宽容失败、崇尚自由探索的文化环境,最终将有助于重大原创性成果的产生。

三、加强一流科研人才的培养、引进,充分重视学术素养与科研能力

调查研究表明,一流科研人才是影响世界一流大学重大原创性成果产生的重要因素之一。同时,一流人才缺乏又是我国一流大学要想取得更多的重大原创性成果面临的首要挑战。

因此,建议强化一流科研人才的培养与引进,在遵循人才成长规律的前提下,打造中国科学家的"人才链",塑造"创新共同体"⑤。此外,原始创新的高难度性对原创主体的学术素养有极高要求:对自然的浓厚兴趣与好奇心,彻底的批判与怀疑精神,高度独立的思考能力,严谨的科学方法,善于抓住稍纵即逝的科学机遇的能力⑥。因此,一流科研人才的培养引进工作应当充分重视人才的学术素养,尤其是科研能力。

---

① 汪寅.科技原始创新问题初探[D].合肥:中国科学技术大学,2007:40.
② 汪寅.科技原始创新问题初探[D].合肥:中国科学技术大学,2007:43.
③ 路甬祥.规律与启示——从诺贝尔自然科学奖与20世纪重大科学成就看科技原始创新的规律[J].西安交通大学学报(社会科学版),2000(4):3-11.
④ 陈雅兰,韩龙士,王金祥,等.原始性创新的影响因素及演化机理探究[J].科学学研究,2003(4):433-437.
⑤ 黄涛.原创研究何以可能——诺贝尔自然科学奖的启示[J].科技导报,2009(24):94-95.
⑥ 汪寅.科技原始创新问题初探[D].合肥:中国科学技术大学,2007:81.

第四章　世界一流大学重点建设计划的评价体系研究

世界一流大学处于全球高等教育金字塔的顶端,是国家处于世界领先地位或实现跨越式发展的关键之一,是实现中国梦的重要标志。近几十年来,如何建设一流大学已成为世界性话题,许多国家纷纷加大了对高等教育特别是名牌大学的投入力度,实施了一系列打造"一流大学"的战略举措。各国重点建设计划中国家层面发挥的最重要作用之一是监督与评价。我国是较早开展重点建设的国家,经过"985"工程和"211"工程的建设,我国研究型大学的总体实力不断提升。然而我国一流大学建设的评价体系还不够完善,如政策目标模糊,学校内部管理和运行体制有待完善、实现目标代价尚难以计算,政府长期支持的不确定性等问题。本研究拟围绕世界一流大学重点建设计划的评价实践,从评价标准和评价体系两个方面对各国已完成和正在进行的重点建设计划的评价实施情况进行解析,并在此基础上分析不同发展阶段、不同地域和不同类型的重点建设计划评价呈现出的特征,再结合具体的案例分析,为我国"双一流"建设的评价提供启示和借鉴。

第一节　研　究　设　计

一、研究对象

按照世界一流大学重点建设项目的广义界定[①],检索到信息较完整的 26 个

[①] 注:本研究采用世界银行高等教育专家贾米尔·萨尔米(J. Salmi)对一流大学重点建设项目的定义作为广义界定,即由政府发起并投入相当的资金用于支持现有大学快速卓越发展的政策计划或项目。

国家(或地区)的 55 项世界一流大学重点建设项目,开展这些重点建设项目的国家涉及欧洲、亚洲、美洲、大洋洲、非洲等地域。本研究以各国每亿人口拥有的世界百强大学数(N 值)为标准,将开展重点建设项目的国家(或地区)分为成熟期和建设期两类[①]:成熟期的国家($N \geqslant 1$)包括加拿大(1989)、丹麦(1991)、芬兰(1995)、瑞士(2001)、日本(2002)、挪威(2002)、澳大利亚(2003)、德国(2005)、瑞典(2006)、新加坡(2006)、法国(2008)、以色列(2010);建设期的国家(或地区)($N < 1$)包括印度(1997)、中国大陆(1998)、中国香港(1998)、韩国(1999)、新西兰(2002)、中国台湾(2005)、俄罗斯(2005)、沙特阿拉伯(2006)、越南(2006)、马来西亚(2008)、尼日利亚(2008)、西班牙(2009)、泰国(2009)和爱尔兰(2013)[②]。根据建设侧重不同,这些项目可分为学术发展类(主要聚焦学术卓越)、知识应用类(主要聚焦知识转化与成果应用)和队伍建设类(主要聚焦人才引进与发展)。

　　本研究以这 55 个世界一流大学重点建设项目为对象,根据项目评价的实施情况和评价资料的丰富程度,最后获得 18 个国家(或地区)的 24 个项目(见表 4-1)的评价资料,基于此对世界一流大学重点建设项目的评价标准和评价体系进行特征分析。

表 4-1　世界一流大学重点建设项目的基本特征

编　号	项目名称*	所在地域	建设阶段	项目类型
1	丹麦 COE	欧洲	成熟	知识应用
2	丹麦 UNIK	欧洲	成熟	学术发展
3	芬兰 COE	欧洲	成熟	知识应用
4	瑞士 NCCR	欧洲	成熟	知识应用
5	挪威 SFF	欧洲	成熟	知识应用
6	德国卓越计划	欧洲	成熟	学术发展
7	瑞典林奈计划	欧洲	成熟	知识应用

---

① 注:本研究中 $N =$ 该国世界百强大学数/该国每亿人口数,其中世界百强大学以 2017 年"世界大学学术排名"的前 100 名统计,国家每亿人口数以世界银行 2016 年的数据进行计算(中国台湾的人口数据来自地方政府统计)。按 N 值 > 1 和 N 值 < 1 将国家分为世界一流大学建设成熟期和建设期两类。

② 注:括号中年份为该国首次实施世界一流大学重点建设项目的年份。

（续　表）

编　号	项目名称*	所在地域	建设阶段	项目类型
8	法国 IDEX	欧洲	成熟	学术发展
9	俄罗斯 NRU	欧洲	建设	学术发展
10	西班牙 CEI	欧洲	建设	知识应用
11	爱尔兰 CORE	欧洲	建设	知识应用
12	加拿大 NCE	北美洲	成熟	知识应用
13	加拿大 CERC	北美洲	成熟	队伍建设
14	澳大利亚 NCGP	大洋洲	成熟	知识应用
15	新西兰 CORE	大洋洲	建设	知识应用
16	日本 21 世纪 COE	亚洲	成熟	知识应用
17	日本全球 COE	亚洲	成熟	知识应用
18	日本 WPI	亚洲	成熟	队伍建设
19	以色列 I-CORE	亚洲	成熟	学术发展
20	韩国 BK21	亚洲	建设	学术发展
21	韩国 BK21PLUS	亚洲	建设	学术发展
22	韩国 WCU	亚洲	建设	队伍建设
23	中国台湾迈顶计划	亚洲	建设	学术发展
24	马来西亚 MRU	亚洲	建设	学术发展

　　注：项目名称的全称分别为：丹麦 COE 全称为 Centers of Excellence；丹麦 UNIK 全称为 Investment Capital for University Research；芬兰 COE 全称为 Centres of Excellence in Research；瑞士 NCCR 全称为 National Centres of Competence in Research；挪威 SFF 全称为 Centers of Excellence；德国卓越计划全称为 Excellence Initiative of Research；瑞典林奈计划全称为 Linnaeus Environments；法国 IDEX 全称为 Initiatives d'Excellence；俄罗斯 NRU 全称为 National Research Universities；西班牙 CEI 全称为 Programa Campus de Excelencia Internacional；爱尔兰 CORE 全称为 Centre of Research Excellence；加拿大 NCE 全称为 Networks of Centres of Excellence；加拿大 CERC 全称为 Canada Global Excellence Research Chairs；澳大利亚 NCGP 全称为 National Competitive Grants Programme；新西兰 CORE 全称为 Centres of Research Excellence；日本 21 世纪 COE 全称为 21st Century COE Program；日本全球 COE 全称为 The Global COE Program；日本 WPI 全称为 World Premier International Research Center Initiative；以色列 I-CORE 全称为 The Israeli Centers for Research Excellence；韩国 BK21 全称为 Brain Korea 21；韩国 BK21 PLUS 全称为 Brain Korea 21 Program for Leading Universities & Students；韩国 WCU 全称为 World Class University；中国台湾迈顶计划全称为迈向顶尖大学计划；马来西亚 MRU 全称为 Malaysian Research University。

二、研究方法

本研究参考元评价的类目内容①②,对世界一流大学重点建设项目的评价体系开展元评价分析。鉴于评价标准在评价体系中最重要,因此,首先对评价标准的特征进行专门分析。本研究对各国政府在开展世界一流大学重点建设时设定的相关遴选和评价标准进行文本内容分析,通过这些标准遴选出本国已达到世界一流或有望达到世界一流的高等教育机构,这些标准体现着政府对高等教育卓越发展的追求,在很大程度上能反映出政府对世界一流大学标准的解读。通过搜索一手文献并辅之相关的二手文献,本研究共获得 15 个重点建设项目③的评价标准相关资料。文本分析显示,这些重点建设项目评价标准的维度均涵盖科学研究、人才培养和社会服务这三个大学基本职能,此外还涉及组织内部运行管理、国内外合作、各类人员队伍建设、学校影响和声誉等方面。评价标准的每类维度平均下设 3 个二级指标,经过梳理最后获得关于评价标准的 262 项指标。本研究选择科学研究、人才培养、社会服务、组织管理、外部合作、人员队伍和学校声誉等七方面作为一级维度,并按分类 I(数量类和质量类)和分类 II(投入类、过程类和产出类)对二级指标进行类型划分和统计分析。

除评价标准外,世界一流大学重点建设项目评价体系涉及的内容和资料较繁杂,本研究根据评价体系要素的差异体现和资料的可获得性,提取出评价内容、评价目的、评价层次、评价时间和评价主体五个评价要素。其中,评价内容指评价关注的核心议题和内容,评价目的指评价开展的出发点及评价结果如何使用,评价层次指评价对象所属的层级,评价时间指评价活动开展的时间节点和周期,评价主体指评价活动由谁作为主体开展。通过搜索一手文献并辅之相关的二手文献,本研究共搜集到 18 个重点建设项目④的 96 份评价体系资料,在此基础上对这些项目的评价体系进行要素提取和分析。

---

① EDLER J, BERGER M, DINGES M. The practice of evaluation in innovation policy in Europe[J]. Research Evaluation, 2012(3): 167 - 182.
② GOOD B. Assessing the effects of a collaborative research funding scheme: an approach combining meta-evaluation and evaluation synthesis[J]. Research Evaluation, 2012(5): 381 - 391.
③ 注:评价标准文本分析涉及的 15 个重点建设项目是芬兰 COE、瑞士 NCCR、挪威 SFF、德国卓越计划、法国 IDEX、俄罗斯 NRU、西班牙 CEI、加拿大 NCE - NCE、日本 WPI、以色列 I - CORE、韩国 BK21、韩国 WCU、韩国 BK21 PLUS、中国台湾迈向顶尖大学计划和马来西亚 MRU。
④ 注:评价体系要素分析涉及到的 18 个项目是丹麦 COE、丹麦 UNIK、芬兰 COE、瑞士 NCCR、瑞典林奈计划、挪威 SFF、德国卓越计划、西班牙 CEI、爱尔兰 CORE、加拿大 NCE - NCE、加拿大 CERC、澳大利亚 NCGP、新西兰 CORE、日本 WPI、日本 21 世纪 COE、日本全球 COE、韩国 BK21 和韩国 WCU。

第二节　世界一流大学重点建设计划评价标准和体系的特征研究

一、评价标准的特征

1. 评价标准的维度和指标

世界一流大学重点建设项目评价标准的维度统计显示,重点建设项目的评价标准涉及维度较多,主要涵盖组织管理、科学研究、人才培养、社会服务、外部合作、人员队伍和学校声誉等七个方面。评价标准的指标类型统计显示(见表4-2),评价指标以过程类和质量类为主。过程类指标的总占比为47%,在组织管理、外部合作和人才培养的维度上占比最高的也是与项目实施和执行相关的过程类指标;与质量相关的指标占73%,而且七个维度上的质量指标占比均高于数量指标,评价重点关注世界一流大学建设在各维度上的质量提升。

表4-2　世界一流大学重点建设项目评价标准的指标分类(单位：%)

标　准		组织管理	科学研究	人员队伍	外部合作	社会服务	人才培养	学校声誉	总占比
总占比		24	23	18	13	10	9	3	／
分类 I	数量类	17	27	24	45	43	28	0	27
	质量类	83	73	76	55	57	72	100	73
分类 II	投入类	29	20	62	17	4	12	0	26
	过程类	64	39	29	65	28	68	0	47
	产出类	7	41	9	18	68	20	100	27

"组织管理"主要包括机构的设置、设施的配备、政策的支持等投入指标,如瑞士NCCR项目评价中"项目依托机构的支持"、"项目获得的资源"等指标;战略规划、组织实施、机构变革、资源协调等过程指标,如德国卓越计划评价中"研究机构的结构与过程"、"机构进行规划、形象塑造、变革的能力"等指标。

"科学研究"主要包括学科和专业设置、科研环境、研发资助等投入指标,如德国卓越计划评价中"科研环境的质量"、日本 WPI 项目评价中"充足的科研资金"等指标;科研发展计划、科研方法改革、科研聚合效应等过程指标,如瑞士 NCCR 项目评价中"科研选题和目标的创新性"、"科研方法的突破"、"科研领域的变革"、"跨学科科研的合作"等指标;团队和人员的科研成果、科研的附加值等产出指标,如韩国 WCU 项目评价中"10％期刊发表数量"、"团队被引总数"、"篇均被引次数"等指标。

"人员队伍"主要包括人员的数量、构成和水平等投入指标,如韩国 WCU 项目评价中"人员的能力与优秀程度"、芬兰 COE 项目评价中"管理人员和研究人员的能力"等指标;人员的培养、发展、保留等过程指标,如德国卓越计划评价中"青年人员的引进流程、青年职业发展与培养、不同性别人员间的平等"、加拿大 NCE 项目评价中"优秀研究人员的培养与保留"等指标;各类人员的发展成效等产出指标,如德国卓越计划评价中"人员引进的成效"等指标。

"外部合作"主要包括国际合作的各类资源等投入指标,如韩国 BK21 PLUS 项目评价中"国际化现状和计划"等指标;机构和人员在各领域的合作、流动等过程指标,如以色列 I－CORE 项目评价中"同国内其他机构合作、国际关系的建立和促进"、日本 WPI 项目评价中"人员同国内外机构的合作"等指标;合作产生的附加值等产出指标,如德国卓越计划项目评价中"同其他机构合作产生的附加价值"等指标。

"社会服务"主要包括学校落实社会责任的策略、产学研活动、知识产权的管理等过程指标,如西班牙 CEI 项目评价中"学校发挥社会责任的策略"、"以社会导向开展大学变革"等指标;研发活动收入、技术转移、成果转化的社会经济效益等产出指标,如加拿大 NCE 项目评价中"成果的转化利用、对社会创新和公共政策的贡献、对经济和社会发展带来的长远利益"等指标。

"人才培养"主要包括招生的数量与质量、生师比等投入指标,如马来西亚 MRU 项目评价中"研究生的数量和质量"等指标;教学计划、课程改进、教学与科研间的协调等过程指标,如韩国 BK21 项目评价中"教学计划的适切度"、法国 IDEX 项目评价中"教学与科研的协调"等指标;学生的成果、就业情况等产出指标,如韩国 BK21 项目评价中"研究生的就业情况"等指标。

"学校声誉"主要包括学校在各领域的优秀表现和影响、声誉和地位等产出指标,如德国卓越计划评价中"国际声誉"、芬兰 COE 项目评价中"中心国际地位的提升"、西班牙 CEI 项目评价中"预期实现的世界排名"等指标。

2. 评价标准的阶段特征、地域特征和类型特征

评价标准的指标特征统计显示(见表4-3),不同发展阶段、地域和项目类型的评价标准分布有一定差异,结合世界一流大学重点建设项目评价标准的阶段特征、地域特征和类型特征,可以更好地建立适合本国的世界一流大学重点建设项目评价标准。

表4-3　世界一流大学重点建设项目评价标准的特征(单位：%)

分　类	发展阶段		所在地域		项目类型		
	成熟	建设	欧洲	亚洲	学术发展	知识应用	队伍建设
组织管理	28	18	26	21	21	24	36
科学研究	25	21	21	29	22	23	27
人员队伍	21	15	24	12	20	19	11
外部合作	12	14	11	12	16	14	4
社会服务	6	14	6	11	6	12	15
人才培养	4	15	7	13	13	2	8
学校声誉	3	3	5	1	3	6	0

(1) 良性的组织管理机制、卓越的科学研究和高水平的人员队伍是世界一流大学重点建设项目最重要的评价标准。对世界一流大学评价标准的七个维度统计显示(见表4-2和表4-3),"组织管理"是总占比最高的标准(24%),同时也是成熟阶段世界一流大学最侧重的评价标准(28%),主要考察机构的战略制定、项目实施、资源管理、内部协调、组织变革等内容。卓越的科学研究作为世界一流大学的决定性标准,高水平的人员队伍作为世界一流大学可持续发展的关键,在所有项目评价标准维度的总占比统计中位列第二和第三(23%和18%);而世界一流大学建设成熟阶段的项目对科学研究和人员队伍的评价侧重(25%和21%)均高于建设阶段。

(2) 亚洲地区项目的评价标准主要介于成熟期和建设期之间,个别维度的偏好显著。亚洲的世界一流大学重点建设项目在组织管理、外部合作、社会服务、人才培养等多个评价维度上的占比均介于成熟阶段和建设阶段项目的比例之间。在科学研究、人员队伍和学校声誉这三个维度上,亚洲地区项目有较明显

的偏好差异。亚洲地区项目评价标准中最为重视的是科学研究(29%),重视程度不仅高于欧洲项目的占比(21%),而且高于成熟阶段项目的比例(25%)。而在人员队伍和学校声誉维度上,亚洲项目在这两个维度上的侧重度(12%和1%)低于欧洲项目(24%和5%),也均低于成熟阶段和发展阶段的占比。

(3) 在主要维度权重一致的基础上,学术发展类项目相对侧重人才培养,知识应用类项目相对侧重学校声誉,队伍建设类项目相对侧重组织管理。不同类型的重点建设项目虽侧重不同,但关注最多的评价标准均是组织管理、科学研究和人员队伍这三个维度。各类项目评价标准的差异主要体现在其他维度上,人才培养更受学术发展类项目的重视(13%),尤其关注研究生的培养与发展;知识应用类项目主要通过外部合作(14%),为社会发展做出贡献(12%),并重视良好的学校声誉与影响的产生(6%);队伍建设类项目主要通过实施各类人才吸引、培养和保留方面的政策与支持,鼓励人才开展高水平科研(27%)和为社会经济做出贡献(15%)。

二、评价体系的特征

1. 评价体系的要素

对18个世界一流大学重点建设项目评价体系的五类要素统计显示(表4-4):
"评价内容"分为成果评价、实施与执行评价、增值与影响评价、政策有效性评价和成本效益评价5类。成果评价(94%),作为世界一流大学重点建设项目采用最多的形式,主要评价项目的目标达成情况;实施与执行评价(56%),与事先签订的世界一流大学建设和资助协议密切相关,主要考察项目实施过程中对协议规定内容的执行情况;增值与影响评价(50%),主要考察世界一流大学重点建设项目产生的预期目标之外的效果,如重点建设项目的后续保留性、高教机构的改革、对经济社会的长效影响等;政策有效性评价(39%),主要对世界一流大学重点建设项目的相关政策进行系统的全局分析,包括政策的对比分析、SWOT分析、因果分析、意义讨论等;成本效益评价(33%),主要考察世界一流大学重点建设项目的资源投入与产出效率情况。

"评价目的"主要包括发展(94%)、监督(78%)和奖惩(39%)三类,世界一流大学重点建设项目的评价多以发展和监督为主要目的,也有些项目以奖惩为目的,将评价作为继续资助或增减资助的重要依据,如挪威SFF项目将评价结果作为项目能否继续获资建设的重要依据。

"评价层次"分为微观、中观和宏观三个层次。微观层次分析(94%)是对直接获得资助开展重点建设的项目本身进行评价,主要是获得资助的机构和人员个体;中观层次分析(44%)是对重点建设项目的实施环境、项目依托大学的评价,如德国卓越计划、瑞士 NCCR、挪威 SFF 等;宏观层次分析(56%)是对重点建设项目整体、项目开展的政策环境、各利益相关者的评价,如丹麦的 COE、芬兰的 COE、韩国 BK21 等。

"评价时间"分年度评价、中期评价、终期评价和首期评价四种。年度评价(61%)、中期评价(67%)和终期评价(100%)是世界一流大学重点建设项目评价中采用最多的常规时间点设定,其中年度评价多是由被建设机构自下而上的提供自评报告,中期和终期评价多为自上而下开展的正式评价。此外,首期评价(11%)作为一种较特别的过程性评价,选择项目完成首个建设阶段时开展评价,替代频繁的年度评价和常规的中期评价,如芬兰 COE 在项目进展到第二年时进行首期评价。

"评价主体"分为内部评价、准外部评价和外部评价三类。内部评价(56%)指主要由重点建设项目相关的政府管理机构自身开展的评价,如新西兰教育部对其 CORE 项目的评价;准外部评价(67%)指由重点建设项目管理机构组织外部专家形成临时的评价机构开展评价,如挪威科学委员会(the Research Council of Norway)组织跨领域的国际专家对挪威 SFF 项目开展评价、丹麦国家研究基金会(Danish National Research Foundation)邀请国际专家组成评价组对丹麦 COE 项目开展评价;外部评价(33%)是由第三方机构开展的评价,这些第三方机构可以是专业的评价和咨询公司也可以是独立的学术团体或机构,如韩国 BK21 项目委托兰德公司(Rand Corporation)开展评价、芬兰 COE 项目委托荷兰莱顿大学(Leiden University)进行评价。

表 4-4　世界一流大学重点建设项目评价要素的特征(单位：%)

要素	分类	发展阶段		所在地域		项目类型			总占比
		成熟	建设	欧洲	亚洲	学术发展	知识应用	队伍建设	
评价内容	成果评价	92	100	90	100	100	90	100	94
	实施与执行评价	54	60	65	80	80	40	33	56
	增值与影响评价	46	60	88	20	40	70	0	50
	政策有效性评价	46	20	33	20	40	40	33	39
	成本效益评价	46	0	33	0	33	33	0	33

（续　表）

要素	分　类	发展阶段		所在地域		项目类型			总占比
		成熟	建设	欧洲	亚洲	学术发展	知识应用	队伍建设	
评价目的	发展	92	80	89	100	100	100	67	94
	监督	69	100	80	100	100	70	67	78
	奖惩	38	40	33	60	60	40	0	39
评价层次	微观	92	100	100	100	100	100	67	94
	中观	46	40	65	20	60	50	0	44
	宏观	62	40	55	20	60	60	33	56
评价时间	年度评价	54	80	80	60	40	70	67	61
	中期评价	62	80	65	100	80	60	67	67
	终期评价	100	100	100	100	100	100	100	100
	首期评价	15	0	23	0	20	10	0	11
评价主体	内部	62	40	68	20	20	80	33	56
	准外部	62	80	90	80	100	80	33	67
	外部	46	40	45	20	60	40	33	33

2. 评价要素的阶段特征、地域特征和类型特征

（1）**随着发展阶段日渐成熟，评价内容涉及方面更均衡，更倾向于根据自身特点灵活设置。**世界一流大学建设成熟阶段的项目评价以发展为主要目的（92%），评价内容在考察项目预期目标达成情况的基础上，对长效的政策影响、项目的政策环境、项目整体的成本效益等也给予关注。与建设阶段相比，成熟阶段对项目评价内容的类型没有显著侧重，更倾向于根据自身特点灵活设置。不同发展阶段的重点建设项目评价主体均采用内外部相结合的形式，与建设阶段项目多由主管机构邀请国内外专家组成评价委员会开展评价（80%）不同，成熟阶段各项目对三类评价实施者没有明显偏好（62%、62%和46%）。此外，成熟阶段项目评价的频率较低，有些项目用"首期＋终期"的方式替代评价次数较多的"年度＋中期＋终期"的方式。

（2）**亚洲项目主要由项目管理机构聘请专家组成评价委员会，重点对项目预期目标和实施过程开展评价，多数项目的评价结果影响项目的后续资助。**亚

洲项目评价的重点是资助协定中的目标达成情况和各类规定内容的实施过程(100%和80%),欧洲项目评价则对资助具体协定之外的附加效应和价值的重视程度较高(88%)。亚洲项目主要对项目本身的情况进行评价,而对项目的依托学校、项目开展的整体环境等中观和宏观层次的评价比例(20%和20%)低于欧洲项目(65%和55%)。多数亚洲项目的评价结果对项目后续资助的有无和增减有较大影响(60%)。亚洲项目评价内容侧重明显,而评价方式的多元性相比欧洲项目较低。除常采用的年度、中期和终期评价外,有的欧洲项目实施首期评价;除专家评价委员会外,欧洲项目由项目管理机构本身和第三方机构开展评价的比例也均较高(68%和45%)。

(3) 不同类型的世界一流大学重点建设项目因建设内容不同,主要在评价内容和评价主体上呈现差异。学术发展和知识应用类的项目涉及的方面较广,在评价的目的、层次和时间上没有明显差异,对评价内容和评价主体的侧重有所不同。学术发展类项目侧重实施和执行情况(80%),而知识应用类项目更侧重知识增值效应和社会经济影响的产生(70%)。学术发展类项目的国际可比性较强,是使用第三方机构评价较多的项目类型(60%);知识应用类项目重点服务地方经济和社会,是使用项目资助机构内部评价较多的项目类型(80%)。队伍建设类项目的建设目标较之其他两类更聚焦,评价要素的差异较明显,评价不涉及奖惩,集中围绕目标达成、实施情况和政策有效性开展评价。

第三节　世界一流大学重点建设
计划评价体系案例研究

一、一流大学建设的评价案例——德国"卓越计划"

德国卓越计划于 2005 年在德国联邦政府和州政府的共同支持下得以设立,作为政府代表指挥和监督项目的实施,具体的项目运行工作分别由德国研究基金会(DFG)[①]和德国科学和人文委员会(Wissenschaftsrat, WR)[②]负责,前者负

---

① Deutsche Forschungsgemeinschaft. German Research Foundation [EB/OL]. [2015-01-22]. http://www.dfg.de/en/.

② German Council of Science and Humanities [EB/OL]. [2015-01-15]. http://www.wissenschaftsrat.de/en/home.html.

责卓越计划的"博士生院"和"卓越研究集群",后者负责"卓越大学"。

1."卓越计划"评价主客体

评价主体方面,德国卓越计划由联邦政府和州政府共同资助,2007年联邦政府和州政府共同成立了"科学联席会议"(Joint Science Conference, GWK)负责与联邦和州政府相关的科研资助管理和科研政策实施,卓越计划也在其管理范围内①。"科学联席会议"代表联邦政府和州政府成为卓越计划的总指挥机构,同时也是卓越计划运行监督与成果评价的主体。但"科学联席会议"不直接涉及卓越计划的评价实施。对卓越计划的评价,由"德国研究基金会"和"德国科学与人文委员会"作为具体项目的指导、咨询和直接实施机构,负责监控周期内的实施,二者共同的协调机构——联合委员会于2008年11月和2016年6月分别向"科学联席会议"提交了评价报告②。2016年"科学联席会议"委托以瑞士苏黎世联邦理工学院物理学家伊姆波登(Dieter Imboden)为首的国际专家委员会对卓越计划进行外部评价③。卓越计划每七年(一个项目周期)对各个卓越大学采用国际专家小组的形式进行评价(见图4-1)。

评价客体方面,卓越计划首要的评价对象即为计划的三个资助分支——博士生院、卓越中心和卓越大学,这是卓越计划微观层面的评价;卓越计划还开展宏观评价,包括对横贯三个项目实施的整体评价以及卓越计划对整个德国高等教育与科研系统乃至全球科研环境的影响力。

2."卓越计划"评价流程

卓越计划的评价流程设置并未与项目周期的设置紧密相连,形式较为松散,主要从战略高度以项目的未来发展与改进为导向展开评价活动。在卓越计划实施两年后的2008年,"德国研究基金会"和"德国科学与人文委员会"对当时已有的建设成果和问题进行评价并发布了一份内部评价报告④;项目实施十年后的2015年,由学者伊姆波登领导的第三方国际评价委员会在内部评价报告的基础

---

① GWK[EB/OL]. [2015-10-11]. http://www.gwk-bonn.de/index.php? id=126.
② German Council of Science and Humanities [EB/OL]. [2015-10-11]. http://www.wissenschaftsrat.de/en/fields-of-activity/excellence-initiative/history_and_documents.html.
③ German Council of Science and Humanities[EB/OL]. [2015-10-11]. http://www.dfg.de/en/service/press/press_releases/2016/press_release_no_03/index.html.
④ German Council of Science and Humanities [EB/OL]. [2015-10-11]. http://www.wissenschaftsrat.de/en/fields-of-activity/excellence-initiative/history_and_documents.html.

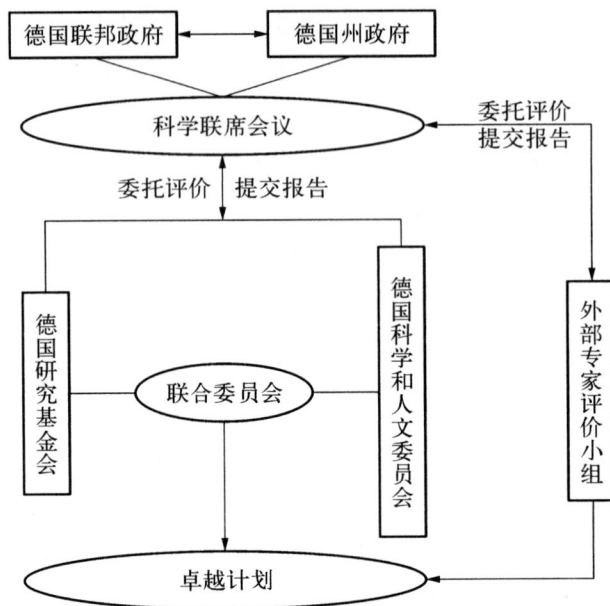

图 4 - 1　德国卓越计划的评价主体

资料来源：根据德国卓越计划官方网站相关内容整理绘制（http：// www. gwk-bonn. de / index. php？id＝126；http：// www. wissenschaftsrat. de / en / fields-of-activity / excellence-initiative / history_and_documents. html；http：// www. dfg. de / en / service / press / press_releases / 2016 / press_release_no_03 / index. html）。

上，对项目整体进行了综合评价，并于 2016 年发布评价报告[①]。

　　卓越计划目前已开展的评价包括项目初始阶段的"经验总结"类评价和实施十年后的战略类评价，二者均是以项目调整为导向的评价。但卓越计划在项目实施周期内并非完全无评价，"德国研究基金会"和"德国科学与人文委员会"对卓越计划的管理职责包括对项目周期内进行持续的监督和评价。以卓越大学为例，周期内的评价包括：分析报告、实地考察、会议组织、研讨活动等，但这类评价实践并未作为如年度评价和中期评价等类似的固定的严格评价制度而存在，以尽量减少不必要的干预，充分尊重项目实施大学和机构的主体地位。

　　根据项目规定，卓越计划的第三期将在七年项目周期结束后对每个"卓越大学"进行评价，由国际评价委员会实施评价，以决定是否要持续资助该大学。卓越计划的评价重新回归周期性最终评价，并呈现出与项目整体的战略评价相结合的新评价趋势（见图 4 - 2）。

① 　German Council of Science and Humanities[EB / OL]. [2015 - 10 - 11]. http：// www. dfg. de / en / service / press / press_releases / 2016 / press_release_no_03 / index. html.

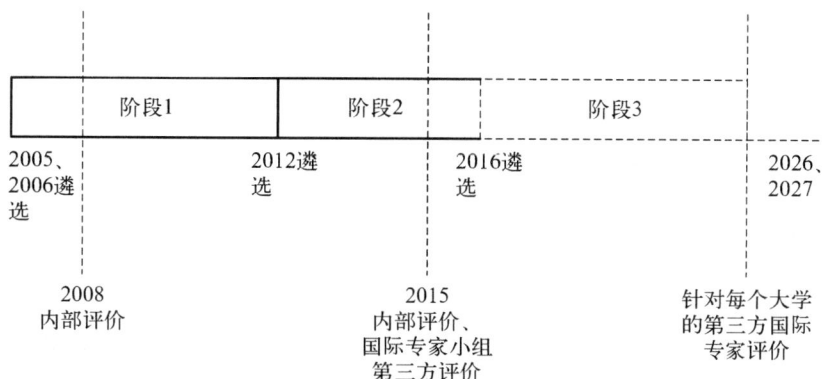

图 4-2　德国卓越计划评价流程

资料来源：根据德国卓越计划相关网站信息整理绘制（http：// www. wissenschaftsrat. de / en / fields-of-activity / excellence-initiative / history_and_documents. html；http：// www. dfg. de / en / service / press / press_releases / 2016 / press_release_no_03 / index. html）。

3."卓越计划"评价内容

卓越计划的已有评价因具体实施者不同,其评价内容也有差异。2008 年的内部评价采用自下而上的评价形式,先对三个资助分支逐一进行评价,继而对卓越计划整体进行评价;2015 年的外部专家评价则采取自上而下的方式,选取与卓越计划目的本身具有相关性的评价内容直接进行整体评价。综合两次评价,评价内容可以分为两类:以项目分支为评价对象的纵向评价和不区分资助分支的项目整体横向评价(见表 4-5)。

表 4-5　德国卓越计划的评价内容

评价节点	评价维度	具 体 内 容
2008 年对获资机构的纵向评价	自治权力体系	卓越大学、博士生院以及卓越研究集群的行政管理调整包括决策制定的专业化、内部竞争性管理机制、内部质量保证与报告
	组织管理结构	卓越大学、博士生院以及卓越研究集群的组织管理结构设置与创新
	青年人才发展	卓越大学、博士生院以及卓越研究集群在学生(尤其是博士生)培养模式、组织方式上的创新,在博士后以及青年学者学术职业发展方面的支持性举措
	人员招聘	博士生院和卓越研究集群在国际范围内采取的人才吸引措施,包括对博士生和青年学者以及其他知名学者的吸引

（续　表）

评价节点	评价维度	具　体　内　容
2008 年对获资机构的纵向评价	对性别平等的促进	卓越大学以及博士生院在实现性别平等方面采取的政策和实施目标,对女性学者的优先发展政策
	合作模式	卓越大学以及博士生院在校内和校际合作、研究院合作、工业企业合作以及海外合作方面的突破
	国际化	横跨大学整体政策的科研海外合作和国际关系拓展
	大学机构整体发展	大学整体的结构性变革,包括跨学科交流、行政组织与学术的沟通等
2008 年对项目整体的横向评价	大学自主权力的扩大	德国高等教育自主权力的扩大,以及随之配套的政策决定、质量保证、科研支持机制上的创新
	高等教育的卓越发展	对顶尖水平的大学倾斜性资助和发展,以及对大学间不同的优势发展
	教学与科研关系的调整	重新调整教学与科研的关系,重视教学质量
	大学与其他机构的合作	大学同研究机构长期深入的合作,将大学重新建设成为科研的中心
	科研资助的增加	来自州政府的资助和私有领域的资助
	对国家政策的影响	引发国家科学政策的改革,尤其是对科研卓越和国际影响力的重视
2015 年对项目整体的横向评价	学术卓越区分	包括横向的卓越区分,即不同发展定位大学之间的有区别的发展(如不同的优势学科)和纵向的卓越区分,即对一流大学的倾斜性、优先性资助和支持
	大学治理与管理	包括组织管理和外部自主权利,内部包括自下而上的学术管理与行政权力的协调和自上而下的民主广泛参与的决策制定
	学生数量与教学质量	包括生师比与教学质量等
	青年研究者的培养和引进	一是博士培养模式和培养质量,二是博士后等青年人才引进和职业计划与扶持
	大学与整体学术体系的协调	研究机构与大学的合作
	国际化策略	国际学生和人才的吸引,国际第三方资助的获得以及深度科研合作

资料来源：根据德国卓越计划相关网站信息整理绘制(http：// www.wissenschaftsrat.de / en / fields-of-activity / excellence-initiative / history_and_documents.html；http：// www.dfg.de / en / service / press / press_releases / 2016 / press_release_no_03 / index.html)。

2008 年对三类获资机构分别开展评价,评价内容既有重合也有不同。后备人才的发展和培养、自主自治权力的扩大以及优化的组织管理形式是三个项目共同关注的内容。除共同的评价内容外,卓越研究集群的评价内容还包括人员招聘;博士生院的评价内容不仅包括人员招聘还包括对性别平等的促进、合作模式;卓越大学由于其本身在项目设定上的特殊地位——是对整个大学的卓越发展和改革,因此卓越大学的评价内容更为全面和丰富,其评价内容还包括合作模式、促进性别平等、国际化、大学机构整体发展等方面。

2008 年对项目整体的评价主要是对卓越计划产生的影响进行评价,包括大学自主权力的扩大、高等教育的卓越发展、教学与科研关系的调整、大学与其他机构的合作、科研资助的增加、对国家政策的影响等方面[1]。而 2015 年外部专家对卓越计划的评价未再对三个资助分支开展单独评价,而是直接对整体项目进行评价,外部专家结合德国高等教育发展的特有问题和各国高等教育建设趋势,提出建成世界一流的高等教育体系的重要方面和卓越计划应有的突破,主要包括学术卓越区分、大学治理与管理、学生数量与教学质量、青年研究者的培养和引进、大学与整体学术体系的协调和国际化策略等关键建设领域(Construction Sites)[2]。

此外,卓越计划整体情况的评价,除评价关键领域外,2008 年还评价了卓越计划对国内外公共领域带来的影响;而 2015 年卓越计划的评价则在更广阔的国内外背景下开展对比分析,不但考察卓越计划对德国科研整体环境的影响,还将德国一流大学同全球一流大学进行比较,考察卓越计划的影响,谈论项目的可持续性。

4. "卓越计划"评价方法

2008 年和 2015 年的评价都综合运用了多种数据搜集方法,如搜集遴选申请书、对已有年度报告和评价报告等进行文本分析,开展资助机构的座谈汇报,针对各利益相关者开展问卷调查和访谈搜集数据等。两次评价数据搜集的侧重点有所不同,2015 年外部评价在参考已有评价报告的数据基础上,主要依赖访谈获得数据,其访谈对象不仅包括获资机构的学生、青年学者、主要科研人员、科研管理人员,还包括未受到资助的机构、非大学的研究机构以及海外大学等。在

---

① German Council of Science and Humanities [EB/OL]. [2015 - 10 - 11]. http://www.wissenschaftsrat.de/en/fields-of-activity/excellence-initiative/history_and_documents.html.

② German Council of Science and Humanities[EB/OL]. [2015 - 10 - 11]. http://www.dfg.de/en/service/press/press_releases/2016/press_release_no_03/index.html.

数据分析方面,2008 年评价和 2015 年评价均以质性的文本分析法为主,同时也会辅以结构化数据的统计分析,开展对比分析或发展趋势分析。

5. "卓越计划"评价结果

根据卓越计划的评价报告,其评价结果既包括经验总结也涉及不足分析,主要包括高等教育的卓越发展、大学自主权力的扩大、教学与科研关系的调整、大学与其他机构合作、科研资助、大学治理与变革、对国家政策的影响、国际影响等方面。

项目可借鉴的经验包括:

第一,在高等教育的卓越分化发展方面,卓越计划一方面认可大学水平存在高低差异,通过资助顶尖科研进一步发展其卓越性;同时也通过资助大学,鼓励大学找到自身学科特点和优势,促进大学多样化发展。经过十年的项目资助,卓越计划在卓越性发展上还没有取得充分成果,但卓越计划确实冲击了高等教育领域的平等发展观念。

第二,在大学自主权力的扩大方面,卓越计划标志着德国科研政策史上首次赋予大学如此高的自主权力,大学在未来发展方向、发展重点和发展目标上享有充分的自主决定权和自我管理权,包括优缺点的自我反思、决策制定和质量保证以及科研促进相关的活动。

第三,在教学与科研关系的调整方面,卓越计划中的教学发展是重要的间接目的,督促大学改变教学质量低下、教学与科研关系不平衡的局面,同时允分发挥大学外部研究机构作为教学和育人的重要合作伙伴的作用。

第四,在大学与其他机构合作方面,卓越计划最为深远的影响之一就是密切了大学和非大学机构在科研方面的合作。这种合作不仅包括经常采用的研究课题合作,还包括整个大学战略发展层面的合作,同时大学与科研机构还结合地缘优势形成卓越集群。

第五,在科研资助方面,卓越计划为大学提供了充足的资金和资源支持,联邦以及州层面对大学卓越发展的资助进一步增加,也有越来越多的私有领域对大学的资助产生兴趣。

第六,在对国家政策的影响方面,卓越计划对德国整体科研政策的制定产生了巨大的震动,卓越计划实施后联邦政府对大学竞争力的讨论越来越频繁。在两次遴选中失败的申请者得到了地方政府的重视和资助,这有利于卓越计划的进一步发展。此外,地方政府为支持卓越计划也对大学自主性和灵活性方面的相关法案做出了修改。

第七,在国际影响方面,卓越计划对德国科研的国际化起到重要作用,计划直接产生的国际化成果已经显现。此外,在卓越计划的影响下,许多国家纷纷效仿并设立了类似的资助机制。

项目存在的不足包括:

第一,在高等教育的卓越发展方面,卓越计划对大学的资助不应带有倾向性,应鼓励多样的发展方式和道路,同时卓越计划应保持对不同学科的平等资助机会,中小规模的研究型大学也应有机会获得资助。

第二,在大学自主权力的扩大方面,自主权力的增加应对学者和学术活动产生促进作用,新的决策和管理方式不应造成机构设置冗杂从而给学者造成额外负担,因此具体的管理操作程序应特别注意从现实需求出发。

第三,在大学治理和管理变革方面,卓越计划经过十年的发展,对大学治理方面的影响还体现于在个别案例中,整体性效果不明显。卓越计划资助下的机构仍有很大的治理改进和发展空间,尤其是卓越大学。

第四,在同大学外的机构合作方面,卓越计划极大激励了大学与科研机构的合作,然而二者是否能达成长期的合作,尤其是在外部资助取消的情况下是否仍能维持合作、合作的运营成本如何仍无法确定。评价结论认为,应从中长期进一步加深大学和科研机构的合作,比如设立共同的管理主体,缩小二者在科研操作方面的差异将大有裨益。

第五,在教学质量与人才培养方面,教学任务过于集中的问题仍然没有得到缓解,让博士生承担教学任务也会导致教学质量问题;拨款仍采用传统的以学生数量为依据的整体性拨款,卓越计划在教学和未来学术人才培养方面成效甚微。评价认为,整齐划一的教学规定并不符合各类大学以及各类教师的现实情况,应采取灵活分配教学任务的方式,减轻研究人员教学任务。此外,还可通过向中级研究人员开放教学岗位,或将有合作关系的研究机构作为教学的后备军以分担教学负担。

第六,在青年学者的引进方面,卓越计划确实促进了一大批青年学者在大学里获得职位,但是青年学者(包括女性学者)的地位没有实质性的提高,只有具有达到一定资历和年龄的科研人员才能获得提升。

第七,在国家政策影响方面,联邦政府的相关法案还需要适应卓越计划的发展需要,为竞争性、卓越性和自由发展空间做出更多让步。

6. "卓越计划"的评价特点

第一,卓越计划强调项目的整体成果和政策调整,是发展性评价的典型代表。德国卓越计划在两期计划的实施过程中都极为重视以项目整体调整为目的的评价,2008 年评价针对一流计划初创实施阶段的流程与初步实施情况进行了评价并提出了改进建议,2015 年的评价在项目实施十年即将完成第二期的情况下,对项目整体成果以及政策影响进行了评价并为第三期项目的实施提出了建设性建议,以项目调整为目的的发展性评价也为政策制定者改进政策和项目提供了重要参考。

第二,卓越计划不断精简评价流程,给予被评大学充分的自主权。尽管在第三期卓越计划的评价设计中,即实施每七年的终期评价,卓越计划也将重新回归计划周期内评价,但是仍然没有固定的年度评价以及中期评价,这也延续了卓越计划在前两期的评价传统,即尽量精简评价流程,减少不必要的评价干预,充分尊重被资助单位的自主实施权利。这也与卓越计划本身对卓越大学分支的资助目的相关,为了赋予大学更多自治权,以大学对其本身的自我了解和定位,进行机构整体的改革和战略发展以实现卓越进步。

第三,卓越计划的评价层次覆盖微观和宏观层次,以大学为出发点辐射国家乃至全球的科研政策环境。在具体的评价主题和内容方面,卓越计划已开展的主要评价都对增值和影响进行了评价,在对直接获资助机构进行微观评价的基础上,对卓越计划依托大学、整个国家科研体系,甚至是对国内外科研政策环境的增值和影响进行了评价,评价的分析层次呈现由细微到开阔的综合层次。

二、一流跨领域学科建设的评价案例——丹麦"UNIK"计划

20 世纪 90 年代以来,丹麦高等教育经历了高校自主性提升、大规模的院校整合、科研公共资助体系调整以及对卓越科研的重点资助等改革,在这样的背景下,丹麦 UNIK 项目产生随着"卓越中心"、"卓越集群"概念的扩散,为应对全球化机遇和挑战,丹麦政府于 2006 年提出一项国家综合策略,即"全球化经济下的丹麦战略"(Strategy for Denmark in the Global Economy),其中针对科研资助的建议是 UNIK 项目设立的直接依据[①]。UNIK 项目旨在通过在顶尖高校打造世界一流的跨学科科研,以此促进丹麦综合国力提升,主要包括达成国际一流科

---

① AKSNES D W, BENNER M, BORLAUG S B, et al. Centres of Excellence in the Nordic Countries. A Comparative Study of Research Excellence Policy and Excellence Centre Schemes in Denmark, Finland, Norway and Sweden[R]. Oslo: NIFU, 2012.

研实力、推进国际交流与合作和培养青年研究人员三个具体目标[①]。

UNIK 项目为期五年(2009～2014)，作为丹麦"卓越中心"计划(Centres of Excellence)后的科研重点资助项目，该项目最突出的特征就是通过提供大额的资助资金为跨学科科研提供支持，鼓励开展具有重大战略意义的大型跨学科、高风险的科研项目。依照卓越性和创新性等遴选标准，丹麦三所一流大学的四个 UNIK 中心平均每个得到 12 亿丹麦克朗的资助，分别是丹麦技术大学(Technical University of Denmark)的可持续能源催化(Catalysis for sustainable energy, CASE)中心、奥尔胡斯大学(University of Aarhus)的思维实验室(MINDLab)、哥本哈根大学(University of Copenhagen)的合成生物中心(Synthetic Biology)和食物、康复与医药的健康疾病中心(Food, Fitness and Pharma for Health and Disease)[②]。

1. "UNIK"计划评价主客体

该项目是由丹麦国家议会发起的自上而下的科研重点建设项目，通过国家财政的方式将项目拨款转交给教育部，教育部根据项目的遴选结果再将具体拨款分配给各个项目依托大学。获得资助的大学需要同教育部下设的科学、技术与创新办(Danish Agency for Science, Technology and Innovation, DASTI)签订资助协议，资助协议中包含了同项目评价相关的内容。DASTI 承担了项目评价的法律责任，是项目评价的主体。但是 DASTI 并不直接参与 UNIK 项目的评价过程，而是委托 UNIK 项目内部常设的国际专家小组以及外部的咨询公司分别实施政府方评价和第三方评价，由它们向 DASTI 提交评价报告[③]。

每个 UNIK 中心都基于一所依托大学设立，以更好地促进校内不同学科间的科研合作。UNIK 项目采用较复杂的设计，将项目依托大学纳入到项目的总体设计中，担任政府与中心间的中介角色。项目从成立之初便给予依托大学较大的自主权，不但项目拨款需经过依托大学分配到各中心，而且依托大学还要参与项目的管理和协调，以此为项目依托大学探索大型跨学科科研合作实践提供"学习"机会。UNIK 项目将项目依托大学的参与作为项目的重要方面，因此项

---

① Ministry of Higher Education and Science. UNIK[EB/OL]. [2015-11-03]. http://ufm.dk/en/research-and-innovation/political-priority-areas/unik.

② Ministry of Higher Education and Science. UNIK[EB/OL]. [2015-11-03]. http://ufm.dk/en/research-and-innovation/political-priority-areas/unik.

③ Ministry of Higher Education and Science. UNIK[EB/OL]. [2015-12-23]. http://ufm.dk/en/research-and-innovation/political-priority-areas/unik/reports-and-schemes-for-reporting/endelig-annual-report-2011-and-mid-term-evaluation-dok2036305.pdf.

目的评价客体不仅包括各个 UNIK 中心还包括项目依托大学[①]。除了中心与依托学校构成的微观评价客体,整个项目的运行过程以及政策实施也将作为宏观评价对象。

2. "UNIK"计划评价流程

UNIK 项目的评价,在时间维度上可分为资助周期内评价和资助结束后评价,在评价层次上可分为中心及依托大学的单个评价和项目的整体评价。每个中心及项目依托大学在五年资助周期内,每年要接受年度评价(2010、2012 和2013),实施第二年度接受中期评价(2011),实施最后一年接受终期评价(2014)[②]。资助周期内的评价主要以中心及项目依托大学的单个评价为主,项目结束后的第二年(2015),UNIK 项目整体作为一个资助政策接受第三方机构的外部评价(见图 4 - 3)[③]。

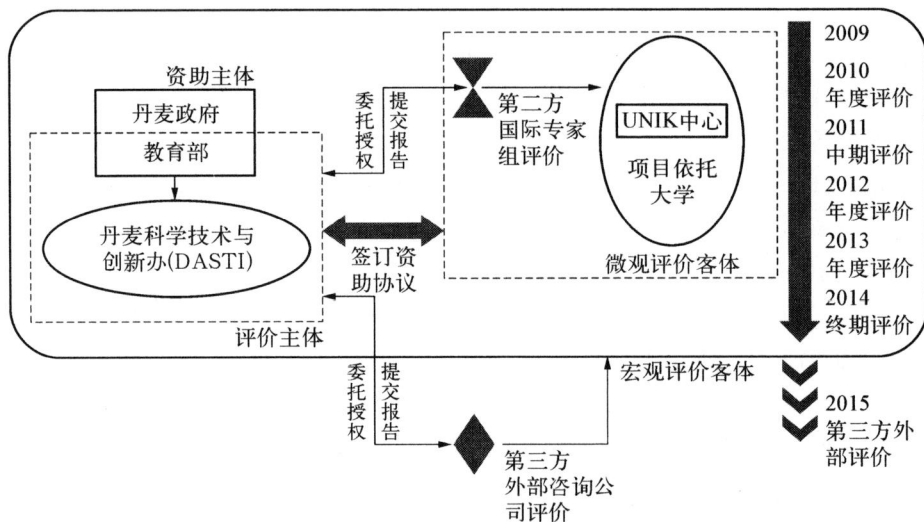

图 4 - 3　UNIK 计划评价主客体与评价实施流程

资料来源:根据 UNIK 计划相关网站信息整理绘制(http://ufm.dk/en/research-and-innovation/political-priority-areas/unik/reports-and-schemes-for-reporting; http://ufm.dk/en/publications/2015/was-unik-unique? searchterm=Was%20UNIK%20Unique)。

---

① Ministry of Higher Education and Science. UNIK[EB/OL]. [2015 - 11 - 03]. http://ufm.dk/en/research-and-innovation/political-priority-areas/unik.

② Ministry of Higher Education and Science. UNIK [EB/OL]. [2015 - 10 - 10]. http://ufm.dk/en/research-and-innovation/political-priority-areas/unik/reports-and-schemes-for-reporting.

③ Ministry of Higher Education and Science. UNIK [EB/OL]. [2016 - 01 - 05]. http://ufm.dk/en/publications/2015/was-unik-unique? searchterm=Was%20UNIK%20Unique.

3. "UNIK"计划评价内容

在中期评价、终期评价和外部评价三次评价的内容方面,中期和终期评价侧重对每个中心的评价,且评价内容基本保持一致,主要是从科学研究(Science)、组织管理(Organization)以及后续保留(Embedment)三方面进行评价。而且终期评价进一步细化科学研究和组织管理,科学研究包括成果发表、科研影响、教学成就等具体指标;组织管理包括管理、设备、其他资助的获得、国际合作以及跨学科和跨部门的合作等具体指标[①]。

外部评价主要是在中期和终期评价基础上,补充并进一步深入评价 UNIK 项目产生的影响。评价内容主要包括:一是对项目依托大学的影响,如加强大学的管理职能、推动大学组织结构调整等;二是对国家科研的影响,如吸引外部资助、国际合作等;三是后续保留以及其他衍生影响,如社会影响、经济影响等。在对产生影响的评价基础上,进一步从项目特征、遴选过程以及其他因素等政策视角分析影响产生的因果关系,同时还通过与其他科研项目的对比论证了该项目影响效果的独特性[②]。

4. "UNIK"计划评价方法

在评价数据搜集方面,总体来说三次评价将已有的监管数据与新搜集的数据相结合,但是新旧数据的主次情况有所不同。其中中期和终期评价的主要数据来源是 UNIK 中心日常监控的数据资料,在此基础上通过实地考察进行有针对性的访谈和座谈来获取新的数据;而外部评价的数据主要通过对项目科研人员、项目管理人、依托高校、UNIK 项目国际专家小组等进行不同类型的访谈,得到较深入的访谈数据。在评价数据分析方面,三次评价均以质性分析方法为主,其中中期和终期评价以四个中心为个案分别展开评价,外部评价通过访谈资料确定特定 UNIK 项目特征与三个层次影响因果联系的强弱。评价方法中,定量分析方法的使用较有限且简单,三次评价中仅终期评价涉及若干基本的定量统计描述[③]。

---

① Ministry of Higher Education and Science. UNIK[EB/OL]. [2015 - 10 - 10]. http://ufm.dk/en/research-and-innovation/political-priority-areas/unik/reports-and-schemes-for-reporting.
② Ministry of Higher Education and Science. UNIK[EB/OL]. [2016 - 01 - 05]. http://ufm.dk/en/publications/2015/was-unik-unique? searchterm=Was%20UNIK%20Unique.
③ Ministry of Higher Education and Science. UNIK[EB/OL]. [2015 - 10 - 10]. http://ufm.dk/en/research-and-innovation/political-priority-areas/unik/reports-and-schemes-for-reporting.

5. "UNIK"计划评价结果

中期评价对四个中心及所在依托大学的情况分别做出了肯定的评价①。评价结果显示,在科学研究方面,UNIK 项目支持跨学科科研,为其提供了前所未有的新平台,同时该项目的跨学科属性打破校内不同学科间的界限,促进学者建立学术联系,但科研重大产出成果在中期阶段还不明显,科研国际合作还有待加强;在组织管理上,跨学科的科研合作为项目依托高校管理带来启发;在项目机制的保留方面,各依托大学在 UNIK 项目机制的未来延续上均做出了努力,但还缺乏较细致的计划②。

终期评价主要依据 UNIK 项目资助文件中的基本原则和表现描述,对UNIK 项目在科研的创新与质量、青年人才的引进和培养、社会服务和意义、国际合作、其他附加价值等方面的任务完成情况做出评价。评价结果显示,该项目作为促进跨学科科研合作的先行者和实验人,创造出跨学科协同科研的新机制,在科研产出方面也显现出一定成果;该项目所设中心拥有一定数量的博士生和博士后,同时也很注重国际青年人才的引进和培养;该项目具有重大的科研和社会意义,注重产业方面的合作,同时也为科研成果的社会传播与公益服务做出贡献;该项目在吸引海外第三方资助方面也取得了初步成效;该项目不仅有利于推进丹麦科研整体体系改革,也有利于项目依托大学在学术领导和科研管理方面进行思考与改进③。

第三方机构评价也对之前评价报告中 UNIK 计划的积极评价进行了肯定,第三方评价还通过分析访谈资料得到了该项目产生影响的有利归因因素,其中包括大额的资金资助使得跨学科科研合作成为一种可能,也包括灵活自主的项目管理方式为学术管理提供了自由发展和探索的空间等。第三方评价结果显示,该项目同其他资助形式相比,具有不可比拟的独有特征,并推断得出 UNIK 项目产生的积极影响具有独特性,可以推广到未来的国家政策设计中④。

① 注:2011 年中期评价报告中总体肯定性结论的原文是"Four UNIKs are progressing well"。
② Ministry of Higher Education and Science. UNIK[EB/OL]. [2015-11-03]. http://ufm.dk/en/research-and-innovation/political-priority-areas/unik.
③ Ministry of Higher Education and Science. UNIK[EB/OL]. [2015-10-10]. http://ufm.dk/en/research-and-innovation/political-priority-areas/unik/reports-and-schemes-for-reporting.
④ Ministry of Higher Education and Science. UNIK[EB/OL]. [2016-01-05]. http://ufm.dk/en/publications/2015/was-unik-unique? searchterm=Was%20UNIK%20Unique.

6. "UNIK"计划的评价特点

第一,评价设计具有灵活性,突出框架性和指导性,不做过多的预设性具体规定。UNIK 项目作为一个具有创新性的大型跨学科科研重点资助项目,注重为各中心和项目依托大学提供探索平台,鼓励跨学科科研、跨学科管理方式、保留机制的发展。因此在项目设计之初对项目评价活动何时开展、如何开展只做出框架性规定,对具体的评价主题和领域几乎不做预设性规定。如该项目中期和终期评价中在预先设计时仅确定框架,评价实践中依照各中心情况以及实施情况进行具体的评价分析,而项目实施结束后的第三方机构终期评价更是将评价的设计完全交由第三方机构自主决定。

第二,评价目的面向未来,更关注项目的价值增值评价和中长期的影响效果评价。UNIK 项目的三次评价,在以目标达成的有效性评价基础上,关注项目在不同阶段产生的增值和影响。该项目中期和终期评价中的"后续保留"评价旨在督促项目依托大学在项目结束后设计好跨学科科研的"出口"计划,同时项目的第三方机构评价不仅评价"后续保留",也评价其他跨学科科研的中长期衍生影响,如对项目依托大学人才培养方面的改进、科研成果转化对经济社会的影响等。

第三,弱化对科研成果本身的定量评价,重视对跨学科科研组织管理方式的评价。UNIK 项目在三次评价中较少涉及对各中心跨学科科研成果本身的评价,由于科研成果的长期显现效应和成果影响因素众多,仅在终期评价时对成果进行简单定量统计。而跨学科科研组织管理则是项目评价的重要方面,项目依托大学的管理层与学术层的配合,各学院学术领导与中心科研人员的交流,都是跨学科科研评价的重要方面。

三、一流师资队伍建设的评价案例——日本"WPI"计划

在世界范围内对人才日益"求贤若渴"的发展趋势下,人才的流动性日益频繁,如何吸引更多的顶尖人才成为各国争相考虑的问题,在此背景下,2007 年日本政府通过设立世界顶级研究中心计划(World Premier International Research Center Initiative,WPI)吸引来自世界各地的顶级"大脑"汇聚日本,从而有利于促进日本在世界人力资本的金字塔上占据顶尖席位。WPI 计划最为突出的特点是以人才尤其是国际顶尖人才为核心,WPI 计划下的每个研究中心汇聚 10~20 名世界顶尖的首席研究员(Principal Investigator),100~200 人的科研群体,

始终保证 30％的科研人员来自于海外①。WPI 计划由日本政府设立和资助,为日本文部科学省下设的政策项目,由文部科学省授权日本学术振兴会(Japan Society for the Promotion of Science, JSPS)负责具体管理 WPI 项目的遴选、运行和评价活动。

1.“WPI”计划评价主客体

WPI 计划评价的主体是日本文部省及其授权的日本学术振兴会,具体的评价参与者既包括项目内部也包括项目外部的人员,以外部人员为主,主要是利用他们的学科专业知识和评价的专业技能为 WPI 计划的评价服务。其中,项目主管(Program Director, PD)与副主管(Deputy PD)是 WPI 计划常设的管理者和指挥官;项目委员会(Program Committee)是 WPI 计划评价的核心机构,由 10~20 名不等的知名学者、高等教育管理者及商业界利益相关者组成,也包含一定数量的海外人员;在各研究中心都有一个专门为评价而设置的中心主管(Program Officer, PO);此外每个研究中心还专设一个 6 人左右的工作小组(Working Group, WG),由中心主管担任主席;其他与 WPI 计划相关的文部省官员、振兴会的秘书长及研究中心依托机构的领导等;第三方评价机构,如三菱综合研究所(Mitsubishi Research Institute, Inc.)②。

评价客体方面,WPI 计划的评价客体主要是微观层面的 9 个研究中心,以对 9 个中心的评价为主,也会对 9 个研究中心整体的科研情况进行评价。对 WPI 计划的整体发展没有系统评价,但是会在现有的各个中心评价基础上提出未来整体项目的发展建议,此外 WPI 计划在 2017 年针对 10 年的项目周期进行回顾和总结性的评价③。

2.“WPI”计划评价流程

WPI 计划的资助周期通常是 10 年,部分中心在评价后可获得额外 5 年的资助。截至 2018 年 3 月,2007 年开始的 5 个研究中心均已完成 10 年资助,其中一个中心获得了延续 5 年的额外资助资格。WPI 计划的评价以资助周期内对每个研究中心的年度跟踪式评价为主要的评价形式,在资助实施周期过半时进行

---

① Japan Society for the Promotion of Science. WPI 2016 Brochure[EB/OL]. [2016-04-05]. http://www.jsps.go.jp/english/e-toplevel/data/wpi.pdf.

② Japan Society for the Promotion of Science. WPI 2016 Brochure[EB/OL]. [2016-04-05]. http://www.jsps.go.jp/english/e-toplevel/data/wpi.pdf.

③ Japan Society for the Promotion of Science. WPI 2016 Brochure[EB/OL]. [2016-04-05]. http://www.jsps.go.jp/english/e-toplevel/data/wpi.pdf.

中期评价,资助周期结束后还会进行三年一次的后续发展评价。

年度跟踪评价(Follow-up)主要分为三个阶段,首先各中心提交年度进展报告或自评报告;然后由工作小组以及其他相关人员对各中心进行为期两天的实地考察,包括听取研究中心主管简报、指定主要研究人员以及青年研究人员进行科研汇报、在研究中心进行参观,在得到被评价研究中心确认无误后,向项目委员会提交实地考察报告、评价结果和改进建议草稿;最后项目委员会召开为期两天的集中会议,对中心主管和寄托机构的领导进行有针对性的座谈,结合各中心之前提交的年度报告和工作小组的实地考察报告得出自我评价结果并提出改进建议。中期评价在原有年度评价的基础上还包括一个由第三方机构实施的针对项目外利益相关者进行的问卷调查,在项目委员会集中会议召开前进行,以获得WPI 计划的项目实施在整体学术领域造成的声誉影响,该调查结果也作为中期评价的重要参考数据提交至项目委员会(见图 4-4)。

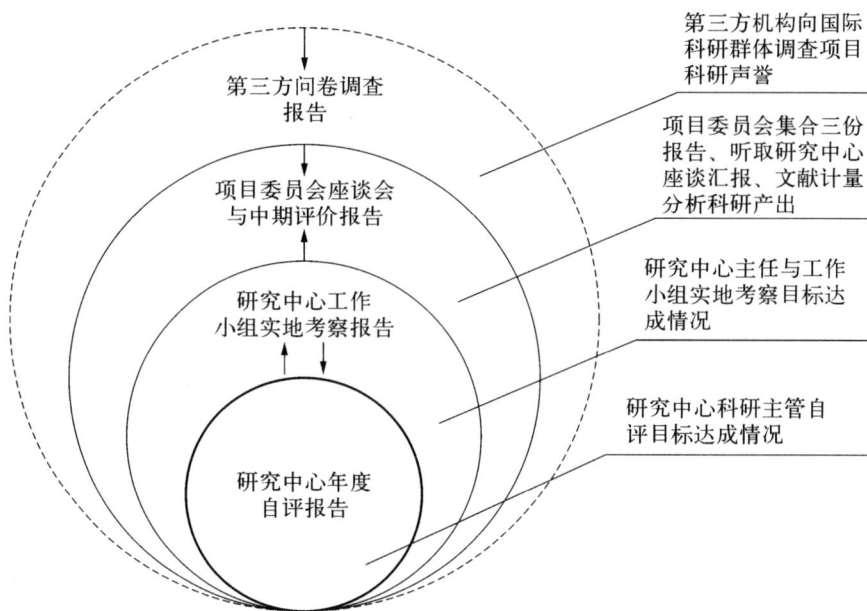

图 4-4　WPI 中期评价流程——以 X 中心为例

资料来源:根据 WPI 的相关网站信息整理绘制(http://www.jsps.go.jp/english/e-toplevel/data/wpi.pdf)。

3. "WPI"计划评价内容

WPI 计划实施年度跟踪评价的目的是考察研究中心的实施成果并及时提

出改进意见,因此年度跟踪评价采用的是目标达成评价,评价内容与项目目标逐一对应,包括科研和学术方面的成果、科研和机构组织管理形式的改革、国际化举措、跨学科科研领域的形成。后三者通常被归为一类——即作为 WPI 研究中心使命的践行与科研学术方面的进展并列为两大评价内容。除此之外,WPI 计划实施过程中项目依托机构的支持和投入以及项目结束后 WPI 研究中心如何继续维持也是重要的评价内容。中期评价作为特别的一次年度跟踪评价,在年度评价原有的流程之外还包括额外的问卷调查以及文献计量评价,也有专门的文件对评价内容进行阐述(见表 4 - 6)。

表 4 - 6   WPI 计划中期评价内容

评价阶段	评价内容	内 容 详 述
自我评价	科学水平	成果:科研进步是否达到世界一流水平;预期成果能否产生社会影响 过程:科研课题是否为世界前沿课题;科研设备是否是世界一流水准;科研环境是否适宜;科研中心能否获得足够的外部资金资助
	跨学科的科研活动	过程:是否有意识地进行学科间的融合 成果:学科融合是否产生科研成果
	机构的国际化	研究者:研究中心的主要科研人员是否来自全球;研究中心的博士后以及其他青年学者是否经过全球公开招募而来 研究环境:是否采取优惠措施确保国际研究人员能够舒适的开展研究活动;如果研究中心与海外机构进行合作,现有的合作规定和安排是否正常而顺畅运行
	制度改革	在中心主任的领导下,研究中心是否有行之有效的管理框架;管理人员能否熟练使用英语作为有效的管理语言;是否有管理方面的创新或者改革举措;研究中心依托的机构是否提供了足够而有效的支持
	研究中心的未来前景	研究中心的未来政策和计划是否有助于其达成既定目标;在项目结束资助后依托机构能否持续资助,保持研究中心的世界一流科研水平,项目后的计划是否已经在制定
第三方问卷调查评价	对 WPI 研究中心的了解	在收到问卷前,你对 WPI 研究中心的了解有哪些?你如何第一次接触到 WPI 研究中心的信息?你与 WPI 研究中心的交集和交流有哪些
	对 WPI 研究中心的评价	请对 WPI 研究中心如下方面的表现分别进行评价:跨学科融合的科研活动、科研水平、科研人员、科研设备、国际化的科研环境

（续　表）

评价阶段	评价内容	内　容　详　述
第三方问卷调查评价	与 WPI 研究中心的科研合作或者加入 WPI 研究中心的意愿	在合作科研方面,你如何看待 WPI 研究中心作为一个潜在合作对象——你是否愿意拜访、加入或任职? 你是否愿意推荐他人拜访、加入或任职;如果有意愿原因是什么(选项);如果不愿意原因是什么(开放式)
	对 WPI 研究中心的建议	为了将 WPI 研究中心建成世界一流的国际研究中心,请给出建议(开放)
项目委员会文献计量评价	研究中心科研产出的平均被引次数	所有研究中心实施以来的科研产出被引情况(以汤森路透数据库为检索来源)同 14 所海外高校和 13 所国内高校的比较
	研究中心高质量科研产出的数量	所有研究中心实施以来发表于前 1% 的顶尖期刊科研产出比例(以汤森路透数据库为检索来源)同 14 所海外高校和 13 所国内高校的比较

资料来源：根据 WPI 的相关网站信息整理绘制(http：／／www.jsps.go.jp／english／e-toplevel／data／wpi.pdf)。

4. "WPI"计划评价方法

WPI 计划的项目评价采用自下而上的方法获取了系统且全面的评价数据,同时利用自上而下的方式补充并进一步获得所需的有深度的评价数据。自下而上搜集的数据包括各研究中心提交的年度报告或自评报告,各中心的 PO 及 PO 领导的工作小组进行实地考察时提交的实地考察报告,具体方法包括听取汇报、访谈和案例分析。自上而下搜集的数据主要是项目委员会在集中会议时对各中心开展座谈以及中期评价时的问卷调查和文献计量的数据及结果[①]。

在数据分析方面,WPI 计划主要采用质性的文本分析方法,同时兼用定量的统计描述。不论是各中心的自我评价还是实地考察或集中座谈,均采用具体描述的方式呈现各个研究中心在不同目标方面的表现和成果,在具体的描述过程中会运用到举例以及简单的统计数据进行论证。定量的统计方法主要运用于问卷调查的分析,呈现不同选项在不同调查群体的统计数据。

---

① Japan Society for the Promotion of Science. WPI 2016 Brochure[EB／OL]. [2016 – 04 – 05]. http：／／www.jsps.go.jp／english／e-toplevel／data／wpi.pdf.

5. "WPI"计划评价结果

　　年度跟踪评价的结果最终以评价报告的形式向公众发布,此报告参考已有的实地考察报告,在项目委员会召开集中座谈会并听取各中心汇报后撰写。报告内容包括各中心在科研学术方面的成果,在国际化、跨学科、制度改革等方面的进展,中心依托机构的支持以及后续保留方面的计划,在此基础上项目委员会还有针对性地提出各中心的改进建议以及 WPI 计划的未来发展调整。中期评价因增加了额外的评价内容,因此评价结果也与常规的年度跟踪评价有所不同,包括问卷调查的结果、文献计量的结果等,此外中期评价后项目委员会给出总体评分等级,共分为五个等级: S(研究中心现有的成果和进步已超越既定的目标,成为"世界顶尖科研中心"指日可待)、A(按照目前的进度,研究中心应可达到既定目标)、B(达到既定目标还需更多的努力,应积极听取项目委员会的改进建议)、C(按照目前的进度,研究中心想要达到既定目标有困难,因此研究中心应该按照项目委员会的改进建议积极修改实施计划)、D(按照目前的成果,即使投入更多的努力想要达到既定的目标仍有困难,因此该研究中心应被废止)①。

　　经过近十年的发展,2007 年开始的第一批 WPI 项目已经完成一个完整的项目建设周期,本研究以东北大学(Tohoku University)原子分子材料科学研究中心(Advanced Institute for Materials Research, AIMR)和东京大学(The University of Tokyo)科维理宇宙物理学与数学研究所(Kavli Institute for the Physics and Mathematics of the Universe, Kavli IPMU)的 2011 年中期评价报告为例(见表 4-7)。

表 4-7　中期评价结果——以两个研究中心为例

评 价 内 容	2011 年中期评价
科研学术情况	AIMR: 研究中心主要研究人员的科研活动被视为全球一流,不仅在原有的科研领域内还在新开辟的科研领域持续探索;开发出新的纳米材料探测设备;科研成果同工业企业的合作令人震惊,比如在能源和环境方面的未来应用成果 IPMU: 研究中心正成为世界级的一流研究中心,一个活跃的机构典型;是物理、数学和天文方面的真正跨学科中心;在物理理论和实验、数学科研人员以及数学同物理的交融方面有重要的成果

---

① Japan Society for the Promotion of Science. WPI 2016 Brochure[EB/OL]. [2016-04-05]. http://www.jsps.go.jp/english/e-toplevel/data/wpi.pdf.

（续　表）

评 价 内 容	2011 年中期评价
跨学科融合	AIMR：过去四年的跨学科科研活动不断增长，青年学者的合作论文与讲座在 2010 年剧增；在中心主任的领导下，战略性的跨学科机制正在实施 IPMU：研究中心内来自不同背景的青年科研人员得以聚集；将新的理论融合到数学中创造出新的数学领域，研究人员还为数学和物理之间的学科融合架设了沟通的"桥梁"，同时天文学与量子物理学也有学科碰撞
国际化	AIMR：研究中心的普通科研人员与主要科研人员中近半数来自海外，但是实际常驻研究中心的海外研究人员非常少 IPMU：研究中心内的外国科研人员占半数，海外博士后人数超过国内博士后人数，海外访问学者也有相当的数量同海外机构进行广泛的合作实验
制度改革	AIMR：2011 年的地震和海啸对研究中心造成了致命的影响，恢复活动正在展开；由于 AIMR 中心在之前的实施中并没有很好地达到 WPI 项目的标准，在中期评价展开之际，AIMR 中心提出要开启新的项目将数学引入已有的材料科学，同时任命新的数学领域学者作为中心主任，在经过慎重的考量之后通过了这一计划，但将会在之后密切关注和评价实施情况 IPMU：研究中心设有针对国际化机制的管理机制；东京大学于 2010 年设立了新的研究机构 TODIAS，IPMU 是首个成员；研究中心将得到一个海外私有基金会的捐赠，经过考虑，中心工作小组和项目委员会同意其接受捐赠和命名

资料来源：根据 WPI 的相关网站信息整理绘制(http：// www.jsps.go.jp/ english/ e-toplevel/ data/ wpi.pdf)。

　　2011 年的中期评价结果主要包括三方面：科研产出的文献计量评价结果、问卷调查结果、最终的评价结果与评分等级。文献计量评价的科研产出结果显示，在过去 4 年项目实施过程中，5 个科研中心所有的学科领域共发表了 2 497 篇学术文章，共被引 34 672 次，平均每篇被引次数为 13.9，在比照的 27 所国内外高校中排名第 5，落后于洛克菲勒大学、麻省理工学院、哈佛大学和加州理工大学，5 个科研中心发表于前 1% 的顶尖期刊的文章数为 127 篇，占 5.1%，在对照的 27 所国内外高校中名列第 2，仅次于洛克菲勒大学[①]。

　　由第三方实施的问卷调查主要针对各研究中心所在的学科领域，调查该学科领域内国际科研群体对 WPI 项目的声誉认同情况。结果显示，超过半数的被

① Japan Society for the Promotion of Science. WPI 2016 Brochure[EB/ OL]. [2016 - 04 - 05]. http：// www.jsps.go.jp/ english/ e-toplevel/ data/ wpi.pdf.

调查者了解并对 WPI 计划感兴趣,绝大多数的顶尖研究学者会特别留意 WPI 计划的情况,接近半数的学者评价 WPI 计划的科研水平为"卓越"(outstanding),接近 80％的被调查学者表示愿意加入 WPI 研究中心任职[①]。

在 2011 年的中期评价报告中,经过对科研学术情况、国际化、制度改革、跨学科融合以及项目的后续可持续这些方面的评价,最终东北大学原子分子材料科学研究中心的评分等级为 B、东京大学数学物理宇宙研究中心为 S、京都大学物质细胞统合研究中心为 A－、大阪大学免疫学前沿研究中心与物质材料研究机构纳米建材国际研究中心的评分等级均为 A[②]。

6."WPI"计划的评价特点

第一,评价主体覆盖多种类型,评价机构设置全面且专业。日本 WPI 计划虽然以年度评价为主要评价活动,但是年度评价分为不同的分析层次,实际的评价主体分为多种类型,综合使用内部、准外部和外部三种类型的评价主体:在被资助单位层面,各中心设立中心主管及其工作小组作为评价的专门机构,中心主管和工作小组人员为具有与被资助单位相关学科领域相匹配的学科专家,并且在相对稳定的任期内持续对该中心进行评价;在 WPI 计划整体层面,内部的项目委员会组织评价,在评价的过程中还委托第三方咨询机构进行问卷调查。

第二,WPI 计划在评价数据的搜集方面综合运用了多种数据来源和考察方法。除了常见的被资助机构提交的自评报告和相关数据,工作小组对各中心的评价报告、实地考察听取汇报等,WPI 计划还通过对文献数据库进行检索获得有关发表和引用的数据。此外,WPI 计划还委托了第三方机构,对各学科领域世界顶尖的学者进行了问卷调查,以获取 WPI 计划的声誉调查资料,这也与 WPI 计划吸引全球顶尖学者加入日本科研系统这一目的相关。

第三,评价目的方面,奖惩和发展相结合,从微观到宏观为政策改进而服务。WPI 计划的年度跟踪评价发展至中期时,在评价结果的呈现上有所不同,中期评价给出明确的等级评分,以方便政策制定者在做出资助奖惩决定时进行参考。此外,WPI 计划的年度跟踪评价也在微观评价基础上给出宏观的政策改进建议,如 WPI 计划周期内的最后一年年度评价会对项目的后续保留,以及项目结束后的跟踪评价提出建议。

---

① Japan Society for the Promotion of Science. WPI 2016 Brochure[EB/OL]. [2016-04-05]. http://www.jsps.go.jp/english/e-toplevel/data/wpi.pdf.

② Japan Society for the Promotion of Science. WPI 2016 Brochure[EB/OL]. [2016-04-05]. http://www.jsps.go.jp/english/e-toplevel/data/wpi.pdf.

第四节　政策建议

一、以一流为导向优化设置评价标准

世界一流大学建设作为长期而艰巨的任务,建设过程中评价标准的设置会对学校发展产生重要的方向性影响。本研究对世界一流大学重点建设项目的评价标准分析后发现,世界一流大学重点建设项目评价标准涉及维度较多,主要涵盖组织管理、科学研究、人才培养、社会服务、外部合作、人员队伍和学校声誉等七个方面。评价指标以过程类和质量类为主。过程类指标的总占比为47%,在组织管理、外部合作和人才培养维度上占比最高的也是与项目实施和执行相关的过程类指标;与质量相关的指标占73%,而且七个维度上的质量指标数均高于数量指标,评价重点关注世界一流大学建设在各维度上的质量提升。

具体到不同类型指标的权重,研究发现教学、服务、外部合作与声誉的评价,在发展到成熟阶段后逐渐让位于内部管理评价,但良好的科研和高水平的人才队伍仍是不同属性重点建设项目的关注重点。"双一流"建设之前,我国重点建设项目遴选及评价标准不明确或不公开,评价指标的权重也不够公开透明。本研究以成熟阶段重点建设项目的评价特征为发展导向,对我国"双一流"建设的评价标准提出如下建议:坚持将科学研究作为决定性评价标准,建议占比25%;重视良性组织管理机制的构建,建议占比25%;重视高水平人才队伍建设,建议占比20%;增加对学校声誉的关注,建议占比5%;评价指标的类型以质量类和过程类为主。

二、组织多类型主体开展全方位评价

参与世界一流大学重点建设项目评价的各类专家,因各自在不同领域具备的专业能力和视角,有助于重点建设项目的全方位评价。通过对世界一流大学重点建设项目评价主体的特征进行分析发现,超过半数的重点建设项目使用了准外部和内部作为评价主体,也有近三分之一的项目采用了第三方主体,且成熟期相比于起步期、欧洲相比于亚洲而言,更倾向于采用多类型的评价主体,内部和外部主体的占比均高出一等。

我国重点建设项目一般采用国家、主管部委或地方政府和学校三级管理的模式,随着时间的推移,内部和第三方主体的地位不断增强,高校自我管理和专家咨询制度的引入也是最近的政策趋势,但与成熟的一流大学建设项目相比,我国对于内部和外部评价主体的应用还不够深入,大学内部和外部专家在评价过程中发挥的作用还不够显著。因此对"双一流"建设项目评价的实施者提出如下建议:由项目管理机构对项目的实施和执行情况进行监督评价;由项目管理机构组织外部专家形成常设(或临时)专家评价委员会对项目的预期成果达成和预期目标之外的增值效果开展评价;委托咨询公司或研究机构等专业第三方机构对项目开展政策评价和成本效益评价。

三、关注重点评价产生的增值效益和引领效应

世界一流大学重点建设项目作为国家层面的建设战略,其主要目的不仅是集中资源促使优势大学快速发展从而建成一定数量的世界一流大学,更重要的是产生典范引领效应,进而提升高等教育的整体水平。对世界一流大学重点建设项目评价内容分析后发现,几乎全部的项目均关注成果,即项目的目标达成情况,而项目实践执行和增值影响也是很多项目评价内容的重要构成部分,随着重点建设的不断成熟,评价内容的关注点也更为均衡,不同方面的占比分布相对更为平均。

我国重点建设项目最为关注的同样是目标达成评价和成果评价,此外还比较关注项目中存在的问题,关注重点仍是项目是否按计划进行,对于项目的执行过程,特别是项目的效益、大学的引领效应和有效性等方面的关注度不够。建议"双一流"建设项目的评价内容围绕如下方面开展:获资大学能否形成良性的组织管理机制;获资大学的建设过程能否形成可借鉴的发展经验;项目的实施是否能建成若干所达到世界一流水平的高水平大学;项目的实施是否可产生其他有益的增值效益和影响效果;项目建设产生的政策意义。

四、大学不同发展阶段采用不同评价策略

世界一流大学重点建设项目的评价活动是贯穿项目全程的关键活动,主要以监督过程和促进发展为主要目的,辅以一定程度的奖惩措施。综合不同发展阶段、所在地域和项目类型的对比分析,以及对世界一流大学重点建设项目评价时间的分析结果,终期评价、中期评价和年度评价是最为常用的评价时间点,其

中年度评价多是由被建设机构自下而上地提供自评报告,中期和终期评价多为自上而下开展的正式评价,相比于成熟期,建设期的项目采用中期和年度评价的比例更高,评价更为频繁,而成熟期的项目则一般采取"首期+终期"的评价时间选择。

　　我国的重点建设项目在评价时间选择上与国际趋势较为相符,倾向于采用年度评价、中期评价和终期评价相结合的方式,但对不同水平的大学则并未采取针对性的评价策略。基于以上结论,对"双一流"建设项目的评价时间提出如下建议:对发展成熟的获资大学,适度减少评价次数,采用"首期评价+终期评价"的方式,重点关注代表性成果;对建设初期的获资大学,适度增加评价次数,采用"年度评价+中期评价+终期评价"的方式,重点关注项目实施的过程;在"双一流"建设周期完成后,增加对项目整体建设情况和项目相关政策的终期评价。

第五章　一流大学建设的投入产出效率研究

　　自 20 世纪 90 年代以来,建设世界一流大学是我国高等教育发展的重要战略目标之一。我国相继推出了"211"工程、"985"工程等一流大学建设计划,累计投入达 1 037 亿元,支持我国研究型大学迈向世界一流大学的行列。通过几轮的一流大学建设投入,重点建设高校汇聚了一批国际水准的学术大师和中青年学者,形成了一批学术影响力进入世界百强的学科,在培养创新型人才、形成高水平研究成果、服务国家战略需求等方面做出了突出的贡献。当前,随着"双一流"建设的推进,一流大学建设效果还有待巩固和进一步加强,这对提升一流大学建设投入产出效率提出了迫切要求。一方面,一流大学建设是一个长期的过程,需要有更加完善的体制机制,保障建设成效的持续和提升;另一方面,在新公共治理的理念下,对一流大学建设投入经费的问责也必不可少。因此有必要对一流大学建设投入的效率进行全面的评价,了解其中的低效与不足,进而为新一轮的"双一流"建设效率的提升提供政策启示,从而促进一流大学助力"中国梦"的实现。

第一节　研究背景与方法

一、研究背景

　　在建设创新型国家的战略背景下,我国一流大学建设当前面临着前所未有的机遇,同时也需要应对一些重大的挑战,其中提升一流大学建设的投入产出效率是一项重点改革任务。在人才培养方面,我国重点高校人才培养规模不断扩大,然而高层次人才培养质量问题不容忽视。有研究者通过对自主招生

"北约联盟"①中的五所重点高校进行调查发现,在"985"工程实施后,高校更注重通识教育、大类培养、跨学科教育的课程体系建设,但相关课程仍然较少;实践环节的比重提升仍不明显;必修课比重仍旧过大,一定程度上限制了学生学习的自由;跨学科课程的开发任重道远②。

在科学研究方面,重点建设计划实施后,高层次的院校的科研产出增长速度低于较低层次的院校③。与世界一流研究型大学比较,我国"985"高校总体学术绩效水平不高,且存在两极分化现象④。我国"985"高校科研产出增长主要来自科研资源的投入和规模的扩大,而投入产出效率还有待提升⑤⑥。图5-1从师均

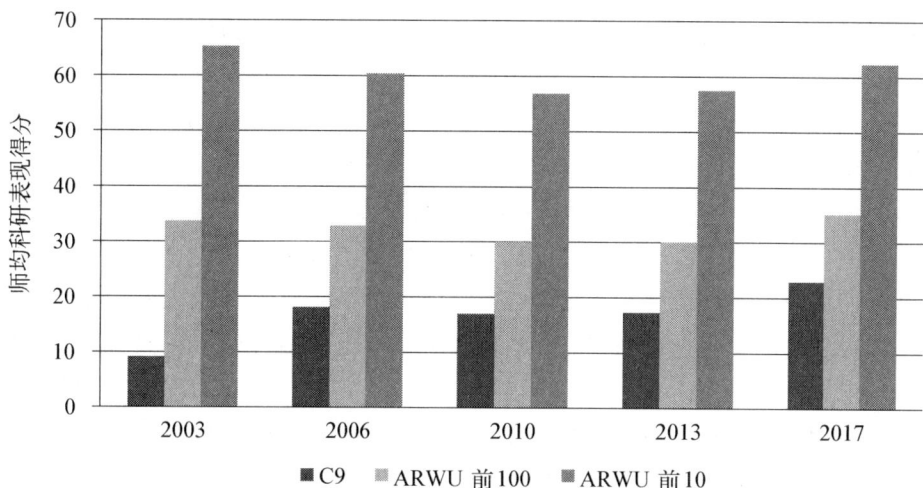

图5-1 2003~2017年C9高校与世界一流大学师均科研表现变化趋势图

资料来源: ARWU. ARWU Ranking 2003~2013[EB/OL]. [2017-10-25]. http://www.shanghairanking.com/index.html.

---

① 注:"北约联盟"高校包括:北京大学(含医学部)、北京航空航天大学、北京师范大学、南开大学、复旦大学、厦门大学、山东大学、武汉大学、华中科技大学、中山大学、四川大学、兰州大学、香港大学。

② 鄢晓.研究型大学本科生人才培养质量研究——从课程体系的视角[J].现代教育管理,2014(2):69-74.

③ ZHANG H, PATTON D, KENNEY M. Building Global-class Universities: Assessing the Impact of the 985 Project[J]. Research Policy, 2013(3): 765-775.

④ 戚巍,陈晓剑,张岩,等.基于TOPSIS的中国研究型大学学术绩效评价方法研究.中国高教研究,2010(1): 15-19.

⑤ 段庆锋.我国"985工程"高校科研绩效的影响因素——基于DEA-Malmquist的实证研究[J].大连理工大学学报(社会科学版),2013(3): 114-119.

⑥ 符银丹,陈士俊,陈卫东.基于DEA的我国"985"高校科技投入产出效率分析[J].天津大学学报(社会科学版),2012(2): 128-132.

科研表现指标上比较了"九校联盟"(C9)高校①与 ARWU 排名前 100 和前 10 大学的差异,结果显示 C9 高校在 2003～2006 年期间师均科研表现较世界排名前列的国家有明显的增长,然而 2006 年之后,师均科研表现维持在稳定水平,并没有显著提升。这反映出我国重点大学追赶世界一流大学的速度呈现下降趋势,一流大学建设效果的持续性还有待关注。

　　政策制定者也关注到我国一流大学建设投入产出的效率问题。近些年来,我国在改革和完善世界一流大学建设投入机制方面加大了步伐。2014 年省部共建地方高校工作研讨会上,教育部公开表示将"破除'211'工程、'985'工程等身份壁垒,更加注重绩效评价"②。2015 年 11 月 5 日,国务院发布了《统筹推进世界一流大学和一流学科建设总体方案》,提出要"以绩效为杠杆来推动一批高水平大学和学科进入世界一流行列或前列"。2017 年,教育部等三部委印发了《统筹推进世界一流大学和一流学科建设实施办法(暂行)》(以下简称《实施办法》)在总则部分提出要"强化学科建设绩效考核,引领高校提高办学水平和综合实力";在动态管理部分,《实施办法》提出"打破身份固化,建立建设高校及建设学科有进有出动态调整机制"。此外,《实施办法》中也提出"专家委员会根据建设高校的建设方案及整体自评报告,参考有影响力的第三方评价,对建设成效进行评价,提出评价意见。根据期末评价结果等情况,重新确定下一轮建设范围。对于建设成效特别突出、国际影响力特别显著的少数建设高校及建设学科,在资金和政策上加大支持力度"。这些相关政策明确反映当前建设世界一流大学对投入-产出绩效的重视,并且在具体举措方面开始改革投入模式。

　　提升投入产出效率是当前我国新一轮一流大学建设的迫切需求,在这一背景下,本专题重点探讨以下三方面的问题:

　　(1) 如何评价我国世界一流大学建设的投入-产出效率?

　　(2) 建设世界一流大学有怎样的投入模式来保障产出效率?

　　(3) 我国如何改革一流大学建设投入模式,从而提升投入产出效率?

　　围绕以上三方面的问题,本研究从以下四个部分来展开研究(参见图 5 - 2)。

---

① 注:"九校联盟"(C9)是中国首个顶尖大学间的高校联盟,于 2009 年 10 月启动。联盟成员都是国家首批 985 重点建设的 9 所一流大学,包括北京大学、清华大学、复旦大学、上海交通大学、南京大学、浙江大学、中国科学技术大学、哈尔滨工业大学、西安交通大学共 9 所高校。

② 澎湃新闻.网教育部官员首次公开表态:破除 985、211 身份壁垒[EB/OL].(2014 - 12 - 11) [2017 - 11 - 10]. http://gaokao.eol.cn/kuai_xun_3075/20141124/t20141124_1204757.shtml.

图5-2　一流大学建设投入产出效率研究框架图

二、研究方法

本研究采用量化研究以及案例研究的方法,对一流大学建设投入产出效率问题展开分析。分析所用的资料来源主要包括:

(1) 国内数据来自教育部科技统计资料汇编中的部属高校统计数据、"985"工程三期阶段检查39所高校报告。

(2) 国际数据来自 ARWU、QS、THE 等大学排名数据、境外一流大学建设计划的报告。第二节将对我国一流大学建设投入的基本状况进行分析,主要采用了趋势和结构的描述分析,重点考察我国一流大学建设投入的相对规模、投入经费的变化趋势、投入经费配置的结构等特点,进而为研究一流大学建设投入-产出效率提供基础。第三节采用了描述统计、回归分析、数据包络分析等方法对一流大学建设的直接产出效率进行分析,具体考察一流大学建设在科学研究、人才培养和社会服务方面的效果,并分析综合的投入-产出效率指数,最后形成对投入-产出效率的评价结果。第四节采用回归分析以及描述性统计分析,探索我国一流大学建设投入的乘数效应,具体考察一流大学建设的资源吸纳、人才聚集和声誉提升效应,从中分析一流大学建设通过对投入要素的作用间接影响产出的机制,进而更好地了解一流大学投入-产出过程。第五节用案例分析方法,对一些发达国家以及新兴经济体国家和地区的一流大学建设投入模式特征进行归纳,主要区分了卓越中心建设模式和重点大学建设模式。通过案例分析,归纳其他国家地区一流大学建设投入的制度特点,重点关注投入体制、拨款机制和绩效问责制度,探索一流大学提升投入产出效率的制度经验。第六节基于我国一流大学建设投入产出效率存在的问题,并结合其他国家地区的一流大学建设投入模式的经验,为我国当前的一流大学建设投入体系完善提供对策建议。

第二节　我国一流大学建设的投入状况

一、经费投入规模与结构

　　自 20 世纪 90 年代以来,我国一流大学建设投入规模持续扩大。"985"工程建设一期(1998~2001)建设资金共计 255 亿元,其中中央专项资金 140 亿元,部门和地方安排共建资金 115 亿元。"985"工程二期(2004~2007)建设资金共计 414 亿元,其中中央专项资金 191 亿元,部门和地方安排共建资金 128 亿元,其他渠道建设资金 95 亿元。"985"工程三期建设资金共 460 亿元,其中中央专项资金投入共 274 亿,地方协议配套资金投入 186 亿元(见图 5-3)。

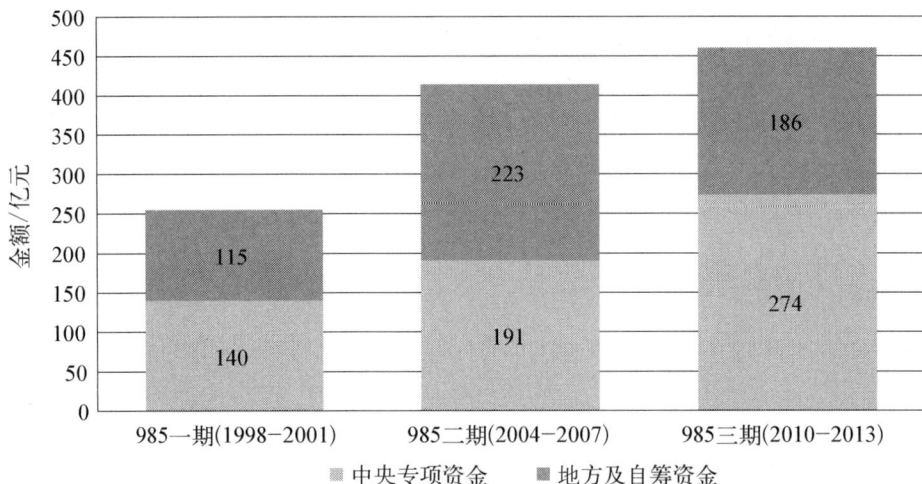

图 5-3　"985"工程建设投入资金构成及变化趋势图

资料来源: 根据《"985 工程"建设十年报告》①以及 39 所"985"高校的"985"工程(2010~2013)建设情况报告整理绘制。

　　虽然一流大学建设投入了较大规模的资金,但总体上一流大学建设占总经费收入比例并不算高。2010~2013 年,部属"985"高校的总经费收入包括一般

① "985"工程建设十年研究课题组."985 工程"建设十年报告[M].上海:上海交通大学,2009.

性财政拨款、一流大学建设专项拨款、事业收入、科研收入、其他收入(利息、对外投资收入等)。图 5-4 显示,第三期"985"工程中,我国中央财政拨款的"985"工程经费投入 274 亿元,仅占总投入经费比例的 6%。

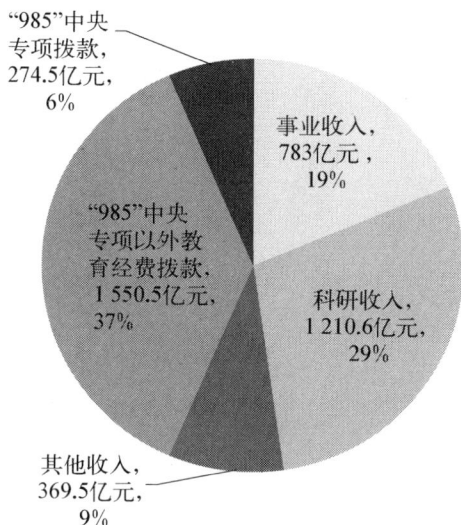

图 5-4　2010～2013 年"985"工程经费支出类型比例

资料来源:根据 39 所"985"高校的"985"工程(2010～2013)建设情况报告与 2000～2013 年《高等学校科技统计资料汇编》整理绘制。

二、重点建设专项投入状况

在一流大学经费的使用方面,重点建设高校将"985"工程经费主要用于人才、团队和学科的建设。"985"工程建设二期在资金的使用安排上,用于科技创新平台和哲学社会科学创新基地建设 237 亿元,占总项目投入经费的 57%;用于人才队伍建设 62 亿元,占总项目经费的 15%[①]。"985"工程三期建设则更加重视人才和团队的建设。图 5-5 展示了 2010～2013 年期间我国所有"985"高校中央财政拨款的重点建设经费使用情况。分析显示,我国重点建设经费约有 41%用于学术领军人物和创新团队建设,约 27%用于学科建设,约 17%用于自主创新和社会服务能力建设,11%用于拔尖创新人才培养,4%用于国际教育与合作[②]。

① "985"工程建设十年研究课题组."985 工程"建设十年报告[M].上海:上海交通大学,2009.
② 注:数据来自 39 所"985"高校的"985"工程(2010～2013)建设情况报告。

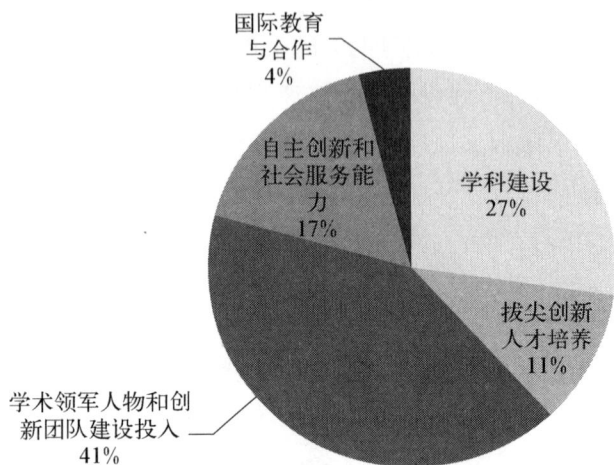

图 5－5   2010～2013 年重点建设专项投入规模与构成图

资料来源：根据 39 所"985"高校"985"工程(2010～2013)建设情况报告相关数据整理绘制。

随着发展时期的不同，"985"工程建设中央专项经费在使用方面有所变化，然而这些经费总体上仍然按照专项经费的管理办法来配置，存在重复投入、经费使用结构不合理、经费管理粗放等问题。比如"985"工程建设经费中，有不少用于设施设备购置的经费，然而通过前几轮的建设，"985"高校的设施设备需求已很大程度被满足，而后续继续投入该类型的专项经费，容易造成浪费和投入效率低问题。如何完善投入模式以提升产出效率，是新一轮一流大学建设的重点改革任务之一。

第三节   我国一流大学建设投入与直接产出效率研究

本节将对我国"985"工程建设的投入产出效率进行分析，考察其中存在的低效率环节，并且对影响投入产出效率的因素进行探索。以下首先从科学研究、人才培养、社会服务三个方面考察一流大学建设的直接效果，然后分析重点建设高校综合的投入产出效率指数，最后对影响绩效的投入因素进行分析。

一、我国一流大学建设对科研产出的作用

1. 一流大学科学研究发展状况

课题组利用教育部高等学校科技统计资料汇编2000～2015年的数据,分析不同类型部属高校各类科研产出指标的变化趋势。从图5-6(a)可以看出,部属"985"高校的国际论文数量自2002年以来快速增长,从平均975篇/校增长到2015年的2 903篇/校,显著高于部属非"985"高校,且二者差距逐渐扩大;图5-6(b)显示,部属"985"高校的国内论文数量也高于部属非"985"高校,但二者之间的差距没有扩大,并且在近些年有缩小的趋势。这说明造成"985"高校国内论文数量更高的原因可能是高校本身的产出力更高,而不是一流大学建设所产生的效果。

2. 一流大学建设对科研产出提升的效果

本课题组进一步利用微观调查数据及工具变量方法来解决内生性问题,探索我国一流大学建设项目对高校科研产出的影响。分析数据主要来自"亚洲变革中的学术职业调查"(The Changing Academic Profession in Asia Survey, APA)。从该调查中选择的变量包括教师的性别、年龄、职称、是否有学术合作、学科、高校类型、纵向和横向科研经费的金额数、国内科研发表和国际科研发表。考虑到理工科专业教师科研产出方式、数量和人文社科专业教师具有较大的差异,本研究分别对两类学科教师的科研产出进行分析[①]。

1) 我国一流大学建设对理工科教师科研产出的影响

从APA调查中选取了来自理工科的教师样本1 092名进行分析。根据数据的可得性,选择了国内论文、国际论文和专利授权数作为科研产出的指标。本研究关注的主要自变量是学校是否受到一流大学建设计划的支持。分析方法采用的计量模型为负二项回归模型(Negative Binomial Regression),该模型主要用于计数因变量,适用于对论文和专利数量的估计。

[①]　注:亚洲变革中的学术职业调查(The Changing Academic Profession in Asia Survey, APA)采取分层抽样的方式,考虑了地区、学科和教师的职位特征,抽取了30所公立本科院校2 870名教师样本。调查高校中9%的教师来自"985"高校,19.9%来自"211"高校。调查的问题涵盖教师的个人背景、教学、科研和高校管理等多方面的信息。

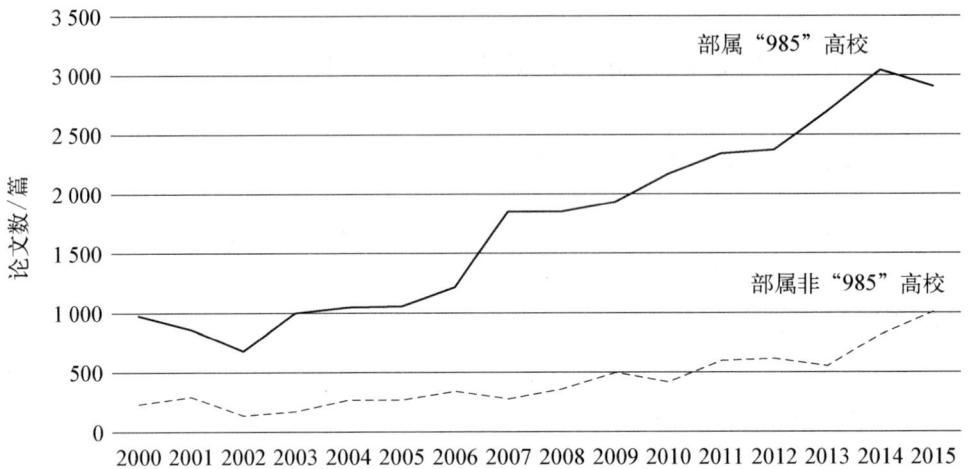

(a) 国际论文校均数

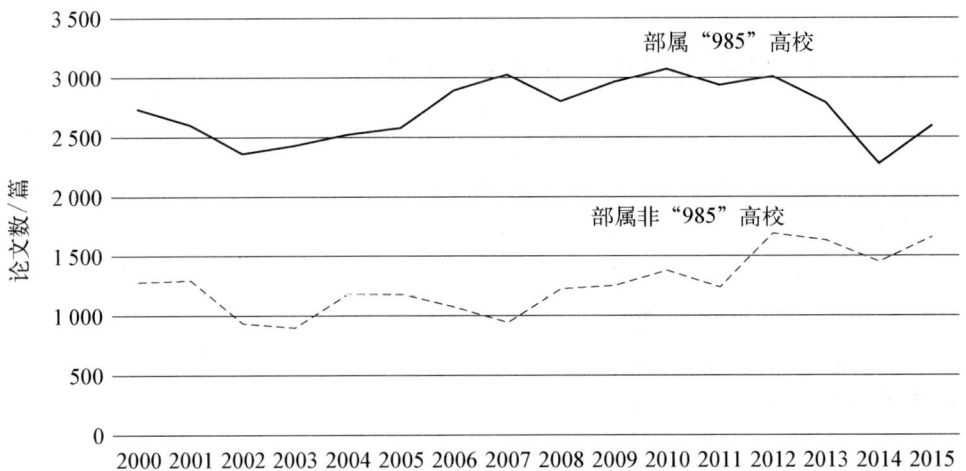

(b) 国内论文校均数

图 5-6 部属"985"高校和部属非"985"高校论文产出变化趋势图

资料来源:根据教育部科学技术司 2000～2013《高等学校科技统计资料汇编》整理绘制。

　　表5-1的模型(1)分析发现,重点建设高校(包括"985"和"211"高校)教师在理工科领域发表国际论文数量显著高于非重点建设高校,反映出重点建设计划与国际论文发表的正向关系;模型(2)发现,控制其他因素,无论是"211"工程建设计划还是"985"工程建设计划,都对理工科领域教师发表国际论文有促进作用,并且"985"工程建设高校对应的影响系数相对更大(Coef. = 1.154, $p <$ 0.001),说明一流大学建设对理工科的国际成果发表有正向关系。模型(3)和模

型(4)的分析则显示,重点建设高校的教师在理工科领域发表国内论文方面并没有显著优势。该结果与之前图5-6的描述分析结果也一致,反映出我国的一流大学建设计划对国内论文产出的推动作用不足。

表5-1　高校理工科教师科研产出的影响因素分析表

	国 际 论 文		国 内 论 文	
	(1)	(2)	(3)	(4)
重点建设	0.671***		-0.096	
	(0.112)		(0.069)	
—"211"		0.353**		-0.109
		(0.128)		(0.077)
—"985"		1.154***		-0.065
		(0.167)		(0.110)
ln(横向经费)	0.001	-0.001	0.018***	0.018***
	(0.006)	(0.006)	(0.004)	(0.004)
ln(纵向经费)	0.037***	0.035***	0.017***	0.016***
	(0.005)	(0.005)	(0.003)	(0.003)
女　性	-0.284**	-0.294**	-0.022	-0.022
	(0.105)	(0.103)	(0.062)	(0.062)
年　龄	-0.055***	-0.062***	0.013*	0.013*
	(0.010)	(0.010)	(0.006)	(0.006)
职称(中级为参考)				
—副高	0.428**	0.399**	0.134	0.134
	(0.136)	(0.135)	(0.079)	(0.079)
—正高	1.132***	1.117***	0.367**	0.368**
	(0.211)	(0.208)	(0.120)	(0.120)
有学术合作	0.661***	0.655***	0.229**	0.228**
	(0.126)	(0.124)	(0.071)	(0.071)
海外博士	0.586	0.518	-0.950***	-0.963***

（续　表）

	国 际 论 文		国 内 论 文	
	(1)	(2)	(3)	(4)
	(0.389)	(0.382)	(0.274)	(0.277)
常数项	2.194***	2.405***	1.203***	1.203***
	(0.382)	(0.382)	(0.223)	(0.223)
观测值	1 012	1 012	1 012	1 012
LR chi2	267.99***	286.298***	194.71***	194.841***

注：① ＊＊＊表示 $p<0.001$，＊＊表示 $p<0.01$，＊表示 $p<0.05$；② 括号中为标准误。

2）一流大学建设对人文社科教师科研产出的影响

从 APA 调查中选择人文社科领域教师样本，共 1 115 名，分析一流大学建设计划支持对教师国内和国际论文发表的作用。表 5-2 的模型(1)分析发现，"985"工程和"211"工程建设总体上对人文社科领域国际论文的影响并不显著；模型(2)进一步区分了不同类型的重点建设计划，分析中发现，控制其他因素，只有在"985"高校的人文社科领域教师相对一般普通高校教师，有更多的国际论文发表（Coef.$=1.144$，$p<0.05$），而"211"高校的人文社科教师发表和一般普通高校没有显著差别。这说明一流大学建设可能对人文社科领域国际科研水平有一定的促进作用。

表 5-2　高校人文社科教师科研产出的影响因素分析表

	国 际 论 文		国 内 论 文	
	(1)	(2)	(3)	(4)
重点建设	0.192		−0.048	
	(0.109)		(0.059)	
—"211"		0.315		0.006
		(0.302)		(0.062)
—"985"		1.144*		−0.234*
		(0.480)		(0.112)
ln(横向经费)	0.013	0.016	0.010*	0.009*
	(0.008)	(0.020)	(0.005)	(0.004)
ln(纵向经费)	0.011*	0.015	0.017***	0.018***

（续　表）

	国 际 论 文		国 内 论 文	
	(1)	(2)	(3)	(4)
	(0.005)	(0.012)	(0.003)	(0.003)
女　性	−0.022	0.071	−0.206***	−0.202***
	(0.105)	(0.240)	(0.055)	(0.054)
年　龄	−0.021*	−0.045*	−0.025***	−0.021***
	(0.010)	(0.022)	(0.005)	(0.005)
职称(中级为参考)				
一副高	0.067	0.535	0.412***	0.399***
	(0.133)	(0.294)	(0.068)	(0.066)
一正高	0.128	0.442	1.031***	0.975***
	(0.196)	(0.424)	(0.096)	(0.093)
有学术合作	0.281*	−0.216	0.076	0.067
	(0.120)	(0.282)	(0.059)	(0.058)
海外博士	0.892**	0.626	−0.408	−0.313
	(0.299)	(0.832)	(0.213)	(0.213)
常数项	−0.328	0.835	2.728***	2.582***
	(0.399)	(1.013)	(0.201)	(0.198)
观测值	1 077	1 142	1 077	1 142
LR chi2	40.49	20.574*	279.43***	290.628***

注：① ＊＊＊表示 $p<0.001$，＊＊表示 $p<0.01$，＊表示 $p<0.05$；② 括号中为标准误。

在国内论文发表方面,表5-2的模型(3)没有发现重点建设对国内论文有影响。模型(4)的分析发现,控制其他因素时,"985"高校人文社科领域教师发表国内论文的数量反而显著低于非重点建设高校(Coef.＝−0.234, $p<0.05$)。这一发现和预期相悖,可能原因是"985"高校教师在考核评价方面更加注重国际科研竞争力,从而教师更倾向发表国外论文,对发表国内成果的动力不足。

综上分析,在理工科领域,一流大学建设计划对发表国际学术论文有促进作用,但对国内论文没有显著影响。在人文社科领域,只有"985"工程建设对国际论文发表有促进作用,但同时"985"高校人文社科教师在发表国内论文方面相对产出效率偏低。所以总体上,我国一流大学建设对国际科研发表方面有促进作用,对国内成果方面的作用有限。造成这一现象的原因可能与一流大学建设的定位目标有关。比如"985"工程建设旨在建成世界一流大学,因此强调高校国际竞争力,关注高校的国际排名指标。这使得获得一流大学计划的重点高校在教师评价和聘任方面关注国际论文发表,而对国内论文的重视不足。国内学术成果通常能够更直接服务国内学术群体及相关企业,是高校科研对接国家和社会需求的重要渠道。未来在建设世界一流大学当中,既需要保持国际学术水平的增长,也需要加强对国内高质量学术论文的支持与激励。

二、我国一流大学建设对人才培养的作用

1. 一流大学建设对人才培养规模的作用

培养高水平的拔尖创新人才是一流大学的重要使命之一。课题组利用《高等学校科技统计汇编》的数据,分析部属"985"和部属非"985"高校本科生和研究生规模的变化趋势[①]。图5-7(a)的分析结果显示,自2000~2004年以来,我国部属"985"高校本科毕业生规模有所上升,但2005年之后人才培养规模日趋稳定,校均本科毕业生每年约5 000人,而部属非"985"校的平均本科生毕业生数也相对稳定在3 600~3 700人,低于"985"高校,但二者之间的差距没有扩大的趋势。这反映出"985"工程在扩大本科生规模方面的影响相对较小。

图5-7(b)显示,在研究生培养规模方面,部属"985"高校从2000年的806人/校,增加到2014年的4 041人/校,增长幅度较大。部属非"985"高校则从2000年的213人/校增加到2014年的2 032人/校,增长幅度上高于"985"高校。对比这两类高校的本科和研究生毕业规模,可以认为我国实施的一流大学建设并没有对人才培养规模提升有显著的影响。

2. 一流大学建设对人才培养水平提升的效果

虽然在人才培养规模方面,"985"高校并没有形成优势,然而一流大学更重要的是人才培养的质量。利用泰晤士高等教育世界大学排名(THE)当中的教学得分指标可以了解高校的人才培养水平。该指标由五个方面的分指标来衡量:声誉调查得分(占比50%),师生比(占比15%),博士本科生比例(占比

---

① 注:根据教育部科学技术司2000~2013年《高等学校科技统计资料汇编》整理绘制。

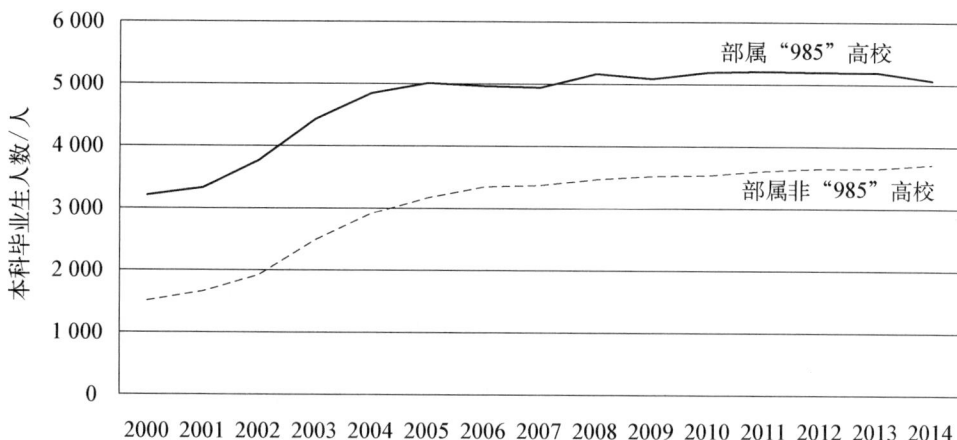

(a) 本科毕业生校均人数

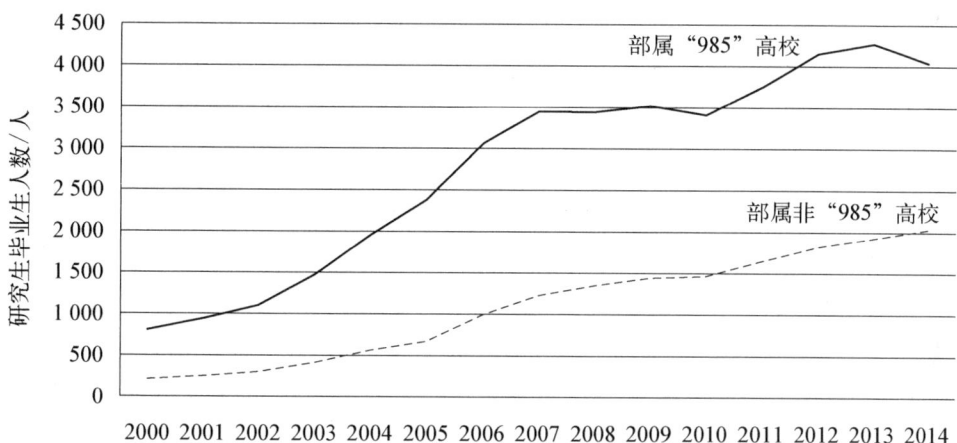

(b) 研究生毕业生校均人数

图 5 - 7　部属"985"高校和部属非"985"高校校均研究生毕业生数变化趋势图

资料来源：根据教育部科学技术司 2000～2013 年《高等学校科技统计资料汇编》整理绘制。

7.5%)，师均博士毕业生数(占比 20%)，大学收入(占比 7.5%)。图 5 - 8 分析结果显示，C9 高校人才培养得分平均达到 55.7，和世界排名前 100 的高校已经较为接近，但和排名前 10 的世界顶尖高校人才培养得分还存在一定的差距。相比于 C9 高校，非 C9 的"985"高校的和非"985"高校在人才培养得分上仍然有明显差距。这反映出我国"985"工程建设可能在人才培养质量方面的发展并不均衡，只有在获得"985"工程建设资源最多的若干所国内顶尖高校，人才培养质量有追赶世界一流的潜力。

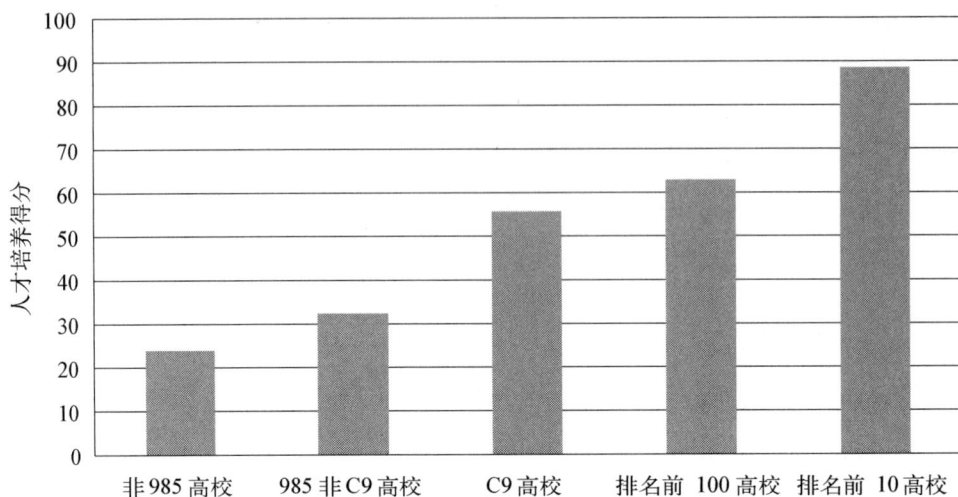

图 5-8　2017 年 THE 排名人才培养得分比较图

资料来源：Times Higher Education. World University Rankings2017［EB／OL］［2017-12-25］. https：／／www. timeshighereducation. com／world-university-rankings／2017／world-ranking♯！／page／0／length／25／sort_by／rank／sort_order／asc／cols／stats.

　　国内一些研究专题对我国"985"高校具体的人才培养过程进行过比较分析，发现和世界一流大学相比，我国一流大学在人才培养质量提升方面仍然存在一定的差距。清华大学课题组（2012）基于"中国大学生学习与发展追踪研究"（CCSS）与"全美大学生学习性投入调查"（NSSE）同年数据的比较，发现"985"高校与美国同类研究型大学相比，在校园环境支持度、教育经验丰富度、主动合作学习水平 3 个指标上无显著差异或差异很小，但在生师互动水平和学业挑战度上，"985"高校得分明显低于美国研究型大学；我国重点高校"重科研投入、轻人才培养付出"的问题仍亟待解决；学生的高学习性投入和高教育收获与高等学校资源优势不直接相关；高等教育对学生，尤其是弱势群体学生的学业和价值观增值显著①。

三、我国一流大学建设对社会服务的作用

1. 一流大学建设对专利授权数量的影响

　　专利是高校参与创建国家创新体系，服务区域发展的重要科研成果。本研

---

① 史静寰.本科教育怎么样？［N］.光明日报，2012-06-19（15）.

究针对部属"985"和非"985"高校,分析专利授权合同数和销售金额的变化趋势,进而推断一流大学建设对高校专利的影响。图5-9中的分析显示,部属"985"高校的校均专利授权合同数增加显著,从2003的137项/校增加到2015年的696项/校,增长了近4.2倍。非"985"高校在2014年之前的专利授权合同数绝对数量仍然显著低于"985"高校,但非"985"高校的专利授权数增长速度较快,从2003年的38项/校,增加到2015年的398项/校,增长了近9.8倍。

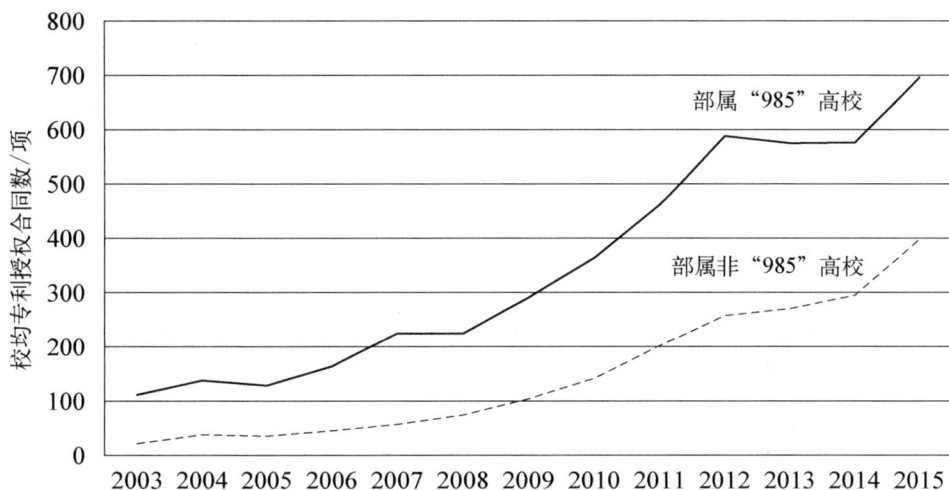

图5-9 部属"985"高校和部属非"985"高校专利授权合同数变化趋势图

资料来源：根据教育部科学技术司2000~2013年《高等学校科技统计资料汇编》整理绘制。

进一步,利用我国54所部属高校2000~2013年的面板数据,分析"985"工程建设和专利授权数量的关系,结果见表5-3。分析显示,"985"工程建设没有显著提升专利授权数量。影响专利授权数量的因素是所在高校的研究经费收入(Coef.=39.535,$p<0.001$),以及前一年的专利授权书(Coef.=0.866,$p<0.001$)。

表5-3 专利授权影响因素分析表

	专 利 授 权 数	
	(1)	(2)
前3年加入一流大学建设	21.19	−1.226
	(15.425)	(16.345)
前1年研究经费收入对数		39.535***
		(10.684)

（续　表）

	专 利 授 权 数	
	(1)	(2)
前 1 年专利授权数	0.916***	0.866***
	(0.023)	(0.027)
前 1 年科研人员规模对数	23.14	−8.308
	(18.429)	(20.029)
前 1 年科学家占科研人员比例	−24.62	38.783
	(151.885)	(150.457)
截距项	−82.655	−400.646
	(199.413)	(214.244)
样本数	436	436
F 值	452.688	376.644

注：① ＊＊＊表示 $p<0.001$，＊＊表示 $p<0.01$，＊表示 $p<0.05$；② 括号中为标准误；③ 2004 年以后为二分实施。

综上分析可以反映出，一流大学建设并没有促进高校专利授权数量的增长，而是更多的科研人才投入促进了专利水平增长。

2. 一流大学建设对成果推广运用效果

专利授权数量主要是获得了国家技术主管部门的认证，而高校真正服务地区发展，更重要的指标是对技术的推广和运用。通过对 R&D 成果运用的项目统计可以看到，我国"985"高校的校均 R&D 成果运用的项目呈现小幅波动式增长，从 2003 年的 390 项增加到 2013 年的 628 项（见图 5-10）。部属非"985"高校参与的 R&D 成果运用项目数量则明显低于非"985"高校，且增长较为缓慢，从 2003 年的约 90 项，增长到 2013 年的 200 项。

专利销售金额反映出了高校科技创新服务市场的价值。图 5-11 显示，我国"985"高校的校均专利出售金额平均值在 2003 年之前呈现波动，2003～2013 年则稳步提升，从 363 万元到 1 076 万元；另一方面，部属非"985"高校的专利销售金额则呈现平稳波动，近些年一直在 400 万元左右。对比可以看出，"985"高校在专利出售金额上的优势逐渐扩大，反映出"985"工程促进了高校的技术质量和转化价值。

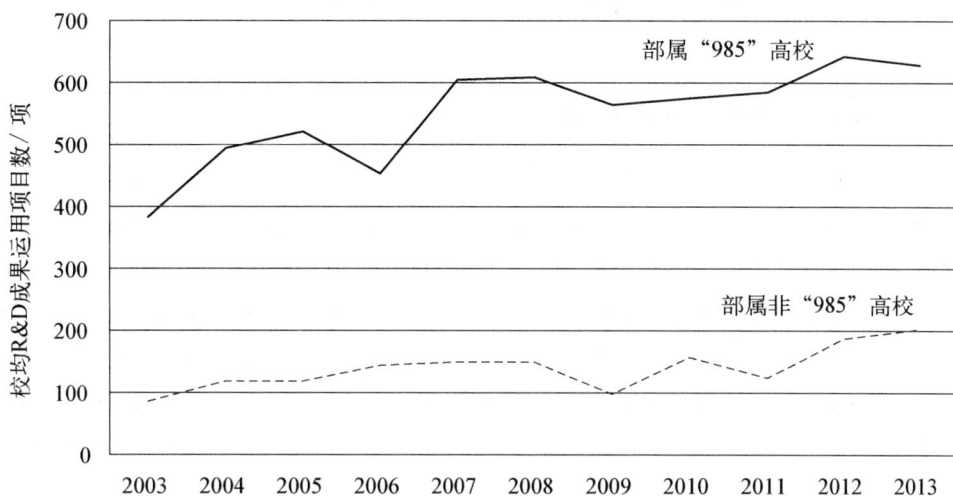

图 5-10　部属"985"和部属非"985"高校 R&D 成果运用项目数变化趋势

资料来源：根据教育部科学技术司 2000～2013 年《高等学校科技统计资料汇编》整理绘制。

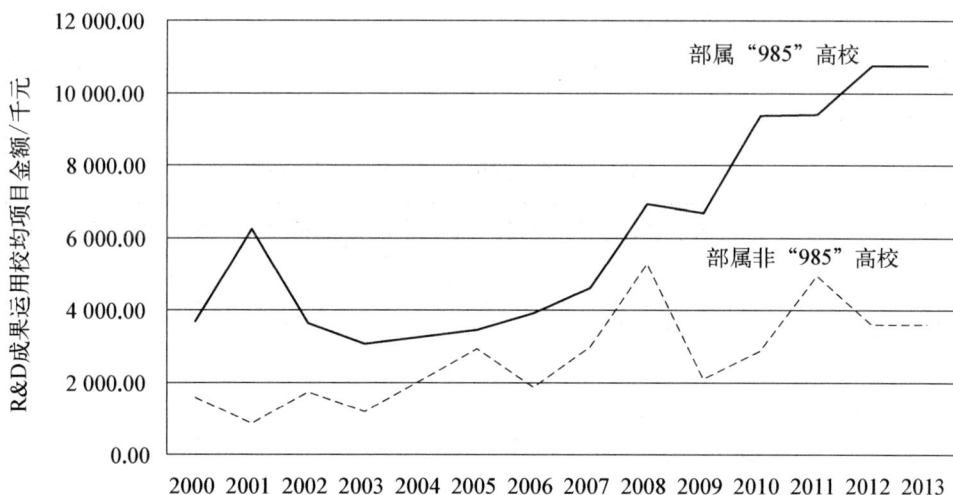

图 5-11　部属"985"和部属非"985"高校专利出售金额变化趋势图

资料来源：根据教育部科学技术司 2000～2013 年《高等学校科技统计资料汇编》整理绘制。

四、我国一流大学建设的直接产出总效率

1. 投入-直接产出总效率指数

利用教育部《高等学校科技统计资料汇编》,课题组计算了所有部属"985"高校 2013 年的投入-产出效率指数。投入指标包括当年拨入经费总额,高校投入 R&D 人员数和 R&D 辅助人员规模。产出指标包括当年本科生毕业生数,研究生毕业生数,出版著作数量,发表国内外论文数量,专利授权数量和技术转化合同数量。分析采用了数据包络分析方法(Data Envelope Analysis, DEA),该方法是一个对多投入-多产出的多个决策单元的效率评价方法,广泛使用于投入产出效率评价。基于数据可获得性和最近期的原则,本研究考察了 2013 年部属"985"高校的投入-产出效率指数。表 5－4 中的结果显示了三个效率指数:综合技术效率指数、规模效率指数和纯技术效率指数。综合技术效率指数反映了高校的总投入-产出效率水平,它是由纯技术效率指数乘以规模效率指数得来。纯技术效率是受到高校管理和技术等因素影响的生产效率,而规模效率是由于高校规模因素影响的生产效率。从分析结果可以看出,大部分的 C9 高校总体投入-产出效率偏低,规模报酬递减,说明单纯依靠扩大资源投入对于我国一流大学建设已经存在瓶颈,进一步需要注重完善高校治理体制,提升管理效率,优化资源配置。

表 5－4   部属"985"高校 2013 年的投入-产出效率指数

大　　学	综合效率指数	纯技术效率指数	规模效率指数	扩大规模效应
北京师范大学	1.000	1.000	1.000	—
东南大学	1.000	1.000	1.000	—
复旦大学	1.000	1.000	1.000	—
南开大学	1.000	1.000	1.000	—
厦门大学	1.000	1.000	1.000	—
山东大学	1.000	1.000	1.000	—
四川大学	1.000	1.000	1.000	—
天津大学	1.000	1.000	1.000	—
中国海洋大学	1.000	1.000	1.000	—

大　学	综合效率指数	纯技术效率指数	规模效率指数	扩大规模效应
中国人民大学	1.000	1.000	1.000	—
中南大学	1.000	1.000	1.000	—
重庆大学	1.000	1.000	1.000	—
大连理工大学	0.985	1.000	0.985	drs
西北农林科技大学	0.967	1.000	0.967	drs
兰州大学	0.962	1.000	0.962	irs
南京大学	0.949	0.965	0.984	drs
华中科技大学	0.916	1.000	0.916	drs
华南理工大学	0.915	1.000	0.915	drs
上海交通大学	0.887	1.000	0.887	drs
浙江大学	0.887	1.000	0.887	drs
武汉大学	0.863	1.000	0.863	drs
东北大学	0.862	1.000	0.862	drs
华东师范大学	0.857	0.871	0.983	irs
西安交通大学	0.842	0.842	1.000	—
电子科技大学	0.839	0.839	1.000	—
同济大学	0.762	0.958	0.795	drs
湖南大学	0.757	0.758	0.999	drs
北京大学	0.721	1.000	0.721	drs
吉林大学	0.710	0.862	0.824	drs
中山大学	0.697	0.786	0.887	drs
清华大学	0.645	1.000	0.645	drs

注：drs：规模报酬递减；irs：规模报酬递增。

2. 投入构成与效率指数的变化

为了分析"985"工程建设是否对高校投入-产出效率有所影响，课题组进一步计算了不同时间点"985"和部属非"985"高校的投入-产出综合效率指数。图5-12显示，总体上部属非"985"高校的综合效率指数高于部属"985"高校，可能的原因是部属非"985"高校投入资源规模相对低于"985"工程高校。然而，从2005年之后的情况看，部属非"985"高校的投入产出效率指数呈现明显下降的趋势,而"985"高校的投入产出效率指数则相对稳定,都在0.91左右。这一分析结果可能反映出"985"工程建设对投入-产出效率的积极效应。随着高校扩大规模,通常会出现规模效率的递减趋势,从而降低投入产出效率。图5-13显示,2005年之后,部属非"985"高校的规模效率指数持续下降,部属"985"高校也在2009年以后规模效率指数明显下降。然而,"985"工程建设可能对高校技术效率提升有一定的促进作用。图5-14显示,2005~2013年,部属"985"高校的纯技术效率指数显著提升,而部属非"985"高校的技术效率反而有所下降。一个可能的解释是"985"工程建设对高校治理、管理制度等方面都有所完善,从而提升了高校的投入产出技术效率。

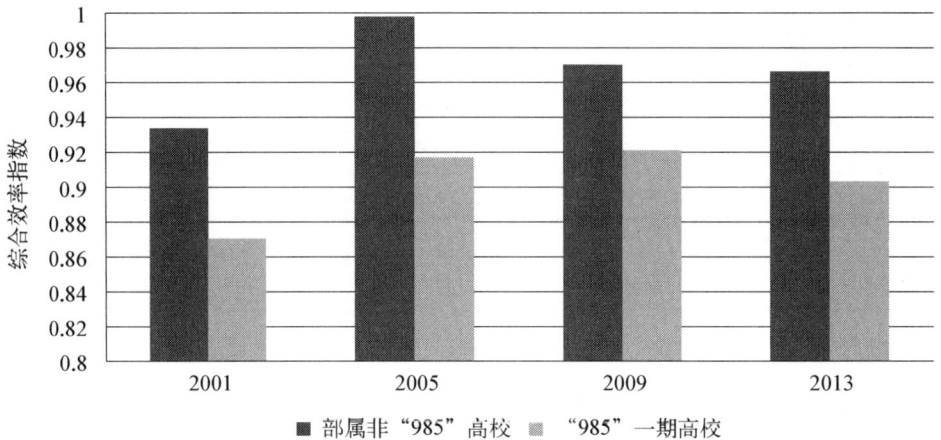

图5-12 部属"985"一期高校和部属非"985"高校综合效率指数变化趋势图

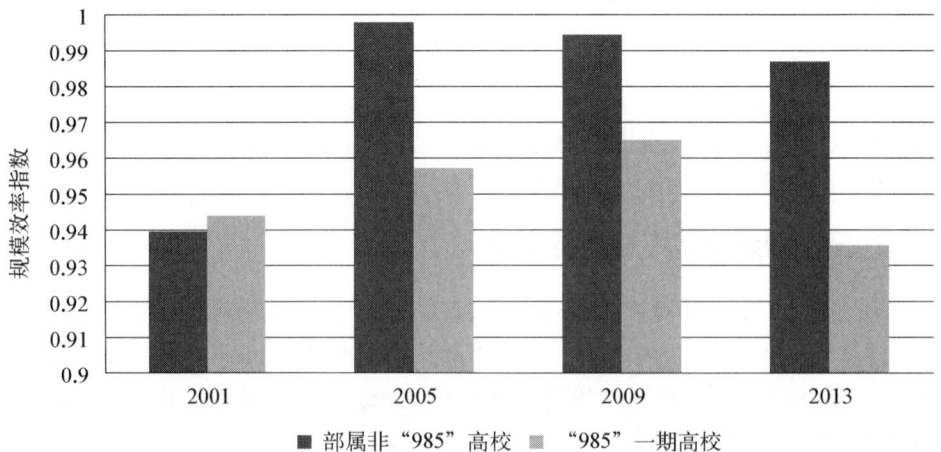

图5-13 部属"985"一期高校和部属非"985"高校规模效率指数变化趋势图

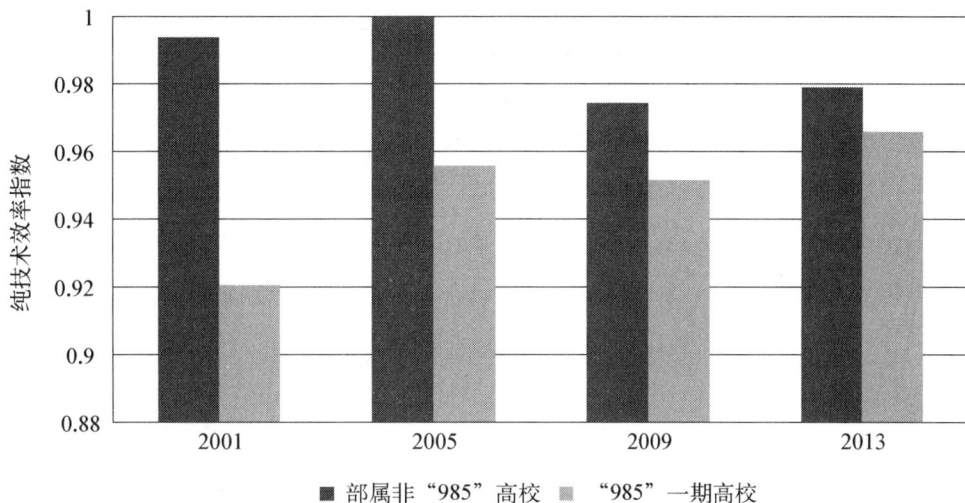

图 5 - 14　部属"985"一期高校和部属非"985"高校纯技术效率指数变化趋势图

五、我国一流大学建设投入结构对产出的影响

1. 人员经费投入比例对大学各类产出的影响

本课题组进一步分析不同投入模式对高校产出的影响，进而探索提升一流大学建设投入产出效率的方式。分析针对 2010～2013 年的所有部属高校进行。首先分析的是经费的使用类型对科学研究、人才培养和社会服务指标的影响，重点关注劳务支出比例对高校产出的影响。分析结果参见表 5 - 5，结果显示，控制人员规模和拨款金额后，过去一年劳务支出比例越高的学校，研究生毕业生规模显著更高（Coef.＝6 908.67，$p<0.05$），说明提高人员经费比例有助于促进高水平研究型人才培养数量的增长。此外，人员经费比例提升也对技术转化合同数增长有一定的促进作用。然而在其他产出变量方面，较高的人员经费比例的影响并不显著。可能由于人员经费在使用方面仍然存在较多的限制，因此对科研产出的影响不显著。

2. 专项经费投入比例对大学各类产出的影响

专项经费投入是我国建设世界一流大学重要的投入模式，它与经常性经费投入不同，通常具有特定的使用限制。我国"985"工程的中央专项经费就主要用于团队的建设和领军人才的引进。当前一流大学建设更加强调高校在经费使用

表 5-5　人员经费比例对各类型产出影响分析表

	(1) 国外论文	(2) 国内论文	(3) 专利授权	(4) 技术转 化合同	(5) 研究生 毕业生	(6) 本科生 毕业生
人员经费比例 滞后一期	31.867	1.768	−2.701	968.755*	6 908.670*	−1.561
	(55.12)	(73.47)	(10.89)	(2 862.69)	(3 179.50)	(56.99)
人员规模对数 滞后一期	−59.408	326.908	−21.988	2 597.569	6 198.098	122.245
	(134.20)	(179.05)	(30.77)	(11 993.44)	(7 508.21)	(139.04)
总事业收入对 数滞后一期	390.059***	27.394	65.907***	6 829.368	5 751.380*	−62.722
	(62.08)	(69.33)	(13.84)	(3 704.05)	(2 742.51)	(61.52)
国外论文数滞 后项	0.662***					
	(0.04)					
国内论文数滞 后项		0.691***				
		(0.04)				
专利授权数滞 后项			0.841***			
			(0.03)			
技术转化合同 数滞后项				0.665***		
				(0.05)		
研究生毕业生 数滞后项					0.857***	
					(0.03)	
本科毕业生数 滞后项						0.849***
						(0.02)
截距	−3 570.421**	−2 023.625	−534.410*	−93 972.5	−106 806.933	815.913

（续　表）

	(1)	(2)	(3)	(4)	(5)	(6)
	国外论文	国内论文	专利授权	技术转化合同	研究生毕业生	本科生毕业生
	(1 155.57)	(1 469.49)	(246.01)	(90 390.84)	(61 992.64)	(1 174.76)
N	464	462	430	342	462	462
F	229.614***	96.878***	460.47***	56.47***	265.553***	671.13***

注：① ＊＊＊表示 $p<0.001$，＊＊表示 $p<0.01$，＊表示 $p<0.05$；② 括号中为标准误。

分配方面的自主权。以下分析将考察高校投入总经费中专项经费比例对各类产出指标所带来的影响。表5－6显示，控制其他因素后，专项经费比例越高，学校在发表国外论文方面更具有优势，而在发表国内论文方面则存在不足。此外，专项经费比例提升对于专利、技术转化和人才培养的影响均不显著。这些分析结果说明，重点建设专项经费只在国际论文方面对高校有所帮助，而其他方面的作用还有待提升。该结果反映出以专项经费投入的方式存在的局限性，可能进一步的改革需要提升经费的配置自主权，减少对经费使用的过度限制。

表5－6　专项经费比例对各类型产出的影响分析表

	(1)	(2)	(3)	(4)	(5)	(6)
	国外论文	国内论文	专利授权	技术转化合同	研究生毕业生	本科生毕业生
专项经费比例滞后一期	31.935*	−53.836**	−0.059	−73.591	1 429.554	14.085
	(13.46)	(17.90)	(2.65)	(677.06)	(1 013.23)	(15.06)
人员规模对数滞后一期	−83.326	286.981	−17.87	−346.073	4 616.59	90.268
	(117.93)	(157.19)	(27.00)	(10 713.47)	(8 923.68)	(132.43)
总事业收入对数滞后一期	367.355***	38.994	67.014***	6 172.16	8 276.267*	−51.68
	(60.21)	(66.95)	(13.41)	(3 465.67)	(3 619.23)	(64.20)
国外论文数滞后项	0.673***					

（续　表）

	（1） 国外论文	（2） 国内论文	（3） 专利授权	（4） 技术转化合同	（5） 研究生毕业生	（6） 本科生毕业生
	(0.04)					
国内论文数滞后项		0.695***				
		(0.04)				
专利授权数滞后项			0.841***			
			(0.03)			
技术转化合同数滞后项				0.667***		
				(0.05)		
研究生毕业生数滞后项					0.766***	
					(0.03)	
本科毕业生数滞后项						0.836***
						(0.02)
截距	−3 145.175**	−1 855.63	−580.651**	−63 417.733	−120 630.912	999.833
	(1 035.14)	(1 295.95)	(217.32)	(78 877.77)	(74 249.65)	(1 115.70)
N	480	478	446	356	478	478
F	245.524***	103.628***	483.069***	58.57***	161.969***	598.145***

注：① ***表示 $p < 0.001$，**表示 $p < 0.01$，*表示 $p < 0.05$；② 括号中为标准误。

第四节　我国一流大学建设投入的乘数效应研究

乘数效应（Multiplier Effect）最初由经济学家凯恩斯（J. M. Keynes）提出，它是一种宏观的经济效应，指经济活动中某一变量的增减所引起的经济总量变化产生的连锁反应①。政府支出可能具有乘数效应,即政府通过制定预算计划将国家拥有的财政资金用于有关政府部门和某些经济活动,带来经济总量增长高于政府投入资金的增长。政府对一流大学建设投入也可能具有乘数效应,获得一流大学建设的高校往往可以获得政策的优势,吸纳资金、汇聚人才和提升声誉,达到提升投入要素的水平和质量,进而形成乘数效应,促进一流大学可持续发展。一流大学建设要促进一流大学的发展,不能仅仅依靠短期的投入效果,更需要形成乘数效应,促进研究型大学形成可持续发展的机制,从而迈向世界一流大学队伍。以下基于乘数效应原理,分析我国一流大学建设在资源吸纳、人才引进和声誉提升三方面的乘数效应。

一、资源吸纳效应

1. 对不同领域经费的影响

高等教育学国际专家贾米尔·萨尔米指出,充足的资源是一流大学具备的特征之一②。通过对重点建设高校和普通高校科研经费变化趋势的分析,可以初步探索"985"工程重点建设方案实施对两类高校的经费的作用。图5-15显示了各类型经费历年变化趋势。5-15(a)显示"985"高校的经费总额显著高于部属非"985"高校,并且二者之间的差距在2009年之后有扩大的趋势。具体从各类型的经费来看,基础研究经费收入在"985"高校显著高于非"985"高校,且二者差距扩大;应用研究经费水平同样是在"985"学校要高于部属非"985"学校,并且在2009年以后二者差距也有所扩大;实验和发展经费方面,"985"高校在2007年之前略高于部属非"985"高校,从2007年之后增长缓慢,反而低于部属非"985"高校。图5-15中的经费差异显示出我国重点建设高校和普通高校之间的研究经费差距有扩大化趋势,但主要体现在基础研究领域。扩大趋势发生的时间点和"985"工程的三期建设时点比较接近。

---

① 约翰·梅纳德·凯恩斯.就业、利息和货币通论[M].高鸿业,译.北京:商务印书馆,1999.
② SALMI J. The challenge of establishing world-class universities[M]. Washington DC: World Bank Publications, 2009.

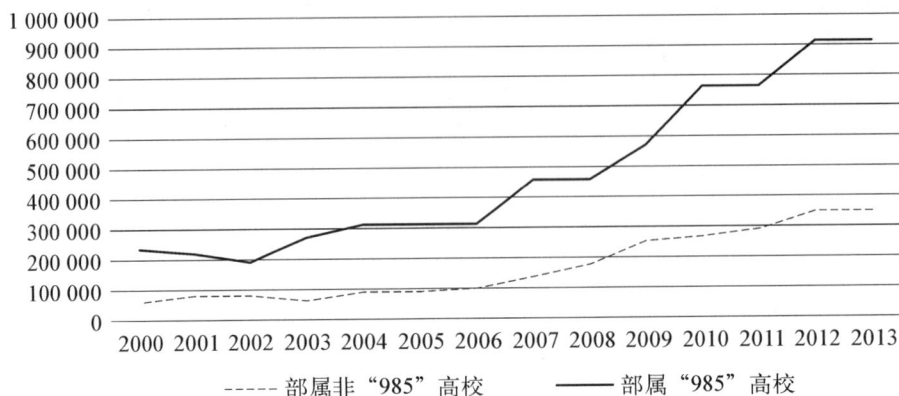

(a) 总研究经费数(千元)

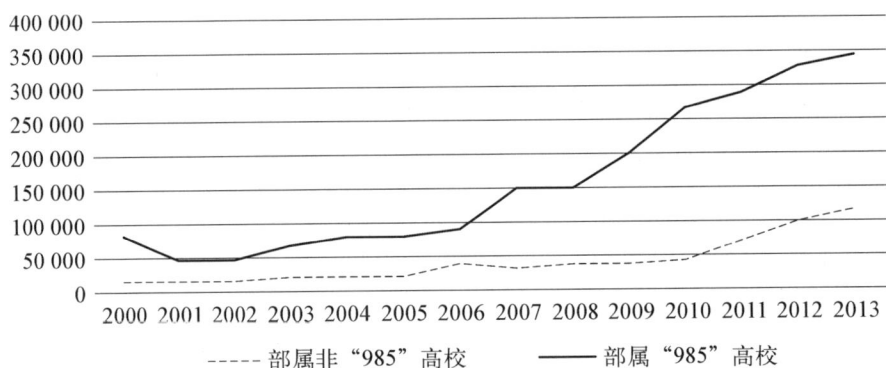

(b) 基础研究经费收入(千元)

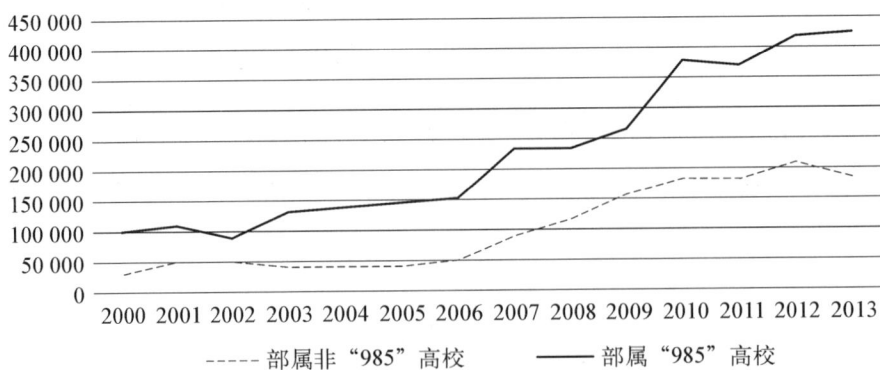

(c) 应用研究经费收入(千元)

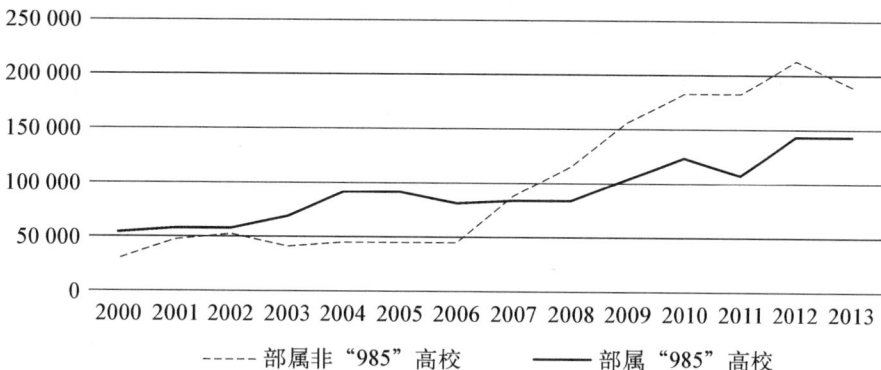

(d) 实验发展经费收入(千元)

图 5 - 15　部属"985"高校和部属非"985"高校研究经费变化趋势图

资料来源：根据教育部科学技术司 2000～2013 年《高等学校科技统计资料汇编》整理绘制。

采用 2000～2013 年 54 所部属高校科技统计汇编的统计数据,利用回归分析方法,进一步考察"985"工程对部属高校不同类型研究经费的影响。分析使用到的因变量是各类高校的经费,具体考察了基础研究、应用研究、实验发展以及总体科研经费拨入总额。研究主要的自变量为当年是否获得"985"工程支持,研究的控制变量包括各类科技活动的投入人员数以及上一期的经费数。本研究针对面板数据特点以及"985"工程可能存在的选择性问题,采用带有工具变量的固定效应模型来分析"985"工程对高校经费以及人才的影响。

表 5 - 7 模型(1)的结果显示,研究总经费受到了人员规模和过去经费水平的影响。控制人员以及上一期的经费数,"985"工程对高校总经费水平提升具有促进作用。这一结论和图 5 - 15 的趋势是一致的,说明重点建设可能造成高校之间研究经费差距的扩大,因此可以推测长期重点高校将体现出经费集聚效应。

模型(2)～(4)区分了不同类型的研究经费,进一步考察经费聚集主要发生在哪些领域。结果显示,一流大学建设主要促进了基础研究领域经费在重点建设高校的聚集,而对应用研究与实验发展经费的提升作用不显著。这一结果可能与不同学科研究的性质有关。高水平的基础研究更加集中在重点建设高校,而这些高校通过"985"工程,又强化了学科水平,进而在吸引经费方面具有乘数效应。应用研究和实验发展研究更多需要与区域企事业单位的合作,一些非"985"高校在应用研究领域也有区域优势,因此在吸纳经费方面不一定弱于重点建设高校。

表 5-7   不同类型研究经费的影响因素分析

	(1)	(2)	(3)	(4)
	研究总 经费对数	基础研究 经费对数	应用研究 经费对数	实验研究 经费对数
"985"工程	0.009*	1.107*	0.013	0.028
	(0.170)	(0.471)	(0.122)	(0.268)
对应领域人员规模	0.000*	0.000*	0.000***	0.003***
	(0.000)	(0.000)	(0.000)	(0.001)
对应领域经费对数 滞后项	0.880***	0.646***	0.804***	0.569***
	(0.024)	(0.082)	(0.030)	(0.055)
截　距	1.516***	3.170***	2.158***	3.879***
	(0.224)	(0.595)	(0.297)	(0.557)
N	472	471	469	425
chi2	8 618.98***	1 085.86***	1 914.10***	351.9***

注: ① ***表示 $p < 0.001$, **表示 $p < 0.01$, *表示 $p < 0.05$; ② 括号中为标准误。

综上,一流大学建设一定程度上具有集聚研究资源的作用,主要体现在基础研究方面,而在应用研究和实验发展方面并没有造成显著的经费吸纳效应。虽然有一些研究认为我国"985"建设造成了高校身份固化,但获得"985"身份并不必然帮助高校获得更多研究经费。在应用学科领域,高校经费的差距可能与学科本身与产业的紧密程度、高校所在位置等关系更大,而与重点建设的关系并不显著。

2. 对不同来源经费的影响

进一步比较分析重点建设实施前后,部属高校吸纳不同来源经费拨款的影响。同样采用 2000~2013 年《高等学校科技统计资料汇编》中部属高校数据,利用带有工具变量的固定效应模型分析"985"工程建设与各个来源经费拨款的关系。表 5-8 模型(1)的分析发现,"985"工程建设与政府拨款之间的关系并不显著,说明一流大学建设并没有显著提升政府的经费水平。由于重点建设项目经费主要来自中央政府和地方政府的拨款,可能政府在资源配置时会考虑到均衡化的问题,因此没有给重点高校更多的资源倾斜。模型(2)的分析结果则显示,控制人员规模和过去经费水平,"985"工程建设与企事业单位拨款经费有显著的正向关系(Coef.=6.261,$p<0.001$),这反映出"985"工程建设可能对于市场而言发挥了经费的吸纳效应。模型(3)的结果也显示,"985"工程建设与其他类型经费之间也有正向关系(Coef.=0.457,$p<0.05$)。

表 5-8　不同来源研究经费的影响因素分析

	(1)	(2)	(3)
	政府拨款对数	企事业单位拨款对数	其他经费拨款对数
"985"工程	−4.063	6.261***	0.457*
	(4.569)	(1.743)	(0.221)
对应领域人员规模	0	0	0
	(0.000)	(0.000)	(0.000)
对应领域经费对数滞后项	1.305**	0.302***	0.306***
	(0.500)	(0.071)	(0.034)
截　距	0.094	2.451*	6.617***
	(2.169)	(1.182)	(0.420)
内生性检验 chi	8.7**	18.539***	
N	472	465	441
chi2	1 894.267	510.856	1 914.10***

注:① *** 表示 $p<0.001$,** 表示 $p<0.01$,* 表示 $p<0.05$;② 括号中为标准误。

　　综上分析结果,"985"工程建设主要具有吸纳非政府经费的效应,可能是由于一流大学建设能够为重点建设高校带来更好的社会声誉,在科学研究能力方面赢得外部的认可,从而可以吸引非政府机构向高校投入资源,为高校学术发展提供持续的推动力。

二、人才聚集效应

　　《国家中长期人才发展规划纲要(2010～2020 年)》指出"要充分发挥高层次人才在经济社会发展和人才队伍建设中的引领作用"。高层次人才是高校学术水平的重要体现,对高校发展发挥着引领性作用,是推动高校持续发展的重要力量。以下将通过对 2000～2013 年部属"985"高校和部属非"985"高校的一流大学的院士、长江学者、杰青和跨世纪优秀人才进行分析,进而了解一流大学建设在聚集高层次人才方面的影响。

图 5-16 是对重点建设高校和普通高校各类人才累积规模变化的分析,图 5-16(a)结果显示,"985"高校的校均院士人数基本保持在 11 名左右,而非"985"高校平均约为 2—3 人。虽然"985"高校院士数显著高于非"985"高校,但二者之间的差距并没有随着"985"工程的实施而扩大,说明院士数量的优势是由于"985"高校本身质量所决定,而与"985"工程的关系不大。

另一方面,图 5-16(b)显示长江学者数量的变化趋势则反映出"985"工程在吸引高层次领军人才方面的贡献。2000 年,"985"高校的校均长江学者数平均只有 14 人;而到 2013 年,增长到 85 人;对比而言,部属非"985"高校在吸引和发展长江学者方面增长幅度较小,到 2013 年校均长江学者数仅14 人。这一结果说明,"985"工程可能对高校吸引和培养长江学者有一定促进作用。

此外,在吸引优秀青年高层次人才方面,"985"工程也发挥了明显的作用。图 5-16(c)中显示,"985"高校的杰出青年人才从 2000 年的 16 人/校,增加到2013 年的 72 人/校,而部属非"985"高校近些年保持在 10 人左右,变化较小。图 5-16(d)中显示在跨世纪优秀人才方面,"985"和部属非"985"高校的差距也在持续扩大,"985"高校从 2000 年的 3 人/校增加到 2013 年的 198 人/校,增长了 85 倍;非"985"部属高校则是从 2000 年的 2.9 人/校增加到 2013 年的 61人/校,增长了 20 倍。

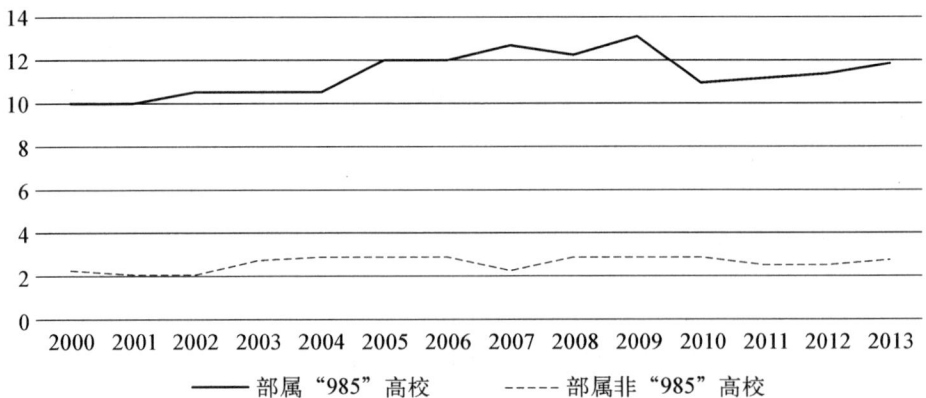

(a) 校均院士/人

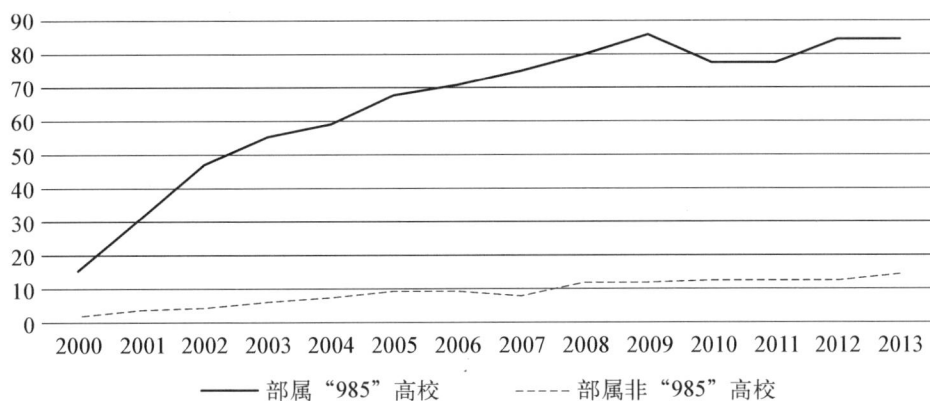

(b) 校均长江学者／人

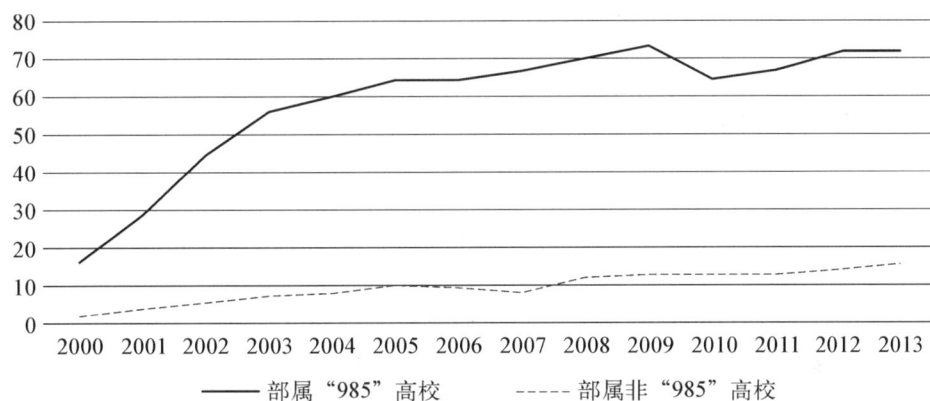

(c) 校均杰出青年／人

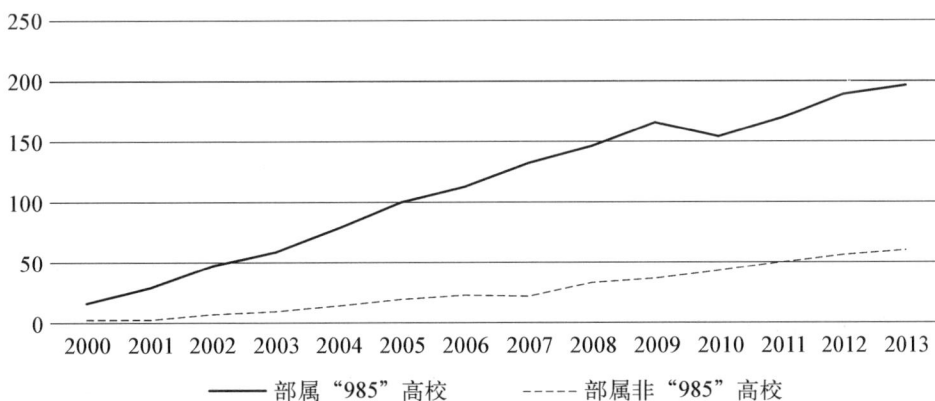

(d) 校均跨世纪优秀人才／人

图 5 - 16 部属"985"高校和部属非"985"高校人才变化趋势图

资料来源：根据教育部科学技术司 2000～2013 年《高等学校科技统计资料汇编》整理绘制。

综上,随着"985"工程的实施,重点高校的长江学者、杰出青年和跨世纪优秀人才规模提升均快于非"985"高校,从而可能发挥人才优势,形成推动"985"高校持续发展的乘数效应。

三、声誉提升效应

一流大学建设不仅仅通过经费和人才等有形资源形成乘数效应,而且还可以通过无形的声誉机制,为进入一流大学建设行列的高校获得各方面的认可,进而带来更长远的发展优势。世界一流大学排名是大学声誉具有代表性且可量化分析的指标,以下选择一流大学排名中的声誉相关指标,来考察近些年来我国重点建设高校相对其他部属非重点建设高校在学术科研和人才培养方面的声誉提升效果。

1. 对高校学术声誉提升的影响

在学术声誉方面,本研究利用 QS 世界大学排名中的师均论文引用指标和学术声誉指标,分析 2013~2016 年高校的科研影响力和学术声誉变化情况。从图 5-17(a)学术声誉指标变化率来看,由于 C9 高校已经达到较高的水平,2016 年平均学术声誉为 88.9 分,因此 C9 高校在近些年学术声誉提高速度低于非 C9 的"985"高校。非 C9 的"985"高校的学术声誉指标提升了 8%,高于 C9 高校的 3.3%;部属非"985"高校在过去 3 年的学术声誉平均水平则下降了 7.0%。图 5-17(b)的分析结果显示,在论文引用方面,"985"高校相对非"985"高校有更大比例的提升,其中 C9 高校的师均论文引用水平提升了 71.8%,非 C9 的其他"985"高校师均论文引用水平也提升了 59.8%,而非"985"高校的论文引用水平提升则较低,仅为 15.1%。

以上分析结果显示,"985"工程对于高校的学术科研声誉可能有积极的作用。在科研影响力方面,国内顶尖高校的发展水平较快,而在综合学术声誉方面,非 C9 的"985"高校在过去呈现较快的发展。

2. 高校人才培养声誉提升的影响

在人才培养声誉方面,本研究采用了 QS 世界大学排名中"国际学生"指标来反映高校的国际声誉,用"雇主声誉"来反映对国内毕业生的质量评价。通过对 2013~2016 年这两个指标的变化情况分析,可以了解近些年不同类型高校人才培养声誉的变化情况。图 5-18 中的分析结果显示,国际学生指标方面,C9

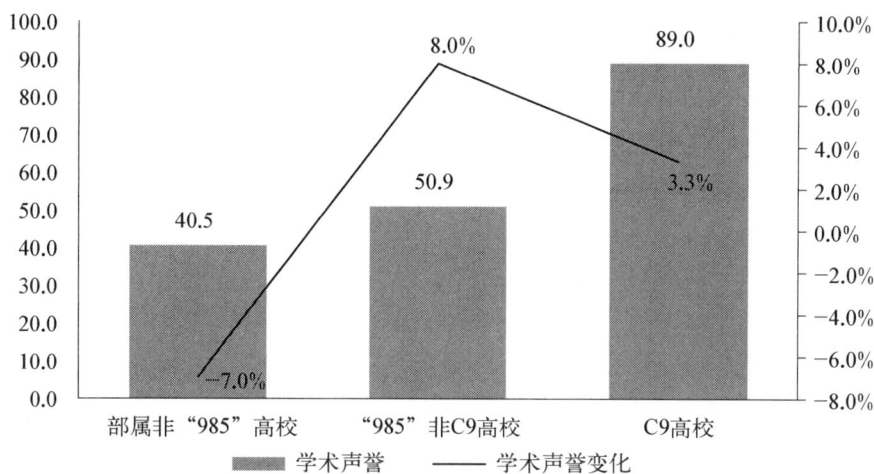

(a) QS学术声誉指标

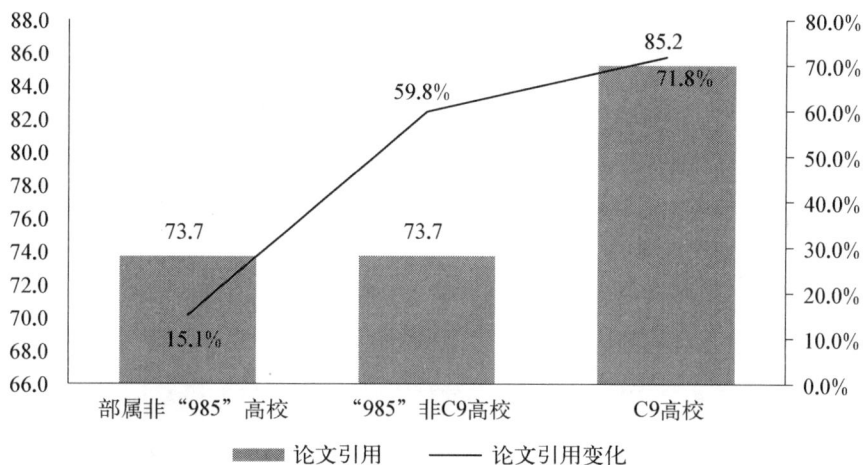

(b) QS论文引用指标

图5-17 2013~2016年部属"985"高校和部属非"985"高校论文引用及学术声誉变化率

资料来源: QS. QS World University Rankings [EB/OL]. [2012-12-25]. https://www.topuniversities.com/university-rankings/world-university-rankings/2015.

高校的增长水平遥遥领先,2013~2016年增长了1.34倍;其次是"985"非C9高校,增长了83.1%;而非"985"高校平均只增长了36.6%。这说明"985"高校,尤其是其中国内顶尖大学,在国际声誉方面有较大的提升,这可能与"985"工程的促进推动作用有关。

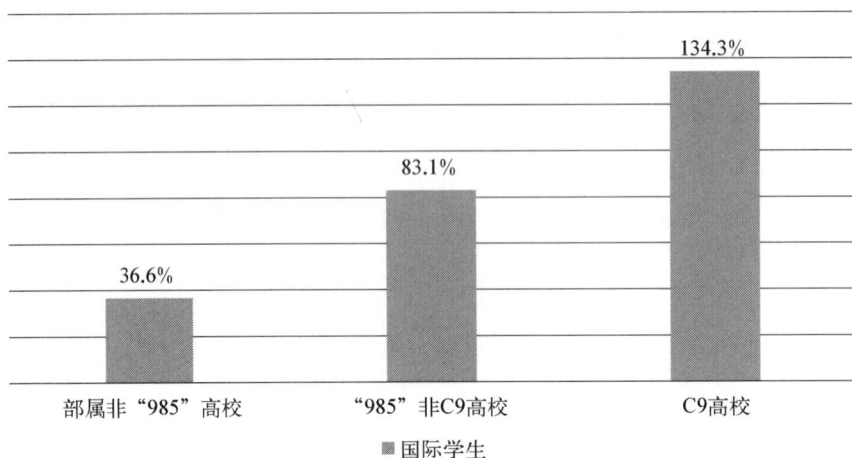

图 5 - 18   2013—2016 国际学生指标变化率

资料来源：QS. QS World University Rankings［EB／OL］.［2012 - 12 - 25］. https：／／www. topuniversities.com／university-rankings／world-university-rankings／2015.

图 5 - 19 在雇主声誉方面，C9 高校得分较高，平均达到 80 分以上，所以 2013～2017 年的增长幅度较少。部属"985"非 C9 高校的雇主声誉指标从平均 32.5 分增长到 53 分，有显著的提升。部属非"985"高校毕业生的雇主声誉也有较大 的提升，从 15 分增长到 36 分。总体而言，在雇主声誉指标上"985"高校均达到较高 的得分，因此该指标的提升空间有限，近些年的增长水平相对低于部属非"985"高校。

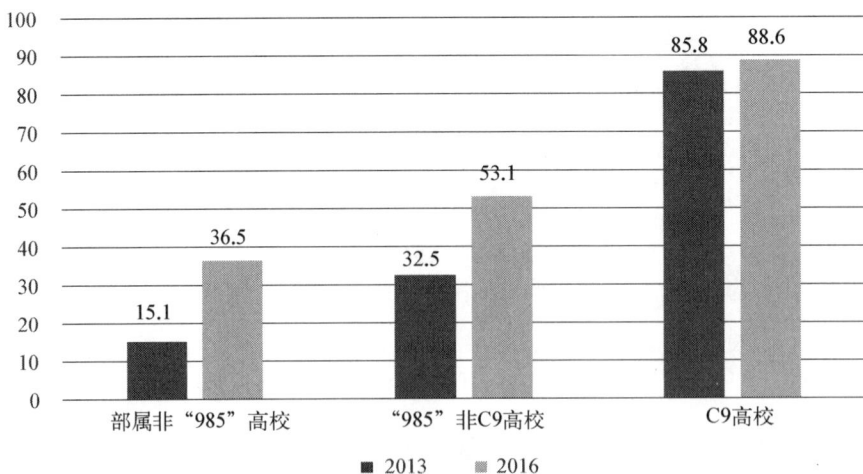

图 5 - 19   2013—2016 年雇主声誉指标变化

资料来源：QS. QS World University Rankings［EB／OL］.［2012 - 12 - 25］. https：／／www. topuniversities.com／university-rankings／world-university-rankings／2015.

总之,从人才培养的声誉指标看,"985"工程在国际声誉方面有较显著的提升,但总体人才培养水平发展上,仍然增长幅度有限,低于非"985"高校。

第五节　一流大学建设的投入模式借鉴研究

本节选择了北欧、日本、韩国和中国台湾地区的世界一流大学建设计划为案例,区分了卓越研究中心和重点大学两种类型的一流大学建设模式,主要从投入体制、拨款机制、绩效问责等方面对各个国家地区一流大学建设投入特点进行归纳,从中汲取经验,为我国一流大学建设投入体系完善提供政策启示。

一、卓越研究中心投入模式

1. 北欧高校卓越计划投入模式

北欧的丹麦、芬兰、瑞典和挪威四国是全球创新排名前列的地区。自20世纪90年代开始,北欧四国实施了一系列卓越计划,在不同程度上促进了优势学科的发展,显著提升了北欧高校的科研竞争力。本研究选取了北欧四个主要针对高校的卓越计划,包括丹麦UNIK计划,芬兰COE计划,挪威SFF计划和瑞典林奈计划。研究将基于高等教育财政投入理论,从投入目标、投入体制、投入机制、绩效问责四个方面剖析北欧高校卓越计划的投入模式特征。

1) 北欧高校卓越计划的投入目标

表5-9总结了北欧国家4个高校卓越计划的支持周期、项目目标及评选标准。总体看,这些卓越研究计划以6～10年的周期来支持一流学科的发展,投入目标与支持短期科研项目和支持重点大学的目标有所不同,它具有一定的"风险投资"理念,主要表现在三方面:首先,卓越计划偏好面向未来,具有创新性和高风险的学科。这些学科领域通常具有较强的交叉学科性质,需要多个传统学科共同支撑,并且探讨重大社会发展问题。其次,卓越计划大都提出了提升国际竞争力的目标,将实现国际前沿研究、申请国际经费等作为评价的标准。最后,卓越计划关注中心未来的持续发展能力,注重学科的组织结构、嵌入大学的能力、合作研究能力等要素。

表 5-9　北欧四国卓越研究中心支持周期、目标与评审标准

项　目	支持周期	项　目　目　标	评　选　标　准
丹麦 UNIK	5 年	资助具有国际标准的卓越研究;促进国际交流与合作;培养和支持青年研究者	科学的卓越性;组织管理能力;资助结束后嵌入高校的能力
芬兰 COE	6 年(3 年须再次申请)	提升科研国际竞争力;研究者培养	研究计划的科研质量和创新性;研究计划的可行性;申请者或团队的竞争力;科研合作和合约;项目在促进科研职业发展和研究者培养方面的作用
挪威 SFF	10 年(5 年评价后可申请延期)	提升研究质量;发展基础研究;加强科研国际化;高校增值;建立高质量研究团队;人员聘任	创新性,产生开创性成果推进国际前沿研究;解决复杂问题,需要跨学科合作和长期研究
瑞典林奈环境计划	10 年(5 年评价)	加强高质量研究;提升研究的国际竞争力	科研质量;潜在的协同效应

资料来源: Ministry of Higher Education and Science. UNIK[EB/OL]. [2017-02-22]. http://ufm.dk/en/research-and-innovation/political-priority-areas/unik.; ACADEMY OF FINLAND. Centres of Excellence in Research[EB/OL](2015-12-09) [2017-02-22]. http://www.aka.fi/en/research-and-science-policy/centres-of-excellence/.; The Research Council OF Norway. Norwegian Centres of Excellence (SFF)[EB/OL]. (2016-06-23) [2017-02-22]. http://www.forskningsradet.no/prognett-sff/About_the_CoE_scheme/1224067001878.; Vetenskapsrådet. Linnaeus Environments[EB/OL]. (2014-09-10) [2017-02-22]. http://www.vr.sc/4.41c4c50b1195b50750780009428.html.

2) 北欧高校卓越计划的投入体制

北欧国家卓越计划通常采取政府与高校建立配套资金(Co-funding)的方式支持中心发展(参见表 5-10)。比如挪威的卓越中心约有 20% 的经费来自政府项目拨款,25% 来自高校。瑞典的林奈项目要求高校给每个中心提供约 10 万欧元的配套经费支持。丹麦 UNIK 计划中,高校为中心建设提供了约 15% 的经费。高校的配套经费通常以设施、设备、间接成本等方式支持一流学科的发展,而政府项目经费则主要用于负担学科研究的直接成本。

除政府和高校对学科建设的投入以外,北欧国家卓越研究计划也积极鼓励国内产业和国际组织机构的支持。比如芬兰 2008~2013 年的卓越计划建设中,有 15 万克朗来自诺基亚公司。丹麦 UNIK 计划每个中心年均获得的国际经费高达 2 亿丹麦克朗,比政府项目的投入高 67%。挪威 SFF 计划也鼓励中心与国内外企业和各类机构合作,2010 年来自政府和高校以外经费约占挪威 SFF 计划总经费的 35%。

表 5 - 10　2010 年度北欧四国卓越研究中心投入经费表

项　目	总项目经费（万欧元）	中心数量	平均每个中心政府经费（万欧元）	政府经费占总经费比例	高校配套经费要求
丹麦 UNIK	1 289	4	322.3	36％	无要求,但实际高校提供了 10％～30％的配套经费支持
芬兰 COE	3 000	18	52	12％～16％	要求配套,协商确定配套比例,通常高于项目经费额度
挪威 SFF	3 020	21	143.8	20.3％	要求配套,无固定比例,平均 24％(2009 年)
瑞典林奈环境计划	2 764	40	69.1	—	每个机构要求给每个中心配套约 10 万欧元／年

注:瑞典林奈项目政府经费所占比例的统计资料缺失。

资料来源:AKSNES DAG, et al. Centres of Excellence in the Nordic countries[R]. NIFU Working Paper, 2012：4. Oslo：Nordic Institute for Studies in Innovation, Research and Education.；Danish Agency for Science, Technology and Innovation. Annual report 2014 and final evaluation from the UNIK Expert panel[R]. Copenhagen：Ministry of Higher Education and Science, 2014.

3) 北欧高校卓越计划的投入机制

在拨款机制方面,北欧卓越计划主要采取协商预算和整体拨款(Block Grant)。政府与高校基于拨款的历史趋势、研究计划和中心运行成本,协商确定给每个学科中心的拨款数量,并整体拨付高校。高校对经费有较大的分配自主权。一些高校将经费直接分配到学科中心,也有高校通过院系间接将经费分配给学科。各学科中心具有一定的经费使用自主权,通常政府项目经费用于研究的直接成本,高校配套经费用于设施设备和其他间接成本,自筹经费则根据中心需求进行分配和使用。比如丹麦 UNIK 中心根据研究需要进行经费预算,可将项目经费用于科研活动、博士和博士后培养、科研基础设施设备,部分经费还可用于吸引国际以及企业的合作人才。

4) 北欧高校卓越计划的绩效问责机制

在实施整体拨款的同时,北欧卓越计划建立了较为完善的学科绩效评价体系。一方面,一些北欧国家要求学科中心进行自我评价。比如丹麦 UNIK 计划每年要求各中心提供成本报告及进展报告,丹麦科技与创新署负责监督经费的合理使用。另一方面,北欧国家还建立了外部评价体系。由国内外学术专家、企业及社会相关领域专家组成卓越中心评价组,在中期和项目结束后对各个学科中心进行外部评价。评价通常关注四方面的指标：研究质量、人才培养、组织管理以及学科中心对高校以及宏观的科研创新系统的影响。

根据自我评价和外部评价结果，一些北欧国家的卓越计划对一流学科实施了绩效预算。比如芬兰卓越研究中心每三年要进行一次中期评价，申请下一轮三年资助则基于中期评价的结果。瑞典则是在中期评价阶段引入了惩罚机制，评价结果不佳会降低中心继续获得项目支持的经费水平。

2. 日本 WPI 计划的投入模式

WPI 项目是 2007 年日本文部科学省下设的政策项目，由日本学术振兴会负责具体管理项目的遴选、运行和评价。WPI 项目资助了日本 9 个研究中心，其中 8 个成立于大学机构，1 个发展于国家材料科学研究机构，主要包括材料、数学物理、医学、生命科学等领域[①]。项目目前已进行过 2007 年、2010 年和 2012 年三轮，并在 2017 年将开展新一轮遴选。

1）WPI 计划投入体制

获选 WPI 项目的各个研究中心依托于大学等机构，并要求依托机构提供实验室、研究员、器材等基础设施，国际化的科研环境，核心的工作队伍等。机构须保证其他来源资金与 WPI 项目资金达到同等金额水平，并承诺在 WPI 计划资助终止后继续对相应研究中心进行各方面的支持[②]。以京都大学的细胞材料研究所（Institute for Integrated Cell-Material Sciences, iCeMS）为例，根据 2015 年的统计数据来看（见图 5 - 20），WPI 项目资金规模占机构总资金来源规模的 44% 左右，非 WPI 资金来源占到 56%。在非 WPI 资金来源中，来自京都大学的经费支持超过了 10%（包含京都大学预算资金投入和对应学科部门的投入），科研赞助的比例稳定在 45%，科研补助也高达 30%[③]。

获得 WPI 项目资助有助于各个中心吸纳其他来源的经费。对比历史数据来看（见图 5 - 20），iCeMS 科研合作的比例显著增加，合作研究资金的比例从 2011 年的 2% 增长到 2015 年的 11%；科研补助比例在 2011～2013 年间迅速增加后保持稳定比例，这得益于研究员在科研项目中的贡献；此外，社会捐赠的比例有小幅增长趋势，显示出 iCeMS 的社会声誉渐渐被认可。总体来看，WPI 资

---

① Japan Society for the Promotion of Science. World Premier International Research Center (WPI) Initiative[EB/OL].[2017 - 12 - 02]. http：//www.jsps.go.jp/english/e-toplevel/index.html.

② Japan Society for the Promotion of Science. Application Guidelines[EB/OL]. [2017 - 12 - 02]. http：//www.jsps.go.jp/j-toplevel/data/01_koubo/h24/fy2012_1_koubo.pdf.

③ Institute for Integrated Cell-Material Sciences(iCeMS). Brochure in 2016[EB/OL]. [2017 - 02 - 18]. http：//www.icems.kyoto-u.ac.jp/en/pr/pdf/iCeMS_Brochure_201606_E.pdf.

非WPI资金来源

| 1 304 | 1 329 | 1 334 | 1 310 | 1 286 | WPI资金(万日元) |
| 2 050 | 2 022 | 2 142 | 2 075 | 1 646 | 非WPI资金(万日元) |

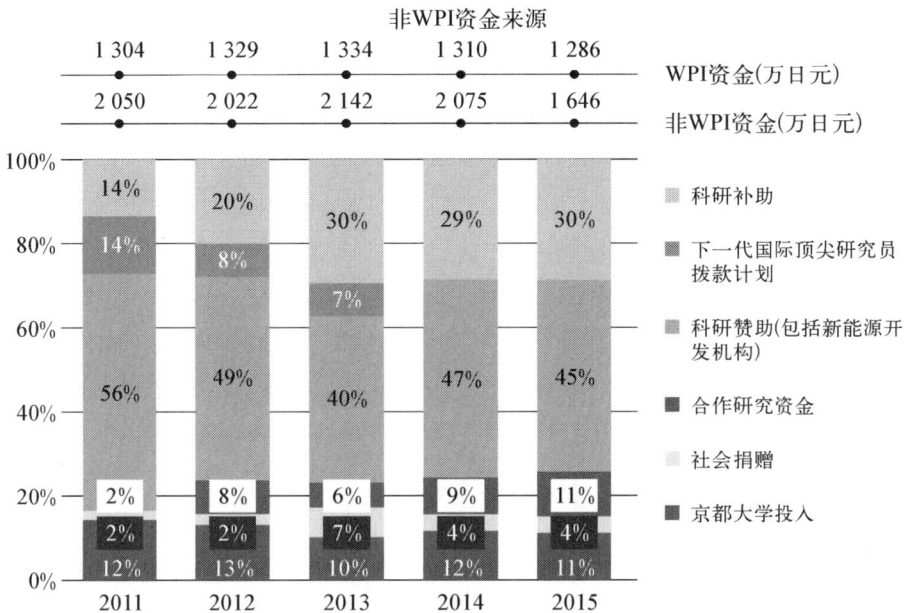

图 5-20　iCeMS 非 WPI 资金来源(2011—2015)

资料来源：Institute for Integrated Cell-Material Sciences. Brochure[EB/OL]. [2017-10-27]. http://www.icems.kyoto-u.ac.jp/en/pr/.

金投入发挥了杠杆资金的作用,激励京都大学向其他渠道募集资金,减少了科研机构对 WPI 资金的过度依赖,增强了 iCeMS 资金来源的多元化和可持续性,激发了机构发展的内生动力。

2) WPI 计划的投入机制

WPI 计划资金的划拨属于专项协商,在资金使用范围和额度上都做出了规定,主要用于人事费用、科研活动、差旅费和器材购买,用于其他途径的费用必须向文部省提出申请经同意后方可执行。

以大阪大学的免疫学前沿研究中心(Immunology Frontier Research Center, IFReC)为例(见表 5-11),IFReC 在引进人才后留住人才上提供了充分的资金支持。从经费支配上来看,近 60% 的 WPI 资金用于人事花费,而 25% 以上的机构总体资金用于支持个人研究。WPI 项目资金使用上严格按照 WPI 计划要求执行;从资金整体使用分配上来看,IFReC 对人事花费、科研器材配置、个人研究以及科研活动最为重视,2015 年有 32.5% 用于人事,20% 用于科研活动,23.4% 用于采购科研器材,23.7% 用于对个人研究的投入。此外,为了确保科研活力,WPI 研究中心投入大量经费吸引各类优秀人才到研究中心进行访问,以东京大学科维理宇宙物理学与数学研究所为例,仅 2014 年就接纳了 1 689 位访问学者,其中海外访问学者的比例超过 1/3。

表 5-11　IFReC 科研经费来源与支出情况

年份		金额 (百万日元)	人事	科研 活动	科研 器材	差旅费	个人 研究
2015	机构资金总计	3 506	32.5%	20%	23.4%	0.4%	23.7%
	WPI 项目资金	1 286	58.0%	36.2%	5.1%	0.7%	
2014	机构资金总计	3 825	29.1%	18.5%	24.5%	0.3%	27.6%
	WPI 项目资金	1 310	59.9%	35.9%	3.7%	0.5%	
2013	机构资金总计	3 995	28.4%	19.1%	21.7%	0.2%	30.5%
	WPI 项目资金	1 335	58.3%	33.9%	7.4%	0.4%	
2012	机构资金总计	4 139	28.2%	14.7%	24.4%	0.3%	32.4%
	WPI 项目资金	1 344	60.8%	30.4%	8.3%	0.5%	

资料来源：Immunology Frontier Research Center (IFReC). Annual report 2012 - 2015[EB/OL]. [2017 - 12 - 02].http://www.ifrec.osaka-u.ac.jp/en/outline/brochures.htm.

3) WPI 计划绩效问责制度

日本 WPI 项目建立了系统的绩效评价机制,保障经费投入产出效率的提升。WPI 在资助周期内对每个研究中心进行年度跟踪式评价,在资助实施周期过半时进行中期评价,资助周期结束后还会进行三年一次的后续发展评价。WPI 的投入预算会受到评价结果的影响。JSPS 分别在 2011 年和 2015 年开展了两次中期评价,已经获批的 9 个研究中心中有 4 个仍在 10 年的周期内发展。综合年度评价和中期评价结果,2007 年的 5 个项目已经终止了 10 年的 WPI 资助,只有 Kavli IPMU 通过了层层评价考验,获得额外 5 年的延长资助。

二、重点大学投入模式

1. 韩国 BK21 工程

1999 年上半年,韩国启动了一项高等教育改革计划——BK21 工程,主要涵盖了应用科学领域、艺术与社会科学领域、特色(传统)科学领域和新兴产业科学领域。BK21 工程以重点大学为投入的单位,支持韩国一流大学的建设。以下从投入目标、投入体制、拨款机制和绩效问责四个方面来考察 BK21 工程的投入模式特征,并简要概述 BK21 工程的投入效果。

1) BK21 工程的投入目标

BK21 工程的总体目标是重点建设一批高等学校和重点学科,进一步改革和完善高等教育体制,充分发挥高等教育的特点和优势,通过政府与社会人力、财力和物力等方面的投入,有重点地把一部分高校建设成为世界一流水平的优秀大学,同时使一批重点学科接近或达到国际同类学校学科的先进水平,将韩国发展成为世界研究强国之一,培养知识经济与信息化时代所需的新型高级人才,迎接 21 世纪的挑战[1][2]。

2) BK21 工程的投入体制

BK21 工程第一阶段每年投资 2 000 亿韩元,7 年共投入 1.4 万亿韩元,主要用来培养和建设具有世界一流水平的研究生院和优秀地方大学以及开发高校研究生院的科研潜力;2006 年 6 月韩国教育部公布了 BK21 工程第二阶段资助项目评选结果,在这一阶段 7 年间投入 2.1 万亿韩元于受资助的大学,特别是资助具有特色化领域的研究中心型大学[3]。

BK21 工程第二阶段的经费主要来自四个方面: ① 政府资助金;② 企业配套资金(为推进 BK21 工程发展的企业受托资金,包括研究经费,以及除研究人员和实物外的现金和有价证券等);③ 大学配套资金(为了 BK21 工程,大学投入的大学发展基金和财团资金等经费,但不包括学费、课程费以及期成会费);④ 地方自治团体配套资金(事业团体所属大学所在区域的基础以及广域地方自治机构所筹集的资金,包括研究经费,以及除研究人员和实物外的现金和有价证券等)[4]。

表 5-12 总结了 BK21 工程第二阶段经费按项目预算编制的标准。政府资助金主要投入在以下六个方面上:研究生资助费用、新进研究人员资助费用、国际合作经费、其他工程运营经费、教学过程资助金以及其他间接费用等,政府资助金的一半以上都投入在研究生资助上,关注人才的培养和发展。

---

① Ministryof Education. 제목: BK21 사업 [EB/OL].(2009 - 04 - 09) [2017 - 12 - 15].http://www. moe. go. kr / boardCnts / view. do? boardID = 321&lev = 0&statusYN = W&s = moe&m = 030302&opType=N&boardSeq=48382.

② 付艳. "21 世纪智慧韩国工程"研究[D]. 重庆:西南大学,2009.

③ 李善雨.韩国的研究生教育战略:"智力韩国 21 工程"[J].比较教育研究,2011(3): 46-50.

④ Ministryof Education. 법령정보 [EB/OL].(2013 - 12 - 30) [2017 - 12 - 15]. http://www.moe.go. kr / boardCnts / view. do? boardID = 141&lev = 0&statusYN = W&s = moe&m = 0404&opType= N&boardSeq=52065.

表 5 - 12　BK21 工程第二阶段经费按项目预算编制标准

项目		基础科学	应用科学&学术界融合	人文社会	核心	培养专业服务人才			经费预算内容
						医疗		经营	
						学术学位	专业学位		
政府资助金按领域编制比率	研究生资助费用	60%以上	60%以上	55%以上	55%以上	60%以上	—	—	硕士博士研究奖学金资助：硕士研究生每个月50万韩元以上博士研究生每个月90万韩元以上博士后阶段每年2 400万韩元以上签约教授每年3 000万韩元以上国际合作经费和其他工程运营费预算编制各占政府资助金的10%以内
	新进研究人员资助费用	20%左右	20%左右	25%左右	25%左右	20%左右	最少25%以上	最少27.5%以上	
	国际合作经费&其他工程运营费	20%以内	20%以内	20%以内	20%以内	20%以内	20%以内	20%以内	
	教学过程资助金	—	—	—	—	—	最高55%以内	最高40%以内	
配套资金应确保资金比率	校内							100%	—
	企业	—	5%	5%（设计影像领域）	5%(科学技术应用领域,设计影响领域)	5%			
	地方自治团体	—	3%—5%	—	—	—	—		

资料来源: Ministry of Education. 법령정보 [EB/OL]. [2017 - 10 - 26]. http: // www.moe.go.kr / boardCnts / view. do? boardID = 141&lev = 0&statusYN = W&s = moe&m = 0404&opType = N&boardSeq=52065.

3）BK21 工程的拨款机制

在拨款机制方面,BK21 工程采用的是竞争性的拨款,根据大学的预算进行专项拨款。首先,在评选流程,各大学单独或联合提出申请,然后由直属教育部的工程计划调整委员会组织评审产生,资助对象的选择按照公开透明、优质管理的原则,对申请团体的研究条件、研究计划和责任带头人进行多阶段严格审查。

然后,确定资助大学名单之后,韩国科学研究基金会保证 BK21 工程经费到位,并对经费进行分配。科学研究基金会设立 BK21 工程的专属账户对经费进行管理,经费可以通过法人信用卡和转账汇款以及得到认可的交易凭证的形式支出,同时,支出金额超过 5 000 万韩元的情况需要公开竞争投标①。

最后,为了有效使用和管理经费,在每个工程年度开始后的 30 天之内,大学校长需要制定一个 BK21 工程当年经费使用的详细计划书,并提交给专门机构的负责人。所有大学和事业团队无权对经费进行管理,所有经费的使用严格审批,无具体事由不得支出;所有的经费都要用在参与项目的教授、新进研究人员以及研究生培养上,严禁将经费使用在购买土地、建筑物以及设施费用上②。

对于大学自身的配套资金不可以征收间接费用,但是对于来自企业的配套资金等外部配套资金中的研究费用,根据大学内部的规定,可以征收间接费用。除此之外,为了有效地使用和管理配套资金,大学校长拥有一定自主权,可以在规定的经费使用条目外,设立需要的使用条目。

4) BK21 工程投入的绩效问责机制

所有入选 BK21 工程的大学要进行自我评价,此外大学还要接受韩国教育部的评价。教育部每年对工程重点建设大学实施项目的资金运用情况和目标实施情况实施评价,并检查参与工程的高校是否按计划进行了改革,以便更好地对工程进行管理。

教育部的评价主要包括三种形式: ① 年度评价。BK21 工程要求每个大学在每个工程年度结束的 30 天之内提供当年实际经费使用报告书。根据年度评价的结果,对未达标的事业团队在拨款方面予以处罚,根据不同领域评价的结果,位于该领域排名倒数 1 至 3 的事业团队的经费将会减少 10%～20%,转而资助该领域排名前 1 至 3 的事业团队,此外评价结果显著不合格的事业团队将解除协议退出这项工程;② 中期评价。根据中期评价的结果,政府决定后续支持的力度,以使资助更为有效;③ 终期评价。终期评价对各个事业团队目标达成情况以及整个项目目标实现的实际情况进行分析,对取得优秀成果的事业团队和参与者进行奖赏③④。

①　Ministryof Education. 전문대학육성 [EB/OL].(2009 - 04 - 09) [2017 - 12 - 15].http：//www.moe. go. kr /boardCnts / view. do? boardID = 321&lev = 0&statusYN = W&s = moe&m = 030302&opType=N&boardSeq=48382.

②　Ministryof Education. 법령정보 [EB/OL].(2013 - 12 - 30) [2017 - 12 - 15]. http：//www.moe.go. kr /boardCnts / view. do? boardID=141&lev = 0&statusYN=W&s = moe&m = 0404&opType= N&boardSeq=52065.

③　Minstry of Education. 제목：BK21 사업 [EB/OL].(2009 - 04 - 09) [2017 - 10 - 30]. http：//www. moe. go. kr /boardCnts / view. do? boardID = 321&lev = 0&statusYN = W&s = moe&m = 030302&opType=N&boardSeq=48382.

④　Minstry OF Education. 제목：2단계 BK21 사업종합평가기본계획 [EB/OL].(2012 - 01 - 31) [2017 - 10 - 30]. http：// www. moe. go. kr /boardCnts / view. do? boardID = 321&lev = 0&statusYN = W&s=moe&m=030302&opType=N&boardSeq=48407.

综上,BK21 工程旨在建设一批世界一流大学和一流研究生院,重视对研究生研究和学习的资助,工程实施以来在大学综合排名、学科发展、人才引进等方面取得了显著的成效,研究经费采用中央管理的体制,通过短期年度评价、中期评价以及终期评价等评价方式对项目进行评价、考核和监控,实施过程实行淘汰制,及时淘汰不合格的事业团队,有效保障了项目的实施效果。

2. 中国台湾地区"迈顶"计划

进入二十一世纪以来,中国台湾地区高等教育规模和质量不断提升,在世界范围内享有一定的声誉。随着大学排名的出现和高等教育发展面临的形势逐渐严峻,中国台湾地区相关部门提出了大学学术追求卓越发展计划、发展国际一流大学与顶尖研究中心计划、迈向顶尖大学计划、高等教育发展蓝图方案等十几项政策和方案,推动台湾地区高等教育继续追求卓越、走向世界顶尖。自 2006 年起,台湾地区推行了 500 亿资金的"发展国际一流大学及顶尖研究中心计划",计划分两期,第一期为 2006 年 1 月至 2011 年 3 月,获资助的大学为 17 所,重点支持大学;第二期为 2011 年 4 月 1 日起至 2016 年 3 月 31 日,并于第二期更名为"迈向顶尖大学计划"(简称"迈顶"计划),获资助的学校增加为 15 所,重点支持研究中心[1]。发展国际一流大学及顶尖研究中心计划与"迈顶"计划和中国大陆推行的"双一流"建设在建设目标、建设基础、建设领域等方面存在着很多相似点,为中国的世界一流大学和一流学科建设以及高等教育走向卓越提供了一定的基础和方向。以下主要从投入目标、评选机制、拨款机制和绩效问责四个方面对中国台湾地区"迈顶"计划的投入模式特征进行归纳分析。

1) 投入目标

"迈顶"计划的投入目标主要是为了激励及要求台湾地区优秀大学加速培育及招聘优秀人才,从事结合台湾地区发展及产业需求的研究,改善教学方法,促使其充分发挥知识创新和精英人才培育的功能,以提升台湾地区整体的竞争力,在全球范围内和其他国家和地区的顶尖大学一较长短。具体说来,包括五个目标:加速顶尖大学国际化,拓展学生的世界观;提升大学研发创新品质,强化国际学术界的影响力与能见度;积极招聘并培育人才,加强台湾地区人力资源;强化产学合作,促进产业升级及提升台湾地区竞争力;回应社会及产业需求,培育顶尖人才[2]。

---

①   世界教育信息编辑部.台湾地区迈向顶尖大学计划[J].世界教育信息,2013(5): 73 - 74.
②   台湾"教育部".迈向顶尖大学计划(102 年 9 月修正版)[R].台北:台湾"教育部",2013.

2) 评选机制

"迈顶"计划评选指标主要考虑质化方面和量化方面。质化方面主要包括重大研究成果及国内外学术地位,招聘和培育优秀人才的成效及相关具体策略,提升教学成效的具体策略,协助产业及社会发展的成果及具体策略,争取及整合校内外资源的情形及具体策略,学校预定的总体、分年目标的合理性,经费编列合理性以及其他经审议委员会决议的指标。量化方面主要包括助理教授及相当等级以上的教学或研究人员数量、获台湾地区及国际重要奖项的教学或研究人员数量、台湾地区及国际院士、国际学会会士人数等,台湾地区及国际重要期刊论文发表数及被引用数、论文受高度引用率的篇数、学术性专著数,就读学位的国际学生数、交换国际学生数、出国交换的学生数、教授专业课程的专任外籍教师数,产学合作经费、智慧财产权衍生收入、专利数与新品种授权数以及其他经审议委员会决议的指标。评审将依学校教学研究能量、整合资源状况、领域是否居台湾地区顶尖等进行[①]。

高校要根据自己的具体情况,提出中长期发展规划,以保障经费投入和使用的稳定性和长期性,并由台湾"教育部"对经费使用进行管控。台湾地区建设世界一流大学的评选机制有以下两个特点:

关注重点发展领域,进行重点投资。台湾地区建设世界一流大学采取投资重点大学和投资重点领域的原则,对高精尖技术的学科以及国际前沿领域和关系本地经济社会发展的关键领域进行重点投资。重点领域的确定一部分是根据学校自身发展的地位和学科发展的情况来进行自我评定,另一部分政府也会根据本地实际的经济社会发展需求重点支持某些领域的发展。

重点支持公立高校,部分支持私立高校。台湾地区建设世界一流大学重点支持公立高校,部分支持私立高校建设。支持的公立高校一般为在本地区乃至世界具有一定影响力的大学,支持的私立学校一般有一定数量的有着社会地位和学科地位的某些领域或者学科。在全球排名日益盛行的情况下,追求效率成为全球大学改革和发展的原则,支持现有的具有一定影响力的学科和学校便成为一般选择。

3) 拨款机制

"迈顶"计划的经费投入体制采取竞争性拨款的方式,推动研究型大学整合、跨校研究中心设置等。经费拨付方式,突破以往政府经费以项目资金补给(Project Funding)的补助方式及限制,改成统块式补给(Block Funding),在经

---

① 台湾"教育部".迈向顶尖大学计划(102年9月修正版)[R].台北:台湾"教育部",2013.

费使用上赋予大学运作弹性,由台湾"教育部"订定经费使用原则,并予以控管①。

第一期计划明确指出:经费将以资本资金占 40%、日常发展资金占 60% 的比例拨付,并视计划审议结果的变动进行调整,各校年度补助经费分 3 期拨付。第二期计划则修改为:补助经费的比例,资本资金占 30%,日常发展资金占 70% 的比例拨付。经费使用原则中明确规定辅助经费的使用范围、不得使用的项目、学校的薪资方式等。第一期计划中规定:经费主要用以提升学校整体的教学及研究水准,第二期"迈顶"计划实施时期,台湾地区高等教育整体上重视教学、研究的卓越发展,国际交流的加强,国际研究人才、优秀学生的沟通,产学研合作及法人化等。

第二期具体补助项目:① 购置教学、研究所需的图书仪器设备。② 办理国际学术交流,包含推荐教学或研究人员、博士后研究离台进修或参与研究、选送优秀学生至国外一流大学修读学位(交换)或参加国际竞赛等。③ 聘任海内外人才担任编制外教学及研究人员所需的人事费,以及提供编制内教学及研究人员法定外给与(弹性薪资);由学校视上述人员学术或专业地位、发展潜力、现有薪资等决定拨款额度,且不受现有薪资额度限制。④ 聘任编制外研究助理及专案工作人员之人事费。⑤ 延揽国外优异人才(含教师、研究人员、留学生)所需之行政经费。⑥ 与岛内大学合作(含跨校整合系统)以及与国外顶尖大学或实验室合作所需经费。⑦ 兴建或改善建筑设施所需经费。⑧ 校务发展咨询所需经费。⑨ 专利申请及维护所需经费。⑩ 其他有助于提升教学与研究所需经费。业务费:用于推动本计划所需增聘专案工作人员,召开咨询、审议、考评等委员会之相关费用,以及推动本计划所需相关经费②。

第六节　政　策　建　议

一、保障经费投入规模,拓宽经费投入渠道

自 20 世纪 90 年代开始,我国在"985"工程、"211"工程建设当中持续投入,

---

① 侯咏琪.台湾迈向顶尖大学计划及其影响[J].世界教育信息,2013(7):68-70.
② 台湾"审计部".审计部专案审计报告—迈向顶尖大学计划执行情形(含发展国际一流大学及顶尖研究中心计划)[R].台北:台湾"审计部",2014.

为我国顶尖研究型大学朝着一流大学方向迈进奠定了坚实的基础。从经费充足性角度来看,我国虽然投入一流大学建设的财政资源总量较大,但中央专项经费占高校总经费投入比例仅为 6%。从一些发达国家和地区的一流大学建设经验看,政府财政投入占总体运营经费的比例一般高于 20%。对比而言,我国财政经费对一流大学建设投入比例并不算太高。另一方面,在我国重点建设中,中央和地方政府配套投入比例较高。部分三期"985"工程的高校获得的政府专项经费占总经费比例平均达到 80%,而非政府主体对一流大学建设的投入相对有限。从一些国际经验来看,政府的项目投入往往发挥了资金撬动的作用。通过吸引高校以及校外企事业单位在一流大学和学科发展的投入,可以发挥乘数效应,促进高校的进一步发展。

建议在当前的"双一流"建设中,保障并稳步提升中央专项投入规模,并积极鼓励高校、企事业单位、国际组织机构等多元主体参与,拓宽经费来源渠道,建立更具有可持续发展的一流大学建设投入体系。高校可以通过提供设施设备覆盖间接成本,或者提供绩效奖励等方式来促进一流大学的发展。企事业单位、国际组织则可以通过提供项目配套经费的方式,搭建高校与外部各类机构的合作平台,促进一流大学服务社会和国际化水平的提升。

二、纳入财政预算,实施长周期考核

虽然当前我国建设世界一流大学在一些方面成效显著,然而一流大学的发展是一个循序渐进的过程,需要稳定且持续的经费支持和推动。我国重点建设以专项的方式拨给大学,支持周期只有 3 年,相对时间较短,使得大学对于建设经费缺乏稳定的预期,难以进行长期的预算计划和建设投入。以较高比例的专项经费投入也使得高校在经费配置方面的自主权受到了一定的限制,虽然短期可能满足大学发展对基础条件发展的迫切需求,但长期可能不利于资源的有效配置。

建议未来一流大学建设将经费投入纳入常态化的拨款,对于每一期给予稳定金额的投入,并且在人员聘任、科学研究、人才培养等方面给予高校使用一流大学经费的自主权,从而提升经费的投入产出效率。此外,建议我国的一流大学建设延长建设周期,可以参考国外一些一流学科建设的投入方案,以 6~10 年为周期,而在 3~5 年进行系统的中期评价和考核,项目结束后进行终期考核。

三、扩大经费使用自主权,提升经费配置效率

我国主要采取专项拨款方式,重点建设经费由学校统筹,专款专用,经费的使用方面有不少限制。这些规定虽然保障了专项经费用于特定目标,防止了经费滥用,但也可能不符合学科发展的需求。比如中央专项资金要求人员经费要用于引进聘任一流科学家、学科领军人才、紧缺人才和优秀群体,而一些学科领域可能更加需求博士后和专职科研人员,但难以用重点建设经费来支持。从一些国际经验来看,会一定程度下放一流大学建设经费使用的自主权。比如北欧一些国家采取协商预算和整体拨款制度,政府与高校基于拨款的历史趋势、研究计划和中心运行成本,协商确定给每个学科中心的拨款数量,并整体拨付高校。我国台湾地区的"迈顶"计划也采用了整体拨款制度,规定了较高比例的日常运行经费,允许大学统筹自主配置。

由于各个学科的专家及管理人员通常更能了解学科经费使用需求,一定程度扩大经费配置的自主权,可以有助于提升一流大学建设的投入配置效率。因此建议我国一流学科建设经费拨款时,给予高校经费分配的权力,提升学科在预算编制和经费使用上的自主权。可以规定政府项目经费用于研究的直接成本,高校配套经费用于设施设备和其他间接成本,自筹经费则根据中心需求进行分配和使用。

四、重视人才作用,提升人员经费比例

一流大学建设投入结构的不合理在一定程度上可能影响产出效率。我国一流大学专项投入在人才劳务费用方面的限制较多。"211"、"985"工程的专项经费必须专款专用,在资本性资产上的投入比例较高,而经常性经费,尤其是对人员经费投入比例有一定的控制,可能对科研人员的激励不足[①]。研究显示,增加人员经费比例有助于扩大研究生规模,也对技术转化有一定的促进作用,而这两方面均是我国一流大学建设效果不足之处。从一些国家和地区建设世界一流大学的投入经验看,也非常强调对人员的支持。比如韩国 BK21 规定,所有的经费都要用在参与项目的教授、新进研究人员以及研究生培养上,严禁将经费使用在购买土地、建筑物以及设施费用上。日本 WPI 项目对人员的经费支出也占有较

① 薛二勇.中国高校科研经费管理制度改革的政策分析[J].北京社会科学,2014(3):20-26.

高比重。大阪大学 IFReC 的案例分析显示,60％的 WPI 资金都用于人事。中国台湾地区的"迈顶"计划中第二期增加了日常发展资金比例,达到 80％。

在我国新一轮的一流大学建设中,建议增加对日常运营经费的额度,提升人员经费的投入比例。在人员经费使用方面,不仅用于高水平人才的引进,而且需要关注优秀青年人才的培育与发展,并且着力打造优势学科团队,以人才带动一流学科和一流大学的发展。

五、完善评价体系,建立绩效拨款机制

目前我国重点建设虽然定期进行项目检查、审计和绩效评价,但入选高校并不会面临淘汰问题,从而造成重点高校的身份固化,影响投入的效率。此外,我国一流大学建设也缺乏科学有效的评价体系,在我国高校的评价工作中存在重量不重质的问题,不仅不利于科研人员士气的提高,而且极易形成一种错误的政策导向。从国外发达国家和地区的经验看,绩效评价和绩效拨款较普遍运用到了一流大学建设当中。一套健全的绩效评价体系,对调动高校人才的积极性和创造性有重大的意义。

为了提升一流大学投入产出的效率,建议在一流大学投入体系中适当引入绩效拨款机制。可以建立定期检查和考评制度,对各个高校和一流学科进行动态筛选。在评价标准方面,我国需要改革过于重视短期成果数量的评价体系。建议在评价体系中更加关注研究的长期影响,包括对学科前沿领域和对国家社会经济发展的影响。其次,一流大学和一流学科的建设不能只关注成果,还需要关注大学和学科组织方式、管理模式和体制机制的现代化建设,需要建立促进大学可持续发展的组织和制度。最后,一流大学建设是一个复杂的系统工程,可能存在学科与学院、高校之间发展目标的差异。因此,在评价标准方面,建议关注高校和院系对学科的支持机制与体制,从而促进学科与高校,学科中心与院系的协调发展。

第六章 世界一流大学建设的 中国模式研究

党的十八大以来，中国经济实力显著增强，民生事业进一步改善，不论在科技、国防，还是能源、环境等方面均实现快速发展，并在若干领域实现局部引领。与之相较，世界一流大学建设的步伐相对滞后。

随着经济社会全面振兴，中国深刻认识到只有发展世界最高水平的大学和科研机构，实现科学技术和学术文化独立自主，才能真正实现"两个一百年"奋斗目标和中华民族伟大复兴的中国梦。世界一流大学是科技创新、孕育人才的重要阵地，是提升高等教育综合实力和国际竞争力的重要保障，是赢得国家和民族全面复兴的有力支撑。中国不仅需要建设世界一流大学，还需要成规模地建成一批世界一流大学和一流学科，并在建设过程中体现中国特色，形成中国模式。

本研究立足中国国情，从世界一流大学建设实践出发，通过历史与国际比较分析，对中国、美国、法国和日本的世界一流大学建设的投入模式、治理模式和激励模式进行分析。一方面探索中国世界一流大学建设的经验和优势，另一方面反思建设过程存在的问题和差距，并且探讨了在不远的未来，中国模式成为西方模式之外另一个选择的可能性。

第一节 研究背景与方法

一、研究背景

党的十八大以来，面对世情国情的深刻变化，中国特色社会主义伟大事业呈现崭新前景，在经济增长、科技国防、能源环境、社会民生等方面都取得了辉煌成就。根据国家统计局数据，中国经济增长率明显高于世界平均水平，2013～2016

年中国经济年均增长率为7.2%,高于世界同期2.5%的平均水平,也高于发展中经济体4.0%的平均水平。据世界银行测算,2016年中国对世界经济增长的贡献率达到34.7%,拉动世界经济增长0.8个百分点,是世界经济增长的第一引擎。据国际货币基金组织数据计算,2016年中国GDP为11.2万亿美元,占世界总量的14.9%①。

在科技国防方面,从新一代运载火箭成功首飞,到神舟十一号载人飞船与天宫二号空间实验室实现自动交会对接;从新一代静止轨道气象卫星、合成孔径雷达卫星、北斗导航卫星等成功发射,到海斗号无人潜水器创造新的最大深潜纪录。中国不但在一些领域实现从跟跑到并跑、再到领跑的飞跃,而且占领了若干战略必争领域的制高点。

在能源环境方面,水电、风电、光伏发电装机规模和核电在建规模均居世界第一,能源供给能力不断增强。2016年核电发电装机容量3 364万千瓦,比2012年增长167.6%;并网风电14 864万千瓦,增长142.0%;并网太阳能发电7 742万千瓦,增长21.7倍②。随着生态文明建设全面推进,循环经济发展成效显著,地表水水质状况总体改善,生态系统严重退化势头得到初步遏制,城乡人居环境逐步向好。

在社会民生方面,2016年全国居民人均可支配收入23 821元,扣除价格因素,比2012年实际增长33.3%,年均实际增长7.4%③。随着"互联网＋"行动深入开展,"互联网＋政务服务"等重大工程实现了信息惠民,提高了便民服务效率和政府治理现代化水平。"互联网＋零售"成为大众创业、万众创新最具活力的领域之一,中国网上零售不仅在规模上稳居世界前列,在物流配送、商品种类以及商业模式创新上也独具中国特色。另外,新型智慧城市建设颇具效果,分享经济渗透到交通、住宿、金融、餐饮、物流、教育、医疗等多个领域,重塑人们的日常生活习惯和生产方式。

中国经济实力显著增强,民生事业进一步改善,与之相较,世界一流大学建设的步伐相对滞后。根据2017年ARWU、THE与QS公布的世界大学排名,目前中国尚未有大学进入世界排名前20强,仅2所大学进入前100强,4~5所大学排名位于前100~200强之间。而在进入世界排名前20强的大学中美国大学

① 国家统计局.党的十八大以来经济社会发展成就[EB/OL]. [2018-02-01]. http://www.stats.gov.cn/ztjc/ztfx/18fzcj/index.html.

② 国家统计局.党的十八大以来经济社会发展成就[EB/OL]. [2018-02-01]. http://www.stats.gov.cn/ztjc/ztfx/18fzcj/index.html.

③ 国家统计局.党的十八大以来经济社会发展成就[EB/OL]. [2018-02-01]. http://www.stats.gov.cn/ztjc/ztfx/18fzcj/index.html.

占比超过四分之三,在进入前 100 强的大学中美国大学占比超过一半。

随着中国经济社会全面振兴,中国深刻认识到只有发展世界最高水平的大学和科研机构,实现科学技术和学术文化独立自主,才能真正实现"两个一百年"奋斗目标和中华民族伟大复兴的中国梦。世界一流大学是科技创新、孕育人才的重要阵地,是提升高等教育综合实力和国际竞争力的重要保障,是赢得国家和民族全面复兴的有力支撑。中国不仅需要建设世界一流大学,还需要成规模地建成一批世界一流大学和一流学科,并在建设过程中体现中国特色,形成中国模式。

首先,中国建设世界一流大学具有丰富的经验。根据 ARWU 统计,2003 年中国无一所大学进入世界一流大学排名前 200 强;到 2017 年中国已有 9 所大学进入前 200 强,其中 2 所位于全球前 100 强。其中的经验模式需要且值得总结。其次,世界一流大学建设的中国模式面临的问题。这些问题从哪里来? 中国模式本身是否能够解决这些问题? 此外,从长远来看,世界一流大学建设的中国模式是否能够成为西方模式之外的另一个选择? 又将如何影响新兴经济体国家,乃至发达国家? 西方的一流大学建设正在发生危机,西方模式是否能够自我修复也有待观察。从理性的视角判断,西方大学的危机告诉我们西方模式并非完美,并不是放之四海皆为准,有存在其他模式的可能性。所以,探索中国模式就变得非常重要。

建设世界一流大学是否存在着中国模式? 它的基本特征是什么? 这个模式从何处而来,又将往何处而去? 无论对中国本身建设世界一流大学,还是对整个世界的一流大学建设的影响而言,都有必要做出回答。要回答这些问题可以从人才培养、研究创新、社会服务开始探讨,也可以从文化传承、师资建设、国际交流等方面逐一展开。本研究重点聚焦建设过程,选择从经费投入、大学治理、人才激励三个维度来探索建设一流大学的中国模式。

二、研究方法

鉴于贾米尔·萨尔米(J. Salmi)从"人才汇聚"(concentration of talent)、"资源丰富"(abundant resources)与"管理规范"(favorable governance)三个维度建构世界一流大学的关键特征模型[1],本研究对中国模式的探讨由投入模式、治理模式和激励模式三个维度展开。其中,投入模式主要从投入总量与结构两方面

---

[1]　SALMI J. The challenge of establishing world-class universities[M]. Washington DC: World Bank Publications, 2009.

分析建设世界一流大学的经费来源。治理模式主要从大学内外利益相关者参与大学重大事务决策的过程,探讨不同权力主体之间的权力分配和行使问题。其中,外部治理主要关涉大学与政府的关系、大学自主权、大学校长选聘等相关议题;内部治理主要关涉大学内部决策权力和行政权力的运行。另外,激励模式从国家层面的人才引进、科技奖励,以及大学机构层面的人事制度,探讨促进人才发展的大学内外激励机制。

结合 ARWU、THE 与 QS 公布的世界大学排名以及不同国家的世界一流大学建设计划,研究选取中国上海交通大学、美国密歇根大学、法国巴黎十一大[①],以及日本东京大学四所理工科见长的综合性公立大学作为案例学校。运用历史与国际比较分析方法,对中国、美国、法国和日本的世界一流大学建设过程进行分析,从经费投入、大学治理、人才激励三个维度探索中国模式是否存在及其影响。

数据资料来源主要包括:一是案例所在国家、地方政府、教育主管部门出台的法律法规,教育主管部门的统计年鉴、高等教育统计数据库等;二是案例大学的章程、部门规定等政策文本,以及大学年度报告、财务报告等数据;三是以往有关世界一流大学建设的文献著作等。

第二节　世界一流大学建设的投入模式

一、投入总量的比较分析

以上海交通大学、密歇根大学和东京大学为例,考察中国、美国和日本 2007~2016 年 10 年间的大学年度经费总量与增长幅度,如图 6-1~图 6-3 所示。总体而言,与中国相较,美国一流公立大学的经费总量变化幅度比较大,而日本相对变化幅度较小。以上海交通大学为例,除 2008 年经费总量出现下降,此后大学经费一直处于持续增长态势,2011 年达到最高增幅 44.3%,2016 年总经费超过 100 亿人民币[②]。美国一流公立大学因受到市场因素影响较大,尤其在 2007~2009 年经济危机期间,经费总量波动幅度较大。以密歇根大学为例,

---

① 注:法国巴黎十一大经费数据缺失,在"世界一流大学建设的投入模式"一节中未将其纳入比较分析;尽管如此,鉴于法国的大学能够较好地代表欧洲大陆的大学模式,本章仍选取法国的大学作为案例学校。

② 上海交通大学规划发展处.上海交通大学 2016 年统计资料汇编[G].上海,2017.

2007～2009 年大学经费总量持续下降,2009 年达到最低,2010 年恢复增长,2016 年总经费约 66 亿美元①。与之相较,日本公立大学的经费总量变化幅度相对较小。例如日本东京大学十年来经费涨跌幅度保持在－4％到 6％之间,2016 年下降 3.6％,总经费达到 2 274 亿日元②。

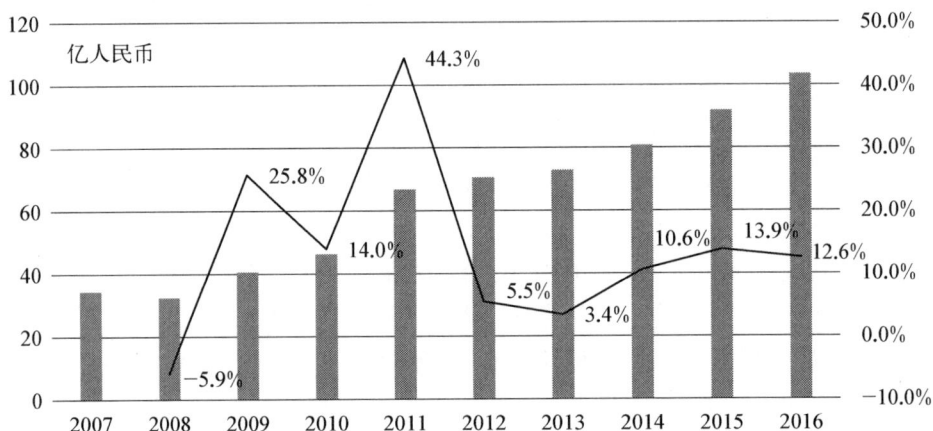

图 6-1　中国上海交通大学总经费变化(2007～2016)

数据来源:根据 2007～2016 年《教育部直属高校基本情况统计资料汇编》中相关数据整理绘制。

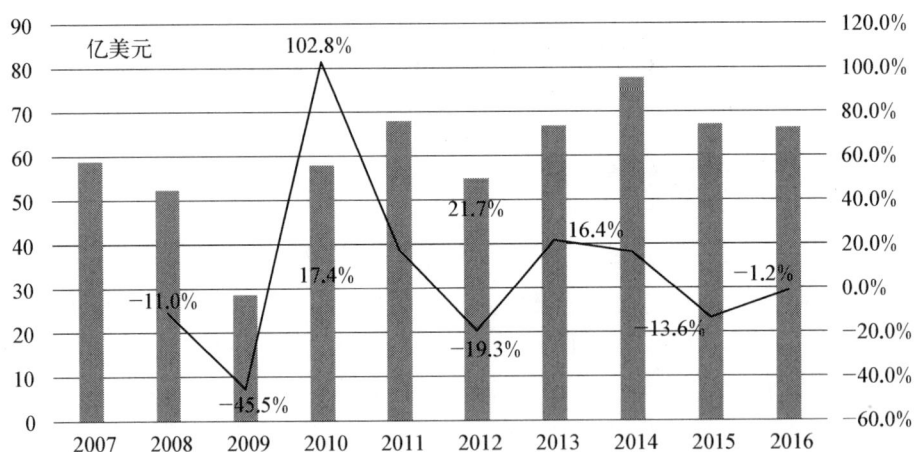

图 6-2　美国密歇根大学总经费变化(2007～2016)

数据来源:National center for education statistics[DB/OL].[2018-02-01].https://nces.ed.gov/.

---

①　National center for education statistics[DB/OL].[2018-02-01].https://nces.ed.gov/.
②　东京大学.28 事业年度财务レポート.Financial report including ir-data 2016'(冊子版)[EB/OL].[2018-02-01].http://www.u-tokyo.ac.jp/content/400068987.pdf.

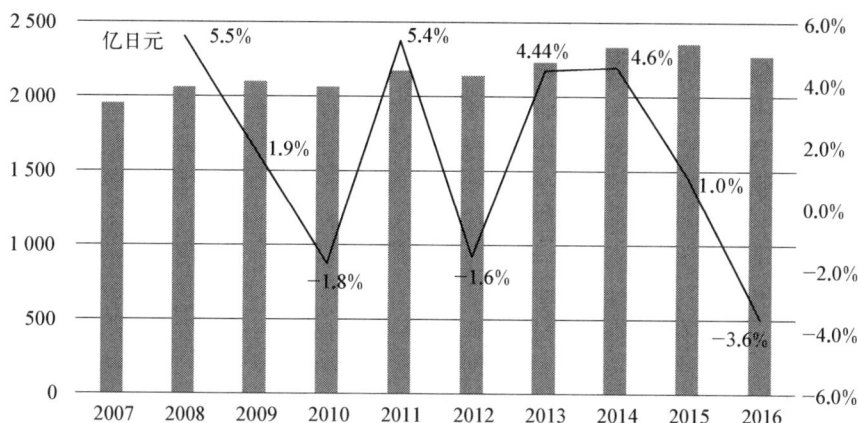

图 6-3　日本东京大学总经费变化(2007～2016)

数据来源：东京大学.28 事業年度財務レポート. Financial report including ir-data 2016'(冊子版)[EB/OL]. [2018-02-01]. http://www.u-tokyo.ac.jp/content/400068987.pdf.

二、投入结构的比较分析

从投入结构上看,中国一流大学总收入主要包括：同级财政拨款收入、教育事业收入、科研事业收入、经营收入、捐赠收入及其他收入等。其中,教育事业收入主要包括学费和其他教育事业收入；科研事业收入包括非同级财政拨款和其他科研事业收入；其他收入包括非同级财政拨款和其他收入。2016 年上海交通大学的财政收入主要来源于财政拨款收入(32.7%)、科研事业收入(24.7%)、教育事业收入(22.1%),见图 6-4。

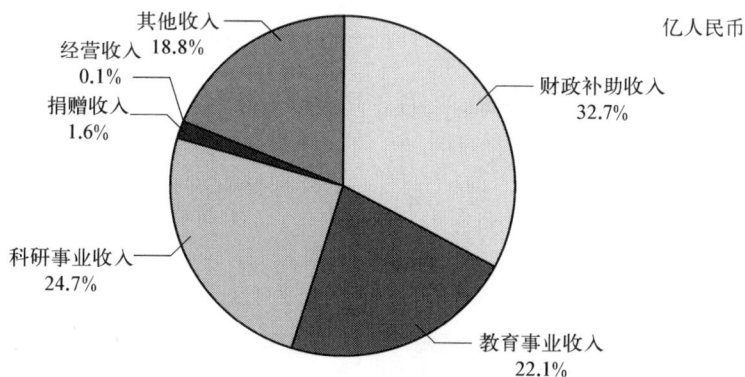

图 6-4　中国上海交通大学不同来源经费占总收入比例(2016)

数据来源：上海交通大学规划发展处.上海交通大学 2016 年统计资料汇编[G].上海,2017.

美国一流公立大学总收入主要包括运营收入、非运营收入及其他收入。根据2016年密歇根大学年度报告,如图6-5(a)所示,大学经费主要来源于学费收入,占比33.7%;其次,联邦、州和地方政府补助,占比26.4%;第三,非运营收入中的州政府拨款,占比10%。需要说明,在美国一流公立大学运营收入中的医疗收入占比非常高,2016年密歇根大学医疗收入占达到50.3%,见图6-5(b),为更清晰呈现其他经费的来源结构,下文对密歇根大学经费结构的分析,暂将医疗收入除外。

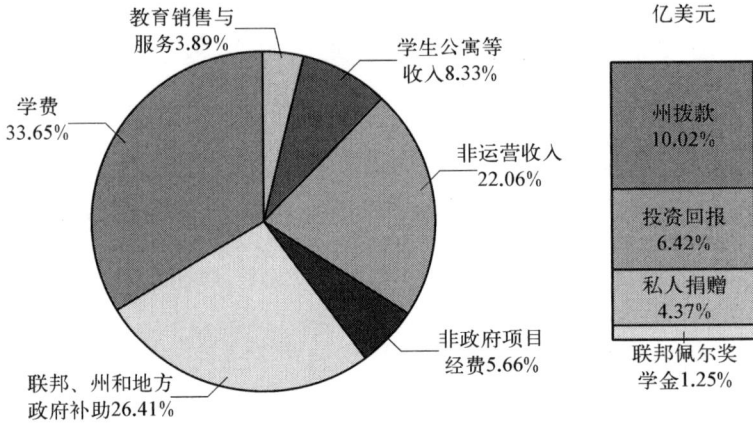

图6-5(a)   美国密歇根大学不同来源经费占总收入比例(2016)(不含医疗收入)

数据来源:University of Michigan. 2017 Complete Financial Statements[EB/OL]. [2018-02-01]. http://2017.annualreport.umich.edu/wp-content/uploads/sites/56/2018/01/02-2017-UM-Financial-Report-financial-statements-complete-statements.pdf.

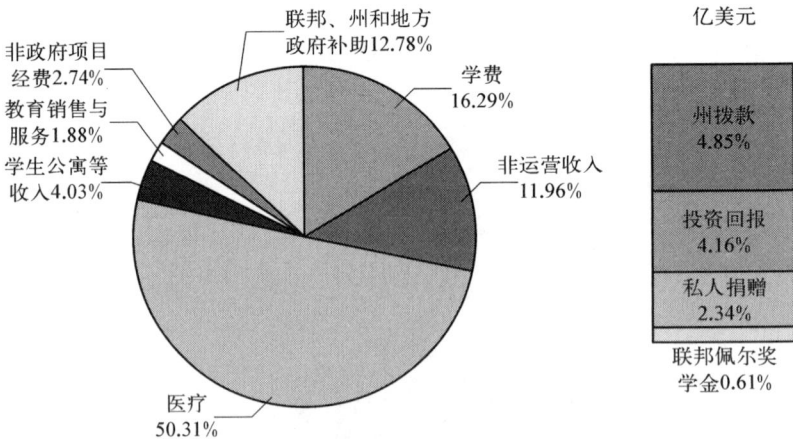

图6-5(b)   美国密歇根大学不同来源经费占总收入比例(2016)(含医疗收入)

数据来源:University of Michigan. 2017 Complete Financial Statements[EB/OL]. [2018-02-01]. http://2017.annualreport.umich.edu/wp-content/uploads/sites/56/2018/01/02-2017-UM-Financial-Report-financial-statements-complete-statements.pdf.

根据日本东京大学年度财务决算表,日本的公立大学总收入主要包括:运营费交付金、补助金、设施费、受托研究、学费、附属医院收入、捐赠、资产收益及杂项等。2016 年东京大学的财政收入主要来源于运营费交付金(32.6%),附属医院收入(21.1%),受托研究(19.6%)。运营费交付金是最大的经费来源,包括标准运营费交付金、特定运营费交付金和附属医院运营费交付金三类。其中,标准运营费交付金根据各国立大学的教职员工、在校生人数等客观指标确定,保障各国立大学日常教学科研活动的正常运作;特定运营费交付金根据国立大学的规模、所在地区以及职能等不同特点,采用不同的核算基准确定;附属医院运营费交付金的拨付对象限定为设有附属医院的国立大学[①]。如图 6-6 所示。

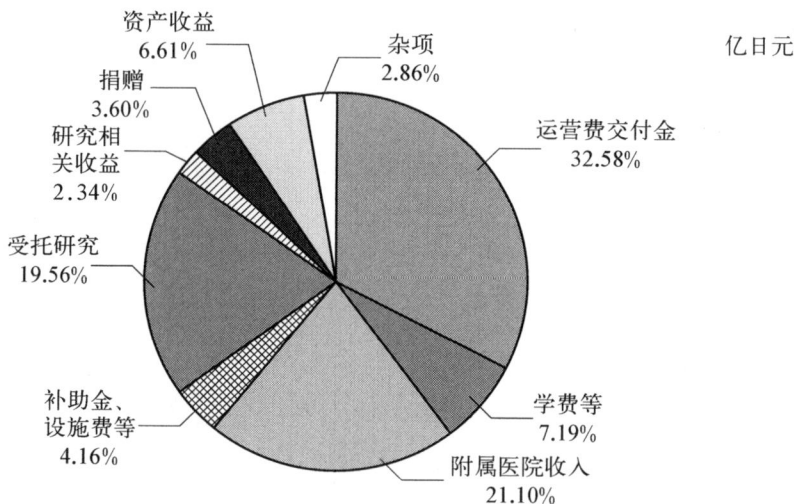

图 6-6　日本东京大学不同来源经费占总收入比例(2016)

数据来源:东京大学.28 事业年度财务レポート. Financial report including ir-data 2016'(冊子版)[R]. [2018-02-01]. http://www.u-tokyo.ac.jp/content/400068987.pdf.

1. 公共经费与私人经费

根据不同国家大学的经费收入统计口径,分别计算了案例学校的公共经费和私人经费的占比(见表 6-1)。中国一流大学公共经费主要包括财政补助收入、科研事业收入中的财政拨款、其他收入中的财政拨款。2016 年上海交通大学的财政收入中 61.1% 为公共经费。私人经费主要包括学费、经营收入等,其中

---

① 李润华.独立行政法人化改革后日本国立大学财政支援体系研究[J].比较教育研究,2010(8):35-40.

表6-1　世界一流大学公共经费与私人经费比例

上海交通大学(2016)	公共经费 61.1%			私人经费 39.0%				
	财政补助收入	科研事业收入中的财政拨款	其他收入中的财政拨款	学费	其他教育事业收入	其他科研事业收入	除拨款外的其他收入	经营收入
	32.7%	16.5%	11.8%	13.2%	8.9%	8.1%	8.6%	0.1%

密歇根大学(2016)	公共经费 37.7%		私人经费 62.3%			
	运营收入中的政府项目补助	非运营收入中的拨款与补助	学费	捐赠	销售服务*	其他收入
	26.4%	11.3%	33.7%	4.4%	12.2%	12.1%

东京大学(2016)	公共经费 36.7%		私人经费 63.3%					
	运营费交付金	补助金、设施费	附属医院收益	学费	受托研究	研究相关收益	捐赠	资产收益	杂项
	32.6%	4.2%	21.1%	7.2%	19.6%	2.3%	3.6%	6.6%	2.9%

注: * 计入教育销售与服务、学生公寓等收入。
数据来源: 上海交通大学规划发展处.上海交通大学2016年统计资料汇编[G].上海,2017;University of Michigan. 2017 Complete Financial Statements [EB/OL]. [2018-02-01]. http://2017.annualreport.umich.edu/wp-content/uploads/sites/56/2018/01/02-2017-UM-Financial-Report-financial-statements-complete-statements.pdf;东京大学.28事业年度财务レポート. Financial report including ir-data 2016'(冊子版)[R]. [2018-02-01]. http://www.u-tokyo.ac.jp/content/400068987.pdf.

学费占比 13.2%。与之相较,美国一流公立大学的公共经费主要来源于联邦、州和地方政府的运营性项目补助,和非运营收入中的州政府教育经费拨款与联邦政府佩尔奖学金补助。2016 年密歇根大学财政收入中 37.7% 为公共经费。私人经费包括学费、捐赠、销售服务等,其中学费占比为 33.7%。日本一流国立大学的公共经费主要来源于运营费交付金、补助金、设施费。2016 年东京大学财政收入中 36.7% 为公共经费。私人资金包括学费、附属医院收入、通过委托研究及企业派遣等途径获得的学校外部收入①,其中学费收入占 7.2%。

2. 中央政府与地方政府经费

关于公共经费中的政府经费,在中国,主要由中央和地方两级政府负责。中央经费主要包括教育补助收入、其他补助收入、上级补助收入,及其他收入中的中央拨款;地方经费主要包括其他收入中的地方拨款。2016 年上海交通大学中央经费约 29 亿人民币,地方经费约 12 亿人民币,中央经费是政府经费的主要来源。分项来看,如表 6 - 2 所示,教育补助收入、其他补助收入全部来自中央拨款;其他收入中的非同级财政拨款,约 2% 来自中央拨款,98% 来自地方拨款。

表 6 - 2 上海交通大学教育经费拨款的中央政府与地方政府比例(2016)

政 府 经 费	中 央	地 方
教育补助收入	100%	0%
其他补助收入	100%	0%
其他收入中的非同级财政拨款	2.0%	98.0%

数据来源:上海交通大学规划发展处.上海交通大学 2016 年统计资料汇编[G].上海,2017.

美国联邦政府与地方政府对不同经费的投入比例差异较大。2016 年密歇根大学联邦政府经费投入约 9 亿美元,州政府投入约 3 亿美元。分项来看,如表 6 - 3 所示,在资助与合同研究经费中,超过 81.6% 来自联邦政府,不到 1% 来自州政府,剩余约 17.5% 来自私人经费。其次,非运营收入中的佩尔奖学金补助完全来自联邦政府,而州教育经费完全来自州政府拨款。

---

① 李润华.独立行政法人化改革后日本国立大学财政支援体系研究[J].比较教育研究,2010(8):35 - 40.

表 6-3　密歇根大学政府拨款的联邦政府、州政府与地方政府比例(2016)

政 府 经 费	联邦政府	州政府	地方政府	私 人
运营收入				
政府的运营性项目补助	81.6%	0.9%	n.a.	17.5%
非运营收入				
补助(联邦佩尔奖学金)	100%	0%	0%	n.a.
拨款(州教育经费)	0%	100%	0%	n.a.

数据来源：National center for education statistics[DB/OL]. [2018-02-01]. https://nces.ed.gov/.

日本高等教育实行的是中央与地方的两级管理体制,对于不同办学主体其经费来源存在显著差异,国立大学属于国库依存型学校,其经费由文部科学省拨款,而公立大学是地方依存型学校,经费由都府道县和市等地方政府负责[①],国家给予补助。日本的一流公立大学,如东京大学、京都大学等均为国立大学,政府拨款主要来自日本中央政府。

3. 教育经费与科研经费

从经费收入来看,中国一流公立大学教育经费主要包括教育事业收入和财政补助中的教育补助收入;科研经费主要包括科研事业经费和财政补助中的科研补助收入。2016 年上海交通大学的教育经费收入占总收入的 49.6%,科研经费收入占 29.2%。从经费支出来看,中国一流公立大学的教育经费支出包括教育事业基本支出和项目支出,科研经费支出包括科研事业基本支出和项目支出。2016 年上海交通大学的经费支出约 82 亿人民币,其中教育经费支出占比73.6%;科研经费支出占比 26.3%(见图 6-7 和图 6-8)。

从美国一流公立大学的经费收入来看,大学科研经费主要来自联邦政府拨款,教育经费主要来自州政府拨款。从经费支出来看,根据 2016 年密歇根大学财务报告,用于教育和科研经费占总支出(医疗支出除外)的比例分别为 27%、20%,另有 16%的教学科研补助支出(见图 6-9)。如计入医疗支出,教育和科研经费的占比分别为 14%、10%。

---

① 赵婧轩,宋玉.发达国家高等教育财政拨款体制比较及其对我国的启示——以美、英、德、日为例[J].理论导刊,2014(8):103-105.

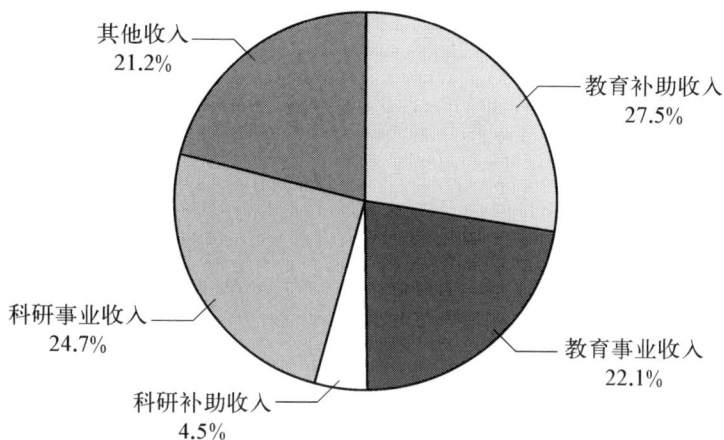

图 6-7　上海交通大学教学与科研事业经费收入比例(2016)

数据来源:上海交通大学规划发展处.上海交通大学 2016 年统计资料汇编[G].上海,2017.

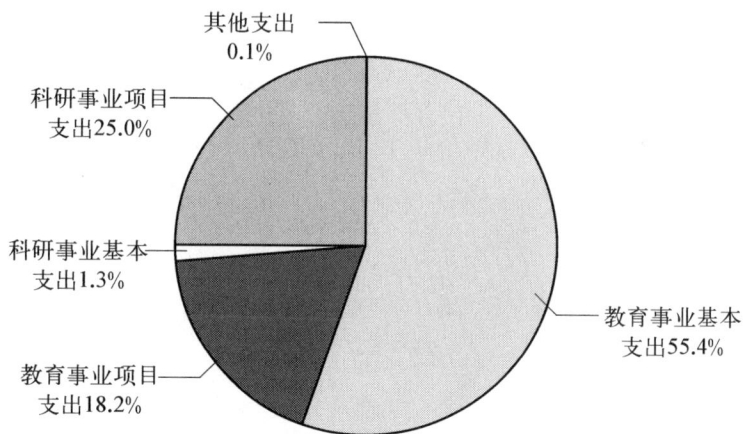

图 6-8　上海交通大学教学与科研事业经费支出比例(2016)

数据来源:上海交通大学规划发展处.上海交通大学 2016 年统计资料汇编[G].上海,2017.

2016 年东京大学的教育支出主要包括教育经费(5.3%)、人员费(43.1%)等,占总支出的 48.4%。科研支出主要包括科研经费(18.2%)、受托研究费(16.0%)等,占总支出的 34.2%。另有 1.6% 的教育研究支援费,见图 6-10。

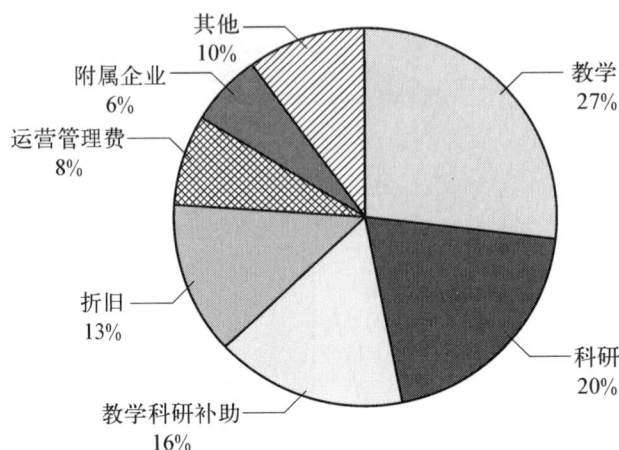

图6-9 密歇根大学教学与科研经费支出分别占总支出比例(2016)

数据来源：University of Michigan. 2017 Complete Financial Statements[EB／OL]. [2018－02－01]. http：∥2017.annualreport.umich.edu／wp-content／uploads／sites／56／2018／01／02－2017－UM-Financial-Report-financial-statements-complete-statements.pdf.

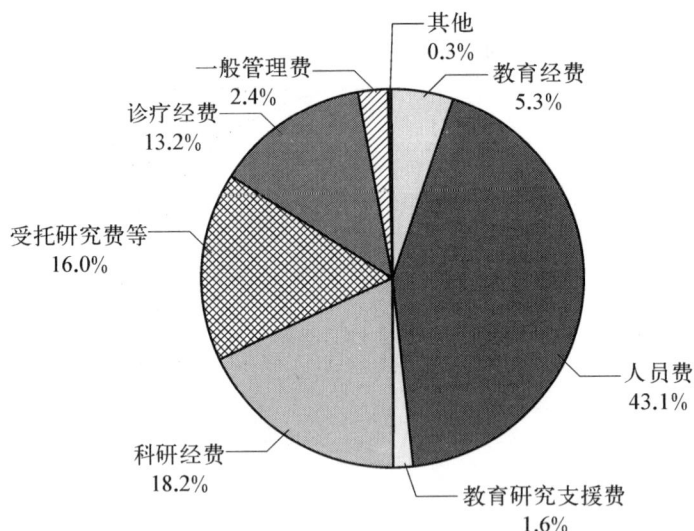

图6-10 东京大学教育经费与科研经费支出分别占总支出比例(2016)

数据来源：东京大学.28事业年度财务レポート.Financial report including ir-data 2016'(册子版)[R]. [2018－02－01]. http：∥www.u-tokyo.ac.jp／content／400068987.pdf.

4. 竞争性经费与非竞争性经费

竞争性与非竞争性经费主要针对科研经费投入。在中国,竞争性经费主要包括国家自然科学基金以及国家主体性科技计划等以同行评议为基础的科研项目拨款。"双一流"、"985"工程、"211"工程等建设经费,被视为准竞争性经费。大学自主用于教学、科研和大学运行的拨款,属于非竞争性经费①。2016 年上海交通大学科技活动经费约为 32 亿人民币,其中竞争性经费约占 35%(见表 6‑4)。

表 6‑4 上海交通大学科技活动经费结构(2016)

经 费 来 源	竞争性与否	占 比
科研事业费	非竞争性	1.9%
政府专项费	准竞争性	33.2%
科研项目费		
政府项目经费	竞争性为主	35.1%
企事业单位委托项目经费	非竞争性为主	28.2%
国际合作经费		0.7%
自筹经费		0.3%
其他		0.8%

数据来源:上海交通大学规划发展处.上海交通大学 2016 年统计资料汇编[G].上海,2017.

在美国,竞争性科研拨款体现在按照"卓越质量原则"拨出的联邦科研经费,主要资助部门包括健康与人类服务部、美国国家科学基金会、国防部、能源部、航空航天局和农业部。美国作为联邦制国家,联邦政府通常不直接参与举办高等教育,发展高等教育的任务主要由州政府来负责。州政府通过公式拨款、合同拨款和绩效拨款等预算拨款方式,为州立大学提供科研辅助经费、科研基础设施经费和部分研究项目经费,以非竞争性经费为主。总体而言,联邦政府更多地资助大学科研中的 R&D 活动,以竞争性为主;而州政府和地方政府更多资助大学科研中的辅助经费和基础设施投入等,以非竞争性为主。2017 年密歇根大学科研经费约为 15 亿美元,其中竞争性经费占比不低于 56%(见表 6‑5)。

表 6‑5 密歇根大学科研经费结构(2017)

经 费 来 源	竞争性与否	占 比
联邦政府	竞争性为主	56.1%
非联邦政府	非竞争性为主	
产业(直接经费)		5.8%

---

① 康小明.中国政府对大学科研的资助体系研究[J].北京大学中国教育财政科学研究所简报,2007.

（续　表）

经 费 来 源	竞争性与否	占　　比
基金		2.0%
其他		3.4%
学校经费	非竞争性为主	32.7%

数据来源：University of Michigan. FY2017 Research Annual Report［EB／OL］. ［2018－02－01］. http：// research. umich. edu / sites / default / files / resource-download / fy _ 2017 _ research _ annual _ report.pdf.

在日本文部科学省制定的竞争性资金制度中，由文部科学省与学术振兴会共同管理的科学研究费补助金是数额最大并且保持稳定增长的竞争性经费。与此同时，独立行政法人、民间财团、企业也为大学提供竞争性科研经费。日本国立大学法人化改革后，虽然国立大学的主要预算仍由国家财政拨款，但也同其他大学一样更多地参与市场竞争。2016 年东京大学科研费约 760 亿日元，其中竞争性经费占比约为 64%（见表 6-6）。

表 6-6　东京大学科研经费结构（2016）

经 费 来 源	竞争性与否	占　　比
民间等共同研究	竞争性	10.2%
科学研究费补助金	竞争性	30.5%
委托研究	政府竞争性	23.0%
	政府非竞争性	22.2%
	非政府	1.1%
捐赠	非竞争性	13.0%

数据来源：Tokyo University. Research Income (As of Fiscal 2016)［EB／OL］. ［2018－02－01］. http：// www.u-tokyo.ac.jp / en / about / finances. html.

5. 重点建设经费与常规经费

自 20 世纪末，中国中央政府通过一系列重点建设计划，推动建设若干所世界一流大学。1995 年开始实施的"211"工程及其后的"985"工程，累计投入资金 1 100 亿元人民币①。以上海交通大学为例，2010～2013 年"985"工程中央财政

---

① 储召生.问道"双一流"：中国一流大学建设回顾与反思［M］.合肥：中国科学技术大学出版社，2017：1.

专项资金共计 13 亿①,同期教育事业经费收入共计 256.6 亿②,重点建设专项经费占同期教育事业总经费的 5%。

而在美国,不论联邦政府还是州政府,鲜有为大学专门列支重点建设经费的先例。一方面不少美国大学已列居世界一流大学百强,其规模和质量均在全球占据领跑优势;另一方面美国大学的生存发展多以市场为导向,政府没有直接投入大量经费的传统。

与之相对,法国大学在全球排名的表现不尽如人意,历史上也有依靠国家政府投入的传统,所以法国政府在投入重点建设经费方面更加积极。2008 年法国"校园计划"(Plan Campus)总投资 50 亿欧元打造 10 个具有国际能见度的大学教研中心③;2010 年法国政府推出创建世界一流大学的"卓越大学计划"(IDEX),由法国国家研究署负责,斥资 77 亿欧元力图将法国已具备一流水平但较为分散的高等院校与科研机构进行合并转化、优势重组,打造 5 到 10 所有望跻身世界前列的法国顶尖大学④。

日本依托"21 世纪 COE 计划"建立世界高水平的研究中心,2002~2006 年政府预算投入 1 634 亿日元⑤。2007 年日本政府进一步推出"全球 COE 计划",2007~2009 年间有 41 所大学的 140 个研究基地获得立项,每个项目年资助经费为 5 千万~5 亿日元。2014 年日本启动"全球顶尖大学项目"重点支持两类大学:A 类为 10 所左右世界水平的顶尖大学,每所大学每年 5 亿日元;B 类为 20 所左右引领社会全球化的大学,其中招生规模 1 000 人以上的每所每年 3 亿日元,招生规模 1 000 人以下的每所每年 2 亿日元⑥。东京大学等 11 所公立大学入选 A 类顶尖大学项目,2016 年东京大学总经费约 2 274 亿日元,全球顶尖大学项目经费占总经费的 0.2%。

三、分析与讨论

通过与美国和日本进行比较,可以看出中国一流大学建设形成了以中央政

① 上海交通大学规划发展处.上海交通大学 985 工程(2010~2013 年)建设情况的报告[R].上海,2014.
② 上海交通大学规划发展处.上海交通大学 2016 年统计资料汇编[G].上海,2017.
③ 刘志民,何红中,张振华,等.七个"追赶型"国家建设世界一流大学的重大举措比较[J].现代大学教育,2012(4):44-49.
④ 张惠,张梦琦.法国创建世界一流大学的战略实践——以索邦大学为例[J].比较教育研究,2016(6):22-28.
⑤ 文部科学省.21 世纪 COEプログラムの成果[EB/OL].[2018-02-01].http://www.mext.go.jp/a_menu/koutou/coe/main6_a3.htm.
⑥ 胡建华.日本世界一流大学建设新动向[J].华东师范大学学报(教育科学版),2016(3):7-9.

府主导、重点建设经费支持为特色的投入模式。从经费投入来源看,中国高等教育体制决定了政府拨款是大学办学经费的主要来源。与之相对,国外政府对公立大学直接的教育投入较少,主要以科研拨款和学生资助的形式拨款,其中科研拨款占比较大。2016 年密歇根大学、东京大学的政府拨款占比不到 40%,而同年上海交通大学的政府经费拨款在大学总收入中的占比超过 60%。经费投入是建设世界一流大学最根本的物质保障,与其他国家以自筹经费为主导的经费结构相反,中国政府作为一流大学建设投入主体,通过持续稳定的经费拨款加快中国若干所大学跨入世界一流大学的行列,是中国模式的一个重要方面。

从经费投入方式看,中国建设一流大学在很大程度上依托重点建设项目经费实现。自 20 世纪末,随着"211"工程、"985"工程推进,中国政府逐步增大高等教育专项资金投入力度,将资金投向重点大学和前沿学科。同时,运用项目思维不断完善专项资金管理办法,通过立项、执行、监督与评价的全过程跟踪管理,最大程度发挥教育资源的使用价值[1]。2017 年教育部公布的"双一流"建设名单,在前期重点建设工程项目基础上,对资源分配格局进行调整与优化。不仅增加了将学科作为建设对象,避免单一以学校为单位进行专项经费投入的方式;而且实施动态监管以提高专项经费投入的利用效率。总之,中国在不断实践探索中形成的重点建设项目投入模式,对具有世界一流大学潜质的重点大学实行政策倾斜,在经费上重点扶持,有利于集中社会资源,提高投入产出效率,加快中国建设世界一流大学的进程。

然而,中国建设世界一流大学的投入模式同样也存在若干问题,仍有改进完善的空间。在经费总量与结构方面,虽然中国一流大学经费收入稳定增长,但除政府拨款外,学费、经营收入、捐赠等其他来源收入偏低。2016 年密歇根大学的收入中,学费占比超过经费收入的三分之一,另有销售服务、投资回报、捐赠等多种收入来源。同年,东京大学 21% 收入来自医疗服务。与之相较,中国一流大学的经费来源渠道相对单一,加快实现经费来源多元化,在保持中国一流大学投入总量稳定增长的同时,积极拓宽筹集资金渠道,有助于完善政府、社会、学校相结合的共建机制,形成多元化投入、合力支持的格局。例如,在学费方面,目前中国一流大学同一专业的收费在同一地区基本相同,与大学类型与水平没有关系。但建设高水平大学,特别是建设世界一流大学的成本更高,享受更高质量的教育资源支付更高的学费符合国际惯例,所以中国一流大学收取比一般院校更高的学费应是合理的。不过优质高价的同时,也应加大对学生奖助学金的资助力度,确保符合录取条件的学生能够完成学业。

另一方面,目前中国一流大学科研经费的投入方式仍以非竞争性为主,也存在部分名义上为竞争性,实际操作中并未实现真正意义上的公平、公正、公开的经费竞争。2016年上海交通大学科研经费中的竞争性经费占35%左右,而同期在密歇根大学的科研经费中约56%来自联邦政府的竞争性经费,东京大学的竞争性经费占比约64%,其中31%为科学研究费补助金。不论美国联邦政府的科研经费,还是日本文部科学省的科学研究费补助金,可以看出,建立在同行评议基础上的竞争性科研拨款方式占据重要的地位。所以,中国中央政府和地方政府在增加常规拨款的同时,应采用公平竞争为主的科研经费分配方式来增加对大学的投入,通过竞争实现经费投入向教育质量和学科水平较高的一流大学、一流学科倾斜,从而提升大学的全球竞争力。

第三节　世界一流大学建设的治理模式

一、外部治理的比较分析

1. 政府与大学的关系

大学的治理模式在一定程度上可以理解为大学与国家的关系[①],中国政府是大学的举办者,中国一流大学的领导管理体制是党委领导下的校长负责制。由于中国一流大学与政府之间存在依附关系,在外部缺少有效监督,大学内部尚未形成合理规范约束机制的情况下,按照行政管理的逻辑运行,仍然是保障大学获取发展资源和拓展生存空间的有效模式。教育部作为政府主管部门控制大学的招生名额、专业设置、学费审批、学科评估、学位审批等一系列日常决策[②]。不过,《高等教育法》也明确了大学具有"调节系科招生比例"、"设置和调整学科和专业"、"制订教学计划、选编教材、组织和实施教学活动"、"开展科研活动,技术开发和社会服务"、"开展国际交流与合作""设置内部机构和聘任人员"以及"管

---

① BERNASCONIA. Is there a latin american model of the university? [J]. Comparative Education Review, 2007(1): 27-52.

② 钱颖一.大学治理：美国、欧洲、中国[J].清华大学教育研究,2015(5): 1-12.

理和使用学校财产"等多方面办学自主权。以上海交通大学为例,通过大学章程规定了"学校由国家举办,教育部主管,教育部和上海市人民政府共建",国家作为大学举办者有权"监督学校贯彻执行国家法律法规和政策的情况,指导学校的办学方向,监督和规范学校办学行为,任命学校主要负责人,监督、考核和评价学校办学水平和办学质量,依法对学校的经费使用进行监督"。同时章程也规定了学校的各项办学自主权,例如,大学招聘教师的事业编制由政府严格控制,但大学能够"自主决定教师和其他专业技术人员的聘任、晋升和解聘,自主决定教职员工的薪酬水平和福利待遇"。

在美国,联邦政府主要管辖基础教育阶段的小学和中学,不直接管理大学,所以州政府是一流公立大学的办学主体和实际管理者。美国一流公立大学有依据州宪法(State Constitution)建立,也有依据州立法(Legislative Acts)建立①,不同法律地位的大学与州政府之间的关系存在明显差异。依据州宪法建立的大学,州宪法赋予大学理事会不受限制的经营权和控制权,使其成为与州立法、行政、司法之外的"第四部门"。例如密歇根大学,其理事会由选民直接选举产生,仅对选民负责,不对任何州政府或州议会负责。而依据州立法建立起来的大学与州的其他部门一样受州宪法、州的行政法约束,通常被视为"州部门"②。美国绝大多数州与其所管辖的公立大学是一种监督协调关系,州政府主要通过州一级的管理委员会或协调委员会对一流公立大学进行管理。就监管程度而言,州与州之间的差异巨大。例如,密歇根州与加利福尼亚州的一些大学拥有法定自主权,日常管理决策可以免受政治干预。但在另一些州,大学的职能与使命、大学领导的任命与评价、人事政策的制定、预算的控制与微小调整、学费设限、资源分配、管理决策等,均需提前获得政府的批准③。不过,与美国一般的公立大学相比,一流公立大学保持较高自治权。例如密歇根大学,其享有完全独立于州政府的自主权,州政府既不干预其校长的选拔和教师任命,也不干预这些大学的内部管理④。

法国高等教育的权力重心位于中央的国民教育部,最高教育决策由国民教育部甚至内阁做出,从教育部经大学区向大学下达。法国国民教育部不仅在经

---

① KAPLIN W A. The Law of Higher Education[M]. Jossey-Bass Publishers, 1985.
② 谷贤林.在自治与问责之间:美国公立研究型大学与州政府的关系[J].比较教育研究,2007(10):41-45.
③ 谷贤林.在自治与问责之间:美国公立研究型大学与州政府的关系[J].比较教育研究,2007(10):41-45.
④ 谷贤林.在自治与问责之间:美国公立研究型大学与州政府的关系[J].比较教育研究,2007(10):41-45.

费预算等宏观高等教育政策方面享有至高权力,大学的管理架构、课程设置、学位授予和教师任命等事务均深受中央一级影响[①]。2007 年出台的《大学自由与责任法》(*Loi relative aux libertés et responsabilités des universités*)试图改变国家对大学的调控模式,主张国家拨款与大学业绩相结合,让学校享有教职员工收入分配的权力,大学内部预算由学校部门协商制定。不过研究显示,多数公立大学仍然受命于中央政府的教育部直接管理,在大学预算、教师聘用、薪酬、学生挑选的自主权方面相当有限[②③]。例如,大学在编制人员工资、学术职称评审方面的自由度有所增加,但在行政管理人员的职务晋升方面,自由度仍然较小,教授的聘任权也仍由国家掌握,没有下放到大学[④]。

在日本,根据文部科学省的相关法律,国立大学的管理者是文部科学大臣和地方教育委员会,上层权力集中在文部科学省。2004 年文部科学省实施的国立大学法人化改革旨在通过建立以中期目标、中期计划为基础的政府与国立大学之间的契约关系,实现政府对大学的管理职能从直接管理向间接管理、从微观管理向宏观管理的转变。法人化改革后,国立大学从原有的国家行政组织中分离出来,不再是文部科学省下属机构,成为具有独立法人资格的办学实体。政府除确定办学规模、学费等基本标准、学校中长期发展规划、监督办学之外,大学拥有选举校长权、配置理事会人员、设置机构组织、学校规划、人事管理、财政支配等权力。大学通过制定中期目标计划,报文部科学大臣认可,并作为法律公布[⑤]。不过,政府在减少直接干预的同时,也加强对国立大学的监督。大学监事由文部科学大臣任命,校外人士担任,对大学法人的财产状况及理事会成员的业务执行进行监察,定期向文部科学大臣汇报[⑥]。

2. 大学校长选聘

在中国的一流公立大学中,有 30 余所中央直管高校,这些大学的校长、书记等高层领导由中共中央组织部(简称"中组部")负责遴选和任命,也就是所谓的"副部级大学"。此外,正厅级的大学校长、书记等领导一般由教育部(或学校所

① 甘永涛.大学治理结构的三种国际模式[J].高等工程教育研究,2007(2):72-76.
② AGHION P, DEWATRIPONT M, HOXBY C, et al. Higher aspirations: an agenda for reforming European universities[J]. Blueprints, 2008(5): 567-574.
③ 钱颖一.大学治理:美国、欧洲、中国[J].清华大学教育研究,2015(5):1-12.
④ 赵丹龄,杨鸿,王磊,等.英法大学人事制度考察报告[J].国家教育行政学院学报,2013(11):83-90.
⑤ 赵跃宇.世界一流大学内部治理体系研究[M].北京:高等教育出版社,2016:152.
⑥ 钟秉林,周海涛.世界一流大学的校长权力制衡机制探析——世界一流大学校长管理比较研究[J].国家教育行政学院学报,2012(2):8-12.

属的中直部委)或者所属省的省委组织部直接任命。大学校长作为具有行政职务的行政干部,选拔程序与选拔原则适用《党政领导干部选拔任用条例》,与行政干部的任命程序基本相同。对候选人的硬性约束条件,如年龄、行政级别、岗位经历等,与选择党政干部的标准一致。此外,校长候选人需要具备一定的科学研究成就与学术地位,如中国科学院或工程院院士。选择标准没有考察候选人是否是一位教育家,是否具有教育思想等与大学教育相关的因素①。

　　美国一流公立大学的校长选聘通常由大学董事会成立的校长遴选委员会负责遴选和聘任。该委员会由学校董事会成员、教师代表、职工代表、校友代表等十几到二十几名成员组成。遴选委员会通过媒体公开发布招聘校长的广告,同时向在校师生、校友,以及其他大学同行发信请求推荐人选。根据规定的候选人资格筛选出初始候选人名单,再通过电话、突然访问等方式对候选人进行全面考察,缩小名单范围逐一面试。在广泛征询各方意见后,投票选出 3～5 名候选人提交董事会,由校董事会最终决定校长人选予以聘任。校长去职需要向董事会提交有关学校发展、战略评价等相关报告,由董事会与过渡团队协商并确定退出时间、退出形式和退出流程等事宜。

　　随着法国高等教育近十年的发展变革,其一流公立大学校长的遴选也在不断调整。根据 1984 年法国《高等教育法》,遴选校长由行政委员会、学术委员会、大学生学习与生活委员会三个校委员会组成大会,以绝对多数选举产生。候选人必须具备法国国籍并作为本校专职教师或研究人员。任期五年,任期结束后五年内不能再任,不得兼任其他公共机构领导职务②③④。2007 年法国颁布《大学自由与责任法》将校长由三个校委员会共同选举产生,调整为只由行政委员会选举产生。任期 5 年调整为 4 年,但可连任。候选人不限国籍,也不限于本校人员,但必须是教授、研究员、讲师或身份相当的人。2013 年《高等教育与研究法》(*Loi relative à l'enseignement supérieur et à la recherche*)进一步放宽候选人资格,允许校外人士直接竞选校长⑤,最终由国家政府聘任。为便于校长与校委员会之间协调,自 2009 年起巴黎十一大的校长选举与三个校委员会的换届选举时间重合⑥。

---

① 钱颖一.大学治理:美国、欧洲、中国[J].清华大学教育研究,2015(5):1-12.
② MINOT J. Les Universités après la loi sur l'Enseignement Supérieur du 26 Janvier 1984[M]. Paris: Berger-Levrault, 1984.
③ 陈永明.大学教师任期制的国际比较[J].比较教育研究,1999(1):49-55.
④ 王晓辉.法国大学治理与大学章程[J].现代大学教育,2015(4):19-25.
⑤ 王晓辉.法国大学治理模式探析[J].比较教育研究,2014(7):6-11.
⑥ 钟秉林,周海涛.世界一流大学的校长权力制衡机制探析——世界一流大学校长管理比较研究[J].国家教育行政学院学报,2012(2):8-12.

在日本,根据《国立大学法人法》第12条规定:国立大学校长的遴选要参照国立大学法人的意见,由文部科学大臣任命,任期2～6年。校长要有出色的人格和学识,同时能够有效管理大学中的教育和研究活动①。根据《东京大学总长选考会议内规》,通常由教授会或全体教授投票提出三名校长候选人,再由教育研究评议会和经营协议会推选的代表组成校长遴选委员会,制定遴选标准和程序。必要时听取在教育、研究和管理方面经验丰富的校内代表和校外有志之士的意见,最终由校长遴选委员会确定新任校长人选,再报文部科学省审核任命。如果校长不能胜任,文部科学省须经东京大学校长遴选委员会申请才能开展审查,予以解职。校长任期、能否连任,由各大学根据教育公务员特例法分别确定②。

综上,表6-7归纳了不同国家一流公立大学的校长的遴选主体、程序与标准,聘任主体、方式与聘期。

表6-7　不同国家一流公立大学的校长选聘

	中　国	美　国	法　国	日　本
遴选主体	中央政府	大学董事会	大学行政委员会	大学评议会
遴选程序	政府部门提出候选人名单;到候选人所在单位进行调查考核;对候选人进行民意调查确定候选人名单;上级部门进行任命。	董事会成立校长遴选委员会;发布校长招聘广告、征寻候选人;遴选委员会形成评价标准,缩小候选人范围;逐一面试,确定候选人名单送交董事会;董事会表决选出新任校长。	由大学行政委员会组织校长遴选,以绝对多数选举产生,由国家政府正式任命。	教授会或全体教授推荐校长候选人;由教育研究评议会和经营协议会组成校长遴选委员会,制定遴选标准和程序;征求意见,确定新任校长人选;报文部科学省审核任命。
遴选标准	参照党政干部选拔规定,增加对学术研究成就的考察	无法律规定,具体评价标准由遴选委员会形成	无明确规定,但必须是教授、研究员、讲师或身份相当的人员	有出色的人格和学识,同时能够有效管理大学中的教育和研究活动
聘任主体	中央政府	董事会	共和国总统	文部科学省大臣
聘任方式	任命	合同	任命	任命
聘期	无明确规定,相对固定	无明确规定,相对有弹性	4年,可续任	2～6年

① 文部科学省.国立大学法人法[EB/OL].[2018-02-01].http://www.mext.go.jp/component/b_menu/other/__icsFiles/afieldfile/2017/06/09/1237981_008.pdf.
② 东京大学.東京大学総長選考会議内规[EB/OL].[2018-02-01].http://www.u-tokyo.ac.jp/gen01/reiki_int/reiki_honbun/au07407161.html.

二、内部治理的比较分析

1. 决策权力及运行

中国一流公立大学实行党委领导下的校长负责制。大学党委会作为决策机构是大学最高权力机关。根据《中国共产党普通高等学校基层组织工作条例》（简称《工作条例》）和《中共中央办公厅关于坚持和完善普通高等学校党委领导下的校长负责制的实施意见》（简称《实施意见》），大学党委会由党员（代表）大会差额无记名投票选举产生，其中党员代表名额、构成比例，以及分配原则由高等学校党委会全体会议讨论确定，报上一级党组织批准。实行任期制，每届任期5年。党委会对党员（代表）大会负责并报告工作。根据《实施意见》，对于规模较大、党员人数较多的高等学校党委会，经上级党组织批准可设立常委会。设常委会的党委一般设委员15～31人，委员中除校级领导干部外，还应有院系、党政工作部门负责人及师生员工代表。对于规模较小，不设常委会的党委，一般设委员7～11人，委员中除校级领导干部外，还可有院系和党政工作部门负责人代表。《高等教育法》第三十九条、《工作条例》第十条和《实施意见》第一章分别对党委会主要职责做了详细规定，在实践中通常被概括为"三重一大"，即重大问题决策、重要干部任免、重大项目投资决策，大额资金使用，必须经集体讨论做出决定。根据《实施意见》，在党员（代表）大会闭会期间，由全委会领导学校工作，常委会主持党委经常工作，主要对学校改革发展稳定和教学、科研、行政管理及党的建设等方面的重要事项做出决定，按照干部管理权限和有关程序推荐、提名、决定任免干部。常委会会议由党委书记召集并主持，会议议题由学校领导班子成员提出，党委书记确定。表决事项时，以超过应到会常委人数的半数同意为通过。根据《上海交通大学章程》，党委统一领导学校工作，支持校长依法独立行使职权并开展工作，保证教学、科研、行政管理等各项任务的完成。全委会和常委会由党委书记主持，实行集体领导，民主决策。

与之不同，董事会作为美国一流大学的法人机关，拥有大学治理的最高决策权。大学董事会成员可以由原董事会成员提议，也可以由州立法机构或州长任命，还可以通过全州人民普选产生。根据2017年ARWU、THE与QS排行榜百强交集中的美国一流公立大学（系统）名单，对其董事会成员产生方式进行统计，如表6-8所示。研究发现，除密歇根大学董事会成员主要通过公众普选产生，北卡莱罗纳大学主要由现任董事会成员选举产生之外，其余一流大学的董事会成员主要甚至全部由州长任命。

表 6-8　美国一流公立大学(系统)董事会成员产生方式

美国一流公立大学（系统）	董事数量	董事会成员产生方式				
		现任成员选举	州长任命	公众普选	当然成员	其他方式
加州大学系统	26	—	18	—	7	1
华盛顿大学	11	—	1	—	—	1
密歇根大学系统	8	—	—	8	1	—
威斯康星大学系统	18	—	16	—	2	—
伊利诺伊斯大学系统	13	—	9	—	1	3
德克萨斯大学系统	10	—	10	—	—	—
北卡莱罗纳大学系统	13	8	4	—	1	—
俄亥俄州立大学	20	—	20	—	—	—

数据来源：University of California. Board of regents[EB/OL]. [2018-02-01]. http://regents. universityofcalifornia.edu/about/members-and-advisors/index.html.; University of Washington. Board of regents[EB/OL]. [2018-02-01]. http://www.washington.edu/regents/officers/all-regents/.; University of Michigan. Board of regents[EB/OL]. [2018-02-01]. http://regents.umich.edu/about/bios/.; University of Wisconsin https://www.wisconsin.edu/regents/; University of Illinois. About the Board of Trustees[EB/OL]. [2018-02-01]. https://www.bot.uillinois.edu/about; University of Texas. Board of regents[EB/OL]. [2018-02-01]. https://www.utsystem.edu/regents; University of North Carolina. Board of Trustees[EB/OL]. [2018-02-01]. http://bot.unc.edu/.; Ohio State University. Board of Trustees[EB/OL]. [2018-02-01]. https://trustees.osu.edu/#.

根据《密歇根州宪法》第 13 条第 6 款规定,密歇根大学董事会对学校拥有全面监督、控制并掌握学校所有经费支出的权力。大学董事选举与最高法院法官选举同时进行,首次选举的 8 名大学董事任期分别是 2 名 2 年、2 名 4 年、2 名 6 年、2 名 8 年。随后每次最高法院法官选举时将选举 2 名任期为 8 年的董事,当董事职位出现空缺时,将由州长任命来填补[1]。密歇根大学现任董事会成员 9 人,其中校长为董事会常任委员,拥有发言权,无投票权。董事会成员以校友为主,占到整个董事会规模的 2/3 以上,均有一定的从政背景与经历[2]。根据《密歇根大学章程》规定,董事会设全体委员会、临时委员会及三个常务委员会。全体委员会包括全体董事会成员,由董事会主席担任该委员会主席。临时委员

---

[1]　Michigan Legislature. Constitution of Michigan of 1850[EB/OL]. [2018-02-01]. http://www.legislature.mi.gov/documents/historical/miconstitution1850.htm.

[2]　屈潇潇.世界一流大学治理结构的有效性分析——以美国密歇根大学为例[J].云南师范大学学报(哲学社会科学版),2015(3): 36-43.

会的建立由董事会主席提出,如临时成立的遴选校长咨询委员会。另设三个常
设委员会,分别负责财政、审计与投资事务,人事、薪酬与管理事务,及卫生事务;
但其对董事会成员的决策没有约束力①。州法律规定大学董事会会议为公开会
议,任何有关学校公共问题的争议均要董事会召开公开会议。

　　法国与日本的一流大学决策体制存在一定相似性。首先,在法国与日本的
大学历史上,均呈现出学院治理模式,学部教授会在教育研究和运营管理方面拥
有很大话语权,地位甚至超过校长。其次,在 21 世纪初期,法国与日本政府均对
国立大学进行改革,法国通过颁布《大学自由与责任法》,日本通过国立大学法人
化改革,重新定义大学与政府之间的关系,赋予大学更多自治权,大学内部治理
结构也随之发生变化。第三,法国和日本的一流公立大学均在尝试形似美国董
事会的决策体制。而事实上,在学院教授会决策功能日渐式微的同时,政府仍在
大学决策中发挥重要影响;在强化大学校长权力的同时,决策主体与行政主体并
未实现分离,校长兼具决策与执行的双重功能。

　　具体而言,2007 年法国颁布《大学自由与责任法》后,大学行政委员会作为
核心决策层,通过缩小规模来赋予其更大权力。行政委员会成员数量缩减为 20
至 30 人,包括教师及研究人员,校外人士,学生代表与行政人员。由于大部分成
员由校长选定,校长决定重大事项,所以行政委员会也被称为"校长委员会"。巴
黎十一大的大学行政委员会拥有 30 名成员人,主要负责制定学校发展的政策,
特别是审议与学校相关的各项合同,批准学校的预算决算,审批校长签署的合同
与政策等。同时设立科研委员会负责大学科研发展、科研预算分配;大学学习及
生活委员会负责与学生相关事务的咨询功能。委员会每 4 年换届一次。根据巴
黎十一大的大学章程,各个委员会每年至少与校长会谈两次。在 1/3 以上委员
要求召开全体会议的情况下,校长应召集会议,并确定会议日期。校委员会的会
议不对外公开,委员会的决议将通过对外发言人予以公布②。

　　日本一流公立大学的决策机关包括以校长为中心的理事会,由教员构成的
教学研究评议会和校外人员参加的经营协议会③。2004 年日本法人化改革的直
接影响是将大学权力中心由评议会转移到理事会。根据《国立大学法人法》第
11 条规定:理事会由校长、理事、监事构成④。大学校长是决策机构的最高负责

①　University of Michigan. Bylaws of the Board of Regents[EB/OL]. [2018-02-01]. http://regents.
　　umich.edu/bylaws/.
②　刘敏.世界一流大学的管理及制度建设——以巴黎十一大为例[J].比较教育研究,2011(5):36-40.
③　金子元久.大学的经营形态——日本的特征[J].教育与经济,2002(2):5-9.
④　文部科学省.国立大学法人法[EB/OL]. [2018-02-01]. http://www.mext.go.jp/component/b_
　　menu/other/__icsFiles/afieldfile/2017/06/09/1237981_008.pdf.

人,同时担任理事会的理事长、经营协议会和教育研究评议会会长。东京大学校长为大学法人,代表东京大学直接向政府负责,所有教职员都由校长任命。作为大学决策基础框架,校长每年要向日本政府提出一个中期报告,计划下一年办学的各项目标①。理事由校长直接任命,辅助校长管理大学事务。理事须包含非本校人员,任期由校长确定,但不得超过 6 年,且不得超过校长任期。理事会主要审议事项包括:报告文部科学大臣的中期发展目标和年度计划;报请文部科学省批准或认可的事项;预算的拟订、执行和决算;学校、学部、专业等的设置、调整或废止等②。金子元久指出,法人化改革后日本国立大学并未像法人型大学那样将理事会作为唯一决策机关,而是文部科学省、理事会、教育研究评议会、经营协议会都参与决策。所以,国立大学的决策体制可能不会出现实质性变化,但因为自下而上的教授会参加决策的影响力变弱,政府权力的权限在加强③。

2. 行政权力及运行

中国一流大学校长具有法定代表人和主要行政负责人的双重身份,全面负责大学的教学、科学研究和其他行政管理工作。根据《高等教育法》和《实施意见》规定,校长有权拟订发展规划、规章制度和年度工作计划并组织实施;组织教学活动、科学研究和思想品德教育;拟订内部组织机设置方案,推荐副校长人选,任免组织机构的负责人;聘任与解聘教师以及其他工作人员,对学生进行学籍管理并实施奖励或者处分;拟订和执行年度经费预算方案;做好学校安全稳定和后勤保障工作;组织开展学校对外交流与合作;向党委报告重大决议执行情况等。一流大学的行政议事决策通过校长办公会议或校务会议开展,主要研究提出拟由党委讨论决定的重要事项方案,具体部署落实党委决议的有关措施,研究处理教学、科研、行政管理工作。会议由校长召集并主持,会议成员一般为学校行政领导班子成员,包括校长、副校长、校长助理、总务长、教务长、总会计师等。必要时校长可指定相关部门负责人、教师代表、学生代表或其他相关人员列席④。根据《实施意见》规定,会议议题由学校领导班子成员提出,校长确定。会议必须有半数以上成员到会方能召开。校长应在广泛听取与会人员意见基础上,对讨论研究的事项做出决定。党委书记、副书记、纪委书记等可视议题情况参会。

① 钟秉林,周海涛.世界一流大学的校长权力制衡机制探析——世界一流大学校长管理比较研究[J].国家教育行政学院学报,2012(2):8-12.
② 邢晓辉,耿景海.法人化后日本大学内部治理结构研究——以东京大学为例[J].广东第二师范学院学报,2009(4):9-13.
③ 金子元久.大学的经营形态——日本的特征[J].教育与经济,2002(2):5-9.
④ 刘永林.我国公办高等学校法人治理结构研究[M].北京:中国政法大学出版社,2015.

美国一流大学的校长是大学的首席执行官,主持董事会议,但无投票权。根据《密歇根大学章程》规定,校长作为大学首席执行官,在遵守密歇根州法律和密歇根大学章程的条件下,全面监督大学教学和研究事务;管理图书馆、博物馆等支持性服务机构;监管教职员工的基本福利、学校运营和金融资产;保证学生的健康、勤勉、有序发展①。以校长为核心,密歇根大学的行政管理团队可以分为以下几类:一是高级执行副校长,包括两位分校区校长,以及分管主校区学术、财务和医疗三大核心事务的三位执行副校长;二是分管不同大学事务的副校长,负责董事会、政府关系、学校发展规划、学生管理、科学研究、国际交流等学校运行事务;三是直接向校长汇报的机构负责人和顾问,包括体育部主任、校庆执行官、审计执行官、公共安全执行官、校长行政助理、校长特别顾问、首席医疗官等②。

依据《大学自由与责任法》,法国公立大学校长代表大学处理对外事务,签署具有法律效力的合同和文件,审核大学收入和支出;主持校内委员会工作,听取其意见和建议,准备并执行其决议;对全体工作人员具有权威,分配大学各服务部门工作;任命各种考试委员会的成员;维护校园秩序,并有权按照相关法规要求警力的介入③。除校长外,大学行政委员会、科研委员会、学习及生活委员会,以及技术委员会各自选举 1 名副校长,分别负责大学行政、科研创新、学习生活事务,以及政策咨询。其他分管具体工作的副校长由校长提名,校行政委员会选举产生。巴黎十一大另设 7 名副校长分管企业合作、成果转化、财务薪酬、人力资源、国际关系、校园可持续发展等大学事务。另外,根据巴黎十一大的大学章程规定,校长、副校长、各学院院长、秘书长、总会计师、1 名行政人员代表、1 名教师代表共同组成校领导办公室,校长有权随时召开办公室会议④。

法人化改革后,日本国立大学建立了校长决策、理事会执行、经营协议会与教育研究评议会咨询、校长选考委员会选举,及监事监督的权力运行机制⑤。政策执行权属于以校长和由校长任命的副校长等为中心的理事会,与以往相比,校长权限得到强化。评议会与经营协议会主要发挥监督咨询作用。另外,由于校长由文部科学省任命,在某种程度上大学依然处在文部科学省的监督之下⑥。

① University of Michigan. Bylaws of the Board of Regents[EB/OL]. [2018-02-01]. http://regents. umich.edu/bylaws/.
② University of Michigan. Organizational Chart[EB/OL]. [2018-02-01]. http://president.umich. edu/leadership-team/organizational-chart/.
③ 钟秉林,周海涛.世界一流大学的校长权力制衡机制探析——世界一流大学校长管理比较研究[J].国家教育行政学院学报,2012(2):8-12.
④ 刘敏.世界一流大学的管理及制度建设——以巴黎十一大为例[J].比较教育研究,2011(5):36-40.
⑤ 赵跃宇.世界一流大学内部治理体系研究[M].北京:高等教育出版社,2016:151.
⑥ 金子元久.大学的经营形态——日本的特征[J].教育与经济,2002(2):5-9.

依据《东京大学宪章》规定,东京大学在校长的统辖与负责之下,充分考虑各组成成员在教育研究与行政管理两方面较为圆满且全面的共识之形成,致力于建立卓有成效且机动灵活的运营管理模式。东京大学努力使社会的各种意见、建议广泛地反映于大学运营管理的过程之中①。

三、分析与讨论

通过与美国、日本的比较分析,可以看出由国家政府主导是中国一流大学治理的制度传统,也是制度优势,中国世界一流大学建设的治理模式具有鲜明的中国特色。不论大学与政府的关系、大学校长选聘,还是大学内部决策权力与行政权力的相互协调与制衡,均显现出强大的国家意志与政府力量。从大学外部治理来看,有望跻身世界一流行列的顶尖大学主要由中央政府直接管理,大学的校长、书记等高层领导由中央政府任命。大学招生名额、专业设置、学费审批、学科评估、学位审批等一系列日常决策均由教育部控制。从大学内部治理来看,虽然大学内部存在党委、行政、学术委员会及教职工代表大会四套管理系统,但权力主要集中在党委与行政系统,党委作为大学的最高决策机构,贯彻党委领导下的校长负责制。在相当长的发展周期内,政府权力及其在大学内部治理过程中的延伸,是中国一流大学治理结构中的主要权力来源②。单一权力来源有利于长期保持世界一流大学建设目标的一致性,从而保障建设世界一流大学政策执行的高效率。改革开放30多年来,正是这种建设目标一致、政策执行高效的治理模式推动着中国建设世界一流大学的快速发展,走出一条别具中国特色的治理之路。

然而,中国建设世界一流大学的治理模式也面临着一系列的问题与挑战,存在改进与完善的空间。在大学与政府关系方面,不论美国通过州宪法,还是法国通过《大学自由与责任法》,还是日本的《国立大学法人法》,多是通过立法明确大学性质,理顺大学和政府关系。法律制定不仅涉及大学外部法律地位的确定,而且有利于明确大学内部法律关系,有利于构建政府宏观管理、社会广泛参与、学校自主办学的管理机制。所以,中国政府可以通过制定大学组织法,合理配置政府和大学的权力和责任,尊重学校办学自主权,综合应用政策法规、监督评价等手段,加快世界一流大学的建设步伐。

---

① 东京大学.東京大学憲章インデックス[EB/OL]. [2018-02-01]. https://www.u-tokyo.ac.jp/ja/about/overview/b04.html.

② 张宏宝."中国模式"高等教育分层治理的理论框架及模式选择[J].现代教育管理,2016(3):15-19.

在大学校长选聘方面,虽然美国、法国及日本的操作程序各有不同,但从本质上均实现了遴选主体与聘任主体的相互分离。美国大学董事会组织校长遴选委员会推选校长候选人,最后经董事会表决任命;法国由大学行政委员会组织遴选,以绝对多数选举产生,最后由法国总统任命;日本由大学教授会或全体教授推荐校长候选人,遴选委员会确定人选,最后由文部科学省大臣任命。将大学校长遴选主体与聘任主体相互分离,一方面,大学作为遴选主体,选举推荐拟聘校长名单,有利于选出符合大学实际发展需要的校长;同时政府作为聘任主体,有利于实践对大学的宏观管理、有效监督。基于不同国家经验,可以通过制定大学组织法,依据法律条款实现中国一流大学校长遴选主体与聘任主体分离:由大学组织遴选,提供校长候选人名单上报教育部,由教育部确定最终人选予以任命。健全高效有序的校长选聘机制,强化、优化大学核心领导力,从而加快一流大学建设,保障一流大学未来可持续发展。

与之相似,在大学决策权力与行政权力方面,不论美国、法国的大学章程,还是日本的大学宪章,均具有法律效力,通过法律条文规范不同权力主体之间的职责与权力,指导不同权力主体之间的协调与制衡。虽然中国一流大学也颁布了大学章程,但并不具备法律效力,章程内容也多流于形式,缺乏针对性和操作性。所以通过确立大学组织法明确大学内部各权力主体关系,完善大学内部治理结构,提高大学管理的制度化水平,是保障和加快建设一流大学的迫切需要。基于不同国家经验与中国国情,在坚持以国家政府主导治理模式的同时,通过制定大学组织法,健全党委领导下的校长负责制的具体实施规则,规范学校党委集体领导的议事规则、决策程序,明确校长独立行使职权的制度规范,对探索中国特色的一流大学治理体制具有重大意义。

第四节　世界一流大学建设的激励模式

一、外部激励的比较分析

1. 人才引进

建设世界一流大学与汇聚高层次人才密不可分,两者互为条件和支撑。自二十世纪末,中国政府为了延揽海内外学界精英、带动一流大学重点建设,中国科学院、教育部、中组部、国家自然科学基金委员会等相关部门相继出台人才计划，吸引海外高层次人才归国。1994 年中国科学院提出"百人计划"，为入选者提供研究员岗位和 200 万元经费支持，不低于 70 万元的科研启动经费和生活住房等。1998 年教育部提出"长江学者奖励计划"，除国家规定提供的工资、福利等待遇，每年向受聘于特聘教授岗位的人员提供 20 万元岗位津贴；向受聘于讲座教授岗位的人员，按实际工作月支付每月 3 万元岗位津贴。教育部为了吸引海外人才回国从事教育、科研活动，还设立了"新世纪优秀人才支持计划"，与霍英东教育基金会合作实施"高等院校青年教师基金"与"高校青年教师奖"等。目前，最受海外华人关注的是 2008 年由中组部牵头的"千人计划"及"青年千人计划"，引进人才每人给予 100 万元的一次性税后补助，并提供住房以及接近海外水平的薪资待遇。此外，国家自然科学基金委员会制定人才资助体系包括"国家杰出青年科学基金"、"海外青年学者合作研究基金"、"香港、澳门青年学者合作研究基金"等，推动海外境外青年人才在中国开展自然科学基础研究和应用研究。国家外国专家局通过实施"外专千人计划"，建设"引智推广基地"和"引智示范基地"，推动引智项目，搭建合作交流服务平台等措施，设立国家"友谊奖"等举措引进外国专家①。

　　美国政府放眼全球，在世界范围内广泛吸引不同国籍、种族和民族的人才。一方面，通过优质高等教育资源和丰厚奖学金吸引全球最优秀的学生来美留学；另一方面，通过美国科研机构的科研条件和优厚待遇吸引全世界最优秀的科技人才来美工作。为此，美国政府不断完善和优化移民签证政策，例如，针对在美国大学获得科学、工程、技术、数学等国家所需领域博士学位的国际学生，签证自动延长 1 年，以方便其留在美国工作。如果被美国用人单位录用并通过安全审查，将自动获得工作许可并进入居民身份手续办理快速通道。其次，美国不断完善教育相关法律和制度，改善教学和研究条件，吸引国际优秀留学生。美国政府相继出台《国防教育法》《美国 2000 年教育战略》《为 21 世纪而教育美国人》等法案，不断增加教育投入，改造和扩建大学，特别是世界一流大学的基础设施，以扩大海外优秀学生的招生规模。第三，设立吸引海外高层次人才在美国发展的专门研究计划，例如，"ARPA－E 研究院计划"、"青年研究员计划"等②。

　　法国政府为吸引海外研究人才回归，不仅有针对性地制定了人才吸引计划，

① 杜红亮，赵志耘.中国海外高层次科技人才政策研究［M］.北京：中国人民大学出版社，2015：118－168.
② 杜红亮，赵志耘.中国海外高层次科技人才政策研究［M］.北京：中国人民大学出版社，2015：244－245.

而且配置完善的税收优惠政策。针对海外博士后,法国国家科研署启动实施了"博士后回归计划",向入选者在 3 年内提供 60 万～70 万欧元的科研经费,支持其组建小型科研团队从事前沿研究。针对海外高水平研究人员,2007 年法国政府设立"国家级海外研究人员归国奖励基金",为回到法国的海外顶尖学术带头人提供 20 万欧元的特殊奖励,并解决家属工作和保险事宜。此外,在税收与福利方面,外国专业人才在法工作最多可以享受五年的免税待遇;针对海外高层次人才,法国政府提供社会保险、医疗保险和退休金支付方面的税收减免①。

日本在人才引进方面,以吸引周边国家人才为主。日本政府制定了《国立、公立大学任用外籍教员的特别措施法》《研究交流促进法》《外国科技人员招聘制度》《特别研究员制度》等法律。其次,2007 年日本政府启动 WPI 计划,每年投入 5 亿～20 亿日元,持续资助 10～15 年,旨在吸引世界最高水平的一线研究人员,形成世界顶级研究基地。要求研究基地领导者"具有世界顶级的研究业绩、拥有吸引世界优秀研究人员的人格魅力和号召力以及强有力的领导和经营才能",在研究人员结构中,外国研究人员达到 30%②。第三,日本学术振兴会也出台了一系列鼓励人才流入的政策,例如"外国人特别研究员",为海外赴日从事科学研究的研究人员提供每月津贴、安家费、往返机票及保险等资助③。此外,日本实施了工作许可"积分制",对外国学者、专业技术人员和经营者的学术背景、职业经历、年收入等进行评分,获得足够分数的海外申请者可作为高端人才获得日本永久居留许可④。

2. 科技奖项

设立科技奖项是激励学术人才不断创新,推进世界一流大学建设的重要机制。目前,中国政府层面的科技奖励主要包括国务院和各省、自治区、直辖市人民政府设立的科学技术奖。国家科学技术奖包括最高科学技术奖、国际合作奖,以及国家科技三大奖(国家自然科学奖、国家技术发明奖、国家科学技术进步奖)。其中,2000 年设立的国家最高科学技术奖授予在科学技术前沿取得重大突破,在科学技术创新、成果转化中创造巨大经济社会效益的公民。每年授予人数不超过 2 名,报请国家主席签署并颁发证书和奖金,奖金数额由国务院规定。

① 高峰,唐裕华,张志强,等.21 世纪初主要发达国家科技人才政策新动向[J].世界科技研究与发展, 2011(1):168-172.
② 王挺.日本吸引海外人才的政策与措施[J].全球科技经济瞭望,2009(5):28-36.
③ 日本学术振兴会.JSPS International Fellowship for Research in Japan[EB/OL].[2018-02-01]. https://www.jsps.go.jp/english/e-ippan/index.html.
④ 黄一凡.日本:多措并举培养高层次创新人才[N].经济参考报,2010-08-03.

国际科学技术合作奖授予对中国科学技术事业做出重要贡献的外国人或者外国组织。国家自然科学奖授予在基础研究和应用基础研究中阐明自然现象、特征和规律，做出重大科学发现的公民。国家技术发明奖授予重大技术发明的公民。国家科学技术进步奖授予在实施技术开发、社会公益、重大工程项目中，做出突出贡献的公民、组织。国家科技三大奖分为一等奖、二等奖2个等级；对做出特别重大发现、发明和贡献的公民、组织可授予特等奖。2015年以来每年科技三大奖的奖励项目总数不超过300项，由国务院颁发证书和奖金，奖金数额由国务院科学技术行政部门会同财政部门规定①。评奖过程中实行提名制与定标定额的评审制度相结合，从由行政部门下达推荐指标、科技人员申请报奖、推荐单位筛选推荐的方式，逐渐转向由专家学者、组织机构、相关部门提名的制度。最后，由国家科学技术奖励委员会根据评审委员会的建议，对获奖人选和奖励种类及等级作出决议。

美国联邦政府设立了费米奖、国家科学奖、国家技术奖、总统杰出青年学者奖，对科技人员进行奖励。其中，费米奖，作为总统奖是美国联邦政府授予的历史最悠久、最具权威性的科技奖之一，每年评审一次，每次不超过3名，奖励在能源科学与技术研究方面的科学家、工程师与科学政策制定者，不限于美国公民。美国联邦能源部负责该奖评审的日常工作，评议团由来自国家实验室、大学和私人研究机构的有声望的科学家和工程师组成，评价所有被提名者材料，并向奖励委员会推荐人选。奖励委员会由美国主要科研机构的高级科学行政主管组成，审议筛选评议团的推荐，并向能源部部长推荐获奖人选。能源部部长再向美国总统推荐，由总统确定最终人选。1959年设立的国家科学奖是美国科学领域的最高荣誉，每年评审一次，每次不超过20名，不仅包括物理学、化学、生物学、数学、工程科学，也包括社会科学与行为科学领域有重大贡献的美国公民和准公民。美国国家科学基金会负责该奖评审的日常工作，具体评审机构是总统任命的独立评审会，由12名来自不同学科领域高知名度科学家与工程专家组成，负责向总统推荐最后获奖名单。1985年设立的国家技术奖授予在提高美国企业全球竞争力方面取得卓越成就的工程技术人员或企业，每年评审一次，每次不超过10名。美国联邦商务部负责该奖评审的日常工作，评审委员会由科学、技术、商业、专利法等方面知名专家组成。为显示政府对杰出科学家与工程师的重视，1996年美国政府设立青年科学家总统奖，每年评审一次，每次不超过60名，奖

---

① 科学技术部.国家科学技术奖励条例[EB/OL].[2018-02-01]. http://www.most.gov.cn/kjzc/gjkjzc/kjjl/201703/t20170328_132208.htm.

励取得博士学位不久并有固定工作岗位的从事科学与技术研究的青年科学家、工程师。美国科学基金会、卫生部等9个联邦政府机构按照一定比例向美国总统推荐当年各自部门的获奖人选,最后由总统确定获奖人①。

代表法国最高研究水平的奖项包括国家科学研究中心年度奖和法兰西科学院颁发的年度奖。国家科学研究中心年度奖,每年评审一次,分为金奖、银奖和铜奖。金奖为法国国家级研究的最高荣誉奖,授予一位在某一学科中充满活力并取得重大科研成果的科学家;银奖授予从事海内外公认具有独创性、高质量的重要研究的科学家;铜奖用来鼓励研究人员进行有开拓性并初见成果的研究。法兰西科学院颁发的年度奖分为科学院大奖和学科专业奖两类。科学院大奖由法兰西科学院院士或通讯院士推荐候选人,然后由科学院院士和科学院内部应用委员会成员组成的评选委员会进行评议,最后经保密委员会选举产生,奖金在五万法郎以上。学科专业奖由14个专业委员会分别进行评议授奖,奖金在五万法郎以下②。

日本政府科技奖励包括国家科技奖和研究人员奖励金。其中,日本国家科技奖于1881年设立,每年评审一次,分为紫绶、蓝绶、黄绶褒章,要求申请人已获日本地方或民间奖。紫绶褒章奖励重大科技发明与研究的研究人员。蓝绶褒章奖励为公益事业做出卓著贡献的人士,包括在日本技术开发中取得杰出成就者,对科技普及和教育做出贡献者,在充实公共研究设施方面成绩卓著者。黄绶褒章的获奖者需20年以上科技工作经历,并对促进科技发展做出杰出贡献;或在公共科技振兴组织中任职,并在科普教育方面做出卓越成绩;或做出其他杰出贡献。日本国家科技奖的组织评审机构为日本科技厅,由各地方各都道府县及各省厅推荐,然后报日本科技厅,由科技厅与专利厅共同审查,再由科技厅向内阁总理大臣官房赏勋局报正式名单,最后由内阁会议决定批准。另一项重要的中央级政府奖是日本研究人员奖励金,于1959年设立,每年颁发一次,每次300个奖励名额。该奖项专门授予具有博士学位的青年学者,年龄必须在35岁以下,而且必须是没有固定职业的研究人员;尚未取得博士学位但达到同等水平,具有较强研究能力的人员也可获得这一奖励③。与美国青年科学家总统奖只颁发给有固定工作岗位的研究人员不同,日本奖励金更倾向授予没有固定职业的研究人员,使其解除生活后顾之忧,专心从事科研工作。

① 高洪善.美国的国家科技奖励及其特点[J].中国科技奖励,2002(4):72-75.
② 李志毅.法国国家和民间科学技术奖励[J].中国科技奖励,1998(2):42-48.
③ 黄忠德,李雪梅,谢海波,等.国外政府设立的科技奖励的基本情况、特点及对我国政府设立的科技奖励的思考[J].科技管理研究,2010(6):253-256.

二、内部激励的比较分析

1. 教师聘任与薪酬福利

在传统事业单位用人制度下,中国一流大学事业编制由政府控制,用人数量与规模取决于编制名额。1999 年《关于当前深化高校人事分配制度改革的若干意见》倡导推行高校教师聘任和全员聘用制;2000 年《关于深化高等学校人事制度改革的实施意见》提出要理顺人事管理体制,加强机构编制管理,进一步改革用人和分配制度。2006 年聘任制改革后,大学普遍由固定单一的用人制度转向灵活多样的聘任模式。具体而言,大学教师与研究人员仍然多数采用事业单位聘用合同的形式,与大学存在聘任与被聘任的关系,属于事业编制员工;教学辅助人员、专职科研、文员等岗位采用人才派遣等雇佣方式,与当地人才公司签订员工劳动合同,属于在事业单位工作的非事业编制员工。中国一流公立大学的教师不是国家公务员,但具有事业编制,工资由政府财政补贴。这意味着教师工资部分参照公务员的标准,固定收入较低。不过,中国一流大学教师收入比法德等欧陆国家更灵活、更具有弹性,不同大学之间、同一大学的不同院系之间也存在较大差距,部分教师最重要的收入来源是教学课时费和科研项目提成,也享受一些子女教育、医疗、住房等方面的福利①。

美国一流公立大学采取面向社会公开竞争的方式招聘教师,教师是与大学董事会签订雇用合同的被雇者。首先,学院按照岗位需要确定招聘人员数量与标准,经院长、校长批准,成立以教授为主的聘任委员会。聘任委员会向各大学研究生院、科研机构、专业学会、企事业单位,以及全国专业性刊物等发布招聘信息。然后通过试教,或做学术报告,或主持学术讨论会等形式对应聘者进行全面考察,由聘任委员会择优选出若干候选人,院长签署意见并转呈校长和教授会评议,最后报校董会批准②。以密歇根大学为例,聘任委员会对申请人的学术水平、社会贡献、发展潜力等进行全面审核;教务长主要从学校发展全局,综合考察申请人对本学科、相关学科以及次级学科发展的影响,这两次审核结果对应聘结果至关重要③。关于美国一流公立大学教师薪酬,州政府及其高等教育管理机构主要扮演宏观管理和政策指导的角色,通过立法下达经费预算,制定工资标

① 钱颖一.大学治理:美国、欧洲、中国[J].清华大学教育研究,2015(5):1-12.
② 谢笑珍.中美一流大学人力资源结构与遴选标准比较[J].比较教育研究,2006(3):36-39.
③ 赵跃宇.世界一流大学内部治理体系研究[M].北京:高等教育出版社,2016:29.

准,规定教职员工社会保障、福利待遇等政策。大学在具体实施教职员工聘任和确定薪酬方面具有自主权①,通常为教师提供具有全球竞争力的薪资待遇。

　　法国公立大学的教师在作为专业人员的同时,还具有国家公务员身份。教师的聘任无公开程序,参加教师资格考试后由国家根据其成绩进行分配。大学每年根据院系上报的空缺职位及名额向教育部提出用人申请,教育部汇总后按需调任②。在法国通过颁布《大学自由与责任法》之前,教师的录用审查由专业委员会负责审查每个申请者的学术背景与成果,并为每个竞聘的岗位向行政委员会提交最多 5 位候选人名单,并排序。行政委员会再将几名候选人报送高等教育部长审定。改革后,教师的录用审查由遴选委员会取代,其成员经校长提名由行政委员会任命,至少半数为校外人士。遴选委员会将其遴选名单及排序上报行政委员会,但行政委员会有权另行排序,然后报高等教育部长审批。大学校长对任何录用都有否决权③。法国国立大学教师执行国家公务员薪酬制度,所享受的工资福利待遇由教师所属职级决定,基本收入主要包括工资、奖金和津贴。教师超时教学、监考和承担临时性工作等可获得的额外补助作为基本收入的补充。此外,大学教师的外部收入主要来自版税、在企业担任咨询或顾问工作,以及专业收入,如医学、法学、商学等。所以,不同教师职位、学科和所在地区存在较大差异。另外,教师作为社会公职人员享有一些社会保障和福利,如专门基金提供基本健康保险,教育部提供家庭福利津贴,以及国家提供退休金等④。

　　日本在法人化改革前,国立大学由中央政府设置和集中管理,是文部科学省的附属行政机构,大学教职工具有国家公务员身份,被称为"教官",享受与政府官员同样的待遇。在教职工的录用、考核和解雇方面,大学和校长没有自主权,而由文部科学省派遣⑤。法人化改革后,大学教师身份从公务员转变为非公务员,教师聘任由校长根据教授会的商议结论而定。通常学科内决定招聘教师要担任的教学和研究领域;向有关单位公开招聘候选人,希望校外有关人士推荐;召开学科内的选考会议,选出合适的候选人推荐给学部教授会;学部教授会通过投票等方式选出聘用候选人;最后报送校长审批任命⑥。教师薪酬收入由基本工资、补贴和奖金组成。基本工资根据职称和资历确定;补贴包括职务岗位津贴、家属抚养补贴、住房补贴、交通补贴、超课时补贴、教师研究生兼课津贴和特

①　赵丹龄,张岩峰,汪雯,等.高校教师薪酬制度的国际比较研究[J].中国高教研究,2004(S1):32-40.
②　卢乃桂,徐岚.法国高等教育管理体制变革中的教师学术职业[J].高等教育研究,2008(1):92-98.
③　王晓辉.法国大学治理模式探究[J].比较教育研究,2014(7):6-11.
④　卢乃桂,徐岚.法国高等教育管理体制变革中的教师学术职业[J].高等教育研究,2008(1):92-98.
⑤　贾德永,王晓燕.日本国立大学法人化改革后的大学治理结构[J].高等教育研究,2011(5):97-103.
⑥　陈永明.评述日本大学教师任期制[J].全球教育展望,1999(3):12-17.

种工作津贴等;奖金每年发放两次,金额视当年学校财力及实际情况由理事会讨论后决定①。国立大学法人化改革后,大学建立了与教职工能力和业绩相适应的弹性人事制度,教师工资、奖金和住房等待遇直接由各国立大学法人决定。

2. 教师晋升与终身教职

目前,不少中国一流大学处于人事管理转型期,出现常规教轨与长聘教轨两条教师发展路径并行的局面。人事制度改革前大学教师一直是事实上的终身制,但近十年来越来越多的一流大学新进教师不再是终身制,而要进行聘期考核,通常规定 2 个聘期左右达到副教授要求,每个聘期 3 年,如未达到,不予续聘,类似西方大学的"非升即走"制度,大学竞争日趋激烈,教师流动开始形成。以上海交通大学为例,2012 年开始构建长聘教轨,不断实践引进人才和现有人才的双轨并行。教师晋升由学校发布信息,学院召开教授会议,对教师学术水平和工作业绩进行审核和评价,并根据岗位要求确定候选人,人数最多不超过岗位数两倍。学院职务聘任小组进行评议,提交拟聘候选人名单和材料,并由人力资源处送校外同行专家评议。学校对候选人进行答辩评审,校专业技术职务聘任委员会审定,公示后聘任。

美国大学的教师晋升以终身教职体系为特色。在密歇根大学,教授和副教授为终身教职;助理教授由学院院长和执行委员会推荐,由校长任命,处于终身教职试用期,最长试用期为 10 年。现实中,学院层面试用期短于大学层面试用期,学院通常在助理教授的第六年或第七年即开始从教学、科研及服务三个方面进行综合考核。如果考核通过,终身教职教师由相应的学院院长、执行委员会和教务长兼主管学术副校长推荐,董事会通过后予以任命。如果考核未能通过,会收到最后一年聘用的正式通知②。

法国大学的教师职位等级鲜明,由低到高分为"阶段(Stage)-级(Class)-组(Group)-类(Category)"四个层次。同级之下不同阶段的晋升随着教师年龄和资历的增长而自然推进。而同组之下不同级别的晋升需要激烈竞争,法国教育部对晋升名额集中规划、严格控制,每年根据经费预算制定晋升名额,分派给各大学和国家大学委员会③。法国的大学终身职的授予权属于国家,候选人需要向国家大学委员会递交研究项目成果报告,经大学聘任委员会评价通过后,由

---

① 常雷明.日本高校教师人事制度借鉴[J].教育(周刊),2006(14): 52-53.
② Office of the Provost. The University of Michigan Faculty Handbook[EB/OL]. [2018-02-01]. http://www.provost.umich.edu/faculty/handbook/5/5.C.html#5.C.1.
③ 卢乃桂,徐岚.法国高等教育管理体制变革中的教师学术职业[J].高等教育研究,2008(1): 92-98.

国家大学委员会颁发资格。如果申请晋升管理、经济、法律、政治和医学等领域的教授职位,申请者还需参加高度竞争性的国家考试[①]。巴黎十一大设立了分管该项工作的副校长,并配备 3 名专员负责研究工作激励机制与工资制度,设立人力资源办公室负责日常工作[②]。

日本法人化改革后,大学实行弹性多元的人事制度。在制定教师晋升标准和程序方面,一般由学校的教育研究评议会决定。日本公立大学并非每年定期评定职称,而是由教师本人根据自己工作年限和业绩积累以及学校制订的标准,随时可以向系主任提出申请。随后系主任组织 3～5 名校内外同行专家,组成资格审定小组进行评审。教师晋升主要考核学历、学位条件;任现职的最低年限,通常助教一年、讲师三年、副教授六年;教学工作业绩和科研工作业绩[③]。在日本由于受到编制限制,晋升教授难度相对较大。国立大学按照国家标准决定教授人数,教授的名额非常少,只有当教授退休或是开设新专业时才有机会。

综上,表 6-9 归纳了不同国家一流公立大学的内部激励情况。

表 6-9 不同国家一流公立大学的内部激励

内部激励	中 国	美 国	法 国	日 本
教师身份	事业编制,但非公务员	雇员	国家公务员	法人化改革前是国家公务员,现在不再是公务员
聘任主体	大学校长	大学董事会	国家大学委员会	大学校长
招聘程序	公开招聘,教师资格由国家统一认证	公开招聘,无教师资格认定	无公开招聘,国家教师资格考试,按需分配	教师资格依据不同学校标准分别规定
薪酬福利	国家有薪金标准,实际由各大学或学院决定	一般大学理事会依据职位层次差别决定	依照国家的薪酬体系,由国民教育部决定	法人化之前,教师薪金由国家规定;现在由大学决定

① 卢乃桂,徐岚.法国高等教育管理体制变革中的教师学术职业[J].高等教育研究,2008(1): 92-98.
② 刘敏.世界一流大学的管理及制度建设——以巴黎十一大为例[J].比较教育研究,2011(5): 36-40.
③ 常雷明.日本高校教师人事制度借鉴[J].教育:周刊,2006(14): 52-53.

（续　表）

内部激励	中　国	美　国	法　国	日　本
晋升程序	院级校级职务聘任小组两层评审	学院院长、执行委员会和教务长兼主管学术副校长推荐，董事会通过	国家大学聘任委员会评议，部分领域需参加高度竞争性的国家考试	学院或学科负责人物色候选人，并由教授个人推荐；学院的教授会或校评议会集体审议
终身教职	没有统一规定终身教职，部分大学正在推进	教授和准教授拥有终身在职权	享有一直到退休的职业保障	法人化改革后能否终身在职，依据大学和教师之间的协议

三、分析与讨论

除了充足的经费投入和高效的大学治理，世界一流大学建设还要依靠人才聚集①。通过与美国、法国及日本进行比较，研究发现中国建设一流大学的激励机制在人才战略部署、人才引进对象及人才发展轨道三个方面均具有鲜明的中国特色。

首先，在建构与发展大学人才激励机制的过程中，从国家战略高度部署人才工作这一核心思想贯穿始终。2008 年中共中央办公厅发布的《中央人才工作协调小组关于实施海外高层次人才引进计划的意见》指出，人才是第一资源，在综合国力竞争中具有决定性作用，将引进海外高层次人才定位为一项重大而紧迫的战略任务。围绕国家发展战略目标，中国政府旨在通过海外高层次人才引进计划用 5～10 年时间在国家重点创新项目、学科、实验室等引进一批战略科学家和科技领军人才。2010 年中共中央、国务院印发的《国家中长期人才发展规划纲要（2010～2020 年）》进一步指出，千人计划是"重大人才工程"之一。此外，国家科技奖项也是从国家科技发展与创新出发，站在国家战略高度推动。作为一流大学、一流学科评估的重要指标，有相当比例国家科技奖项被一流大学括入囊中，对激励人才发展，建设一流大学起到积极促进作用。

其次，在人才引进对象方面，以吸引海外优秀人才归国为重点。目前，中国

---

① SALMI J. The challenge of establishing world-class universities[M]. Washington, DC: World Bank Publications,2009.

高等教育系统质量相对发达国家仍处于追赶状态,如果建设世界一流大学所需的大批精英人才仅依赖现有大学培养输出,人才供应质量和数量均难以满足当下庞大且迫切的需求。近年来每年超过 50 万赴海外求学的留学生为中国建设世界一流大学提供了巨大的潜在人才储备,所以鼓励高层次海外人才归国成为当下中国人才激励政策的重要特色。

再次,积极探索大学内部双轨并行的人才发展模式。除了引进人才、科技奖项等国家层面的激励举措,中国一流大学内部不断进行人事制度改革,以适应新形势下的大学人才发展需求,优化人才成长环境。越来越多的中国一流大学正在探索"非升即走"的长聘教轨体系,实践"一所大学,双轨并行"的人才发展路径,从而加快中国世界一流大学建设步伐。

然而,中国建设世界一流大学的人才激励模式同样也存在若干问题,仍有改进完善的空间。从外部激励机制来看,美国、法国的经验告诉我们推动人才政策制定的主体力量不是政府,而在民间,例如各种专业团体、社会组织、科研机构等。民间力量对吸引和使用海外人才过程中所存在的问题有着最直接而深入的认识和观察,总结提炼形成的专业建议有助于政府做出更有针对性、更有效的决策。因此,在制定人才政策的过程中,应更多结合现实情况,制定更加积极开放、扎根中国实际的人才引进政策,对国家紧缺的特殊人才,开辟专门渠道,实行特殊政策,实现精准引进。在科技奖励方面,不论美国总统杰出青年学者奖,还是日本研究人员奖励金,均是为了激励青年人才在所属领域有所成就而专门设立的奖励。目前,中国国家科技奖体系主要面向终身成就的最高科技奖和以中年群体为主体的国家三大科技奖,尚没有面向青年人才设立的专门奖项。所以,应将激励和支持青年人才的创新性研究作为完善中国科技奖励体系的重要考量之一,通过设立面向青年人才的国家级青年科技奖励,发挥先进示范作用,引导青年人才积极探索、有序竞争,激发其创造力最大限度发挥。

从大学内部激励机制来看,美国一流大学的教师招聘名额由学院和大学自主决定,不受政府管制,这使得其在挑选教师时能够在全球范围内同一领域的人才之间比较,而不局限于学院内部不同领域同时申请晋升职称的教师之间。大学教师的常态化流动与合理性竞争,能够有效促进人才的学术发展与科研产出。而目前,中国仍然实行对大学人员的事业编制管理,这对保障落实大学的用人自主权产生了一些障碍,不利于综合运用经济、行政手段科学配置学校人力资源。所以,取消大学编制,改革人员管理模式,加快推进教师长聘教轨制的建设实施,有助于保障学术自由、激发学者科研创造力,为世界一流大学提供人才支撑。

第五节 对中国模式的探索与思考

世纪之交,中国政府实施"985"工程的重大决策,随后相继出台一系列重点建设举措,致力于建成若干达到世界一流水平的大学。政策初期,这一独特的中国建设模式曾备受西方高等教育界质疑,然而二十年后,中国一流大学在世界大学榜单上的表现向世界证明了中国建设模式不仅不会制约中国一流大学的发展,反而有助其走近世界一流。与此同时,随着西方模式局限性的日益显现,愈来愈多曾经的西方模式标榜者开始反思,中国的建设模式究竟是什么,是否有可取之处? 西方模式又是否真的无懈可击,如何才能使西方大学避免衰败?

尽管现阶段的中国建设模式尚存在一些问题,中国一流大学与真正的世界一流也还存在差距;但是,不论从理论建构还是实践探索,中国模式正在发展成型。中国建设一流大学不仅参照世界一流大学的评价标准,而且在经费投入、大学治理和人才激励方面具有鲜明的中国特色。换言之,探讨中国模式,世界一流与中国特色,缺一不可。

一、中国模式与中国特色

如果说成为世界一流是中国建设模式的外在标准;中国特色即是中国模式的内在灵魂。世界上每个国家都拥有自己独特的历史文化、价值体系,处在不同于其他国家的经济发展阶段。这从根本上决定了世界一流大学的建设路径截然不同。

中国一流大学的未来在于发展其独特的、植根于中国文化传统的"中国性"(Chineseness)[1][2]。正如许美德(R. Hayhoe)教授所言,与西方二元对立的价值体系不同,"中国的学术界……更加呈现流动形态,与自然环境、政治制度和

---

① YANG R. Chinese ways of thinking in the transformation of China's higher education system [G]//RYANJ. China's Higher Education Reform and Internationalization. London and New York: Routledge, 2011: 34-47.
② YANG R. Long road ahead: Modernizing Chinese universities[J]. International Higher Education, 2014(77): 17-19.

宗教权威之间的界限更少一些绝对化"①。正是因为大学学术和国家治理密切联系的儒家传统,中国一流大学既能够接受和响应政府的政策与干预,又能对自己的生存发展高度负责②。加之中国家长重视教育投入的家庭文化传统,使得世界一流大学、一流学科的建设发展更有可能在中国发生并成功运作③。

中国特色不仅源于中国传统文化基因,同时根植于中国社会系统与教育发展共同建构而成的高等教育制度。一方面,现阶段的中国仍是世界上最大的发展中国家,在人口基数庞大、优质教育资源有限的情况下,只有强有力的国家政策驱动、密切的政府监督控制才能有效利用资源,快速实现世界一流大学建设目标。另一方面,在很大程度上,中国政府借助大学的教育和科研之力推动经济和社会发展。无论大学扩招、高校合并调整,还是一流大学建设,中国政府表现出的强烈意志几乎是世界上最有效的组织力量。在相当一段时间内中国将继续秉持效率优先、兼顾公平的发展观,在政策上重点倾斜,经费上重点扶持,集中社会资源,优化资源配置,提高世界一流大学的建设效率。

综上所述,建设世界一流大学的中国模式体现出一种国家中心的"强政府"作用④,与多数西方国家的"弱政府"相比,权力相对集中的文化传统与制度结构是中国特色的生成土壤,构成中国模式的核心要义。不过,尽管"强政府"在中国一流大学建设过程中体现出相当优势,也有不少学者因此质疑大学自主与学术自由遭到了政府过度的干预。事实上,政府作为国家公共行政权力的象征和实际行为体,如果为了推动其认为最有益于国家未来发展的研究,或鼓励大学组织机构更多参与到当地社会的发展服务中,而在配置经费或者实施其他激励措施时有所侧重,并不能就此断定政府干预了大学自主,而要进一步考察这个过程。如果将所有或是绝大多数公共经费投入到少数几个研究领域、研究项目或机构,那么大学自主权很可能受到干预。但如果政府只在特定项目中提供专项资金,而整个资金政策到达了某种平衡,给人的感觉是公平的,便不能认为政府作为超

① HAYHOE R. Lesson from the Chinese Academy[G] // HAYHOE R, PAN J. Knowledge Across Cultures: A Contribution to Dialogue among Civilizations. Hong Kong: Comparative Education Research Centre, The University of Hong Kong, 2001: 323 - 347.
② LI J. World-class higher education and the emerging Chinese model of the university [J]. PROSPECTS, 2012(3): 319 - 339.
③ MARGINSON S. Higher education in East Asia and Singapore: Rise of the Confucian model[J]. Higher Education, 2011(61): 587 - 611.
④ ZHANG W. The China Wave. Rise of a Civilizational State[M]. Hackensack, NJ: World Century Publishing, 2011.

越了它的职能范围。没有绝对的集权,也没有绝对的分权①,大学自主和学术自由是否得到保障,需要进一步考察政府之于大学权力集中或下放的程度。大学拥有哪些自主权,教师与学生拥有怎样的学术自由,更大程度上是一种国家规制与大学自治之间的平衡。因此,世界一流大学建设的中国模式不仅体现在"集中力量办大学"的中国特色,更在于权力集中与下放之间如何达到一种促进大学建设的平衡。

二、国家规制与大学自治之间的平衡

结合前文分析,在经费投入、外部治理与外部激励方面,中国模式更多体现国家规制对一流大学建设的驱动作用,而内部治理与内部激励更多体现大学自治对一流大学建设产生的影响。研究认为国家规制与大学自治之间的相互协调与平衡构成了世界一流大学建设中国模式的实践逻辑,一方面国家规制通过经费预算、专项资金、人员编制、人才引进等指令性政策文件介入大学事务;另一方面,政府也将部分权力下放到大学,对于大学内部具体的管理方式不作过多干涉,在经费使用、教师评聘等事务中大学享有自决权。

1. 国家规制

长期以来中国呈现出一种权力相对集中的文化与制度传统,从经费投入来源看,中国高等教育体制决定了政府拨款是高校办学经费的主要来源,形成了中央政府主导,以中央财政支持为主的中国一流大学建设投入模式。与发达国家以自筹经费为主导的经费来源结构不同,中国政府通过持续稳定的经费拨款,为建设世界一流大学提供了根本的物质保障。从经费投入方式看,中国建设一流大学在很大程度上依托重点建设项目经费实现。早期由"211"、"985"工程推进,2017 年正式实施"双一流"建设,对具有世界一流大学潜质的重点大学实行政策倾斜,在经费上重点扶持,加快中国建设世界一流大学的进程。

中国高等教育体制决定了一流大学的治理由中央政府主导,不论大学与政府的关系、大学校长选聘,还是大学内部决策权力与行政权力的相互协调与制衡,均显现出强大的国家意志与政府力量。从大学外部治理来看,中央直接管理有望跻身世界一流行列的顶尖大学,任命党委书记和校长;教师编制规模、招生

---

① HANSON E M. Strategies of educational decentralization: key questions and core issues[J]. Journal of Educational Administration, 2006(2): 111 - 128.

指标名额等均由教育行政部门控制。从大学内部治理来看,权力主要集中在党委与行政系统,党委作为大学的最高决策机构,贯彻党委领导下的校长负责制。在相当长的发展周期内,政府权力作为主要权力来源,有利于长期保持世界一流大学建设目标的一致性,从而保障建设世界一流大学政策的高效执行。

此外,由中组部牵头的"千人计划",教育部的"长江学者计划"等一系列人才政策,从国家发展战略高度部署人才工作这一核心思想贯穿人才激励始终。2008年中共中央办公厅发布《中央人才工作协调小组关于实施海外高层次人才引进计划的意见》,指出人才是第一资源,在综合国力竞争中具有决定性作用,将引进海外高层次人才定位为一项重大而紧迫的战略任务。围绕国家发展战略目标,中国政府通过海外高层次人才引进计划在国家重点创新项目、学科、实验室等引进一批战略科学家和科技领军人才。2010年中共中央、国务院印发了纲领性人才文件《国家中长期人才发展规划纲要(2010~2020年)》,进一步指出千人计划是"重大人才工程"之一。在中国政府驱动下延揽海内外学界精英加入一流大学建设,有助于推动一流大学承担国际重大项目、实践科技创新,加快一流学科建设与国际接轨。

中国有"集中力量办大学"的传统,也有"集中力量办大学"的优势,"强政府"用"看得见的手"划拨世界一流大学的专项建设经费,设置大学建设相关的各种"工程"、"计划",制定大学质量保障与评价标准,有利于集中优势资源,调动多方面积极性。与此同时,大学自治在设置大学内部发展目标、制定政策、做出决策方面扮演至关重要的角色。国家规制与大学自治二者同时存在,存在着优势互补且动态制衡的关系。

2. 大学自治

自20世纪末,新公共管理改革影响全球,国家政府和大学之间的关系相继进行重整与再定位,中国也不例外。政府下放办学自主权促使大学在经费使用、大学创收、治理结构、教职工数量与结构、学术聘任形式等方面发生了一系列变化。

关于经费投入,大学通过学费、培训服务、承接科技项目、开展科研协作、转让科技成果、进行科技咨询、捐赠等多元渠道筹措办学经费,增加大学自主管理和使用经费资源的总量。与此同时,一流大学作为政府预算管理的延伸,在如何使用经费资源方面的自由程度有所增强。日常公用经费除不能用于支付教师的工资福利外,学院享有高度经费配置自主权。大学自主可控的经常性经费数额有所增加,自主统筹的经费使用范围也有所扩大,能够根据大学近期发展目标灵活使用。其次,在国家相关专项预算的范围内,拥有自由支配权。以"985"工程专项经费为例,纵向来看,随着建设进程的推进,专项经费中的公共建设经费比例有所降低、学科建设经费比例有所增加,经费配置权相应从主要集中在学校层面,到分散给基地平台(学科群),再到学科建设经费直接划拨各学院。横向来看,大学成立"专项资金管理办公室",综合财政部下拨的预算控制数、各学院预算申请经费及测算的各学院经费数的基础上,与相关学院进行协商,制定专项资金预算分配草案,上报学校财经工作领导小组专题讨论确定①。另外,中央高校基本科研业务费专项资金作为用于科学研究的专项经费,与学校自有科研经费合并,设立科学研究基金项目,通过成立"中央高校基本科研业务费"工作领导小组,由学校直接面向全校在职教师,实行公平竞争,择优立项。

关于大学治理,在政府层面,随着分级管理、分级负责体制的确立,中央对办学和投资的责任不断下放,从最初由中央政府单独管理到教育部与地方政府实现省部共建,对大学的监管权力与责任都实现了一定程度的下放。在大学层面,大学拥有更多权力决定自己的发展目标,如何实现发展目标。虽然大学校长和党委书记等学校高层由政府任命,但是大学在分配使用经费,聘任院长、系主任,评聘教师与行政人员,开展教学科研和国际交流、调整行政机构和院系结构、学科建设等方面,拥有较大自主权。与此同时,大学通过成立专项资金管理办公室、学科发展办公室等机构,形成规范自主权使用的内部管理体系,促进自主权落实程序的制度化建设。

关于人才激励,大学拥有自主权对教师表现进行评价、决定是否予以聘任、晋升,或是调整薪资与津贴。通常一流大学的教师评聘由学校发布信息,学院召开教授会议,对教师学术水平和工作业绩进行审核和评价,并根据岗位要求确定候选人。学院职务聘任小组进行评议,提交拟聘候选人名单和材料,并由人力资源处送校外同行专家评议。学校对候选人进行答辩评审,校专业技术职务聘任委员会审定,公示后聘任。在教师评价与晋升过程中,教授与教师委员会的作用逐渐增强。另外,大学拥有充分的空间不断探索推动人事制度改革,越来越多的中国一流大学正在探索"非升即走"的长聘教轨体系,实践"一所大学,双轨并行"的人才发展模式,从而激发学者科研创造力,加快中国世界一流大学建设步伐。

---

① 刘向兵,周蜜.我国公立高校内部经费配置中校院关系模式变革的案例研究[J].中国高教研究,2017 (1):48-53.

三、中国模式的国际影响

在全球经济社会快速发展、通信技术日新月异的当下,西方模式并非放之四海皆为准,也有存在其他模式的可能。中国模式的应时而生,不是说中国模式要取代西方模式,而是强调中国正在发展着与西方不同的模式。不存在任何时候都能适用于所有大学的模式,同样西方的大学模式也不可能一直引导、规范着世界所有大学未来的建设发展。中国模式不仅可供新兴经济体国家学习借鉴,对发达国家也会产生重要影响。

1. 对新兴经济体国家的影响

事实上,世界一流大学建设的中国模式已经在不同程度上被印度、巴西、南非等新兴经济体国家参考借鉴。例如,印度与中国都是世界人口大国、高等教育人口大国,其院校系统规模也位居世界最前列,但在世界一流大学排行榜上,除印度理工学院,还没有一所真正意义上的世界一流大学。在中国大力推进"985"工程、"211"工程项目之后,印度中央政府也意识到高等教育对科学技术发展和全球经济竞争至关重要,计划投入大笔经费用于建设世界一流大学。2007~2012 年印度"十一五"高等教育规划,明确提出新建 14 所世界一流大学[1];2009年印度中央政府拨款 32.8 亿印度卢比(约 7 300 万美元)用于未来 5 年创建 30所世界一流大学[2];2016 年印度政府计划选出 20 所大学,将其建设成为世界一流大学[3]。然而,有变革就会涉及政府和大学中既得利益群体的博弈,印度一流大学建设进展非常缓慢,收效甚微。印度政府部分借鉴了中国世界一流大学建设项目的经验,但似乎并没有运用好政府"看得见的手"进行有效干预,未能对项目实施过程得力监管。除了建设计划不断流废,印度也是世界留学生输出大国,与中国相似,面临严重的人才流失问题。有数据显示,2000 年印度科技人才外流 54 万,在美国硅谷 38% 的工作人员来自印度,印度人领导着美国硅谷的企业中的 40%,其中 1/2 来自印度理工学院[4]。

① 何红中,刘志民.中印世界一流大学建设之比较[J].高等教育研究,2011(7):102 - 109.
② 王茜,李硕豪.发展中国家高水平大学建设研究——以中国和印度为例[J].研究生教育研究,2011(4):15 - 19.
③ Times Higher Education. India plans to create 20 "world-class" universities[EB/OL]. (2016 - 03 - 04) [2018 - 02 - 01]. https://www.timeshighereducation.com/news/india-plans-to-create-twenty-world-class-universities.
④ 易红郡,王晨曦.印度高等教育发展中的问题、对策及启示[J].清华大学教育研究,2002(5):71 - 76.

可以看出,政策执行不力、人才流失严重、既得利益群体维持现有秩序而抵制变革等困难,是印度,也是其他新兴经济体国家建设世界一流大学亟待破解的关键问题。而中国模式的形成与发展,恰能够针对世界不同国家建设过程中遇到的问题和困难提供具有借鉴价值的实践经验。在建设世界一流大学的过程中,相对集权的建设模式更适合与中国相似的发展中国家。

2. 对发达国家的影响

虽然从世界一流大学排行榜上看,欧美等发达国家具有明显优势,但发达国家目前所拥有的引领角色,多得益于早期建立大学的先发优势,得益于大学丰厚的历史文化积淀。随着经济社会全球化、高等教育国际化日益推进,不同国家的一流大学无一例外被卷入一场规则未知的全球竞争。不只法国被世界大学排名惊醒,越来越多发达国家的一流大学开始意识到自身发展的局限性,寻求有效的建设模式以应对新时代的挑战。

作为世界一流大学数量最多的国家,美国一流公立大学与一流私立大学进行竞争的优势逐渐丧失,其中一个重要原因就是州政府对公立研究型大学拨款持续减少。近年来,加州大学、密歇根大学等一流公立大学已逐渐丧失在获得州政府资助方面的优势,而位于第二层次大学随着入学人数增加,所获拨款大幅上升。与私立研究型大学一样,美国一流公立大学越来越依赖研究项目收入和私人捐赠来维护学术上的高水平[1]。虽然美国作为市场经济主导国家,公立一流大学可以通过销售服务、学费、捐赠等渠道筹措资金,但是如果政府长期、大量减少高等教育拨款,来自私人部门的资金可以缓冲,但这并不能完全抵消政府减少支出所造成的影响。与哈佛、耶鲁等私立一流大学比较,公立大学在学费、捐赠等收入上似乎也并无优势。一所大学如果为了实现自我发展而不惜代价去筹集更多的资金,不可避免影响到大学的发展:任命一名大学校长时,可能更多考虑其筹资能力,而非学术造诣与教育理念;选举一名校董时,可能更多看重其是否能给学校带来捐赠,而非办学经验与管理智慧;聘用一位教授时,可能更多考虑其是否能从政府和企业获取经费支持;开设一门课程或项目时,更多是为了增加收入[2]。长此以往,必将有损大学追求真理、崇尚科学的精神根基,并进一步影响大学自治。

除政府投入持续减少之外,美国大学长期推崇的由利益相关者参与的共同

---

① 谷贤林.在自治与问责之间:美国公立研究型大学与州政府的关系[J].比较教育研究,2007(10):41-45.

② BOK D. Higher Education in America[M]. Princeton, New Jersey: Princeton University Press, 2013.

治理也备受诟病。哈佛大学前校长德里克·博克(D. Bok)认为,校董们大多缺乏学术工作背景,校董会的召开频率也很低。尽管有少数工作多年的校董摸索到了管理大学的方法,但如何与校长共事,通过校长传达和执行校董会的意愿都存在一定难度。更有美国大学董事会直言所谓的共治理模式是"导致美国高等教育停滞不前的罪魁祸首","在这种模式下,无论是校长因为缺乏勇气而无力领导改革,还是校董们因为重视校际体育竞赛而忽略体制改革,还是教职工因为安于现状而不愿做出改变,都会阻碍高等教育向前发展"①。

　　以市场导向著称的美国大学如是,学术导向的欧陆国家和日本似乎也并不轻松。从历史上看,法国、日本的一流公立大学一直受到中央政府的严格管治。21世纪初,法国试图通过颁布《大学自由与责任法》,日本通过实施国立大学法人化改革,重新定义大学与政府之间的关系,赋予大学更多自治权。但事实上,改革结果似乎更倾向将教授学术权力上移至以校长为核心的行政委员会(法国)或校务委员会(日本)。大学校长权力增强的同时,政府通过参与行政委员会或校务委员会,直接对大学事务进行监督,对大学内部治理的干预有增无减②,而学院教授会的决策功能日渐式微。这样看来,不论美国、欧陆,还是日本,发达国家的一流大学如果要保持或是超越已经取得的好成绩,似乎并非易事。从当下所处情势来看,发达国家一流大学建设发展均对政府的强劲投资和引导提出迫切诉求,发达国家与中国建设世界一流大学所走的道路颇具殊途同归的意味。

第六节　政　策　建　议

　　在中国建设世界一流大学的过程中,不论经费投入、大学治理,还是人才激励,都显现出别具中国特色的经验与智慧。与此同时,也看到中国一流大学与世界一流大学仍存在一定差距,中国模式将走向何方,在不远的未来能否发展成熟,对新型经济体国家,乃至发达国家产生影响,取决于当下对问题的思考与应对。正如英国泰晤士高等教育世界大学排名主编费尔·巴蒂(P. Baty)在2017年泰晤士高等教育世界学术峰会上所言,"中国一流大学的成功可以成为各个国

---

①　BOK D. Higher Education in America[M]. Princeton, New Jersey: Princeton University Press, 2013.

②　金子元久.大学的经营形态——日本的特征[J].教育与经济,2002(2): 5 - 9.

家学习的榜样,它代表了大学可以在拥有强劲的投资、政府引导、好的领导力,以及改革与现代化的意愿条件下,在相对较短的时间里跻身世界知名大学的行列"[①]。基于中国模式在世界一流大学建设中取得的成就与自信,以及正在面临的机遇与挑战,本研究提出下述三点建议。

第一,健全经费投入机制,完善预算拨款制度

强有力的政府投入是现阶段建设世界一流大学的根本保障。坚持中国政府作为一流大学建设投入主体,保障持续稳定的经费增长同时,保障大学基本办学经费自主。在中央政府层面,建议进一步完善经费投入的预算拨款制度。在人大体制下,在现有预算委员会下设立大学拨款委员会,专门负责审定大学年度预算,既包括大学日常经费预算,也包括科研经费、基建经费及其他专项经费的预算。在财政性教育经费中,建议提高基本支出经费比例,降低专项经费的比例;进一步提高定额拨款占总体拨款的比例,提高定额的标准,确立生均定额拨款为主的财政经费分配基本模式,让大学拥有更大自主权统筹经费安排,拥有足够的资源配置支持特色办学。

在专项建设经费方面,"日本 21 世纪 COE 计划"、"全球 COE 计划"等一系列大学重点建设计划对一流大学的筛选,均强调绩效评价、动态支持。与之相较,中国以往的重点建设对象相对固定,"双一流"建设计划出现一定转变,更加突出绩效导向,强调激励约束机制,在相对稳定支持的基础上,根据相关评价结果、资金使用管理等情况,动态调整支持力度,从而提高专项经费投入的利用效率。

中国建设世界一流大学,在保障政府经费稳定增长的同时,需要不断拓宽筹资渠道,积极吸引社会捐赠,扩大社会合作,完善政府、社会、学校相结合的共建机制,形成多元化投入、合力支持的格局。其中,合理调整大学学费标准,积极建构质优价高的学费体系,是健全成本分担机制的有效路径。目前中国一流大学在同一地区、同一专业的收费基本相同,与大学类型与水平没有关系。但建设高水平大学,特别是建设世界一流大学的成本更高,提供给学生的教育资源质量也会更高。享受更高质量的教育资源,支付更高的学费符合国际惯例,所以中国一流大学收取比一般院校更高的学费存在合理性。与此同时,也要加大对学生奖助学金的资助力度,保障符合录取条件但经济条件有限的学生完成学业。

关于中国一流大学科研经费的配置方式,目前仍以非竞争性为主,也存在部

---

① 新华网.专访:中国高校的成功可以成为各国学习的榜样[EB/OL]. (2018 - 01 - 11)[2018 - 02 - 01]. http://www.xinhuanet.com/world/2018 - 01/11/c_129788579.htm.

分名义上为竞争性,实际操作中并未实现真正意义上的公平、公正、公开的经费竞争。不论美国联邦政府的科研经费,还是日本文部科学省的科学研究费补助金,建立在同行评议基础上的竞争性科研拨款方式占据重要地位。所以,中央和地方政府在增加常规拨款之外,更多采用公平竞争的科研经费分配方式来增加对大学的投入,有助于促进大学科研与学术创新,提升一流大学的科研水平和国际竞争力。

第二,制定大学组织法,优化大学治理结构

不论美国通过州宪法,还是法国通过《大学自由与责任法》,或日本的《国立大学法人法》,多是通过立法明确大学性质,理顺大学和政府关系。目前,中国缺少一部大学组织法。在大学内部治理方面也存在相似的问题,不论美国、法国的大学章程,还是日本的大学宪章,均具有法律效力。虽然中国一流大学也颁布了大学章程,但并不具备法律效力,章程内容也多流于形式,缺乏针对性和操作性,难以有效规范不同权力主体之间的职责与权力。关于大学校长选聘,虽然不同国家的选聘程序各有不同——美国大学董事会组织校长遴选委员会推选校长候选人,经董事会表决任命;法国由大学行政委员会组织遴选,法国总统任命;日本由大学教授会或全体教授推荐,文部科学省大臣任命——但从本质上均实现了遴选主体与聘任主体相分离。与之相比,中国一流大学校长遴选主体与聘任主体仍为一体,不利于选出符合大学实际发展需要的校长,也不利于政府实践对大学宏观管理。

建议通过制定大学组织法,优化大学治理结构。大学组织法的制定不仅涉及大学外部法律地位的确定,而且有利于明确大学内部法律关系,有利于构建政府宏观管理、社会广泛参与、学校自主办学的管理机制,从而为世界一流大学建设提供有效的组织管理。首先,通过制定大学组织法,合理配置政府和大学的权力与责任,尊重学校办学自主权,综合应用政策法规、监督评价等手段,加快世界一流大学的建设步伐。其次,通过制定大学组织法,明确大学内部各权力主体关系,完善大学内部治理结构,提高大学管理的制度化水平。在坚持以国家政府主导为特色的治理模式同时,通过制定大学组织法,健全党委领导下的校长负责制的具体实施规则,规范学校党委集体领导的议事规则、决策程序,明确校长独立行使职权的制度规范,对探索中国特色的一流大学制度建设具有重大意义。第三,通过制定大学组织法,确定由大学组织遴选的校长选聘体制,依据法律条款实现校长遴选与聘任主体的分离。成立由举办者、管理者、教师、校友及其他利益相关者代表组成的大学校长招聘委员会,提供校长候选人名单,上报政府主管部门确定最终人选,并予以任命。

第三,完善人才激励制度,保障人才成长环境

关于人才政策制定,欧美推动人才政策制定的主体力量通常不在政府,而是自下而上由民间发起,包括各种专业团体、社会组织、科研机构等。民间力量对吸引和使用海外人才过程中所存在的问题有着最直接而深入的认识观察,能够提出更有针对性、更有效的决策建议。因此,在政策制定过程中,中国政府可以考虑吸纳更多民间学术团体、用人单位的建议,制定更加灵活开放、扎根中国实际的人才引进政策,对国家紧缺的特殊人才,开辟专门渠道,实现精准引进。

关于科技奖励,不论美国青年科学家总统奖、还是日本研究人员奖励金,均是为了激励青年人才在所属领域有所成就而专门设立。目前,中国的国家科技奖体系主要面向终身成就的最高科技奖和以中年群体为主的国家三大科技奖,暂没有面向青年人才设立的专门奖项。所以中国科技奖励体系应将激励和支持青年人才的创新性研究作为完善政策的重要考量之一,通过设立面向青年人才的国家级青年科技奖励,发挥先进示范作用,引导青年人才积极探索、有序竞争,激发其创造力最大限度发挥。

从大学内部激励机制看,大学教师的常态化流动与合理性竞争,是促进人才学术发展与科研创新的有效路径。美国一流大学的教师招聘名额不受政府管制,由学院和大学自主决定,使得其在挑选教师时能够在全球范围内同一领域的人才之间比较,而不局限于学院内部不同领域同时申请晋升职称的教师之间。目前,中国对大学人才的事业编制管理,对保障落实大学用人自主权存在一些障碍,不利于综合运用经济、行政手段科学配置大学人力资源。所以,取消大学编制,改革人员管理模式,逐步推进教师长聘教轨制的建设实施,有助于保障学术自由、激发学者科研创造力,为世界一流大学提供人才支撑。

附　　录

附录 1　一流大学拔尖人才
培养模式调查问卷

亲爱的同学：

　　您好！我们正在从事教育部部重大科技政策研究课题"世界一流大学建设与中国梦"（项目编号：2015KJW01）的研究工作。"一流大学拔尖人才培养"是课题的重要组成部分。

　　本次问卷调查期望了解您所在大学本科阶段拔尖人才的培养模式，约占用您 10 分钟的时间。您的填写将对本研究具有十分重要的意义。

　　问卷调查采用匿名方式，所有个人信息将严格保密，调查获取的资料与数据仅为学术研究所用，绝不外泄，请您放心作答。

——教育部战略研究重大课题"世界一流大学建设与中国梦"课题组

2017 年 8 月

第一部分：背景信息

　　1. 专业：＿＿＿＿＿　　2. 年级：＿＿＿＿＿　　3. 性别：＿＿＿＿＿　　4. 年龄：

＿＿＿＿＿　　5. 学校＿＿＿＿＿

第二部分：课程学习

	请您根据您的感受，在相应的符合程度下划"√"：	非常不同意	比较不同意	有点不同意	不确定	有点同意	比较同意	非常同意
1	我学习的课程能够帮助我更为全面地了解社会	1	2	3	4	5	6	7
2	我学习的课程涵盖人文、艺术、科学、哲学等多方面	1	2	3	4	5	6	7
3	我学习的课程有助于我深入思考人生的意义	1	2	3	4	5	6	7
4	课程学习使我掌握了适应社会的多种能力	1	2	3	4	5	6	7
5	课程学习使我掌握了专业领域的基础知识	1	2	3	4	5	6	7
6	课程内容涵盖了专业领域最前沿的知识	1	2	3	4	5	6	7
7	课程内容能够帮助我了解专业领域的最新动态	1	2	3	4	5	6	7
8	课程内容能够帮助我了解专业领域的重难点问题	1	2	3	4	5	6	7
9	老师会在课程考试前划重点	1	2	3	4	5	6	7
10	老师会根据课程考核结果对我们进行详细的反馈	1	2	3	4	5	6	7
11	英文课程学习确实能够帮助我提高英文能力	1	2	3	4	5	6	7
12	学校为我提供了很多与外教沟通的学习机会	1	2	3	4	5	6	7
13	在英文听说读写方面，学校对我们有针对性的培养方案	1	2	3	4	5	6	7
14	我主要靠自学提高我的英文能力	1	2	3	4	5	6	7
15	学校会开展专门的课程提高我们的学术英文的水平	1	2	3	4	5	6	7

第三部分：教学方式

		非常 不同意	比较 不同意	有点 不同意	不 确定	有点 同意	比较 同意	非常 同意
1	老师会强调专业知识在科研活动中的具体应用	1	2	3	4	5	6	7
2	老师会引导我们运用专业知识解决具体问题	1	2	3	4	5	6	7
3	老师在实验课中会非常关注我们的动手能力	1	2	3	4	5	6	7
4	老师鼓励我们大胆质疑，发表不同意见	1	2	3	4	5	6	7
5	老师重视对我们的启发性和引导性	1	2	3	4	5	6	7
6	老师鼓励我们的批判性思考	1	2	3	4	5	6	7
7	老师会通过不断提出问题，激发我们主动思考	1	2	3	4	5	6	7
8	教师激发我们思考更多教材之外的内容	1	2	3	4	5	6	7
9	老师提倡我们采用多种方法解决同一种问题	1	2	3	4	5	6	7
10	老师乐于与学生对话沟通	1	2	3	4	5	6	7
11	老师会邀请我们一起参与课程内容设计	1	2	3	4	5	6	7
12	老师会通过变化授课场地，创新教学形式等尽可能地增加课程的互动性	1	2	3	4	5	6	7

第四部分：职业规划与创新教育

		非常 不同意	比较 不同意	有点 不同意	不 确定	有点 同意	比较 同意	非常 同意
1	我会选修有关职业规划的课程	1	2	3	4	5	6	7
2	我会向老师征求有关职业规划 的建议	1	2	3	4	5	6	7
3	我会参与有关职业规划的讲座 和研讨会	1	2	3	4	5	6	7
4	我会和同学交流未来的职业规划	1	2	3	4	5	6	7
5	我会选修有关创新的课程	1	2	3	4	5	6	7
6	我会和老师积极沟通学习中的 新想法	1	2	3	4	5	6	7
7	我会参与有关创新的讲座和研 讨会	1	2	3	4	5	6	7
8	我会参与有关创新的各种活动 和比赛	1	2	3	4	5	6	7

第五部分：实践活动

		非常 不同意	比较 不同意	有点 不同意	不 确定	有点 同意	比较 同意	非常 同意
1	我在课外参与过老师课题组的 科学研究工作	1	2	3	4	5	6	7
2	我参加过学校组织的与专业有 关的竞赛活动	1	2	3	4	5	6	7
3	我参加过与专业知识有关的创 新实践活动	1	2	3	4	5	6	7
4	我经常去听学校组织的非学术 类讲座	1	2	3	4	5	6	7
5	我会在寒暑假到企业中实习	1	2	3	4	5	6	7
6	我利用课余时间参加义工或者 志愿者等活动	1	2	3	4	5	6	7

（续　表）

		非常 不同意	比较 不同意	有点 不同意	不 确定	有点 同意	比较 同意	非常 同意
7	我利用课余时间为所在城市的 社区提供服务	1	2	3	4	5	6	7
8	我利用课余时间参加学校的社 团活动	1	2	3	4	5	6	7
9	我会利用课余时间坚持发展我 的爱好	1	2	3	4	5	6	7
10	我的个人爱好对我的全面发展 至关重要	1	2	3	4	5	6	7
11	我的个人爱好使我获得了更多 的自信	1	2	3	4	5	6	7

第六部分：学习氛围

		非常 不同意	比较 不同意	有点 不同意	不 确定	有点 同意	比较 同意	非常 同意
1	课程内容包含学术研究诚信和 引用规则等学术规范	1	2	3	4	5	6	7
2	我非常清楚学术不端行为的类 别和内容	1	2	3	4	5	6	7
3	我非常清楚学术不端行为的严 重后果	1	2	3	4	5	6	7
4	我会在日常的课程论文中训练 自己学术诚信的意识	1	2	3	4	5	6	7
5	我在严谨治学的氛围中学习	1	2	3	4	5	6	7
6	我在充满积极挑战的氛围中 学习	1	2	3	4	5	6	7
7	我在良性竞争的氛围中学习	1	2	3	4	5	6	7
8	我在恶性竞争的氛围中学习	1	2	3	4	5	6	7
9	班级同学在学习方面交流密切	1	2	3	4	5	6	7
10	班级同学在学习方面合作密切	1	2	3	4	5	6	7

第七部分：国际交流（请参与过学校组织的国际访学交流项目的同学回答以下问题）

		非常 不同意	比较 不同意	有点 不同意	不 确定	有点 同意	比较 同意	非常 同意
1	国际访学交流项目帮助我提高了外语的听说读写能力	1	2	3	4	5	6	7
2	在访学交流中，我与国外学校的老师建立了合作关系	1	2	3	4	5	6	7
3	国外访学交流项目让我更加坚定了从事科学研究的决心	1	2	3	4	5	6	7
4	国外访学交流项目让我对专业领域有了更加深入的认识	1	2	3	4	5	6	7
5	国外访学交流项目增强了我的国际视野	1	2	3	4	5	6	7
6	国外访学交流项目提高了我对多元文化的体会和认识	1	2	3	4	5	6	7

第八部分：成长对比

	相对于普通本科生，以及普通班级，请您在相应的同意程度下划"√"：	非常 不同意	比较 不同意	有点 不同意	不 确定	有点 同意	比较 同意	非常 同意
1	我认为自己对专业知识掌握地更好	1	2	3	4	5	6	7
2	我在学习上投入了更多的时间和精力	1	2	3	4	5	6	7
3	我的自我感觉更好	1	2	3	4	5	6	7
4	我受到同学和老师的认可更多	1	2	3	4	5	6	7
5	我更好地锻炼了自己各方面的能力	1	2	3	4	5	6	7

（续　表）

	相对于普通本科生,以及普通班级,请您在相应的同意程度下划"√":	非常 不同意	比较 不同意	有点 不同意	不 确定	有点 同意	比较 同意	非常 同意
6	我更加卓越和优秀	1	2	3	4	5	6	7
7	我所在的班级更有大家庭的感觉	1	2	3	4	5	6	7
8	我所在的班级学习氛围更好	1	2	3	4	5	6	7
9	我所在的班级凝聚力更强	1	2	3	4	5	6	7
10	我所在的班级更加积极主动	1	2	3	4	5	6	7

第九部分: 成才信心

		非常 不同意	比较 不同意	有点 不同意	不 确定	有点 同意	比较 同意	非常 同意
1	我对自己的未来充满了信心	1	2	3	4	5	6	7
2	我相信自己未来能够成为一名优秀的科研工作者	1	2	3	4	5	6	7
3	我相信自己未来能够在专业领域做出突出贡献	1	2	3	4	5	6	7
4	我已经为未来的学习和生活做好了充分的准备	1	2	3	4	5	6	7
5	我希望未来我的母校能够以我为荣	1	2	3	4	5	6	7
6	如果我不继续努力,我会认为对不起自己之前的付出	1	2	3	4	5	6	7
7	我已经为实现未来的目标制定了比较清晰的规划	1	2	3	4	5	6	7
8	整体而言,我非常清楚学校对我的培养目标	1	2	3	4	5	6	7

（续　表）

		非常 不同意	比较 不同意	有点 不同意	不 确定	有点 同意	比较 同意	非常 同意
9	整体而言,我非常清楚学校对我的培养方案	1	2	3	4	5	6	7
10	我非常了解学校制定和修改我们的培养方案的过程	1	2	3	4	5	6	7
11	整体而言,我认为学校的学时和课程分布非常合理	1	2	3	4	5	6	7

第十部分：改进方向

您认为**学校**还需要从哪些方面努力才能进一步提升本科生拔尖人才的培养质量：请您按照重要程度至少选择 3 项：_____
　　① 加强与国外著名高校合作,增加本科生出国交流访问的机会
　　② 减少本科生阶段的课时
　　③ 邀请外籍教师担任本科生的任课教师
　　④ 允许拔尖人才优先使用国家级实验室资源等
　　⑤ 与科研机构和企业合作,通过产学研一体化培养人才
　　⑥ 提供充分的公共空间供学生之间以及师生之间交流
　　⑦ 进一步提升对教师和学生的行政服务水平
　　⑧ 为学生提供更多与学校和学院领导直接沟通的机会
　　在上述内容之外,您还可以补充您的观点：____

第十一部分：帮助请求

本研究亟需扩大调查范围,如果您有认识的同学在其他高校参与拔尖人才培养项目,请向本课题组提供同学的联系方式,课题组将向您表达诚挚的感谢！
　　姓名：_____　联系方式：_____　所在学校：_____

附录 2　一流大学拔尖人才培养模式访谈提纲

访谈问题：

1. 请问您是否了解学校对你们的培养目标和培养方案,是否了解培养方案是如何制定的?

2. 您觉得学校目前的拔尖人才选拔方式能否真正选拔出有发展潜力的学生(心理、智力、创造力、表现力、合作意识……)?

3. 您对目前各门功课的师资配备满意吗? 老师能否把知识讲深讲透? 课堂是以启发为主还是以传授为主? 学校会根据学生对授课教师的反馈进行调整吗?

4. 学校对拔尖人才的分流政策是否让您很有压力? 您是如何应对的?

5. 您有个人爱好吗? 除了学习之外,您是怎样安排课余时间的?

6. 除了课程教学外,学校对拔尖人才还会额外配备其他类型的导师吗? 例如课程学习导师、心理辅导员、业界导师(提供职业生涯规划和实习指导)、科研导师。您觉得这些导师在您的学习和生活中都发挥了哪些作用?

7. 您是怎样制定自己未来的发展规划的?

8. 您认为在拔尖人才培养方面,学校应当做好哪些方面的保障工作?

9. 在学校管理方面,目前制约拔尖人才培养的关键因素都有哪些?

10. 您觉得这几年最大的收获是什么?

11. 您认为本科生在未来能否成为拔尖人才,取决于哪些方面?

12. 如果您参与过国际访学交流项目,您觉得收获都有哪些?

13. 您觉得您之所以能够取得目前的成绩,主要原因包括哪些方面?

14. 从分流者眼中如何看待拔尖人才培养的模式?

附录 3　"一流大学重大原创性成果产出影响因素"问卷调查

尊敬的＿＿＿＿老师,您好!

本次调查旨在了解影响一流大学重大原创性成果产出的主要因素,问卷采用不记名形式,您的所有信息将被严格保密,所取得的资料仅用于学术研究,不会对您产生任何影响,请放心作答。

您的客观回答是本研究的基础,将对研究结果的科学性产生重要影响。非常感谢您的支持!

——教育部战略研究重大课题"世界一流大学建设与中国梦"课题组

2017 年 4 月 18 日

填写说明: 本问卷中的五个问题(基本信息除外)都是完全开放性问题,您可以不受任何限制与约束,完全根据您的认识按重要程度排序填写。如果您觉得一时难以作答,可以参考每个问题所附的清单,也可以对参考清单的部分选项进行排序。如果您觉得参考清单中的一个或几个选项与您的想法一致,可以直接将选项前的字母编号填写在合适的位置。

一、基本信息

1. 您所从事的研究属于:[单选题]
○ 基础研究
○ 应用研究
○ 开发研究
○ 其他

2. 您从事的研究所在的学科领域属于:[单选题]
○ 理科
○ 工科
○ 医科
○ 农学
○ 社会科学
○ 人文科学
○ 跨学科
○ 其他

3. 您目前的工作单位属于:[单选题]
○ 中国大陆高校

○ 港澳台高校

○ 亚洲其他高校

○ 美洲高校

○ 欧洲高校

○ 澳洲高校

○ 其他

4. 您的海外学习与工作经历：[单选题][必答题]

○ 无

○ 1 年以下

○ 1～2 年

○ 3～5 年

○ 6～9 年

○ 10 年以上

二、开放性问题

1. 您认为影响世界一流大学重大原创性成果产出的关键因素有哪些？请填写不超过 5 个因素,并按重要程度排序(① 最重要　② 非常重要　③ 比较重要　④ 有些重要　⑤ 有点重要)。[矩阵文本题]

① _____

② _____

③ _____

④ _____

⑤ _____

是否需要查看参考清单？[单选题]

○ 是　○ 否

参考清单:(请选择不超过 5 个因素,并按重要程度排序: ① 最重要　② 非常重要③ 比较重要　④ 有些重要　⑤ 有点重要)[排序题,请在中括号内依次填入数字]

a. 科学家个人对科学的兴趣与热爱

b. 科学家甘于坐冷板凳,不受利益驱动,执着追求

c. 科研团队负责人胸襟宽广、品行好、威望高、无私心

d. 国家为科学研究提供充足、稳定、持续的经费支持

e. 鼓励潜心学术、无功利导向的科研评价机制

f. 鼓励实质性的交叉学科研究的科研政策

g. 与世界顶尖科研机构的交流与合作

2. 您认为中国一流大学重大原创性成果产出少的主要原因有哪些? 请填写不超过 5 个原因,并按重要程度排序(① 最重要　② 非常重要　③ 比较重要　④ 有些重要　⑤ 有点重要) [矩阵文本题]

①　_____

②　_____

③　_____

④　_____

⑤　_____

是否需要查看参考清单? [单选题]
○ 是　○ 否

参考清单: (请选择不超过 5 个原因并按重要程度排序: ① 最重要　② 非常重要　③ 比较重要　④ 有些重要　⑤ 有点重要) [排序题,请在中括号内依次填入数字]

a. 兴趣驱动的科研活动比例低

b. 科研活动过程功利化严重

c. 团队负责人过于注重个人业绩

d. 急功近利的科研评价机制

e. 缺乏实质性学科交叉

f. 应试教育导致批判性思维缺乏

g. 科研失败零容忍

3. 中国一流大学要想取得更多的重大原创性成果,您认为将面临哪些方面

的特殊挑战？请填写不超过 5 个方面,并按重要程度排序(① 最重要　② 非常重要　③ 比较重要　④ 有些重要　⑤ 有点重要)：[矩阵文本题]

① ＿＿＿＿＿＿＿＿＿＿＿＿＿

② ＿＿＿＿＿＿＿＿＿＿＿＿＿

③ ＿＿＿＿＿＿＿＿＿＿＿＿＿

④ ＿＿＿＿＿＿＿＿＿＿＿＿＿

⑤ ＿＿＿＿＿＿＿＿＿＿＿＿＿

是否需要查看参考清单？[单选题]
○ 是　○ 否

参考清单：(请选择不超过 5 个方面并按重要程度排序：① 最重要　② 非常重要　③ 比较重要　④ 有些重要　⑤ 有点重要)[排序题,请在中括号内依次填入数字]

　　a. 传统文化中的工具理性

　　b. 与发达国家相比,中国科研处于跟踪研究阶段

　　c. 西方国家在高新技术引进及人才、信息交流等方面对中国的限制政策

　　d. 大型科研资源配置易受行政权力的影响,随意性强

　　e. 学术氛围浮躁,潜心学术的科研人员比例偏低

4. 要想促进中国一流大学取得更多的重大原创性成果,您认为我国政府应该采取哪些关键举措？请填写不超过 5 个举措,并按重要程度排序(① 最重要　② 非常重要　③ 比较重要　④ 有些重要　⑤ 有点重要)[矩阵文本题]

① ＿＿＿＿＿＿＿＿＿＿＿＿＿

② ＿＿＿＿＿＿＿＿＿＿＿＿＿

③ ＿＿＿＿＿＿＿＿＿＿＿＿＿

④ ＿＿＿＿＿＿＿＿＿＿＿＿＿

⑤ ＿＿＿＿＿＿＿＿＿＿＿＿＿

是否需要查看参考清单？[单选题]
○ 是　○ 否

参考清单：（请选择不超过 5 个举措并按重要程度排序：① 最重要 ② 非常重要 ③ 比较重要 ④ 有些重要 ⑤ 有点重要）[排序题,请在中括号内依次填入数字]

a. 重构与调整国家创新体系,高比例、多渠道、强重点地增加基础研究经费

b. 探索原创性研究同行评议机制,对具有原始性创新特点的研究基地进行宽松管理

c. 建立非共识性项目评价方法体系,确保原始创新在萌芽阶段得到经费资助

d. 基础教育阶段重视启发好奇心,培养创造性、批判性思维,提高普遍的科学素养

e. 进一步下放高校办学自主权,尊重学术自由,落实校长治校、教授治学

5. 要想取得更多的重大原创性成果,您认为中国一流大学应该主要从哪些方面进行改革? 请填写不超过 5 个方面,并按重要程度排序(① 最重要 ② 非常重要 ③ 比较重要 ④ 有些重要 ⑤ 有点重要)[矩阵文本题]

① _____

② _____

③ _____

④ _____

⑤ _____

是否需要查看参考清单? [单选题]
○ 是 ○ 否

参考清单：（请选择不超过 5 个方面并按重要程度排序：① 最重要 ② 非常重要 ③ 比较重要 ④ 有些重要 ⑤ 有点重要）[排序题,请在中括号内依次填入数字]

a. 潜心培养与重点引进一批世界级的科学家

b. 科研评价与激励机制以人为本,以创新与实际贡献为导向,实施分类评价

c. 加快博士生教育改革,提升博士生的创新能力与创新水平

d. 营造宽松、宽容的科研环境,鼓励科研人员潜心研究、勇于探索
e. 增加青年科学家选择课题的自由度与经费支持
f. 创造科学家学术优势积累的良好环境条件,加强创新文化建设
g. 制定鼓励原始创新的强激励政策,激励科学家自发、自主、自觉创新

课题组拟开展访谈研究,您是否有兴趣和时间接受访谈,围绕一流大学重大原创性成果的产出问题与我们进行深入交流?[单选题]
○ 是　 ○ 否

如果您选择是,您可以直接与邀请邮件所附的课题联系人取得联系,也可以在此留下您最方便的联系方式,课题组将与您取得联系。[填空题]

附录4　 "一流大学重大原创性成果产出影响因素"访谈提纲(1)

1. 请您回忆一下,诱导分化研究工作是在什么样的背景下启动的?

2. 请您谈谈当时研究团队是如何组建的? 研究团队的构成(年龄、专业背景、性格)是怎样的?

3. 作为团队领导人,您在诱导分化研究过程中主要发挥了什么作用?

4. 请问研究团队的运行与管理机制是怎样的? 研究进展与研究团队自身内部建设是如何协调的? 如何对团队成员进行激励的?

5. 请问在研究过程中是否有来自团队外的合作,如国内外其他高校、科研机构等? 如有,您觉得发挥了什么作用? 合作机制是怎样的?

6. 请问在研究过程中,团队、学院、学校如何是对科研人员进行考核与评价的? 研究团队要接受外部考核吗? 研究团队内部的考核与评价机制是怎样的?

7. 诱导分化研究历经八年(1979~1986),在这个过程中,团队如何培养与激励青年人才成长的? 研究团队成员的流动情况如何?

8. 在诱导分化研究八年的研究过程中,遇到过什么困难吗? 是如何解决的? 团队外部政策环境是否对项目进展产生过干扰或者制约? 如果有,是如何

克服的?

9. 在研究过程中,国家／学校在制度、政策、经费等方面曾经给予哪些支持? 这些支持实际发挥了什么作用?

10. 诱导分化研究在医学界、科学界取得巨大成功,回顾这一研究过程,您认为哪些因素是这项研究取得成功的关键?

11. 关于诱导分化研究这一重大原创性成果的产出过程,您还有哪些信息或感受愿意与我们分享吗?

12. 对于我国一流大学重大原创性成果产出,您有什么建议和意见愿意与我们分享的吗?

附录5　"一流大学重大原创性成果产出影响因素"访谈提纲(2)

1. 在跟随李政道先生学习期间以及与他的交往中,您是否听李政道先生谈到过探索宇称不守恒理论的背景呢? 如果有,主要有哪些方面?

2. 在跟随李政道先生学习期间以及与他的交往中,您是否听李政道先生谈到过宇称不守恒理论的研究历程呢? 如果有,主要有哪些关键阶段和曲折经历?

3. 在跟随李政道先生学习期间以及与他的交往中,您是否听李政道先生谈到过他当时所在的合作团队的情况? 如果有,请简单描述下合作团队是怎样组建的? 团队成员的构成如何,不同合作者的研究领域、价值观、性格等有何特点? 团队成员的角色分配是怎样的,李政道先生在研究过程中发挥了怎样的作用? 科研合作的机制是怎样的? 是否还有来自其他个人或团队的合作?

4. 在您跟随李政道先生学习期间,是否听李政道先生谈到过宇称不守恒理论的探索过程所处的外部科研环境? 如果有,请简单描述下科研投入的情况如何,来源有哪些? 国家科技规划、科技资助政策、科技评价奖励制度等在研究过程中产生了怎样的影响? 是否还有其他外部环境因素在过程中发挥了重要作用?

5. 根据您对李政道先生个人以及宇称不守恒理论研究过程的了解,您认为哪些能力和素质对于研究取得成功发挥了关键作用? 有没有某种潜在的哲学观在指导李政道先生不断前进?

6. 关于李政道先生的宇称不守恒理论研究过程,您还有哪些信息可以与我们分享的吗?

7. 对于营造有利于重大原则性成果产出的良好科研环境这一问题,您对国家科技管理部门和高校有哪些宝贵意见和建议?

附录 6 "一流大学重大原创性成果产出影响因素"访谈提纲(3)

1. 请您简单描述下,宇称不守恒理论的探索是在什么政策背景和研究背景下开启的?

2. 请您简单描述下,宇称不守恒理论的探索过程大概有哪个几个**关键阶段**? 这一过程中有遇到过什么**困难**吗? 如果有,是如何解决的? **外部政策环境**是否对研究进展产生过干扰或者制约? 如果有,是如何克服的?

3. 您认为李先生所具备的**科学精神**在研究中起到了怎样的引领作用?

4. 您认为李先生非凡的**创造性思维能力**在研究过程中怎样帮助他打破了传统的思维枷锁?

5. 您认为李先生独特的**艺术美感**是否有效地融入研究过程中?

6. 您认为是否还有李先生具备的**其他个人素质和能力**在研究过程中发挥了重要作用?

7. 您是否了解宇称不守恒理论研究团队的**组建**及**合作机制**?

8. 您认为李先生、杨先生在**研究领域、性格、价值观**等方面有何特点?

9. 您认为在宇称不守恒理论的探索过程中,是否还有来自**其他个人或团队的合作**,如其他高校、科研机构等? 如有,您认为他们发挥了怎样的作用?

10. 您是否了解宇称不守恒理论的探索过程中**研究经费、基础设备**等问题是如何解决的? 是否获得过来自学校、政府等渠道的资助? 如果有,比例大概多少?

11. 您是否了解宇称不守恒理论项目组所在机构/国家的**科技评价奖励政策和制度**等对研究过程产生了怎样的影响?

12. 您是否了解还有**哪些外部环境因素**在研究过程中发挥了重要作用?

13. 关于李先生个人以及宇称不守恒理论研究过程和影响因素,您还有哪些信息可以与我们分享的吗?

14. 为了营造有利于重大原则性成果产出的良好环境,您对国家、高校和学院在科技管理政策和制度上有哪些宝贵意见和建议?

索　引

后　记

　　加快世界一流大学和一流学科建设已经成为实现中华民族伟大复兴中国梦的重要组成部分。2015 年 10 月发布的《统筹推进世界一流大学和一流学科建设总体方案》提出了世界一流大学和一流学科建设"三步走"的方案。正是在这样的背景下,教育部重大政策研究课题"世界一流大学与中国梦"于 2015 年底立项,并由教育部战略研究基地——上海交通大学世界一流大学研究中心牵头开展研究工作。经过两年多的努力,课题组完成了预期的各项研究任务,本书为这一重大课题的研究成果之一。

　　课题组总负责人是上海交通大学世界一流大学研究中心主任刘念才教授,子课题负责人包括上海交通大学的刘莉副研究员、冯倬琳副研究员、朱佳妮博士、杨希博士、陈丽媛博士和西安交通大学的张旭博士。课题的顺利完成是上海交通大学世界一流大学研究中心团队作战传统的继承与发扬,研究成果不仅凝聚了课题组总负责人和六位子课题负责人的智慧和心血,而且包含了参与课题的科研助理和研究生们的辛勤汗水。

　　感谢教育部科技司领导对课题的关心以及在课题研究过程中提出的宝贵意见。感谢百忙之中拨冗参加开题、中期等研讨会的各位专家:教育部科技委战略研究委员会主任蒋庄德院士、华中科技大学校长丁烈云院士、西交利物浦大学执行校长席酉民教授、东华大学原校长徐明稚教授、南京信息工程大学原书记李廉水教授、清华大学李越教授、复旦大学熊庆年教授、西安交通大学陆根书教授和郭菊娥教授、浙江大学刘继荣教授、华东师范大学杜德斌教授、上海市教育科学研究院董秀华教授等。专家们的真知灼见是研究成果质量的保障。

　　特别感谢王振义院士、叶铭汉院士等重量级科学家及中国高等科学技术中心王垂林研究员接受课题组的访谈,与课题组成员分享重大原创性成果的产生机制。感谢参与问卷调查的近千位国内外科学家贡献的智慧与火花,给了我们研究工作很多的启迪。感谢珠峰计划的学子们与课题组成员分享学习的体验与感受。

　　课题在研究过程中,还得到上海交通大学校领导、规划发展处、文科建设处、985建设办公室的支持与关心,上海交通大学董育常教授、赵文华教授、刘少雪教授也以多种形式支持与关心课题研究,在此一并表示诚挚的感谢。感谢复旦大学计算机科学技术学院及上海市数据科学重点实验室熊赟教授提供的技术咨询与支持! 感谢上海交通大学出版社的领导、同仁在书稿出版过程中给予的支持,尤其感谢易文娟老师对书稿的耐心修改。感谢马春梅助理在书稿统稿过程中的细致而耐心的工作。

　　由于时间与水平所限,课题研究工作与书稿一定存在需要提高之处,个别错误也在所难免,我们将在今后的研究工作中继续完善。

教育部战略研究基地"上海交通大学世界一流大学研究中心"
2018年10月